齐鲁文化经典品读

appreciate

马新 主编

论语品读

马新 校潇 著

山东大学出版社

图书在版编目(CIP)数据

论语品读/马新,校潇著. —济南:山东大学出版社,2016.3
(齐鲁文化经典品读/马新主编)
ISBN 978-7-5607-5515-1

Ⅰ.①论… Ⅱ.①马… ②校… Ⅲ.①儒家②《论语》—通俗读物
Ⅳ.①B222.2-49

中国版本图书馆 CIP 数据核字(2016)第 056867 号

责任编辑:马银川
封面设计:张 荔

出版发行:山东大学出版社
社 址 山东省济南市山大南路 20 号
邮 编 250100
电 话 市场部(0531)88364466
经 销:山东省新华书店经销
印 刷:山东新华印务有限责任公司
规 格:720 毫米×1000 毫米 1/16
26.5 印张 458 千字
版 次:2016 年 3 月第 1 版
印 次:2016 年 3 月第 1 次印刷
定 价:53.00 元

本书系山东省古籍整理项目“齐鲁文化经典研究”(N.02540903)、山东省文化建设委托项目“齐鲁文化资源研究”(N.56480905)、齐鲁文化名家立项课题“走进齐鲁经典文化”结项成果

《齐鲁文化经典品读》
课题组

课题组负责人　马　新

课题组成员　（以姓氏笔画为序）

马　新　马德青　王玉喜　王其俊
王爱清　巩宝平　刘厚琴　李吉东
李学娟　校　潇　郭　浩　郭海燕

总序

齐与鲁是西周时代分封的两个著名的诸侯国，因都在今山东省的范围内，所以，山东又被称作“齐鲁之邦”。我们习惯上所称的“齐鲁文化”也因此有狭义与广义之分：狭义的齐鲁文化是指齐、鲁两国所创造的文化形态，广义的齐鲁文化则是指春秋战国时代兴盛于齐鲁之邦的所有文化的集合。无论哪一种意义上的齐鲁文化，都是传承与融合的结果，都是多元文化碰撞与交流的产物。

西周分封之前，山东地区西部是殷商重地，东部则是古老的东夷，被统称为“大东”[①]。周公协助周成王分封天下时，将自己的长子伯禽分封到今山东曲阜一带，建鲁国；将姜太公分封到营丘一带，建齐国；将周文王的四个儿子分封到大东地区，分别建立了曹、部、滕、郯诸国。另外，大东地区被周王朝分封或认可的诸侯国还有东夷建立的莒、莱等国，以及相传为黄帝后裔所建的薛、邳等国；夏王朝的余绪杞、鄫、费。殷商遗国宋国的一部分也在大东地区。以上大大小小合计有六十多国。至春秋战国时代，随着列国的争战

---

① 西周建国初年，为监视东方各诸侯国，实行分区经营。距镐京较近的各诸侯国统称“小东”，较远的各诸侯国统称“大东”。

兼并，山东地区的主要国家演化为齐、鲁、莒、郯、邹等国。南方大国楚、越两国也先后进入山东。越王句践灭吴后，曾迁都琅邪（古邑名，为春秋齐地，在今山东青岛黄岛区琅琊台西北），长期据有山东东南沿海一带；战国后期，赵国还据有今山东的西北地区，楚国则占有了山东中南部，一度出现了齐、鲁、楚、赵并立的局面。

列国的并立与重组实际上也是多种文化的并存与交融。齐、鲁等国的统治者受封而来时，带来了周王朝的礼乐文化，随后便开始了周文化与殷商文化的交融、与东夷文化的交融。比如，鲁国有众多的商奄之民以及殷民六族，殷文化底蕴十分丰厚，鲁国之社祭便是周社与亳社并存，亳社为殷人社稷之所。孔子即是殷人后代，他临终前曾说："殷人殡于两楹之间……丘也，殷人也。予畴昔之夜，梦坐奠于两楹之间。"[①]又如，东夷之俗"好让不争"，"夷俗仁"，这一传统也被融入鲁文化中，成为儒家仁道思想的重要来源。正如王献唐先生所言："孔子本是接受东方传统的仁道思想的，又进一步发展为儒家的中心理论。"[②]齐国之开国者太公到齐地后，其为政方针是"因其俗，简其礼"[③]。齐为东夷故地，"因其俗"就是吸收、接纳东夷之俗，正因如此，才有了"通商工之业，便鱼盐之利"[④]的经济政策，也才有了"仓廪实则知礼节，衣食足则知荣辱"[⑤]的思想特色。总之，周文化、殷商文化与东夷文化构成了齐鲁文化的三大基本来源。

春秋战国时代，周王朝分崩离析，诸侯割据，群雄逐鹿，兼并与融合成为社会政治的主流，文化的交融与迸发造就了中国历史上的百家争鸣。齐鲁之邦是当时最为重要的文化中心，它在西周以来的历史蕴积之上，兼收并蓄，吸纳了宋文化，莒、郯、薛文化，楚文化，越文化以及燕赵文化，等等，成为当时最为繁盛、最具影响力的文化形态。可以说，齐鲁文化是百家争鸣最为丰硕的成果。

春秋时期是百家争鸣的先声期，鲁有孔丘，齐有管仲、晏婴与孙武，而周王室与其他诸国，除老聃外，无可述焉。孔丘创立了儒家学派，有弟子三千，是中国历史上第一位教育家，其倡行"有教无类"，打破了"学在官府"的垄断；其编修《诗》《书》《礼》《易》《春秋》，是中国文化传统的集大成者；其政治思想与社会伦理思想更是奠定了中国历史上正统思想的基础。管仲是一位

---

① 《礼记·檀弓上》。

② 王献唐：《山东古国考》，齐鲁书社 1983 年版，第 219 页。

③ 《史记·齐太公世家》。

④ 《史记·齐太公世家》。

⑤ 《管子·牧民》。

成功的政治家，也是一位卓越的思想家。他的礼法并重、注重赏罚的政治思想是后世法家学派的重要源头，他的“通工商，官山海”的经济思想则是后世经济家与改革家的重要依据，他关于仓廪与、食与荣辱与礼节关系的宏论直接影响了中国古代社会思想史的发展。其后同出于齐国的晏婴则是颇具影响力的政治家与外交家，他“和而不同”的社会政治思想，致力于俭约的治国理念以及智慧万千的外交作为，对后世都产生了重要影响。晏婴之后的齐人孙武，继承了齐国开国之君太公以来的兵学传统与兵家文化，并在战争实践中升华、光大，成为中国历史上兵家文化第一人。

战国时期是百家争鸣的鼎盛期，诸子学说纵横交织，层出不穷。此时的鲁国虽已没落，但文脉仍在，以其为中心，在邹、鲁、滕、宋、卫一带，形成了众星璀璨的思想文化圈。其中，孔子的后继者子思、孟轲等人形成的思孟学派推进着儒学的发展；出身于儒家的鲁人墨翟创立了墨家学派，提倡兼爱，倡导非攻，在认识论、逻辑学和自然科学上都有重要发现，对中国古代哲学和科学的发展做出了巨大贡献。卫国左氏（今山东定陶西）人吴起早年便到鲁国学习儒学并出仕为武将，后成为战国前期法家的重要代表人物，参与了魏文侯的变法，主持了楚国的变法，对法家思想和兵学文化都有显著影响。宋国蒙（今山东东明一带）人庄周是战国道家的代表人物，认为道为天地万物之本原，“天地与我并生，而万物与我为一”，对中国古代思想与社会影响深远。在这一时期的齐鲁文化圈中，还曾活跃着编撰《春秋左氏传》的鲁人左丘明，远道而至滕国的农家创始人许行及其追随者，工匠之祖师鲁国的公输般（即鲁班，“般”和“班”同音，古时通用，故人们常称他为鲁班），等等。

此时的齐国为战国七雄之一，其官办的稷下学宫是当时无有匹敌的思想文化中心，存续长达一百四五十年。盛时的稷下学宫有学士数百，被赐为上大夫者一度达七十六人，同时代的战国诸子几乎被其网罗殆尽。其中较为著名者，有战国法家三大学派之一的田齐法家的代表人物慎到；有道家黄老学派的代表人物田骈、彭蒙、宋钘；还有儒家孙氏之儒的代表人物荀卿，他主张礼法并用，“隆礼重法”，倡导“法后王”与社会变革，对后世的儒家和法家都产生了较大影响，他的两位高足李斯与韩非子成为战国后期法家的代表人物；名家的代表人物尹文，阴阳家的代表人物邹衍，杂家的代表人物淳于髡等也是学宫之中的佼佼者；而兵学家孙武之后孙膑，是战国时代齐国的军事谋略家，指挥了围魏救赵、马陵之战等著名战役，为兵家文化之重要代表人物；齐人扁鹊提出了望、闻、问、切四诊法，是中国古代医学文化的代表人物；齐人甘德精于天文历算，与石申合著之《甘石星经》是中国古代科学的代表性著作，等等。

总之，春秋战国时代形成并繁荣的齐鲁文化，名家荟萃，洋洋大观，留下了丰厚的文化遗产。一部齐鲁文化史就是一部精编版的中国传统文化形成史，齐鲁文化中的传世经典就是中国传统文化的元典。千百年来对这些经典的诠释汗牛充栋，直到今天，这些经典仍然有着不可替代的品读价值，值得我们站在时代的高度再加品读，以更好地感受齐鲁文化之韵，领悟中国传统文化之魂。

需要说明的是，由于时代久远，齐鲁诸子的著述或散佚，或残缺，我们只能从传世至今的完璧中，选择能够代表诸子本人思想学说者，纳入这套“齐鲁文化经典品读”，计有《论语品读》《管子品读》《晏子春秋品读》《孙子兵法品读 孙膑兵法品读》《墨子品读》《孟子品读》《荀子品读》《庄子品读》，共八种。

既是品读，就要在充分吸收以往齐鲁文化研究成果的基础上，在以往整理工作的基础上，改变传统的古籍整理模式，以当代文化的视角重新梳理齐鲁文化经典，以当代社会的文化符号系统重新解读齐鲁文化经典，突出当代文化的实际需求，拉近社会大众与经典文化的距离，使广大读者能够轻松自由地走进齐鲁文化经典。

从结构上讲，丛书中的每一种书都包括了“人物与文化研究”“原著注释与品读”两大部分内容。在“人物与文化研究”中，旨在实现两个沟通：一是读者与古人的沟通。将人物置于其存在的文化背景中，发掘其文化内涵，寻找其核心精神，找到一个真实而鲜活的历史人物，而不是拘泥于常规的历史人物小传，以便于读者对其了解与认知。二是古文化与当代文化的沟通。着力寻找历史人物与相关文化在当代文化中的价值，以发扬光大中华优秀传统文化。在原著“品读”中，我们力图改变以往古籍类著作注释加翻译的习惯，把主动权交给读者，让读者直接与古人对话，直接亲近经典，自觉接受优秀传统文化的熏陶。因而，重点在疏与解上下功夫，通过恰当的疏与解，引导与帮助读者阅读，而不是越俎代庖。总之，通过对人物与文化的研究，可以更好地了解原著；通过对原著的解读，可以更好地认识与吸纳优秀文化。

这套“齐鲁文化经典品读”丛书，是我们的新尝试，更是我们向齐鲁文化经典的致敬。错谬不足之处，尚请大方之家不吝赐正。

是为序。

马　新
2015年12月于山东大学高阁书斋

品读孔子

孔子是中国传统文化的象征，是中国传统文化最具代表性的人物，更是中国传统社会中被顶礼膜拜的“圣人”。在两千多年的中国历史中，“孔圣”“至圣”“至圣先师”“万世师表”“大成至圣文宣皇帝”等桂冠不断追加，其创立的儒家思想经改造后被历代王朝奉为圭臬。这样便使本来的布衣孔子高居于神坛之上，让常人难以接近。对其学说，同样是“仰之弥高，钻之弥坚”，如临万仞宫墙，若“不得其门而入，不见其宗庙之美、百官之富”。[①] 那么，读懂孔子的门径何在？就在于我们如何寻找到孔子时代那位真实的孔子。孔子学说是春秋战国时代巨变与百家争鸣的结晶，它来自于时代，也来自于孔子本人的政治实践、社会实践与教育实践。因此，要品读孔子，读懂孔子学说，必须回到他的时代，找回那位真实的布衣孔子。

一

孔子所在的春秋时代又称“东周”，是一个继西周之后社会发生巨变与

---

① 《论语》之《子罕》《子张》。

分裂割据的时代。而西周是继夏、商之后最为繁盛的一个王朝。这个建立在三千年前左右的王朝有三个基本的制度，可以作为我们了解那个时代的窗口，这就是分封制、宗法制与井田制。我们要了解孔子的时代，必须从这儿说起。

大约在公元前1046年，周武王灭掉商朝，正式建立了周王朝，史称“西周”。两年后，武王病死，东方骚乱。武王之弟周公旦经过三年征战，安定了西周大局，接着，在全国范围内实行分封制。所谓分封制，就是把全国大部分土地、人民再划分为一个个大小不一的邦国，分配给西周王朝的亲属、功臣以及其他有关人员。西周初年，分封了七十余国。在今山东一带，有齐国、鲁国，还有邹、郕、滕、郯、郜、曹、邢、茅等小国；在今河南一带，有宋、卫、管、蔡、郑、毛、雍、应、凡、蒋、胙、祭、虢仲、虢叔、陈、杞、申、吕等国；在今山西、河北一带，有晋、韩、燕、霍等国；在南方地区，则有吴、楚、申、吕、随等一批邦国。除了分封的大小邦国外，周王朝还有王室直接控制的地区，称“王畿”。王畿分宗周、成周两部分：宗周是周人兴起的根据地，以镐京（今陕西西安附近）为中心，包括整个关中平原；成周则以东都王城（今河南洛阳）为中心，包括河、洛、伊、瀍一带，是保卫宗周和镇抚东方的重镇。宗周与成周东西连成一片，长达千里以上，其经济与军事力量都遥居各邦国之上，是周王朝控制全国的基地。

所谓宗法制，是在父权家长制的基础上发展起来的一种社会政治制度。宗法制的核心是按照血缘关系构筑整个王朝的政治、经济格局，确定整个社会的贵贱、上下等各种等级区别，并以此为基点，确立伦理规范和行为准则，制定全社会的礼法制度。

在宗法制度下，周天子既是整个王朝最高的统治者，又是最大的族长，掌握着全国最高的政权和族权。历代的天子一般都由嫡长子继承。其他的儿子或者得到一方独立的封地，建立自己的邦国，成为诸侯；或者在王畿的土地上分到一块土地，称“采邑”，自己则在王室担当一定的职务。周天子永远是天下的宗主、大宗。

分封的邦国称“诸侯”，诸侯国的国君，也是由嫡长子继承，他们对于周天子来说是小宗，而在自己国内则是理所当然的大宗。在诸侯国内，作为嫡长子的国君又把国内的土地、人口分配给自己的兄弟亲属，建立采邑，实际上还是小型政权，这批人称为“卿大夫”。卿大夫以下，还可以分出他们自己的亲属，给予一定的土地，让他们建立各自的父权家长制家庭，这批人便是“士”。士以下，是各级宗法结构下那些越来越疏远的宗族成员，他们是一般平民。

井田制是西周王朝的经济制度。所谓井田，本是指划分土地的单位。西周时代的良田，大都经过精心整治，按正南北和正东西的方向，分布着纵横交错的大小道路和灌溉沟渠，划分成比较方正的大小相连的方块田，这就是标准的井田。井田一般以每一方块土地为一百亩，作为一个耕作单位，称为"一田"，纵横相连的九田合为一井，面积约为一平方里。由于这一时期的劳动与土地分配的计量单位多是井田，所以，后人便以井田制统指这一时期的经济制度。在井田制下，有两种赋役制度，即"彻法"与"籍法"。彻法行之于国人。周代平民多居于城中，又称"国人"，一般是"九夫为井"，即每夫百亩土地，九夫为一个劳动单位，即一井；除分别耕种自己的百亩之田外，还要共同耕种百亩公田，因此又称之为"九一而助"。籍法行之于被统治宗族的成员。被统治宗族均被安置在郊外僻野之处，又称"野人"，一般是"十夫为沟"，即十夫为一共耕单位，共耕于主人之大田。

分封制、宗法制、井田制是西周王朝的三大支柱，它们实际上是一种权力和利益的分割制度，是一种统治秩序。为了维护这种分割制度和统治秩序，西周王朝还有严密的军事、礼乐与刑罚制度，用于天子对诸侯、诸侯对卿大夫、卿大夫对士的层层控制。

以军事制度为例，西周王朝严格规定"礼乐征伐自天子出"[①]，各诸侯国之间不得擅动武力。天子直接指挥的军队有：宗周六师，成周八师，共十四万甲士，这是周王朝维持"礼乐征伐自天子出"的武力基础。分封的诸侯国也都有一定的武装力量，但大国不过三师（军），小国不过一师，而且，诸侯国的军队，周王都能调遣，实际上也属于整个周王朝的武装力量。

正由于此，西周时期，天子对于诸侯有着极大的权威。诸侯国君要定期朝见天子，要定时定制向王室缴纳军赋和贡税。周天子可以随时征调各国的军队，被征调的国君要随周王出征。王室要兴建宫室或其他重大工程时，各国要提供劳役。王室的重大祭祀，诸侯国君要亲自前往助祭；对于天子的死丧、嫁娶和出巡，各国也都有特定的义务。如果不遵从王命或违反规定，周天子可以削夺他们的爵位，另立国君，乃至废除封地。

在这一历史时期，整个社会层次分明，井然有序，这也正是孔子所向往的时代。

当历史的步履跨进春秋时代的门槛后，一幅全然不同于往昔的画面展现在世人面前。周王室以往统治的三大支柱——分封制、宗法制、井田制，正在发生着剧烈的裂变。在历史与社会的发展中，诸侯国的力量不断壮大，

① 《论语·季氏》。

改变着他们与周王室的力量对比，诸侯割据，战争不断；卿大夫的力量也不断壮大，改变着他们与诸侯国君的力量对比，陪臣专政，甚至取而代之；与此同时，士、国人、野人等社会阶层也都发生着重大变化，改变着他们在整个社会中的地位。

西周王朝末期，面临着西北部族的强烈侵扰。公元前770年，周平王继位后，鉴于镐京（今陕西长安西北）被犬戎等攻破后残破难整，又处于其威胁之下，遂迁都洛邑（今河南洛阳），史称“东周”。此后直至公元前476年，由于与孔子所修《春秋》年代大体相当，所以又称作“春秋时期”。平王东迁后，在戎狄的不断袭扰和诸侯的蚕食之下，天子直辖的王畿大大缩小，最后只剩下洛阳周围方圆一二百里的地方，仅相当于一个小诸侯国。自然，周天子控制诸侯的权力和直接拥有的军事力量也日益丧失，成为一个徒具虚名的天下“共主”。在王室衰败的同时，一些随着地方经济的发展日益强大起来的诸侯国，几乎都成了独立政权，他们不再听从周王命令，也不再向周王朝朝聘纳贡。西周时代“礼乐征伐自天子出”的局面已不复存在，继而变成“礼乐征伐自诸侯出”了。各国都在积极扩充自己的势力，弱肉强食，不断发动兼并战争，出现了列国相争、大国争霸的动荡局面。

最先称霸的是齐国的齐桓公。齐桓公在公元前685年即位后，任用管仲为相，积极进行改革，富国强兵，国力日益强盛。齐国连续灭掉了谭、遂等35个小国，又率鲁、宋、陈、卫、曹、郑、许等国军队讨伐南方的楚国，几次召会诸侯，发号施令。齐桓公去世后，齐国霸业衰落。而楚国则在相继灭掉了玄、黄、徐一批小诸侯国后，势力扩展至今豫南、皖北地区，公元前638年又在泓水之战中击败宋国，鲁、宋、郑、陈、蔡、许、曹、卫等国都相继弃齐附楚。

在南方楚国势力不断强大之时，北方的晋国在晋文公的统治下，势力也不断膨胀。公元前632年，晋与楚爆发了城濮之战。晋大败楚军，使中原小国摆脱了楚的控制，归附了晋国。战后，晋文公在践土（今河南原阳西南）大会诸侯，被周天子正式册封为霸主。这年冬天，晋文公又在温（今河南温县）召会了齐、秦、宋、鲁、郑、陈、蔡、莒等诸侯，周天子也被召赴会。

与晋国称霸同时，关中的秦国也逐渐强大起来。公元前627年，秦穆公乘晋文公去世之机，企图插足中原，派军偷袭郑国，与晋爆发了崤之战，结果全军覆没。秦国东进受阻，遂致力西方，“益国十二，开地千里”，取得了独霸西戎的地位。

南方的楚国虽然在与晋国的角逐中暂居下风，但它一直积蓄力量，觊觎中原，仍想与晋一争雌雄。公元前606年，楚庄王又率军北上，问鼎中原。嗣后，相继攻克郑都，降服宋国，并在邲之战中大败晋军，鲁、宋、郑、陈等中原小国又相继依附楚国，楚庄王一时成了中原霸主。

晋楚相争，持续了百余年。连年的战争给各国人民带来了莫大的灾难，双方也感到筋疲力尽；与此同时，各国内部也出现了一系列新矛盾、新问题，而各国之间的力量对比也出现了一种新的均衡。在这种情况下，战乱纷纷的诸侯国之间出现了“弭兵”活动。

“弭”就是消除，“弭兵”，用现代语言来解释就是“和平”。公元前579年，由宋国执政华元发起，邀请晋、楚两大国在宋订立了互不使用武力、互相救助、共同讨伐违命反抗的诸侯的盟约。订约之后仅三年，楚国就撕毁盟约，与晋发生了鄢陵之战、湛阪之战，但都失败了。公元前546年，宋国的卿大夫向戌又奔走于晋楚之间，终于在宋都举行了有十四个诸侯国参加的弭兵大会。

此后数十年中，中原大战减少了，但齐、晋、鲁等国内部却动乱不断，势力强大的卿大夫们纷纷与自己的国君争夺权力，社会依然是动荡不安。

鲁国内部是季孙氏、孟孙氏、叔孙氏三家卿大夫(鲁桓公后代，史称“三桓”)与鲁国国君的相争。这三家卿大夫都十分注重自身的变革与发展，与国君争夺劳动人口，势力逐渐强大。到公元前562年，鲁国的三军被三家瓜分，三家都在自己的辖区征税敛贡，自行其是。国君的费用只能靠三家和一些旧贵族的纳贡维持，鲁国国君名存实亡。

齐国的内争是田氏代齐。齐国田氏实际上是陈国公子完的后裔，公子完因本国内乱，逃到齐国，被任命为工正，成为卿大夫。后势力逐渐扩展，成为齐国的实际执政者之一。公元前532年，田氏联合国人向另两家执政贵族栾氏、高氏发动进攻，把他们赶出齐国；公元前489年，田氏又率兵冲入国君宫室，打败了齐国的国氏、高氏、弦氏、晏氏四大家族；公元前481年，任左相的田常以武力战胜了受齐简公宠信的右相监止，监止随齐简公出逃，两人都被捉回杀掉。不久，“齐国之政皆归田常”。

晋国的内争更为剧烈。先是新兴的卿大夫韩、赵、魏、智伯、中行、范氏与国君及另一批旧式卿大夫的争斗，结果是晋国国君名存实亡，六家新贵控制了晋国政权。接着，六家新贵之间又战争迭起。公元前493年，范氏、中行氏与郑、齐、鲁、卫等国联合，与韩、赵、魏在铁(今河南濮阳西北)发生战争，范氏、中行氏大败，韩、赵、魏三家又联合将打击的矛头指向智伯。三家分晋的局面已成必然。不独鲁、齐、晋三国如此，在当时的其他各国中，也是内争不断，战乱迭起。

在分封制、宗法制发生巨变的同时，井田制也逐步瓦解。井田制下，私田是劳动者的份地，它不向国家提供赋税。到了春秋时代，贵族及其他社会上层人物都拥有了大量私田，他们变得越来越富有，而公室(诸侯)因为公田不断被侵夺及“公田不治”，经济发生了困难，于是出现了“私肥于公”的现象。各国诸侯为了扩大税源，增加财政收入，先后进行了赋税制度的改革。

首先进行赋税制度改革的是齐国。公元前685年，管仲实行“相地而衰征”，即不论公田私田，一律按照土地的好坏征收数量不等的田税，废除了井田制下的劳役地租，打破了“公田”“私田”的界限。公元前645年，晋国“作爰田”，废除周初以来的“换土易居”制度，改为“自在其田，不变易居”的“爰田制”，实际是承认土地私有；同时，又“作州兵”，即向州人（野人）征发兵役和军赋，这说明州人的社会地位、经济地位有所提高。公元前594年，鲁国实行“初税亩”，即“履亩而税”，无论公田、私田一律按亩收税，税率为产量的十分之一。公元前548年，楚国实行“书土田”“量入修赋”，对全国土地进行丈量，并按照肥瘠分为九等，依据田地的收入规定征收军赋的数额。公元前538年，郑国“作丘赋”；公元前408年，秦国实行“初租禾”。尽管各国赋税变革的名称不一，但其实质是相同的，即承认私田合法而征其税。

随着生产方式的变化，生产关系也相应发生了变化。那些占有大量私田的人，放弃了井田制的剥削方式，将土地分成小块，租给逃亡的野人和破产平民耕种，收取实物地租。春秋时期地主阶级的产生主要有以下一些途径：立有军功而获得土地的将士，转化为军功地主；经商致富而购置土地的商人成为商人地主；一些旧贵族放弃旧的剥削方式，采用租佃的剥削方式而转化为地主；还有少量的平民甚至野人上升为中小地主。

在地主阶级出现的同时，农民阶级也登上了历史舞台。首先是依附农民大量出现，见于文献记载的有“隐民”“私属徒”“宾萌”“族属”等等。“民”“徒”“萌”在以前都是对野人的称谓，现在有了新的含义：“隐民”“私属徒”是指地主的隐蔽户口，也是依附农民；“宾萌”是指外来的依附农民；“族属”是宗法性的依附农民。同时，个体农民也开始大量出现。个体农民主要是由平民和野人转化而来的。他们将井田的份地或新开垦的小块土地变作私田，进行耕作，直接向国家缴纳赋税和负担徭役。也有些贵族因不善经营或政治斗争失败而下降为个体农民。

在这样一个大动荡、大分合的年代里，一个新兴的阶层——“士”悄然而起。从王廷卿府到市井社里，无不活跃着士的身影，从谋士、国士、游说之士、辩士到武士、剑士、高士、隐士、死士、侠士、商贾之士、方士、车士等等，应有尽有。这时的士已大不同于西周分封制与宗法制格局下完全凝滞的那个社会阶层，它几乎是自由身份的同义词，他们可能一夜之间转至卿相，也可能奔走之中“三致千金”。春秋时代剧烈的政治经济变革为他们的活跃提供了有利条件，各国的争斗与对峙又为他们提供了宽阔的活动舞台与空间。

国君卿大夫们为了自身的发展，为了在竞争中赢得优势，纷纷养士、招士、礼贤下士；身怀智谋技能的士则奔走列国，求名干禄。他们纷纷以自己的一智之虑、一技之长，参政干政，谋求声名富贵，其中的杰出人物则试图通过个人的努力改变世界，改变历史，实现自己的政治理想。所以这一时期，无论政治、经济还是思想、文化都空前开放和活跃，尤其是文化教育，开始从官方、贵族的小圈子中挣脱出来，走向社会，走向民间。于是，学术昌盛，学派林立，大师辈出。

孔子是他们中间最杰出的一位。

二

孔子生活的时代我们已述如上，但愿能给大家提供一个比较清晰的背景。现在我们该步入正题，对孔子从头道来了。

孔子姓孔名丘，字仲尼。鲁国曲阜人氏，祖籍宋国，这是家喻户晓的事情。但孔子究竟生于哪一年，却是一个难以说清的问题。孔子生于何年？孔子本人和他的三千弟子们都无人说过。最早给孔子立传的西汉时代的史学大师司马迁认为，孔子生于鲁襄公二十二年（前551年），这个结论载于《史记·孔子世家》；另外成书于战国时代的两部阐释《春秋》的著作——《春秋公羊传》和《春秋穀梁传》认为，孔子生于鲁襄公二十一年（前522年）。就这一年之差，两千多年来不知惹了多少笔墨官司，从经学大师到莘莘学子，不知耗费了多少人的生命与岁月。至于孔子又生于何月何日，则歧义更多，争执更烈，众多学人皓首穷此，不得要领。

20世纪，钱穆先生做了一篇《孔子生年考》的文章，大概是有感于两千年来的不了官司，在考订孔子生年之余，又对此大大感叹了一番。他说："今谓孔子生前一年或后一年，此仅属孔子私人之年寿，与世运之升降，史迹之转换，人物之进退，学术之流变，无足轻重如毫发。而后人于此，月之，日之，考证不厌其详"，是"劳而且拙"。① 这是令人击节的不刊之论。既然如此，在我们这受限的叙论中，也就没必要再去辨证、考订一番，我们只需取一种言之有据的说法便可以了。对孔子生年的取舍如此，对孔子生平中的其他类似问题我们也取同样原则。

下面我们可以言归正传了。

孔子生于鲁襄公二十二年，也就是公元前551年，地点是鲁国昌平乡的

① 钱穆：《孔子生年考》，见其《先秦诸子系年考辨》，商务印书馆1936年版。

陬邑。陬邑是孔子的父亲叔梁纥的一方小小的采邑。刚才我们说到孔子是曲阜人氏，祖籍宋国，怎么还有一个陬邑？这三个地点的关系说清了，孔子家世的来龙去脉也就清楚了。

孔子的祖先是宋国的贵族，当周武王伐纣灭商时，商纣王的庶兄微子启抬着棺材到军前投降。周公旦平定东方，实行大分封时，便将商朝故都商丘一带封给了微子，国号为宋，成了周王朝的一个诸侯国。若由此说起，微子启应当是孔子的远祖。

微子启的第五代传人弗父何本是长兄，应当继承国位，但由于某种特殊原因，让给了弟弟鲋祀[①]，是为厉公，厉公允诺弗父何一系世世为宋国大夫。世为宋大夫，只是指嫡系一支，非嫡系的旁枝疏叶则不会有此殊遇。弗父何生宋文周，宋文周生世子胜，世子胜生正考父，正考父生孔父嘉。孔父嘉是孔子的六世祖，由于从弗父何算起，到孔父嘉已满五代，作为支系，应当另立姓氏，所以，从此以后，其子孙就以孔为姓了。

孔父嘉供职于宋廷，在一次宫廷斗争中被华氏家族的华督所杀，从此，华氏与孔氏结怨。到孔父嘉之孙孔防叔时，他不堪华氏的逼迫，举家逃到了与宋国相邻的鲁国，定居于陬。

孔防叔逃到鲁国后，自然失去了原来在宋国的身份与地位，可能只取得了士的资格。孔防叔生伯夏，伯夏生叔梁纥，叔梁纥是孔子的父亲。

孔氏的情况到了叔梁纥时略有转机。叔梁纥身高力壮，勇力过人，曾立过几次战功。鲁襄公十年(前563年)，第一次弭兵之会十三年后，晋国在鄢陵之战中击败楚军，仍充当着中原霸主的角色。这一年四月，晋国突发奇想，企图攻下鲁国南面的小国偪阳，送给宋国大夫向戌，叔梁纥作为鲁国的武士也参与了这次攻城。诸侯们的甲士攻城之际，偪阳人突然打开了城门，甲士们纷纷涌入城内。这时，城门上吊起的悬门被突然放下，眼看进入城内的甲士要被关在城中，叔梁纥奋力向前，双臂托起悬门，使攻入城内的甲士迅速退出。鲁国的贵族孟献子赞叹他是"《诗》所谓有力如虎者也"[②]。经过一番苦战，偪阳被攻了下来，但向戌不领情，不肯接受，请求晋国把此地给了宋平公。宋平公大喜过望，乃超乎常规，动用殷商时天子所用的《桑林》之乐招待晋侯。这一战役，使叔梁纥成了晋、宋、鲁诸国中小有名气的一位武士。

叔梁纥尽管手擎悬门，立下战功，但并未得到重用，到鲁襄公十七年(前

---

① 据南宋胡仔《孔子编年》卷一考辨：宋缗公死后，未传位长子弗父何，而是由缗公之弟炀公熙继位，弗父何之弟鲋祀杀炀公，想拥立弗父何，弗父何不肯接受，鲋祀遂立，即宋厉公。(《四库全书总目提要》卷五七《史部十三·传纪类一》)

② 《左传·襄公十年》。

556年)时，他仍是一员武士，驻守在鲁国的北疆要塞——防邑。这年秋天，齐军分两路进犯鲁国北邻，一路包围了桃，另一路包围了防邑。鲁大夫臧纥及其弟臧畴、臧贾以及叔梁纥都被困在城中。鲁国的援兵到达防邑附近的旅松后，慑于齐军强大，不敢接近。叔梁纥与臧畴、臧贾率甲士三百人，利用夜晚，冲出了齐军包围圈，将臧纥送到了旅松，他们又再度冲破齐军防线，回到防邑坚守。齐军攻城不下，只好退兵。

这次战功大概也未给叔梁纥带来什么好运，此时的叔梁纥已六十有余，不适宜再在疆场奔波，估计此后不久，他就回到了家乡陬邑。

叔梁纥在孔子出生前，已娶妻施氏，生有九女。另外，他娶的一位妾还生有一个跛足儿子，名叫伯尼(又名孟皮)。在鲁襄公二十二年，他又与颜氏女生下孔子，这一年叔梁纥已六十七岁左右。关于孔子的出生，司马迁在《史记·孔子世家》中只记有十分简短的两句话："纥与颜氏女野合而生孔子，祷于尼丘得孔子。"

古人所云"野合"，从字面理解，可以有两种解释：一种解释是婚姻关系之外的男女结合，这种现象在春秋时代还不像后世那样被视为十分非礼之举；另一种解释是不合礼仪的婚配。古来的经学家们多取后一种解释。理由是《孔子家语》曾说叔梁纥晚年求婚于颜氏徵在，颜徵在遵从父命与叔梁纥结为夫妻。"野合"就是指"梁纥老而徵在少，非当壮室初笄之礼……谓不合礼仪"①。而且孔子在《论语·子路》中说过"野哉，由也"，这儿的"野"也是指不合礼仪，那么，司马迁所云"野合"中的"野"也就应当是指不合礼仪。

"祷于尼丘得孔子"："祷"，是指祈祷、祷告；"尼丘"，即尼丘山，又名"尼山"，在今曲阜市东南。向尼山山神祷告求子，是表明叔梁纥与颜氏求子心切？或是表明他们未能应时而孕？还是表明了其他什么？我们已不得而知。孔子的字中的"尼"字，当与此有关。

根据晋朝干宝《三日纪》的记载，孔子并未出生在陬邑叔梁纥的家中，而是出生在"空桑之地"。这个"空桑之地"晋时又叫"空窦"，在鲁国南山的山谷中，平常没有水，但若祭祀祷告，则有清泉自石门涌出，足以供人使用，祭祀停止，则泉水枯竭。

干宝的这段记载是最早的有关孔子出生地点的记载，是否出于民间传闻，也不得而知。

孔子出生后，"首上圩顶"，就是说他的脑袋像倒过来的屋宇一样，中间低而四周高，所以取名为丘。

---

① 《史记·孔子世家》司马贞《索隐》。

孔子三岁左右，父亲叔梁纥病逝，母亲颜氏带着他迁居到鲁国国都曲阜城内的阙里，从此，开始了他"贫且贱"的早年生活。

在孔子十六七岁时，母亲颜氏又撒手人寰，少年孔子孤身一人面对社会，开始了自己的奋斗生涯。

孔子曾说自己"吾少也贱，故多能鄙事"；又说自己"十有五而志于学"，"三十而立"。三十岁以前的孔子生平，史料记载多语焉不详，根据《史记·孔子世家》和其他有关史料，我们只能对三十岁以前的孔子进行初步认识。

孔子虽然在自己出生前很久就已家道中衰，而且幼年丧父，过着"贫且贱"的生活，但他不甘于现状，奋力拼争，力图跻身贵族行列，是他的一贯心愿。"十有五而志于学"，学的目的当然是"学而优则仕"。遗憾的是，他试图跻身贵族社会的第一次尝试便被当头棒喝。

这一不幸事件发生在孔子的母亲去世不久。某日，鲁国的季孙氏大宴诸士，季孙氏与孟孙氏、叔孙氏都是鲁桓公之子的后裔，史称"三桓"。早在孔子出生前，这三家贵族已控制了鲁国的实际权力，其中尤以季孙氏权力最大。在孔子十四岁左右时，也就是公元前537年，三桓将鲁国的三军改编为二军，季孙氏独掌一军，叔孙氏、孟孙氏合掌一军，实现了"四分公室"。在这场"四分公室"的行动中，季孙氏独得其二。现在季孙氏大宴群士，孔子尽管母丧不久，身着孝服，还是想参与其中。谁料，却被季孙氏的家臣阳虎羞辱了一番，阳虎呵斥道："季氏飨士，非敢飨子也！"[①]孔子只好退下。

这对于一个刚刚丧母、又汲汲于跻身士这一行列的少年孔子来说，不啻当头一棒。但这并没有影响孔子实现自己既定目标的恒心。他二十多岁时，终于在季氏家族内做了委吏、乘田等小吏，负责管理仓库和牛羊，工作做得兢兢业业，十分认真。他在做委吏时说：要我管仓库，我就要把仓库里的账目算得清清楚楚。他在做乘田时说：要我管牛羊，我就要让牛羊茁壮生长。实际上，孔子做到了这一点。司马迁说他管仓库做到了"料量平"，管牛羊做到了"畜蕃息"。[②]

不过，在孔子早年，仕途的大门一直未能向他敞开。

孔子的好学与求知欲都远过于常人。孔子"为儿嬉戏，常陈俎豆，设礼容"，是人们熟知的故事。当时的曲阜，礼教文化氛围十分浓重，是全国的礼教文化中心之一。鲁国是西周开国元老周公旦的封地，其长子伯禽当年就国时，带来了许多典章文物；而且，就礼乐制度而言，鲁国既有诸侯以下所使用的礼乐制度，又有天子的礼乐制度，因为周王朝规定，在祭祀鲁国的开国

---

① 《史记·孔子世家》。

② 《史记·孔子世家》。

者周公时，可以使用天子的礼乐制度，这是其他诸侯国所不具备的。

礼教文化氛围固然十分重要，但孔子的学业主要还是靠着自己坚忍不拔的求知欲和顽强主动的好学精神完成的。在当时的情况下，没有学校教育，也无人开门授徒，礼教文化的学习主要是依靠平日的耳濡目染和实际环境的训练。这对于贵族社会的成员来说，是水到渠成、顺理成章的事，但对于孔子来说，却要靠自己去寻找机会，创造条件。

《论语》中记载的一件小事，很典型地说明了孔子所独有的学习精神。《论语·八佾》记道："子入太庙，每事问。或曰：'孰谓鄹人之子知礼乎？入太庙，每事问。'子闻之，曰：'是礼也。'"有了一个进入太庙的机会，对孔子来说是很难得的，所以，他逢事必问，不计较别人的议论。

《左传·昭公十七年》还记载了孔子向郯子学习的一件轶事，也足以反映其学习精神。鲁昭公十七年(前525年)，郯国的国君郯子来朝见鲁昭公。在鲁国招待郯子的宴会上，鲁国大夫昭子问起少昊时代职官的情况，因为郯子是少昊的传人，所以郯子很清楚地进行了说明。孔子听到这件事后，立即设法去见郯子，向他请教了许多问题，收获很大。事后，孔子曾感叹道："吾闻之，天子失官，学在四夷，犹信。"

这种孜孜不倦的学习精神，再加上鲁国良好的文化条件，使孔子早年便学有所成，闻名于鲁国。

孔子十七岁时，鲁国大夫孟僖子向他的嗣子懿子说了这么一番话：孔丘是圣人的后代，被宋国逼到了我们鲁国。他的祖先弗父何本来可以做宋公，但让给了厉公，到他的另一位先人正考父时，先后辅佐了宋戴公、宋武公、宋宣公，不但不骄奢，反倒更加谦逊俭朴，还专门在鼎上刻下了这样的箴言："一命而偻，再命而伛，三命而俯，循墙而走，亦莫敢余侮。饘于是，粥于是，以糊余口。"[①]他就是这样谦恭。我听说圣人的后代，即使不当权，也必定是达人。如今孔子年少好礼，难道不是达人吗？我死以后，你们一定要拜他为师。孟僖子死后，孟懿子与南宫敬叔果然到孔子那儿学习礼教。

孔子十九岁时，娶宋人亓官氏为妻，次年，生子孔鲤，鲁国国君昭公专门派人送来了鲤鱼。据《孔子家语》讲，孔鲤名鱼，字伯鱼，就是为了纪念国君送鱼一事。作为一个一般武士的后人，能有此殊遇，不能不归之于孔子的个人奋斗，这也表明青年孔子在当时鲁国已颇有声名。

孜孜不倦的努力使孔子能十分自信地说自己"十有五而志于学，三十而立"，这份努力更使孔子登堂入室，撷取了学习的真谛，为后人留下了一份珍贵的求学真经。

---

① 《史记·孔子世家》。

三

三十而立之后，孔子的名声越来越大，影响力已超越鲁国，成为当时各诸侯国公认的一位知识渊博、富有修养的达人。

鲁昭公二十年（前522年），齐国国君景公与大夫晏婴来鲁国访问，景公有感于秦国由一个西戎小国一跃而成为西方霸主，专门向孔子请教道："昔秦穆公国小处辟，其霸何也？"意思是说，秦穆公为什么能使一个荒僻小国成为强国？孔子归纳了三条原因：其一有大志，其二行为正，其三重人才。原话是这样说的："秦，国虽小，其志大；处虽辟，行中正；身举五羖，爵之大夫。起累绁之中，与语三日，授之以政。以此取之，虽王可也，其霸小矣。"[①]"身举五羖"，说的是秦穆公重用百里奚的故事。百里奚原是虞国大夫，晋献公灭虞后，俘百里奚。晋献公的女儿嫁到秦国为穆公夫人时，百里奚作为陪嫁的奴婢被带到秦国，百里奚在逃跑时，被楚国抓获。秦穆公听说百里奚是贤能之士，想用重金把他赎回，又怕楚国反倒不给，遂以五张羊皮把他赎了回来，拜为大夫，授以国政。这是孔子十分赞叹的一件事。因此，在最后，他甚至认为秦穆公的称霸只是小试锋芒，即使称王也是可以的。孔子在这儿是否有以此喻彼、毛遂自荐的意思，现在已难以说清，但这段话打动了齐景公，说得他连连称是，确属实情。

郏国国君庄公病逝，隐公即位，派人向孔子请教有关冠礼的问题。

吴国战胜越国后，得到一副很大的骨架，也派使者向孔子请教。

学有所成，声名远播之余，孔子最关心的还是步入仕途，实践自己的政治抱负。

这时，鲁国内外的环境都十分不利。《史记·孔子世家》对孔子三十岁时鲁国的外在环境有一段概括：

> 是时也，晋平公淫，六卿擅权，东伐诸侯；楚灵王兵强，陵轹中国；齐大而近于鲁。鲁小弱，附于楚则晋怒；附于晋则楚来伐；不备于齐，齐师侵鲁。

真可谓左右为难。

孔子三十岁时，是公元前522年，这时，距第二次弭兵大会已有二十四年，晋、楚相持，仍是中原地区共同的霸主。自第二次弭兵大会以后，晋、楚两国瓜分了霸权，原来依附于某一大国的小国，大多成了双方共同的附属

---

① 《史记·孔子世家》。

国，对两国尽同样的义务。鲁国的处境更是糟糕，除了对晋、楚两个一流霸主尽义务外，还要为它身边的齐国效劳。在整个春秋时期，鲁国国君共去朝拜过周天子三次，而对晋、楚、齐三大国的朝拜却达三十三次。鲁大夫叔孙穆子曾感叹道："今我小侯也，处大国之间，缮贡赋以共从者，犹惧有讨。"[①]

生活于此时此地，作为鲁国的一个臣民，孔子该如何施展自己的政治抱负呢？

更为不利的是，鲁国国内的政治局势也动荡不宁。前面我们已经讲到，在孔子早年，季孙氏、叔孙氏、孟孙氏已完成了"四分公室"，实际操纵着鲁国政治，三家都进行了不同程度的改革。鲁国国君鲁昭公当然不甘于此，时时想削弱三家势力，恢复公室往昔的尊严。公元前 517 年，季平子与鲁国另一家贵族郈（hòu）孙氏因斗鸡产生矛盾，昭公见有隙可乘，遂扶助郈孙氏，抑制季孙氏，并与郈孙氏联合，进攻季孙氏的据点费城。结果，叔孙、孟孙两家起兵支持季孙氏，郈昭伯兵败被杀，鲁昭公被迫逃往齐国。

国内如此动荡，孔子感到无所适从，难以酬志，也离开鲁国，前往齐国。

孔子此次适齐，有弟子同行，途经泰山时，看到一个妇人悲悲戚戚地在墓前啼哭。孔子派子路询问道："子之哭也，壹似重有忧者。"那妇人说："然。昔者吾舅死于虎，吾夫又死焉，今吾子又死焉。"孔子也上前问道："何为不去也？"那妇人说："无苛政。"孔子对弟子们说："小子识之：苛政猛于虎也。"[②]

孔子赴齐国的初衷当然是想求得齐景公的赏识与重用，因为在此前不久，齐景公在鲁国向他请教过秦国之所以强大等问题。但他到达齐国后，并不顺利，作为一个小国的普通臣子，想见齐国国君，并不容易。于是孔子便屈尊做了齐国贵族高昭子的家臣，想通过高昭子接近齐景公。这位高昭子是位佞臣，与当政的田氏、晏婴关系不佳。但孔子还是通过他见到了齐景公。

齐景公两次向孔子请教有关国家政治的问题。第一次，孔子只概要地回答道："君君，臣臣，父父，子子。"也就是要严格遵循旧有的等级礼教制度。齐景公听后，当然十分赞同，说道："善哉！信如君不君，臣不臣，父不父，子不子，虽有粟，吾岂得而食诸？"[③]第二次，孔子的回答是"政在节财"[④]。景公当即要将尼谿一带的土地封给孔子。如果此事成功，孔子便可以跻身于贵

---

① 《国语・鲁语下》。

② 《礼记・檀弓下》。

③ 《论语・颜渊》。

④ 《史记・孔子世家》。

族行列了，可惜齐相晏婴极力反对此事，而且说得十分刻薄。晏婴说：

> 夫儒者滑稽而不可轨法；倨傲自顺，不可以为下；崇丧遂哀，破产厚葬，不可以为俗；游说乞贷，不可以为国。自大贤之息，周室既衰，礼乐缺有间。今孔子盛容饰，繁登降之礼，趋详之节，累世不能殚其学，当年不能究其礼。君欲用之以移齐俗，非所以先细民也。[①]

景公于是收回了自己的想法。以后，景公尽管仍很尊重孔子，但不再向他询问有关礼乐的问题了。

又过了若干时候，景公很坦率地对孔子说："若季氏，则吾不能；以季、孟之间待之。"即要我把您尊奉如鲁国的季氏那样，我恐怕做不到，但可以让您享有季、孟之间的名位。"季"即季孙氏，是鲁国的上卿；"孟"即孟孙氏，是鲁国的下卿。但就在这时，齐国的大夫想加害孔子，景公无奈地对孔子说："吾老矣，不能用也。"[②]孔子看到形势险恶，不敢久留，只好与弟子们返回鲁国。

孔子首次出境求仕，不利而归，表面看来与晏婴直接相关。晏婴当时为齐相，对孔子的评价一直不高。他曾将孔子与舜相比，认为孔子的举止仪表都有一定规范，循规蹈矩，若杂处在普通人中间，很容易被人认出。而舜却不同，舜与普通人在一起时，就和普通人一样；和君子在一起时，就和君子一样；和圣人在一起时，他本来就是圣人中的一个。这就是孔子不如舜的地方。不过，不管怎么样，晏婴还是认为孔子是一个圣人，不是一般人物，因此，只是劝齐景公不要重用孔子，而没有其他恶意。

那么，是哪些人企图加害孔子呢？看来，应当是孔子所提倡的"君君，臣臣，父父，子子"影响到的那些人。当时的齐国，田氏当政，齐景公所感叹的"君不君，臣不臣，父不父，子不子"恐怕主要由此而发。既然如此，田氏肯定不会让齐景公重用孔子，也肯定不会让孔子安安稳稳地待在齐国。

值得注意的是，孔子对"君君，臣臣，父父，子子"的倡导，绝不限于此时此地，这是他一贯的不曾有过改变的政治主张。而当时各国的实际情况却是诸侯向天子非礼，卿大夫向诸侯非礼，家臣向卿大夫非礼，到处都是"君不君，臣不臣，父不父，子不子"，"滔滔者天下皆是也"，"而谁以易之"？[③] 这样，只要孔子恪守着这套君臣父子的法则，他在齐国的这一遭遇还会一次又一次地重演。

孔子回到鲁国的时间大约是公元前515年，这一年孔子三十七岁。此后十余年间，孔子未参与大的政治活动，而是致力于授业传道。

---

① 《史记·孔子世家》。

② 《论语·微子》。

③ 《论语·微子》。

鲁定公五年(前505年),季氏家族中的嬖臣仲梁怀与阳虎发生矛盾。阳虎是季孙氏家的老臣,当年不让孔子参加季孙氏大宴群士的就是此人,季氏的实际权力操纵在他的手中。仲梁怀不识时务,依仗自己得到季桓子宠信,多次与阳虎争执。阳虎曾想把他逐出季氏家门,被季氏家宰公山不狃制止了。但到了秋天,仲梁怀日益骄横,阳虎干脆把他关了起来。季桓子大为不满,向阳虎要人,阳虎索性连他也一并囚禁,逼使季桓子接受了自己的条件后才将他放出。自此以后,一方面是季孙氏操纵国君;另一方面则是阳虎操纵季氏,甚至越过季氏直接操纵鲁国国政,也就是人们所说的"陪臣执国政"。按司马迁的说法,"是以鲁自大夫以下皆僭离于正道。故孔子不仕,退而修《诗》、《书》、《礼》、《乐》,弟子弥众,至自远方,莫不受业焉"[①]。

孔子不肯在鲁国出仕的原因,司马迁的分析可谓一语中的。孔子虽然朝思暮想的是跻身政治舞台,一展宏图,但他又有着强烈的政治信念。他的政治抱负是挽救当时礼崩乐坏的混乱局面,恢复君臣父子的等级礼纲。"如有用我者,吾其为东周乎!"[②]这句话集中反映了他的政治信念。正由于此,他必定要选择适宜的政治环境,而不会轻易踏入政门,觅取自身的富贵。他曾十分坚定地说:"不义而富且贵,于我如浮云。"[③]因此,孔子曾坚定地宣布过他的出仕原则:"危邦不入,乱邦不居。天下有道则见,无道则隐。邦有道,贫且贱焉,耻也;邦无道,富且贵焉,耻也。"[④]

这一宣言听起来十分自信,十分潇洒,但在孔子那儿,在孔子那个时代,却包蕴着巨大的心理冲突。"有道则见,无道则隐",说起来也十分轻松,对于相当一部分士子来说,做起来也不太困难,但对孔子来说就不同了。由于孔子有着强烈的政治信念与政治抱负,"隐"对于他来说只是手段,而非目的,而且,他永远也不会接受这一目的。他曾明确表示:"隐居以求其志,行义以达其道。"[⑤]当子贡向他请教"有美玉于斯,韫椟而藏诸?求善贾而沽诸"时,他急忙表示:"沽之哉!沽之哉!我待贾者也。"[⑥]

对于孔子的这种心理冲突,季孙氏的权臣阳虎似乎捕捉到了一些信息。

阳虎操纵了季氏的实权后,鉴于孔子名望已高,很想借孔子的声望来巩固和提高自己的地位。他曾多次求见孔子,但都被孔子婉拒。阳虎便利用了当时的一个礼俗:凡大夫送礼物给士,如果因为士不在家而不能亲受,这

---

① 《史记·孔子世家》。
② 《论语·阳货》。
③ 《论语·述而》。
④ 《论语·泰伯》。
⑤ 《论语·季氏》。
⑥ 《论语·子罕》。

个士便必须到大夫家登门致谢。阳虎知道孔子是恪守礼教之人，所以专门趁孔子不在家时将一只蒸熟了的小猪送给孔子，想借此迫使孔子不得不到他家来道谢。孔子当然也明白阳虎的意图，因此，在打听到阳虎不在家时才上门致谢。不料，在路上遇到了阳虎。阳虎对孔子说："来！予与尔言。"孔子不答。阳虎又说："怀其宝而迷其邦，可谓仁乎？"意即自己有德有才，而听任国事迷茫，这样的人能算是仁人吗？他自己接口又说："不可！好从事而亟失时，可谓知乎？""不可，日月逝矣，岁不我与！"就是说自己很想出仕做事，而又屡失时机，这样的人不能算是智者！时光一天天过去，岁月不会等待你啊！阳虎的这些话抓住了孔子的心理冲突，强烈地震动了孔子。所以，孔子听后当即表示："诺，吾将仕矣。"①

当然，此事之后，孔子又陷入了理念与现实的矛盾冲突中，或者说他坚持了自己的原则性信念，没有轻易在阳虎当权时出仕。

若只说"坚持"，似乎太轻松了一点，实际上，孔子的这种原则性信念遇到的挑战太强了。阳虎一事过后不久，孔子又遇到一次挑战，险些使其放弃初衷。

季孙氏的费邑宰公山不狃（即公山弗扰）盘踞在费，密谋背叛季氏自立，派人召孔子。孔子一度动心。司马迁这样写道："孔子循道弥久，温温无所试，莫能己用，曰：'盖周文、武起丰、镐而王，今费虽小，傥庶几乎！'"看来孔子是长期怀志难酬，不准备计较公山不狃的叛逆行为，也不介意费城的狭僻了，他想在那儿成就文武之业。这实在带有过于浓重的理想主义色彩，难以成立。果然，孔子刚有这个想法，便遭到子路的强烈反对。子路很不高兴地对孔子说：没有地方去便算了，为什么一定要去公山氏那儿呢？孔子仍然坚持自己的想法，说："夫召我者，而岂徒哉？如有用我者，吾其为东周乎！"②意即假若有人用我，我将使周文王、武王之道在东方复兴。

当然，孔子最终还是未能成行。

四

进入知天命之年后，孔子的政治生涯出现了新的契机。

鲁定公八年（前502年），孔子满五十岁。这一年，季氏家臣阳虎试图谋杀季氏，自己完全取而代之，未遂，于是他占据阳关（今山东泰安东南），发动反叛。次年，鲁国国君与季氏联合讨伐阳虎，阳虎兵败逃出，先到齐国，又到

---

① 《论语·阳货》。

② 《论语·阳货》。

宋国，最后投奔晋国的赵简子。鲁国政局复归稳定，国政大权仍由季桓子把持。

这一年，孔子出任中都宰。中都是一个小县，在今山东汶上县西。史称孔子治县一年，“四方皆则之”[①]。接着，他又出任司空。鲁定公十年（前 500年），又被提升为大司寇。大司寇职掌司法刑狱，与司徒、司马、司空三卿并列，属于上卿。至此，孔子终于进入了鲁国的上层政治圈子，至于他是否可以把握这一契机，施展自己的政治才能，实现自己的政治抱负，还要看未来的天时、地利与人和。

定公十年，齐鲁两国国君举行了夹谷之会。夹谷之会缘起于孔子，又由孔子为它画上了一个圆满的句号，在孔子的从政史上写下了难得的一页辉煌。

孔子被任命为大司寇后，在齐国引起了不安。这年夏天，齐国大夫黎钼对齐景公说：“鲁用孔丘，其势危齐。”建议景公及早拿出对策。齐景公遂派使者告诉鲁国，想与鲁国在夹谷会盟。齐国的本意是先发制人，在会盟中依仗齐强鲁弱压服鲁国，使其无条件地成为齐国的附庸。鲁定公指定孔子为鲁国一方的相礼，也就是司仪，准备按常规只带一部分仆从赴会。但孔子觉察到了形势的严重，对定公说：“臣闻有文事者必有武备，有武事者必有文备。”[②]请定公带了一部分甲士。

双方国君在夹谷会盟之初，还互相注重礼节，“揖让而登”。但应酬过后，齐国相礼即向前禀告：“请奏四方之乐。”齐景公点头同意。于是，刀枪剑戟，旌旄羽袚，“鼓噪而至”，实际上是向鲁国示威。孔子见状，迅速登上坛阶，厉声向景公说道：“吾两君为好会，夷狄之乐何为于此！请命有司。”但齐国相礼赶不动这群“示威者”，他们依旧在那儿张牙舞爪，咄咄逼人。众人的眼光都盯着景公和晏子。齐景公忐忑不安，挥手让他们退下。一会儿，齐国又上来一群侏儒怪人，奏起“宫中之乐”。孔子又快步上前，斥责道：“匹夫而营惑诸侯者罪当诛！请命有司！”[③]结果，齐国不得不对这些人施加刑罚。

盟会最后缔约时，齐国突然要在盟约中加上一条，说齐国出征时，如果鲁国不出三百兵车相从，就是破坏盟约。这显然是要鲁国无条件地承认自己是齐国的附庸。这一要求，把鲁国陷入进退两难之中：若是答应齐国的要求，不仅鲁国利益受损，而且还会开罪于北方的另一大国晋国，可能会遭到晋国方面的强烈反对；若是不答应齐国的要求，在齐鲁强弱悬殊的客观条件

---

① 《史记·孔子世家》。

② 《史记·孔子世家》。

③ 《史记·孔子世家》。

下，也会给鲁国带来许多麻烦。而且这次夹谷之会，齐国做了充分的准备，意外事件随时可能发生。这对于初与鲁政的孔子来说，无疑是一次重大的考验。

孔子既看到了齐强鲁弱的客观形势以及夹谷的紧张气氛，又看到了鲁国自身的优势所在。鲁处于齐晋两大国之间，它的依违对两大国都有着举足轻重的影响，因此，齐国也不会轻易与鲁国闹翻，把鲁国完全推到晋国一方。再者，尽管夹谷气氛紧张、齐国气势汹汹，但鲁国在孔子的主持下也进行了充分的准备，做了"武备"，而且在会盟过程中，折冲樽俎，又使齐景公丢尽了面子。这样，孔子当机立断，也提出了新的条款，派人回答说，如果不把齐国侵夺鲁国的汶阳之田归还鲁国，而要鲁国出兵车，也是破坏此盟。

夹谷之会结束后，齐景公把手下的大夫们大大责备了一番，指责他们说："鲁以君子之道辅其君，而子独以夷狄之道教寡人，使得罪于鲁君，为之奈何？"[①]为了笼络住鲁国，齐国也不得不把侵占的汶阳一带的郓、灌、龟阴三地归还了鲁国。

夹谷之会自然进一步提高了孔子的声望，自此之后，他把全部精力都放到了鲁国政务上，雄心勃勃地准备实现自己的政治主张。

在当时的鲁国，名义上的最高当政者是国君鲁定公，而实际上则是季桓子。对于一般的政治家来说，如何把握其中关系是比较简单的事情，但对于一心要"克己复礼"、恢复"君君，臣臣，父父，子子"格局的孔子来说，事情就不是那么简单了。从孔子任大司寇间的实际情况看，在这个问题上他尽到了自己最大的努力，也取得了所能取得的最佳结果。

对于鲁定公，尽管他实际上已与傀儡无异，但孔子对这位国君还是恪尽职守，严格按照君臣礼仪行事，不敢有一处不尊，不敢有一丝一毫的懈怠，把"君君，臣臣，父父，子子"这套与社会久违了的礼制表现得淋漓尽致。

鲁定公曾问孔子："君使臣，臣事君，如之何？"孔子回答道："君使臣以礼，臣事君以忠。"[②]除了"臣事君以忠"外，礼当然是必不可少的，孔子因为对国君谨慎守礼，遭到一些人的鄙夷，因此，孔子曾感叹道："事君尽礼，人以为谄也。"[③]

孔子的"事君尽礼"，为什么会引起人们的非议呢？我们还是看看孔子究竟是怎么做的。

《论语·乡党》中有一些生动叙述，我们用白话文依次译给大家：

---

① 《史记·孔子世家》。

② 《论语·八佾》。

③ 《论语·八佾》。

孔子上朝，国君若不在场，同下大夫谈话理直气壮，同上大夫谈话和颜悦色。国君若在场，他局促不安，小心谨慎。

鲁君召孔子，让他接待宾客，孔子脸色变得矜持庄重，脚步也加快起来。他向站在两旁的人左右不停地拱手作揖，宽大的衣裳也前后摆动着。他小步快速前行，就像鸟儿展翅一样。宾客辞别后，他一定向君主回报说："宾客已走远了。"

孔子步入朝廷大门，恭敬谨慎，像是没有容身之地似的。他不在门中间站立，进门时不踩门槛。他经过君主的座位时，面色矜持庄重，脚步也快，说起话来好像气力不足似的。他提起衣摆升堂，恭敬谨慎，紧屏呼吸，就像不喘息了一般。由朝中出来，走下一级台阶，脸色才舒展起来，现出怡然自得的样子。下完台阶，快步前行，就像鸟儿展翅一样。回到自己的位置上，又显得恭敬有礼。

孔子病了，君主前来探望，他面向东，把朝服和绅带盖在床上以示迎接。

君主召见时，不等驾好马车就先步行走了。

孔子的这种"事君尽礼"，就他本人来说好像是合乎了周礼，但在当时那种"君不君，臣不臣"的社会氛围中，难免不会引起人们的鄙夷，使"人以为谄也"。

当然，作为一个政治家，哪怕是两千多年前的政治家，仅仅做到了"事君尽礼"是远远不够的。孔子在"事君尽礼"的同时，对国君也诤言有加，这可能属于孔子所说的"事君以忠"的范畴。

《论语·子路》中曾记有这样一件事，这里不妨再译给大家：

鲁定公问："有可以使国家兴盛的一句话吗？"孔子答道："不可能有这样的话，但近乎这样的话是有的。有人说：'做君主难，做臣子也不易。'如果知道做君主难，就会认真地管理国政了，这不是一句接近可以使国家兴盛的话吗？"鲁定公又问："有一句使国家丧亡的话吗？"孔子答道："不可能有这样的话，但近乎这样的话是有的。有人说：'我做君主没有别的快乐，只是没人敢违抗我的话。'假如说的话正确而没人违抗，固然很好，假如说的话不正确而无人违抗，这不是一句接近可以使国家丧亡的话吗？"

孔子与季桓子的关系处理得比较成功。

以往，孔子对季孙氏颇多微词，对季孙氏僭越臣礼、操纵国政也不时加以抨击。对季氏使用天子的八佾舞乐，孔子曾怒不可遏地称："是可忍也，孰不可忍也？"对于季孙、叔孙、孟孙三家在祭祖时的僭礼行为，也愤怒地加以斥责:“‘相维辟公,天子穆穆。’奚取于三家之堂?”[①]孔子还曾十分尖刻地预言季氏三家的衰微,他说:“禄之去公室五世矣,政逮于大夫四世矣,故夫三桓之子孙微矣。”[②]即国家大政不在鲁君手中已有五代,政权落在大夫手中也已四代,所以三桓的子孙也要衰微了。

但到孔子步入鲁国政治中枢后,对季氏却谦恭有加,采取了非常策略的态度。由于孔子自己身为上卿,对于同为上卿而且僭越臣礼的季桓子如此恭敬,时常晋见,连弟子宰予也看不下去了。某次,孔子晋见季桓子,桓子不悦,孔子又去晋见。宰予劝孔子说:“昔,予也尝闻诸夫子曰:‘王公不我聘,则弗动。’今夫子之于司寇也日少,而屈节数矣,不可以已乎?”孔子是这样回答的:“然。鲁国以众相陵,以兵相暴之日久矣,而有司不治则将乱也,其聘我者,孰大于是哉!”[③]

这是孔子对“克己复礼”的最好阐释。

孔子的这一策略获得了相当的成功,季桓子对孔子逐渐倚重。任大司寇不久,孔子便以大司寇一职“行摄相事”,也就是代理鲁国的宰相,成为鲁国政治舞台上居于鲁定公、季桓子之后的第三号人物。孔子走上了其政治生涯的顶巅。

《史记·孔子世家》记道:孔子由大司寇行摄相事后,面有喜色,弟子们毫不客气地对他说:“闻君子祸至不惧,福至不喜。”意思是说,夫子您过于喜形于色了。但孔子的回答也很巧妙:“有是言也。不曰‘乐其以贵下人’乎?”

当然,孔子并没有陶醉于这种兴奋之中,也没有忘记自己“克己复礼”的政治使命,他准备尽自己所能,挽救鲁国礼崩乐坏的颓局。于是,开始实施他政治舞台上的一个壮举——堕三都。

三都分别指季孙氏封地的都城费邑、叔孙氏封地的都城郈邑、孟孙氏封地的都城成邑,都在其家臣的直接控制下。堕三都就是拆毁这三座城邑。

在当时的鲁国,一方面是季孙氏、孟孙氏、叔孙氏三家僭越国君,把持朝政;另一方面则是他们的家臣势力膨胀,不听指挥。三家都居住在鲁国国都曲阜,封地内的三都都被家臣盘踞,一些不法家臣以此为基地进行叛乱。季孙氏的家臣阳虎曾以费邑叛乱,叔孙氏的家臣侯犯曾以郈邑叛乱,三家对自己家臣的犯上作乱当然十分不满。

孔子清醒地认为,“克己复礼”的第一步如果直接指向三桓,会欲速不达,适得其反;若拿三桓的家臣开刀,拆除三家的都城,从表面看来是帮助三

① 《论语·八佾》。
② 《论语·季氏》。
③ 《孔子家语·子路初见》。

桓消除各自内部的不安定因素，会取得三桓的支持；更深一层的意义，则是除去了三桓的大本营，直接削弱了三桓的势力。因此，鲁定公十三年（前497年）的夏天，孔子在征得了季桓子的同意后，向定公上奏："臣无藏甲，大夫毋百雉之城。"[①]也就是说，家臣们不能拥有武装，大夫们的城邑不能超过百雉，过百雉的要拆除。

孔子派子路任季氏家宰，具体负责堕三都的行动。叔孙氏率先配合子路，拆除了郈邑。接着，季氏又准备拆除费邑。季氏的费邑宰是公山不狃，此人早就蓄谋拥兵自立，曾派人召孔子，孔子未成行。这次孔子与季氏要拆除费邑，他当然不会善罢甘休，遂与叔孙辄率兵进攻曲阜。定公与季孙、叔孙、孟孙三位大夫都退到了季氏的宫室，守在武子台上。叛军猛攻季氏宫室，有的士卒甚至到了武子台侧。孔子亲自指挥反击，命另外二位大夫申句须、乐颀率兵出击，叛军溃败，公山不狃与叔孙辄逃往齐国。费邑被拆除。

郈邑、费邑被拆除之后，下一个目标是孟孙氏的成邑。孟孙氏起初也是支持堕都的，但孟孙氏的家臣公敛处父看出了其中的奥妙。他对孟孙氏的家主孟懿子说："堕成，齐人必至于北门。且成，孟氏之保障也。无成，是无孟氏也。子伪不知，我将不堕。"[②]孟懿子照计而行，表面上装作什么都不知道，依然不反对堕城，暗中却支持公敛处父进行抵制。这样，直到冬天，成邑城未损毫发。国君鲁定公在这种情况下亲自率兵围困成邑，又未奏效。定公亲自率兵围困一个大夫的城邑不能奏效，正说明三桓对堕城一事已经醒悟，他们采取了不合作态度，最终使孔子堕三都的计划功亏一篑。

堕三都的失败，标志着孔子此次从政告一段落，季孙氏明了了孔子的真正目的之后，不会再让他参与国政，更不会让他继续"摄相事"了，而且对孔子的态度也急转直下，变得异常冷淡。

恰在这时，齐国又给鲁国君臣送来了美女、骏马，想使鲁国君臣沉迷于声色犬马之中。尽管孔子再三反对接受，但鲁定公和季桓子还是接受了这一馈赠，而且果然沉迷其中，终日观舞赏乐，不理朝政，对孔子更是不理不睬。子路对孔子说："夫子可以行矣。"请孔子辞官远行。但孔子还不肯接受这个现实，他对子路说："鲁今且郊，如致膰乎大夫，则吾犹可以止。"[③]"郊"是指郊祭，"膰"是祭祀用的烤肉。按常礼，郊祭完毕后，国君要将膰分发给大夫们。孔子的意思是，如果郊祭的膰能发给我，说明国君还承认我的大夫身份，那么我就可以不走。但遗憾的是，孔子最终还是未等到这个礼，郊祭的

① 《史记·孔子世家》。

② 《左传·定公十二年》。

③ 《史记·孔子世家》。

膰没有他一份，这就等于孔子被罢了官。

孔子见事已如此，遂带着弟子们匆匆离开了鲁国。

离开国境前，孔子曾在南境小邑屯略作停留，心情十分低沉，用他自己的话说："迟迟吾行也，去父母国之道也。"①

孔子出走，鲁大夫师己为他送行。他对孔子说："夫子则非罪。"为他鸣不平。孔子则为之歌曰："彼妇之口，可以出走；彼妇之谒，可以死败。盖优哉游哉，维以卒岁！②"

"优哉游哉，维以卒岁。"这是孔子的本意，还是他寻求心理平衡的一种方式呢？

五

孔子离开鲁国的时间是鲁定公十三年（前 497 年）的春天，这一年孔子五十五岁。

离开了自己生息了五十多年的故土，带着数十名弟子逶迤而去，孔子的心境可想而知。但此后的孔子是否真的会像他对师己唱的那样"优哉游哉，维以卒岁"？看来很难。这一点，了解前面的孔子后，大家都会得出这样的结论。

为了实践自己的政治主张，为了寻找一个能赏识自己、值得辅佐的明君，孔子开始了长达十余年的周游列国。他颠沛流离，忍辱负重，"累累若丧家之狗"，进行着"知其不可而为之"的悲壮义举。

孔子周游列国的第一站是卫国。初离国门，尽管少不了浓浓的离情别绪，但他对于自己的政治主张的实践还是充满信心。孔子进入卫国后，看到街道熙熙攘攘，人口繁盛，禁不住感叹道："庶矣哉！""庶"指人多。冉有问："既庶矣，又何加焉？"意即既然人口已很繁盛，还要再做些什么事呢？孔子说："富之。"使人民富裕起来。冉有又问："既富矣，又何加焉？"富裕以后再做些什么呢？孔子说："教之。"③教育他们。在他看来，卫国只是做到了国家治政的第一步——民庶，而富民、教民的重任还有待来者。

孔子到卫国后，客居于颜浊邹家中。颜浊邹是卫国大夫，有贤名，是子路的妻兄。大概是由于颜浊邹的引荐，加之孔子已有的名声与地位，卫国国君卫灵公很快接见了孔子，对孔子的到来表示欢迎。他还询问起孔子在鲁时的俸禄情况，在得知孔子"俸粟六万"后，也让孔子享有同样的俸禄。

---

① 《孟子·万章下》。

② 《史记·孔子世家》。

③ 《论语·子路》。

从此，直到鲁哀公三年(前492年)，孔子的主要立足点一直放在卫国，或在卫国活动，或暂离卫国到曹、宋、郑、陈等国活动，活动的主要内容是"求仕以行其义"。

孔子初到卫国时，卫灵公已执政三十八年。此公表面上摆出一副尊贤爱士的姿态，但实际上却怠于政事，不肯重用孔子。因此，孔子在这一时期三次外出求仕。

第一次是到卫国后不久，卫国有人看到国君如此厚待孔子，心中不满，便到灵公面前告了孔子一状，说孔子带着这么多弟子，若久住卫国，难保不会发生不测。卫灵公便派人带兵去监视孔子，孔子见状，只好带弟子们继续远行。

孔子这次的目的地本是陈国(国都在今河南淮阳)，但走到匡(今河南扶沟南)时，发生了一段不大不小的插曲。孔子一行路经匡邑城郊时，驾车的颜刻指着城墙上的缺口对孔子说：过去阳虎就是从这儿入的城。阳虎曾带兵侵暴匡城，而孔子的相貌又很像阳虎，匡人便把孔子一行扣了起来。一扣多日，弟子们都十分焦急，担心匡人会采取什么极端行为。孔子倒很坦然，对弟子们说："文王既没，文不在兹乎？天之将丧斯文也，后死者不得与于斯文也。天之未丧斯文也，匡人其如予何！"[①]孔子认为，周文王死后，古代文化不是都保存在我这里吗？如果上天想要毁灭这些文化，那我就不能传授这些文化了；如果上天不毁灭这些文化，那匡人又能把我怎样！

后来估计是匡人弄清了真相，放走了孔子一行。但不知什么原因，孔子没有带弟子们继续前行，而是经蒲邑(今河南长垣)回到了卫国。

回到卫国后，孔子未再去依托颜浊邹，而是寄居到了卫国的一位名士蘧伯玉家。蘧伯玉是卫国大夫，与孔子相交颇深。史载，蘧伯玉曾派人探望孔子，孔子让来人坐下后问："夫子何为？"来人答道："夫子欲寡其过而未能也。"来人走后，孔子赞叹来人道："使乎！使乎！"[②]这次到卫国，不知是蘧伯玉的原因，还是有其他什么原因，孔子及其弟子们不但不再被怀疑、监视了，而且还能参与卫灵公的一些活动。孔子对卫灵公以及卫国国政也摆出了一种积极的姿态，希望能得到重用。

卫灵公年老之后，卫国国政操持在其夫人南子手中。南子为人轻浮，善于权术，与卫太子蒯聩关系不和。在孔子这次返回卫国前后，太子与家臣戏阳遬曾密谋刺杀南子。但在行动时，戏阳遬犹豫起来，太子多次示意他动手，被南子发觉，大呼："太子要杀我！"卫灵公大怒，太子被迫逃往宋国，后又投

---

① 《史记·孔子世家》。

② 《论语·宪问》。

奔晋国的赵氏。太子出走后，南子更是有恃无恐，进一步把持了国政。

南子派使者向孔子表示，愿一见孔子。孔子不得已，入宫拜见南子。据《史记·孔子世家》所记，“孔子入门，北面稽首。夫人自帷中再拜，环佩玉声璆然”。子路对此事十分不满，孔子发誓道：“予所不者，天厌之！天厌之！”

孔子拜见南子，一方面可能是出于礼节，如孔子自己所言：“吾乡为弗见，见之礼答焉。”[①]另一方面也表明了孔子的求仕之心，他恐怕也想通过卫国的这位实际当政者，实践自己的政治主张。

遗憾的是，不管是卫灵公还是南子，都没有把孔子看成是一位政治家，都没有为孔子施展其政治抱负提供一点舞台。他们只是把孔子当作一个名士，当作一个饰物，来点缀自己的荒诞与无聊。

“子见南子”后不久，卫灵公与南子还有一位宦官乘车出游，让孔子坐在后一辆车上相从，“招摇市过之”。孔子说：“吾未见好德如好色者也。”[②]对此事深感羞辱，很快，便再次离开了卫国。

孔子这次率弟子离开卫国出行，又十分不顺利。他们一行先到了卫国的西南邻国曹国（国都在今山东定陶一带），一无所获。又由曹抵宋，在宋不仅也是一无所获，而且还险些被宋国司马桓魋所杀。孔子在宋国境内，率弟子在一棵大树下学习礼仪。桓魋曾受到过孔子的抨击，见孔子至宋后，遂率兵士赶到，要杀孔子。正当他让人砍掉那棵大树，进行恫吓时，孔子离去，弟子们要孔子快点逃开，孔子则很自信地说：“天生德于予，桓魋其如予何！”[③]

尽管如此，他们一行还是匆匆离开了宋国，到达郑国（今河南新郑）。大概是沿途过于仓促，抵达郑国国都时，孔子与弟子们走失，一个人孤零零地站在东门外，四处张望。子贡在寻找孔子的过程中，有一位郑国人告诉他：“东门有人，其颡似尧，其项类皋陶，其肩类子产，然自要以下不及禹三寸，累累若丧家之狗。”找到孔子后，子贡把这番话如实地告诉了孔子。孔子听后不仅不介意，反而很高兴地说：“形状，末也。而谓似丧家之狗，然哉！然哉！”[④]

孔子自郑又到了陈国，不久，又经蒲邑返回卫国，一无所获。

孔子过蒲时，赶上公叔氏据蒲叛卫。蒲人知道孔子要前往卫国，遂扣住了他们。孔子弟子中有一位公良孺，带着自己的五乘车辆追随孔子。此人为人正直，有勇力，对众人道：“吾昔从夫子遇难于匡，今又遇难于此，命也

---

① 《史记·孔子世家》。

② 《史记·孔子世家》。

③ 《论语·述而》。

④ 《史记·孔子世家》。

已。吾与夫子再罹难，宁斗而死。”众弟子们一起奋力突围，蒲人对孔子说："苟毋适卫，吾出子。”孔子与他们盟誓后，他们打开东门放行。孔子率弟子们离开蒲邑后，即赶往卫国。子贡对此很不理解，对孔子说：“盟可负邪?”孔子的回答是：“要盟也，神不听。”[①]

孔子这次返回卫国，卫灵公不仅对孔子愤而离去没有介意，而且还亲自到郊外迎接，以显示自己尊贤爱士的风度。但在政治上，却依然不肯任用孔子，对孔子的政治主张也不感兴趣。

在迎接孔子时，卫灵公难得地向孔子咨询了一个政务问题，他问孔子：“蒲可伐乎?”孔子的回答十分肯定。灵公又问：“吾大夫以为不可。今蒲，卫之所以待晋、楚也，以卫伐之，无乃不可乎?”[②]孔子仍力主伐蒲，他认为蒲邑的男男女女都反对公叔氏的反叛，所以，要讨伐的不过是四五个叛乱首领。卫灵公虽然口头上表示同意，但并不把孔子的意见当回事，最终还是没有伐蒲。

这次居卫，对孔子来说出现过两次出仕机会。

一次是佛肸召孔子。佛肸是晋国赵简子的家臣，当时为中牟宰，他趁赵简子与范氏、中行氏作战时，举兵叛赵，召孔子前往。孔子对此事一度心动，跃跃欲试，但遭到了子路的反对。子路很坦率地对孔子说：“昔者由也闻诸夫子曰：‘亲于其身为不善者，君子不入也。’佛肸以中牟畔，子之往也，如之何?”孔子说：“然，有是言也。不曰坚乎，磨而不磷？不曰白乎，涅而不缁？吾岂匏瓜也哉？焉能系而不食?”[③]其求仕不遇的焦虑之情，跃然而出。

另一次是孔子自己计划西上，面见晋国的强卿赵简子。但到达黄河边时，听到窦鸣犊、舜华的死讯，他驻足不前，嗟叹道：“美哉水，洋洋乎！丘之不济此，命也夫!”子贡向前问道：请问夫子，这是为何？孔子说：“窦鸣犊、舜华，晋之贤大夫也。赵简子未得志之时，须此两人(协助)而后从政；及其已得志，杀之乃从政。丘闻之也，刳胎杀夭则麒麟不至郊，竭泽涸渔则蛟龙不合阴阳，覆巢毁卵则凤皇不翔。何则？君子讳伤其类也。夫鸟兽之于不义也尚知辟之，而况乎丘哉!”[④]于是又折返卫国，仍住进蘧伯玉家。

在卫国，灵公无道，怠于政事，孔子无法伸其志；访曹、访郑、访陈、访宋以及这次未能成行的西访赵简子，也都徒劳而归。命运对于一位胸有济世匡俗大志而年近六旬的老人来说，实在是太残酷了。

---

① 《史记·孔子世家》。

② 《史记·孔子世家》。

③ 《论语·阳货》。

④ 《史记·孔子世家》。

孔子在感伤之余，发出了这样的讯号："苟有用我者，期月而已可也，三年有成。"[1]这是一种自我宣传，还是自我推销？抑或是一种无奈，一声呐喊？

鲁哀公三年(前492年)，卫灵公临死前不久，曾与孔子谈起过军阵之事。灵公问孔子有关兵阵的一些问题，若是以往，孔子说不定会精神一振，认真答对，抒发自己的政治才略。就在前不久，他还认真地向灵公建议伐蒲。可惜这些都时过境迁，孔子对灵公已完全失望，所以，干脆声称自己只懂礼乐，不懂兵阵："俎豆之事则尝闻之矣，军旅之事未之学也。"[2]俎、豆都是祭祀用的礼器，孔子在这儿代指礼乐。这显然是一种漠然的托辞。

第二天，灵公又与孔子谈论事情。他一边说话，一边抬头看着天上的飞雁，毫不在意身边的孔子。[3]

孔子可以容忍别人不用他，却无法容忍别人的无礼带给自己的羞辱。于是，他又带着弟子们前往陈国。

六

孔子离卫国不久，卫国又陷入动荡之中。卫灵公死后，南子命灵公少子子郢为太子，要他继承君位，子郢不同意，他认为："亡人太子蒯聩之子辄在也，不敢当。"[4]南子只好立辄为卫君，是为卫出公。卫出公的继立得到了齐国的认可，但触犯了晋国的赵氏，卫国原太子蒯聩正在赵简子那儿，赵简子一心想让他继位为君，以便于自己控制。于是，他让阳虎率人装扮成从卫国来报丧的，请太子回国，以遮人耳目。这一消息很快被卫人知晓，卫国即发兵堵击蒯聩一行。蒯聩慌乱之际，占据了戚邑，婴城自保，齐国则派兵助卫攻戚。一时间，卫国上下人心惶惶。

孔子离开卫国之时，鲁国的季桓子也病重难愈，不知是如曾子所言"人之将死也，其言也善"[5]，还是季桓子真的感觉到了孔子对鲁国的意义，总之，他对于五年前逼走孔子一事深感悔疚。一次，季桓子坐在车上，看着曲阜城池，喟然而叹："昔此国几兴矣，以吾获罪于孔子，故不兴也。"说完，回头对嗣子季康子交代道："我即死，若必相鲁，相鲁，召必仲尼。"几天后，季桓子病逝，康子继立后，想遵从父嘱，召回孔子，但其家臣公之鱼提出了另一个建

① 《论语·子路》。
② 《论语·卫灵公》。
③ 事见《史记·孔子世家》。
④ 《史记·卫康叔世家》。
⑤ 《论语·泰伯》。

议。公之鱼认为:“昔吾先君用之不终,终为诸侯笑。今又用之,不能终,是再为诸侯笑。”看来,公之鱼十分了解孔子,也十分了解鲁国。康子问他:“则谁召而可?”公子鱼十分肯定地说:“必召冉求。”[1]

冉求,鲁国人,字子有,又称冉有,这一年三十一岁。他是孔门弟子中很有政治才干的一位,孔子一再称赞他多才多艺。但他对政治的态度以及他在仕途上的表现,与孔子却大不相同,孔子晚年曾愤怒地宣布冉有“非吾徒也,小子鸣鼓而攻之,可也”[2]。如果要了解公之鱼为什么这么坚决地反对季康子召回孔子,主张重用冉求,大家还可以再读一下后面文字中有关孔子与冉有的纠葛,相信会得出应有的答案。

季康子果然遵从了公之鱼的建议,派使节到陈国,找到孔子及其弟子们,要召冉求归国。冉求临行前,孔子告诉他:“鲁人召求,非小用之,将大用之也。”[3]由此看来,孔子对鲁国形势、对自己的弟子冉求都十分清楚与了解。

弟子被召回重用,对孔子的心理不无影响,他当天便流露出强烈的对飘零生活的厌倦,自言自语道:“归与!归与!吾党之小子狂简,斐然成章,不知所以裁之。”[4]子贡知道孔子的思归之心,更知道孔子绝不会不待邀请自行返鲁。礼,对孔子来说实在是太重要了。因此,他特地去为冉求送行,叮嘱他:“即用,以孔子为招。”[5]

冉求去后,得到季康子的赏识与重用,不知是什么原因,孔子一直未得到来自鲁国的邀请。接不到来自鲁国的邀请,孔子在陈国也迟迟不被重视,在冉求走后的第二年,他又率弟子们移居蔡国。

这时,陈、蔡诸小国依违于吴、楚两大国之间,君臣上下也怠于政治,不思振兴,孔子率弟子在这一带流连了数年之久,不仅未找到能重用自己的国君,而且自身境况也越来越糟糕。

这期间,孔子曾到楚国北面的负函(今河南信阳)拜访楚大夫叶公。叶公向孔子请教如何为政,孔子的回答是:“近者说,远者来。”即是说,为政之要,是使远近人民都愿归附。叶公还与孔子谈起什么是正直。叶公说:“吾党有直躬者,其父攘羊而子证之。”即有位正直的人,他父亲偷了别人的羊,他便亲自去告发。孔子的说法正好相反,他说:“吾党之直者异于是:父为子隐,子为父隐,直在其中矣。”[6]他是说:我们乡的人认为父亲为儿子隐瞒,儿

① 《史记·孔子世家》。
② 《论语·先进》。
③ 《史记·孔子世家》。
④ 《论语·公冶长》。
⑤ 《史记·孔子世家》。
⑥ 《论语·子路》。

子为父亲隐瞒，就是正直。这场对话的差异不是地域文化的不同，也不是两人社会层次的不同，而是各自所代表的时代的不同。此事过后不久，叶公问子路，孔子究竟是一个什么样的人，子路无法作答。孔子听说后说："女奚不曰'其为人也，发愤忘食，乐以忘忧，不知老之将至'云尔。"[①]

孔子率弟子在途中，还遇到了长沮、桀溺、荷蓧丈人等一批逃避现实、无所作为的隐士，他们对孔子冷眼相视，很不以为然。

在由负函返回蔡国的途中，遇到长沮、桀溺在一起耕田，孔子让子路去问渡口所在。长沮问子路："夫执舆者为谁？"子路说："为孔丘。"又问："是鲁孔丘与？"答："是也。"长沮冷冷地说道："是知津矣。"意即他（孔子）周游列国，应该知道渡口在哪儿。子路又问桀溺。桀溺问："子为谁？"子路说："为仲由。"谁知桀溺也不肯为他指点渡口，只是说："滔滔者天下皆是也。而谁以易之？且而与其从辟人之士也，岂若从辟世之士哉。"说完，仍低头耕耘。子路回来告诉了孔子，孔子不以为然地说："鸟兽不可与同群，吾非斯人之徒与而谁与？天下有道，丘不与易也。"[②]也就是说，我们不能隐居山林，同鸟兽一同相处，要同世人一起在社会中生活。如果天下有道，我就不参与改革社会了。

过了些日子，子路落在了孔子一行的后面，急急地往前追赶。恰巧遇到一位老人，用拐杖挑着除草的器具。子路向他问道："子见夫子乎？"老人说："四体不勤，五谷不分，孰为夫子？"老人说完便把拐杖插在一边，去地里锄草了，子路一直恭恭敬敬地拱手站立在那儿。老人留子路在他家过夜，并杀鸡、煮饭款待，让两个儿子出来拜见。第二天，子路赶上孔子并告诉了他这件事，孔子说："隐者也。"又让子路回去看看。子路到老人家时，老人已经走了。这回，轮到子路发感慨了，他说："不仕无义。长幼之节，不可废也；君臣之义，如之何其废之？欲洁其身而乱大伦。君子之仕也，行其义也。道之不行，已知之矣。"[③]意思是，不出来做官是不义的行为。长幼之间的礼节不可废弃，君臣之间的关系怎么就能废弃呢？想洁身自好，实际上是乱了君臣之间的关系。君子做官，就是要实行君臣之义。道已不能行之于天下，我们早已知道，但一定要坚持做下去。

这实际上原原本本地阐发了孔子此时的信念。

鲁哀公六年（前489年），齐国伐陈，楚国出兵救助，驻军城父。不知通过什么途径，楚国国君得知孔子在陈蔡之间，便派人来请孔子去楚国。孔子要率弟子南行时，陈、蔡两国的执政大夫们着急了。他们知道，这些年来，他们

---

① 《论语·述而》。

② 《论语·微子》。

③ 《论语·微子》。

不仅十分慢待了孔子，而且自己的所作所为也多不合乎礼，深为孔子抨击。因此，互相商议道："孔子贤者，所刺讥皆中诸侯之疾。今者久留陈、蔡之间，诸大夫所设行皆非仲尼之意。今楚，大国也，来聘孔子。孔子用于楚，则陈、蔡用事大夫危矣。"[①]这群陈、蔡大夫们议论了一阵，也没想出什么好办法。最后，还是采用了最古老的一个办法，派人把孔子一行围困在荒野之中，让他们无法成行。

大概是围困了相当一段时间，孔子及其弟子们断了粮，许多人病得无法起身。孔子神色自若，讲诵弦歌，一如既往。但弟子们渐渐沉不住气了。先是子路很不高兴地对孔子说："君子亦有穷乎？"孔子答道："君子固穷，小人穷斯滥矣。"子贡也面有愠色，孔子便问他："赐，尔以予为多学而识之者与？"子贡答道："然。非与？"裴骃《集解》引孔安国曰："问今不然耶。"即如今不像。孔子说："非也。予一以贯之。"[②]

由这件事，孔子知道了弟子们思想的差异，他决定借题发挥，就此事对弟子们现身说法，因材施教。

他先召来了子路，问道："《诗》云：'匪兕匪虎，率彼旷野。'吾道非邪？吾何为于此？""兕"是古代传说中的一种怪兽，与牛类似。孔子引述的这句诗见于《诗经·小雅·何草不黄》，诗的本意是说："非兕非虎，怎么到旷野之中。"孔子用它来表达自己的疑问：我信奉的道义错了吗？子路的回答未使孔子满意。子路说："意者吾未仁邪？人之不我信也。意者吾未知邪？人之不我行也。"意即：并非我们未做到仁，而是别人不信任我们；并非我们未达到智，而是别人不让我们通行。孔子反诘道："有是乎！由，譬使仁者而必信，安有伯夷、叔齐？使知者而必行，安有王子比干？"即假若是仁者就会四方信服，怎么有伯夷、叔齐？假若是智者就会处事通行，怎么有王子比干？

子路退出后，子贡又来见孔子。孔子说："赐，《诗》云：'匪兕匪虎，率彼旷野。'吾道非邪？吾何为于此？"子贡的回答是："夫子之道至大也，故天下莫能容夫子。夫子盖少贬焉？"意即夫子之道至大，故天下无法相容，您应该略加贬抑。孔子很不高兴地责备道："赐，良农能稼而不能为穑，良工能巧而不能为顺。君子能修其道，纲而纪之，统而理之，而不能为容。今尔不修尔道而求为容。赐，而志不远矣。"意为好的农夫善于播种，未必善于收获；好的工匠善于巧艺，未必都能顺人意。君子能守道义，统纲纪，未必能被天下所容。现在你不坚守道义，只求被人所容。赐，你的志向太渺小了。

子贡之后，轮到颜回去见孔子。孔子仍然问道："回，《诗》云：'匪兕匪

① 《史记·孔子世家》。

② 《史记·孔子世家》。

虎，率彼旷野。’吾道非邪？吾何为于此？”颜回答道：“夫子之道至大，故天下莫能容。虽然，夫子推而行之，不容何病，不容然后见君子！夫道之不修也，是吾丑也。夫道既已大修而不用，是有国者之丑也。不容何病，不容然后见君子！”孔子的心理平衡点被颜回一下子把握住了，说到底，还是“知其不可而为之”。孔子听后十分兴奋地对颜回说：“有是哉颜氏之子！使尔多财，吾为尔宰。”①他要去做颜回的家宰，孔子这位老人的满意之情不难想见。遗憾的是，颜回无论如何也不可能富有家产，也不可能发迹有成。后日真正富有家产的，倒是被孔子指斥为志向渺小的子贡。

被围在旷野中的孔子并没有只是讲诵弦歌，坐以待毙。他寻着一个恰当的时机，派子贡逃脱出了围困，前往楚国求救。楚昭王立即派兵迎接孔子，把孔子一行解救于危难之中。

孔子到达楚国后，昭王曾想重用他，并要将七百个里社封给孔子，但此事遭到令尹子西的反对。子西问昭王：“王之使使诸侯有如子贡者乎？”答：“无有。”又问：“王之辅相有如颜回者乎？”答：“无有。”又问：“王子将率有如子路者乎？”答：“无有。”又问：“王之官尹有如宰予者乎？”答：“无有。”子西接着说：“且楚之祖封于周，号为子男五十里。今孔丘述三（皇）五（帝）之法，明周召之业，王若用之，则楚安得世世堂堂方数千里乎？夫文王在丰，武王在镐，百里之君卒王天下。今孔丘得居土壤，贤弟子为佐，非楚之福也。”②昭王听从了子西的建议，打消了对孔子封地、重用的想法。这年秋天，楚昭王死去。孔子一行在楚国只好又是不了了之。

在楚国期间，一位隐士接舆曾来到孔子车旁，向他唱道：“凤兮，凤兮，何德之衰？往者不可谏，来者犹可追。已而，已而，今之从政者殆而。”③孔子下车想与他交谈，接舆却赶忙走开了。

在楚国境况如此，孔子还得率弟子们再度奔波。三年前，冉求被季康子召回鲁国时，子贡曾叮嘱他，设法召孔子回国。但不知什么原因，时至今日，也没有什么消息，只是子贡在这前后回到了鲁国，就任大夫一职。

此时的孔子，不知在作何感慨，是“逝者如斯夫，不舍昼夜”，还是“三军可夺帅也，匹夫不可夺志也”？或是“岁寒，然后知松柏之后凋也”？④

总之，此时此地，我们六十三岁的主人公还是没有放弃自己的追求，丝毫也没有！

---

① 《史记·孔子世家》。

② 《史记·孔子世家》。

③ 《论语·微子》。

④ 《论语·子罕》。

大约在这一年年末，卫国传来对孔子的邀请。卫出公经过几年的努力，巩固了自己的君位，想召回孔子辅佐自己，而孔子当年的弟子们也有许多在卫国入仕，很想请老师返回卫国。这样，孔子又率领弟子们踏上了北上的旅途。

北上途中，孔子兴致勃勃，与弟子们高谈阔论。子路问孔子："卫君待子而为政，子将奚先？"孔子很肯定地说："必也正名乎！""正名"就是要调整不合乎周礼的名教制度，这对于卫国来说，首当其冲的便是卫出公的国君身份是否合乎礼。他虽然受祖母之命而立，但父亲尚在，而且父亲要回国时被他派兵拦击在外。因此，诸侯们颇多微词。再者，卫国大夫们的行为，以往南子的行为，卫灵公的行为，又有几处合乎礼、合乎义、合乎廉、合乎耻呢？所以，子路很不以为然地说："有是哉，子之迂也！奚其正？"认为老师未免太迂腐拘泥。这一来，孔子十分生气，斥责道："野哉，由也！君子于其所不知，盖阙如也。名不正则言不顺，言不顺则事不成，事不成则礼乐不兴，礼乐不兴则刑罚不中，刑罚不中则民无所措手足。故君子名之必可言也，言之必可行也。君子于其言，无所苟而已矣。"[①]由此可见，君子为政，一定要名正，这样，君子所言，才一定会实行。

抱着这样一种政治信念、这样一种政治态度，返回卫国后的孔子的境况可想而知。

孟子对孔子的从政有这样一段概括：

> 孔子有见行可之仕，有际可之仕，有公养之仕。于季桓子，见行可之仕也；于卫灵公，际可之仕也；于卫孝公，公养之仕也。[②]

"见行可之仕"是指有可能实践自己的政治主张；"际可之仕"是指享有礼遇，但无法行道；"公养之仕"则指仅仅领有一份俸禄，再无其他。

"公养之仕"就是卫出公对孔子的"重用"。

七

鲁哀公十一年（前 484 年）的春天，冉有率鲁军大败前来进犯的齐军。季康子欣喜之余，问冉有："子之于军旅，学之乎？性之乎？"冉有答："学之于孔子。"康子接着问："孔子何如人哉？"冉有大概一直记着八年前子贡的嘱托，现在机会来了，立即向康子举荐孔子道："用之有名；播之百姓，质诸鬼神而

---

① 《论语·子路》。

② 《孟子·万章下》。

无憾。”[①]而且，向康子建议，若要召回孔子，就不能按常人那样要求他。康子决定召回孔子。

看来，对孔子回鲁一事，鲁国内部的阻力一直不小，冉有以孔子之徒为季氏宰，拖了八年之久才使康子作出了这一决定，足以说明这一问题。《史记·孔子世家》还记道：“会季康子逐公华、公宾、公林，以币迎孔子，孔子归鲁。”公华、公宾、公林都是鲁大夫，他们应当是孔子回国的反对派，所以，康子把他们赶出鲁国后，才派人携厚礼去卫国迎回孔子。

孔子自公元前497年离鲁，至今已整整十三年，首尾相计，则是十四个年头了。离鲁之前，尚是年方五十的壮年英雄，如今已是耄耋老者矣。十四年间，春去秋来，弟子们走了来，来了去，学成归去者，已仕鲁、仕卫、仕于他国等，官高位显者不乏其人。而我们的主人公却一直守道不移，风尘仆仆地奔走于列国之间，备尝冷落，更饱受失落的打击。他甚至动了要去九夷、赴海外的念头。《论语·子罕》记道：孔子想到九夷荒凉之地居住，有人说，那儿荒凉落后，怎么能去居住呢？孔子的回答是：“君子居之，何陋之有？”《论语·公冶长》还记下了孔子的这样一段话：“道不行，乘桴浮于海。”“桴”即木筏，这恐怕是中国人第一次表达出的漂洋出海的念头。

当然，孔子欲居九夷，要漂洋出海，还只是表达一种信念，表达自己坚持“道义”、不肯与世俗同流合污的一种气概，也说明了孔子此时依然在等待着“见行可之仕”，等待着实践自己的政治主张的机会。

孔子被季康子迎回鲁国后，享受着很高的政治礼遇，过去那种漂泊不安的生活彻底结束了。若是一个常人，到此为止，也该十分知足，颐养天年了。但孔子绝非常人，仅有这样的礼遇，对他来说是远远不够的，他要的是政治，是“克己复礼”，他还抱有亲自出仕、进行政治实践的强烈念头。

孔子回国初，哀公与季康子都把他待为上宾，向他咨询国政大要。

哀公曾问孔子：“何为则民服？”孔子认为：“举直错诸枉，则民服；举枉错诸直，则民不服。”[②]选用正直之士，弃置邪佞之徒，民众就会服从；选用邪佞之徒，弃置正直之士，民众就会不服。

季康子更是常常向孔子请教。季康子曾问政，也就是如何治理政事，孔子答道：“政者，正也，子帅以正，孰敢不正？”[③]季康子也曾问过为政的具体做法。他提出：“如杀无道，以就有道，何如？”孔子则认为：“子为政焉用杀？子

---

① 《史记·孔子世家》。

② 《论语·为政》。

③ 《论语·颜渊》。

欲善而民善矣。君子之德风，小人之德草，草上之风，必偃。”[1]就是说，治理政事，何必杀人？如果您想做好事，百姓也会跟着做好事，君子的德行如风一般，小人的德行似草一样，风往哪边吹，草就向哪边倒。

季康子还曾问道：“使民敬、忠以劝，如之何？”就是说如何使民众对我尊敬、尽忠而又互相勉励。孔子说：“临之以庄，则敬；孝慈，则忠；举善而教不能，则劝。”[2]孔子认为，若统治者对待他们神态庄重，他们就会恭敬；对父母孝，对百姓慈，他们就会忠顺；选用好人，教诲愚笨，他们就会互相劝勉。

孔子的这些主张，很难被季康子接受，他们之间的问答也自然越来越不投机。某次，季康子因盗贼越来越多而忧心忡忡，问孔子该如何治理，孔子的回答是：“苟子之不欲，虽赏之不窃。”[3]如果你不贪财，即使奖励偷盗，也没有人会去偷盗。针砭之义，溢于言表。

与鲁国的当政者话不投机，对于那些奔走于当政者身边的弟子们，孔子也是越看越不顺眼，抨击有加。

孔子回鲁国不久，季康子想实行“田赋”，取代原来的“丘赋”，这样会增加一倍左右的赋入。他派冉求来征求孔子的意见。孔子说：“丘不识也。”冉求反复询问，最后有些着急了，说：“子为国老，待子而行，若之何子之不言也?”孔子还是不肯表态。但私下里，却对冉求大发了一通议论，反对此事。孔子说：“君子之行也，度于礼，施取其厚，事举其中，敛从其薄。如是，则以‘丘’亦足矣；若不度于礼，而贪冒无厌，则虽以田赋将又不足。且子季孙若欲行而法，则周公之典在。若欲苟而行，又何访焉？”[4]主张施予民众要宽厚，国家兴事要适中，取于民众要从少。如果这样，过去实行的“丘赋”足够国用。如果违越礼制，贪得无厌，即使实行田赋，也会感到不满足。季康子与冉求未采纳孔子的意见，还是颁布了新的田赋制度。孔子对此很是愤怒，告诉弟子们：“(冉求)非吾徒也，小子鸣鼓而攻之，可也。”[5]

当然，此言只是一时意气，冉求依然还是孔子的弟子，还在不断地向孔子请教为政之道，孔子仍然对他寄予某种期望。但师生之间，总也有那抹不平的裂痕。

当季氏要去祭泰山时，孔子问冉有：“女弗能救与?”要冉有劝阻此事。冉有说：“不能。”孔子十分失望，只好向泰山发了一番感叹：“呜呼！曾谓泰

---

① 《论语·颜渊》。

② 《论语·为政》。

③ 《论语·颜渊》。

④ 《左传·哀公十一年》。

⑤ 《论语·先进》。

山不如林放乎?”[①]即:难道说泰山之神还不如林放知礼吗? 按周礼规定,只有天子才能祭泰山,季康子以大夫身份行此事,孔子认为是严重的僭礼行为。他在这儿之所以说泰山之神不如林放知礼,是因为林放前不久刚刚虚心向他请教过有关礼的问题。这件事既反映了孔子对冉有的失望,也说明孔子对天地神明的失望。

鲁国有一个很小的属国颛臾,在费邑西北,季氏想完全把它兼并过来。冉有、子路一道去见孔子,告诉他季氏要对颛臾用兵,并摆出了讨伐颛臾的理由:“今夫颛臾,固而近于费。今不取,后世必为子孙忧。”听完冉有的辩词,孔子很不高兴,他指责冉有未能匡辅好季氏,而后又发表一番滔滔宏论:“丘也闻有国有家者,不患贫而患不均,不患寡而患不安。盖均无贫,和无寡,安无倾。夫如是,故远人不服,则修文德以来之。既来之,则安之。今由与求也,相夫子,远人不服,而不能来也;邦分崩离析,而不能守也;而谋动干戈于邦内,吾恐季孙之忧,不在颛臾,而在萧墙之内也。”[②]

总是被恩师谴责,冉求心中自然也不会平静。一次,他主动向孔子解释自己为什么有悖师道时说:“非不说子之道,力不足也。”但孔子却直截了当地指出:“力不足者,中道而废,今女画。”[③]意即:是你冉求自己划地自限,放弃追求,不再前进。

孔子对冉求不满意,对入仕的其他弟子也不满意。

子路在做季氏家臣时,曾推荐子羔为费邑宰。孔子认为这是“贼夫人之子”,误人子弟。子路不以为然地说:“有民人焉,有社稷焉,何必读书,然后为学?”结果被孔子痛斥道:“是故恶夫佞者。”[④]

按周礼,诸侯要把天子所赐的历书放在祖庙里,每月初一来到祖庙,杀一只活羊来祭祀,表示每月的开始,这就是“告朔”。当时的鲁国,鲁君已难得前来“告朔”,此礼已流于形式,子贡为季氏家宰,因此想取消“告朔”中的活羊。孔子对子贡的这一举动也很不满意,对子贡说:“赐也! 尔爱其羊,我爱其礼。”[⑤]

尽管对弟子们从政后的作为有这样那样的不满,但遇有恰当机会,孔子还是尽力举荐。季康子曾问孔子:“仲由(子路)可使从政也与?”孔子说:“由也果,于从政乎何有?”又问:“赐(子贡)也可使从政也与?”孔子说:“赐也达,

---

① 《论语·八佾》。

② 《论语·季氏》。

③ 《论语·雍也》。

④ 《论语·先进》。

⑤ 《论语·八佾》。以上所述孔子对从政弟子的评价,不仅限于此次返鲁之后,为使大家有一个整体印象,我们把有关事例集中到了一起。

于从政乎何有？”又问：“（冉）求也可使从政也与？”孔子回答：“求也艺，于从政乎何有？”[①]

对入仕后的弟子们，孔子依然是有问必答，悉心教导。

仲弓做了季氏家宰后，向孔子请教如何为政。孔子说：“先有司，赦小过，举贤才。”即要教导手下的办事人员，不计较他们的细小过错，选拔使用贤良人才。仲弓又问：“焉知贤才而举之？”孔子说：“举尔所知，尔所不知，人其舍诸？”[②]

子夏做莒父宰，向孔子请教如何为政。孔子告诫他不要求快，不要贪小利，否则“欲速则不达，见小利则大事不成”[③]。

弟子们纷纷出仕，一展才华，孔子当然十分欣喜、十分满足。但对于孔子个人来说，十四年的漂泊，加上返国后的纠葛，使这位七旬老人强烈地感受到了政治的沧桑和壮志的难酬。他已经十分清楚地知道了自己的主张难以成为现实，“克己复礼”也难被社会接受。在周游列国时，他雄心勃勃地宣布：“苟有用我者，期月而已可也，三年有成。”[④]后来，他只好说，即使有王者出现，也要“必世而后仁”[⑤]。在早年，他坚决主张：“非礼勿视，非礼勿听，非礼勿言，非礼勿动。”[⑥]可谓针锋相对。但后来，他的态度渐渐和缓了一些。哀公曾向孔子的弟子宰我询问立社应用什么树木，宰我答道：“夏后氏以松，殷人以柏，周人以栗，曰：使民战栗。”孔子听到此事后，反倒表示：“成事不说，遂事不谏，既往不咎。”[⑦]

在鲁国当时的历史条件下，哀公与季康子无法重用孔子，只有把他尊奉为国老，而孔子也无法与当政者再度合作，“见行可之仕”。所以，到此为止，孔子彻底放弃了出入仕途、实践自己的政治抱负的宏愿。对此司马迁是这样写的：“然鲁终不能用孔子，孔子亦不求仕。”[⑧]对于孔子政治生涯的终结，虽然司马迁笔下只有这短短十余字，但对于我们的主人公孔子来说，这实在是一种无奈，一种失落，一种强烈的痛苦。

当孔子喟然而叹“莫我知也夫”时，子贡曾问道：“何为其莫知子也？”孔

---

① 《论语·雍也》。
② 《论语·子路》。
③ 《论语·子路》。
④ 《论语·子路》。
⑤ 《论语·子路》。
⑥ 《论语·颜渊》。
⑦ 《论语·颜渊》。
⑧ 《史记·孔子世家》。

子的回答是："不怨天，不尤人，下学而上达，知我者其天乎！"[①]

尽管如此，孔子对于政治总有一种难以割舍的情愫。《论语·子路》记载了这样一件小事：冉求很晚才从季府回来，孔子问："何晏也？"冉求回答说："有政。"孔子说："其事也。如有政，虽不吾以，吾其与闻之。"即言恐怕是一般性事务吧，如果是国政大事，虽然国君不任用我了，我也会知道的。于此细微处，不知大家能否感受到一点什么？

面对数十年的追寻所换回的无奈与失落，孔子真的做到了"不怨天，不尤人"。他只有失望，没有颓废，他依旧坚守信念，坚守追求，依旧孜孜不倦，自我鞭策："德之不修，学之不讲，闻义不能徙，不善不能改。是吾忧也。"[②]政治舞台上无法实现自己的理想，无法完成自己的抱负，他又把全副精力放到了整理典籍、教导弟子的事业上。他整理《诗》《书》《礼》《乐》，整理《易》，整理《春秋》，并用之于教学。这儿，我们必须明确，孔子的整理典籍、教导弟子绝不是弃政从文，更不是放弃了自己的政治信念与政治抱负。他是把在政治舞台上无法实现的理想诉诸笔端，诉诸言谈；对乱臣贼子们僭礼越道的行为口诛笔伐，以正视听。

我们只需看一下他是怎样整理《春秋》一书的，便可知这位老人的良苦用心。《史记·孔子世家》这样写道：

> 子曰："弗乎弗乎，君子病没世而名不称焉。吾道不行矣，吾何以自见于后世哉？"乃因史记作《春秋》，上至隐公，下讫哀公十四年，十二公。据鲁，亲周，故殷，运之三代。约其文辞而指博。故吴、楚之君自称王，而《春秋》贬之曰"子"；践土之会实召周天子，而《春秋》讳之曰"天王狩于河阳"：推此类以绳当世。贬损之义，后有王者举而开之。《春秋》之义行，则天下乱臣贼子惧焉。……
>
> 孔子曰："后世知丘者以《春秋》，而罪丘者亦以《春秋》。"

这就是孔子，这就是孔子的不凡之处。

八

孔子在垂暮之年总结自己的一生时曾说："吾十有五而志于学，三十而立，四十而不惑，五十而知天命，六十而耳顺，七十而从心所欲，不逾矩。"[③]"七十而从心所欲，不逾矩"，就是说自己已经达到了礼的最高境界，所有行

---

① 《论语·宪问》。
② 《论语·述而》。
③ 《论语·为政》。

为都已合乎礼的要求。

它的潜台词是什么呢？难道终生苦苦追求，奋斗不息，就只是为了使自己"从心所欲，不逾矩"吗？"克己复礼为仁，一日克己复礼，天下归仁焉。"[①]这种宏愿到哪儿去了呢？这正是我们的主人公的无奈与痛苦之处，奋斗一生，到头来，只能做到以礼律己，而无力他顾。

哀公十四年（前481年），齐国权臣陈成子杀齐简公，孔子沐浴而朝，报告哀公："陈恒弑其君，请讨之。"哀公要他告诉三桓，这位七十一岁的老人又颤颤巍巍地找到三桓，三桓根本不予理睬。孔子明知会有这种结局，但因为要恪守周礼，"以吾从大夫之后，不敢不告也"[②]。

礼在这儿是什么呢？它已经由孔子毕生追寻的理想转化为调节理想与现实巨大冲突的工具与手段，对于孔子来说，这本身便是一种痛苦的选择，而且，这种痛苦的选择也并不能解除我们的主人公因理想与现实的冲突所带来的巨大的痛苦。孔子的垂暮之年，一直陷于这种痛苦之中，无法自拔。

哀公十六年（前479年）四月，孔子病重，子贡前去探望，孔子扶着拐杖，神情衰弛地靠在门旁。说："赐，汝来何其晚也？"接着，长叹一声，低声吟唱道："太山坏乎！梁柱摧乎！哲人萎乎！"涕泪交加。又对子贡说："天下无道久矣，莫能宗予。夏人殡于东阶，周人于西阶，殷人两柱间。昨暮予梦坐奠两柱之间，予始殷人也。"[③]

七天后，我们的主人公孔子就这样走了。

九

孔子去了，但孔子精神未去，孔子的学说未去，而且，在两千多年的历史传承中不断累积，成为中国传统思想文化的主流。

如前所述，孔子的理想本是"修身、齐家、治国、平天下"，尽管其终年奔波，栖栖惶惶，未能实现其政治抱负，但充满政治激情与政治理想的孔子对于如何为君、做官、治民、理政等提出了富有创见的看法。他力倡为政者要端正其身，严格规范自身的行为，指出"其身正，不令而行；其身不正，虽令不行"；"政者，正也，子帅以正，孰敢不正？"[④]主张"为政以德"，对老百姓要"道

---

① 《论语·颜渊》。
② 《论语·宪问》。
③ 《史记·孔子世家》。
④ 《论语》之《子路》《颜渊》。

之以德，齐之以礼”[1]，反对虐民苛政，断言“不教而杀谓之虐”，对百姓“宽则得众”“惠则足以使人”[2]；主张用“文德”去感化百姓，所谓“远人不服，则修文德以来之”[3]。他还主张使民富庶，反对过重剥削，认为统治者要做到“节用而爱人，使民以时”，要“因民之所利而利之”“博施于民而能济众”[4]，使百姓安、足、富，然后“教之”。为此，他还提出了均贫富的思想，指出：“有国有家者，不患贫而患不均，不患寡而患不安。”[5]在用人上，他主张举贤才，要“先有司，赦小过，举贤才”[6]，反对“举枉错诸直”，要“不以言举人，不以人废言”[7]。孔子的政治主张是希望通过实行“德政”“仁政”，调整统治阶级的内部关系，缓和阶级矛盾，使人民、国家“均无贫，和无寡，安无倾”，从而出现一个“君君，臣臣，父父，子子”[8]的等级有序的理想社会。

孔子的道德伦理观是建立在其政治理想（政治观点）之上的。在他看来，要实现政治上的大同，首先要解决好人与人的关系。为此，孔子提出了“礼”“乐”“仁”“义”“信”“忠”等道德伦理观念。这些观念，若从社会功能上进一步细分，礼、乐应为政治层面的伦理，仁、义、忠、信则属道德层面的伦理。

在西周春秋时期，不同身份的人们要使用不同的礼仪，享用不同的音乐，所以，礼乐又是身份与等级的象征。孔子十分重视礼乐的作用，认为礼乐是成人、做人的基本规范。他说：“不学礼，无以立”；“非礼勿视，非礼勿听，非礼勿言，非礼勿动”。[9] 他认为礼乐是社会治理的利器，“移风易俗，莫善于乐；安上治民，莫善于礼”[10]。在孔子看来，礼乐还是社会制度与社会秩序的最高体现。所以，对于那些违反礼乐制度者，他会高呼：“是可忍也，孰不可忍也！”对于那些“为礼不敬者”，他会感叹：“吾何以观之哉！”[11]他所梦想的“天下有道”的理想社会，其根本特征就是“礼乐征伐自天子出”[12]。

仁，是孔子思想的核心，其内容主要有两层含义：一是“仁者，爱人”。这

---

① 《论语》之《为政》《子路》。
② 《论语》之《尧曰》《阳货》。
③ 《论语·季氏》。
④ 《论语》之《学而》《尧曰》《雍也》。
⑤ 《论语·季氏》。
⑥ 《论语·子路》。
⑦ 《论语》之《为政》《卫灵公》。
⑧ 《论语》之《季氏》《颜渊》。
⑨ 《论语》之《季氏》《颜渊》。
⑩ 《孝经》卷九《丧亲章》。
⑪ 《论语·八佾》。
⑫ 《论语·季氏》。

是仁的核心，意即“博施于民而能济众”，热爱社会，热爱周围所有的人，也就是让世界充满爱。在处理人际关系上，要做到“己所不欲，勿施于人”，“己欲立而立人，己欲达而达人”。[①] 二是亲族间的孝顺，也就是孟子阐释的“亲亲，仁也”。即热爱自己的家人，孝顺父母长辈，友爱兄弟姐妹。所以，孔子倡导的仁是一种由己及人，由父母及君王，以至整个社会、国家的与人为善、乐于奉献的高贵品德。“仁”的倡导和实行，有利于人们沟通心灵，减少嫌隙和憎恶，弥合人和人之间的裂缝，达到“老者安之，朋友信之，少者怀之”[②]的祥和社会。自孔子后，仁成为儒家乃至传统士子们追求的最高道德境界，被儒家尊奉为“全德”。正如朱熹所说：“百行万善总于五常，五常又总于仁。”[③]

义，被孔子视为不可或缺的道德品质，是仁人君子的甚至为人的必备素质，诸如“君子义以为上”“君子义以为质”“君子喻于义”[④]，“凡人之所以为人者，礼义也”[⑤]，等等。在中国传统社会，义与仁、礼、知（智）、信被儒家奉为道德之“五常”。这“五常”贯穿于中华道德伦理的发展中，成为传统价值体系中最核心的因素。

忠、信是孔子所提出的道德行为准则，在儒家伦理道德观念中具有重要地位。孔子曾言：“主忠信，徙义，崇德也。”“人而无信，不知其可也。”[⑥]把忠信视作为人之本。不过，此处之“忠”是指忠人之事，专注不二。如孔子言，居官位者对于政务要“居之无倦，行之以忠”[⑦]。信是指少说多做，“言必信，行必果”[⑧]。如孔子言：“欲人之信己也，则微言而笃行之。”[⑨]因而，忠、信又是相通相连的一对范畴。一个人拥有了忠信，可以为世人所拥护，更可以治国理政。正如孔子所言：“恭敬忠信，可以为身。”“忠则人与之，信则人恃之。”“人所欲，人所恃，必免于祸矣，可以临国家，何况于身呼！”[⑩]

孔子还十分重视人的道德的培养和修养，主张人要有志气，要清直淡泊。比如他说：“三军可夺帅也，匹夫不可夺志也。”“不患人之不己知，患不知人也。”“不义而富且贵，于我如浮云。”[⑪]等等。

---

① 《论语》之《卫灵公》《雍也》。

② 《论语·公冶长》。

③ （宋）朱熹：《朱子语类》卷六《性理三》。

④ 《论语》之《阳货》《卫灵公》《里仁》。

⑤ 《礼记·冠义》。

⑥ 《论语》之《颜渊》《为政》。

⑦ 《论语·颜渊》。

⑧ 《论语·子路》。

⑨ （汉）徐干：《中论·贵验》。

⑩ （汉）刘向：《说苑·敬慎》。

⑪ 《论语》·之《子罕》《学而》《述而》。

使孔子名扬万世、蜚声海内外的更是他在教育方面的贡献。

孔子一生好学，自十五岁立志学习，终生勤勉不辍，逢事必问，孜孜不倦，遂登堂入室，撷取了学习的真谛。《论语》开篇即引孔子语，尽言学习之旨趣："学而时习之，不亦说乎？有朋自远方来，不亦乐乎？人不知而不愠，不亦君子乎？"[①]孔子认为追求学问首先在于爱学、乐学："知之者不如好之者，好之者不如乐之者。"他赞扬和提倡其高足颜渊发愤好学的乐观精神："一箪食，一瓢饮，在陋巷，人不堪其忧，回也不改其乐。"[②]他提倡学习要踏踏实实，要"默而识之，学而不厌"[③]；同时提出学无常师，主张虚心向人学习，认为"三人行，必有我师"，"多闻，择其善者而从之，多见而识之"，要"每事问"，"敏而好学，不耻下问"，"见贤思齐焉，见不贤而内自省也"。[④] 他还指出不能割裂新旧知识，要"温故而知新"，"学而时习之"[⑤]；主张学习知识和善于思索要结合起来，"学而不思则罔，思而不学则殆"[⑥]；而且在学与思的过程中，要坚持实事求是，"知之为知之，不知为不知"[⑦]。孔子为后人留下了求学真经，值得我们终生诵读。

孔子一生为师，"学而不厌，诲人不倦"是其自身的写照，其教育的结晶除了三千弟子、七十二贤人外，更为我们留下了诲人之道——一份丰厚的教育学遗产。孔子提出"性相近也，习相远也"[⑧]，认为人的天赋素质相近，个性差异主要是因为后天教育与社会环境影响所致。他提倡"有教无类"，创办私学，认为人人都可能受教育，人人都应该受教育，打破了当时贵族垄断学校教育的局面，把受教育的范围扩大到平民。他主张"学而优则仕"，认为教育的目的是要培养从政的君子，而君子必须具有较高的道德品质修养："弟子入则孝，出则悌，谨而信，泛爱众，而亲仁。行有余力，则以学文。"[⑨]在教学方法上，他要求老师"因材施教"，采取"启发式"的教学方法，即"不愤不启，不悱不发""举一而反三"[⑩]；对学生则强调要"知之为知之，不知为不知"，学习与思考要相结合，"学而不思则罔，思而不学则殆"。孔子一生不但身体力行，对其弟子言传身教，而且还倾注大量心血，编写整理了许多古代文献，以

---

① 《论语·学而》。
② 《论语·雍也》。
③ 《论语·述而》。
④ 《论语》之《述而》《八佾》《公冶长》《里仁》。
⑤ 《论语》之《为政》《学而》。
⑥ 《论语·为政》。
⑦ 《论语·述而》。
⑧ 《论语·阳货》。
⑨ 《论语》之《子张》《学而》。
⑩ 《论语·述而》。

作为弟子们和后人的教材。后世视孔子为“至圣先师”，西方近代启蒙思想家伏尔泰称孔子为“真正的解释者”，都是对其诲人之道的充分肯定。

孔子学说长于政治伦理及教育，故有人言孔子无哲学思想。其实，在哲学方面，孔子也有独到的建树。比如，在世界观上，孔子在巫鬼势力旺盛的时代，对鬼神采取了比较谨慎的怀疑态度，“不语怪、力、乱、神”，主张“敬鬼神而远之”[①]，积极引导人们关注人事，重视人事的作用。“未能事人，焉能事鬼”[②]一语，说明孔子是重人事而轻鬼神的。孔子一生身体力行和谆谆教诲的“仁”，就是这种贯通天人的生命原则和存在方式，它宣扬了原始无神论和人本主义思想，以尊重人的生命为前提，使人的精神得到了前所未有的散发和高扬。同时，他肯定人的主观能动性，赞扬“进而不止”的精神，认为齐桓公九合诸侯，不以兵车，靠的是人（管仲）的力量。在认识论上，他肯定世界是可知的，把认识过程分为“多闻”“多见”和“择善”“识之”两个阶段，坚持认识的客观性，主张“毋意，毋必，毋固，毋我”[③]，强调“行”在认识中的作用，坚信“言之必可行”[④]。他认为，评价人要“听其言而观其行”，要求人们“讷于言而敏于行”，“先行其言，而后从之”。[⑤] 他还宣扬理论与实际相结合的思想，主张以使用的效果作为检验学习成绩的标准。如他说：“诵《诗》三百，授之以政，不达；使于四方，不能专对；虽多，亦奚以为？”[⑥]他承认有所谓“生而知之”的天才，但特别强调学习的重要性。在方法论上，它肯定世界万物都像“不舍昼夜”奔流的河水一样永恒地运动着；认为“不知”与“知”是对立的，但又可以互相转化，即“不知为不知，是知也”，“不善”与“不贤”也可以转化为“善”与“贤”，条件是“不善者而改之”“见不贤而内自省”。

对于孔子留给我们的思想财富，任何概括与总结都难以精准和穷尽。颜回曾由衷地感叹孔子之学说：“仰之弥高，钻之弥坚，瞻之在前，忽焉在后。”[⑦]司马迁也借《诗经》之句称颂其“高山仰止，景行行止”[⑧]。它其实就是中国传统思想文化的一座宝藏，值得我们世世代代地挖掘、学习与运用。

---

① 《论语》之《述而》《雍也》。

② 《论语·先进》。

③ 《论语·子罕》。

④ 《论语·子路》。

⑤ 《论语》之《公冶长》《里仁》《为政》。

⑥ 《论语·子路》。

⑦ 《论语·子罕》。

⑧ 《史记·孔子世家》。

十

对孔子思想的挖掘与汇集，自其去世便告开始。《史记·孔子世家》记道：

> 孔子葬鲁城北泗上，弟子皆服三年。三年心丧毕，相诀而去，则哭，各复尽哀；或复留。唯子赣（贡）庐于冢上，凡六年，然后去。弟子及鲁人往从冢而家者百有余室，因命曰孔里。鲁世世相传以岁时奉祠孔子冢，而诸儒亦讲礼乡饮大射于孔子冢。孔子冢大一顷。故所居堂弟子内，后世因庙藏孔子衣冠、琴、车、书，至于汉二百余年不绝。高皇帝过鲁，以太牢祠焉。诸侯卿相至，常先谒然后从政。

看来，战国的陵替，秦汉的嬗代，都未能改易孔子的魅力与影响。更为重要的是，孔子去后，其弟子们虽散布各地，但都孜孜不倦地传授着孔子之学，并形成了若干流派。曾参在鲁国一带讲学，弟子达七十余人，形成了"洙泗学派"，子思、孟子都可以说是这一学派的传人；子夏在魏国西河设帐讲学，被称作"西河孔子"，其弟子达三百余人，形成了"西河学派"，该学派中包括了魏文侯、田子方、段干木、公羊高、穀梁赤、李悝、吴起等一批重要人物；子张、子游也分别开门授徒，形成了"子张之儒"与"子游之儒"。《韩非子·显学》篇认为，孔子死后，儒家一分为八，有子张之儒、子思之儒、颜氏之儒、孟氏之儒、漆雕氏之儒、仲良氏之儒、孙氏之儒、乐正氏之儒等等，这主要应当说的是战国时期儒家的状况。

孔子的这些弟子与再传弟子一边设学授徒，一边汇集整理孔子的言论及相关资料，形成了《论语》一书。《汉书·艺文志》云："《论语》者，孔子应答弟子、时人及弟子相与言而接闻于夫子之语也。当时弟子各有所记，夫子既卒，门人相与辑而论纂，故谓之《论语》。"杨伯峻先生认为，《论语》成于多人之手，而且，这些编者的年代相去或者不止于三五十年，其最后的编定者应当是曾参的弟子。因此，"《论语》的著笔当开始于春秋末期，而编辑成书则在战国初期，大概是接近于历史事实的"①。

《论语》的成书是孔门弟子对孔子与孔子之学的最大贡献，《论语》本身也成为研究孔子的第一手资料，成为孔子言行的渊薮所在。它对中国传统社会的影响可以说超过了任何一部著作。孔子曾说："后世知丘者以《春秋》，而罪丘者亦以《春秋》。"②此言若用诸《论语》，更为恰当。

---

① 杨伯峻译注：《论语译注·导言》，中华书局1980年版，第29～30页。

② 《史记·孔子世家》。

西汉初年,《论语》便成为士子们的必读书,又是广泛流传的启蒙书。读了《论语》和《孝经》,方可攻读“五经”。后来,随着儒术的独尊与儒家学说的不断发展,《论语》的地位也不断提高。东汉时,《论语》连同《孝经》及《诗》《书》《礼》《易》《春秋》“五经”合为“七经”,从此,《论语》也被奉为经书。至宋代,朱熹又把它和《大学》《中庸》《孟子》合为《四书》。同时,他又集宋代诸家作《论语集注》,成为宋元明清科举取士的标准版本,是士子必读之书。与此同时,自汉以来,为《论语》作注作解者不绝如缕,至今已达三千余家。但随着孔子之由布衣而素王的进程,随着孔子的不断神化、圣化,真实的孔子被严严地遮在了后人们层层堆砌的“万仞宫墙”之中,使人们无法窥其“宗庙之类、百官之富”。

时至21世纪,在人类日渐浓重的缅怀自己远古精神家园的情结之中,亟须拆掉这“万仞宫墙”,还世人一个真实的孔子,还历史一个本来的《论语》,这也是我们不揣冒昧,在数不胜数的《论语》著作之外再去品读《论语》的真实原因。

目录

学而第一

1.1 子[1]曰："学而时习之[2]，不亦说乎[3]？有朋[4]自远方来，不亦乐乎？人不知而不愠[5]，不亦君子[6]乎？"

【注释】

[1]子：古代对男子的尊称。按，《论语》中凡单称"子"者均指孔子。

[2]学而时习之：学习之后再时常进行体会、实践。时，时时、时常。习，温习、实习、练习、实践。

[3]不亦说(yuè)乎：不也很愉快吗？不亦……乎，即"不也……吗"。说，同"悦"，高兴、愉快。

[4]朋：朋友，同门为朋，也指志同道合者。

[5]人不知而不愠(yùn)：别人不了解我，我也不怨恨。知，了解、理解。愠，怨恨、恼怒。

[6]君子：古代的君子有时指贵族及做官的人，有时指道德高尚的人。此处指后者。

【品读】

作为《论语》的开篇，世人多由此探寻儒家经典的微言大义，而且要上升到玄而又玄的哲理高度。宋代朱熹认为此篇为"入道之门，积德之基，学者之先务也"①；今人李泽厚先生将它放到文化哲学中，阐释为"中国的乐感文化"②；南怀瑾先生更是用洋洋四千言将这三十二字娓娓道来③。其实，圣人在这里表达的只是他作为一个平常人的三种人生感受。明代李贽评道："学则有悦乐而无愠，何等快活！何等受用！不学真是小人，一生惟有烦恼而已矣。"他的批语是"亲切有味"。对后两种感受，他分别批曰："缩""伸"。无评论。④ 其实，读者完全可以自己去感知孔子在其中道出的人生感受。《论语》语言之亲切自然，使人人都可圈、可点、可批，这大概正是它千百年不衰的魅力所在吧！

---

① (宋)朱熹：《论语集注·学而》。

② 李泽厚：《论语今读》，安徽文艺出版社1998年版，第27～30页。

③ 参见南怀瑾：《论语别裁》上册，复旦大学出版社1996年版，第9～14页。

④ 参见(明)李贽：《四书评·论语》卷之一，上海人民出版社1975年版。

1.2 有子[1]曰："其为人也孝弟[2]，而好犯上者，鲜矣[3]；不好犯上，而好作乱者，未之有也[4]。君子务本[5]，本立而道[6]生。孝弟也者，其为仁[7]之本与[8]！"

【注释】

[1]有子：即有若，姓有，名若，字子胡，鲁国人。孔子的弟子。有子是时人对他的尊称。

[2]其为人也孝弟（tì）：那些孝顺父母、尊敬兄长的人。其，代词，那、那些。弟，通"悌"。孝、悌是儒家思想中两个道德伦理概念。善事父母为孝，善事兄长为悌。

[3]而好（hào）犯上者，鲜（xiǎn）矣：很少有冒犯上级的。好，喜好。鲜，少。

[4]未之有也：即"未有之也"的倒装，意为"是从来没有的"。

[5]务本：致力于根本。务，从事、致力于。本，原意为草木的根或茎干，此指根本、基础的东西。

[6]道：古代"道"的义项十分广泛，内容也十分丰富，歧义也很多。此处"道"是指最高的社会原则和社会理想。

[7]仁：仁是孔子思想及儒家学说中最基本也是最重要的范畴之一。大致有三项意思：一是指孔子的道德标准和人生的最高精神境界；二是指仁爱、仁慈；三是同"人"。此处意为第三项。

[8]与：语助词，用于句末，表示感叹、疑问或反诘。

【品读】

孝与悌本是指自然意义上的善事父母与善事兄长，是人最基本的品质，属于家庭私德的范畴。孔子在这里又将其推而广之，认为人们在实践孝悌时所产生的情感也会对外界事物产生影响，从而引申出孝悌者不好犯上，亦必不好作乱，并因此得出结论：孝悌是仁之根本。这样，孝悌便又成为社会公德。这一理念，贯穿于整个儒家学说，又影响到了中国传统政治。后代对孝悌的褒扬，对孝廉之察举，对不孝罪的严惩，都由此而来。

1.3 子曰："巧言令色[1]，鲜矣仁[2]。"

【注释】

[1]巧言令色：指用花言巧语和谄媚的神色取悦于人。巧，虚浮不实。令，美好的、动人的。色，神色、表情、面貌。

[2]鲜矣仁：是很少有仁德的。鲜，少。矣，语气词，表示感叹。

【品读】

将"巧言令色"与"仁"相对立，将人的言论与品质相联系，集中体现了孔子评判人物的取向。孔子特别厌恶“巧言”，厌恶不注重仁德修养、一味追求花言巧语或强词夺理的人。他在《论语》中多处强调“巧言乱德”①，认为“仁者其言也讱(rèn)”②，即仁人在言语上显得迟钝。这实际上又是传统农耕文化的反映。此后数千年间，“巧言令色”与“伪君子”画上了等号，“拙”“讱”与“愚”成为仁人君子的标准。

当然，“巧言令色”的伪君子在现实社会中的确大有人在，但这些人往往能避开孔夫子划定的禁限，逍遥自得。东汉时代所流行的“察孝廉，父别居；举秀才，不知书；高第良将怯如鸡，寒素清白浊如泥”，便是对这批真正的伪君子的描绘，但又奈其何？

1.4　曾子[1]曰：“吾日三省吾身[2]：为人谋而不忠乎？与朋友交而不信[3]乎？传[4]不习乎？”

【注释】

[1]曾子(前505～前435年)：名参(shēn)，字子舆，南武城(今山东枣庄附近)人。孔子的弟子。

[2]吾日三省(xǐng)吾身：我每天再三地反省自己。吾，我。三，表示多次的意思。省，反省，自我检查、反思。

[3]信：诚实、不欺，讲信用。

[4]传(chuán)：传授。

【品读】

内省，是儒家的道德修养方法之一，孔子多次讲到这一方法。如《论语·颜渊》曰：“内省不疚，夫何忧何惧？”《里仁》曰：“见贤思齐焉，见不贤而内自省也。”它是指发自内心的省察，即以一定的道德原则、规范、标准对照检查自己的言行，以达到一种自觉。

曾子在这里把孔子的“内省”概念加以阐发，提出了三项自省的内容，完善了这一修养方法。自此，内省成为儒家的思想传统。如孟子十分注重“反求诸己”的自省，并认为这是个人修养的主要方法，即“爱人不亲，反其仁；治人不治，反其智；礼人不答，反其敬；行有不得者，皆反求诸己，其身正而天下归之”③。荀子也提倡自省，主张“见善，修然，必以自存也；见不善，愀然，必

① 《论语·卫灵公》。

② 《论语·颜渊》。

③ 《孟子·离娄上》。

以自省也"①。《礼记·大学》中所提出的"慎独"也是个人省察的重要方法。南宋朱熹、明代王守仁和张履祥等都十分注重"自省"的作用。

内省作为自我道德约束与人格设定的重要方法，对于社会关系的和谐、社会的安定与进步，有着独到的作用，但必须与制度的、法律的约束相统一，才能取得应有的效果；若过分强调内省的作用，忽视法律、制度的建设，必然会走向泛道德主义，滑向其反面。

1.5　子曰："道[1]千乘之国[2]，敬事而信[3]，节用而爱人[4]，使民以时[5]。"

【注释】

[1]道：同"导"，治理。

[2]千乘(shèng)之国：乘，指古代军队的基层单位。每乘拥有用四匹马拉的兵车一辆，车上甲士三人，车下步卒七十二人，后勤人员二十五人，共一百人。春秋时代，作战使用战车，所以国家的强弱都以车辆的数目来衡量。春秋初期，大国都没有千辆兵车。但到孔子之时，千乘之国已经算不上大国了。

[3]敬事而信：严肃认真地处理政事，诚实无欺。"敬"字一般用于表示工作态度，即"严肃认真"之义，常与"事"字连用。

[4]节用而爱人：节约费用，爱护官民。人，古代"人"字有广、狭两义，广义的"人"指一切人群，狭义的"人"只指士大夫以上各阶层的人。这里指的是后者。

[5]使民以时：役使百姓而不违农时。民，指平民百姓。以时，按时，此指在农闲时节，不违农时。

【品读】

孔子在这里表达了两层含义：第一层是治国的原则，即敬事与信用；第二层是治国的方法，即节用与爱人，其具体表现则是使民以时。

敬事与信用是时代的产物。当时，正值春秋政治纷纭、贵族政治转型之际，上下无序、左右混淆现象十分常见。因此，对统治者来说，首先倡导的原则就应当是尽心政事。信用，是孔子一贯提倡的，它在治国中的意义则是政治相对公开化的需要。在贵族政治下，上下层层分隔，实行等级政治，不会过多地提出这一问题，而一旦政治向国民打开大门，首先就要取得国民的信任，再由此引导民众走上国家设定的轨道。商鞅以千金移木，取信于民，是孔子"敬事而信"的最好实践。

节用与爱人也是时代的产物。当国家之间战争频繁、贵族分封制向集

① 《荀子·修身》。

权制转换之时，国君无论怎样治国都不可避免地要加重百姓的负担。孔子及时地向统治者敲响不要过度役民的警钟，提出了“节用而爱人，使民以时”的主张。孔子一直认为，“苛政猛于虎”，故反对苛政；认为若使民众的生活不断得到改善并富裕起来，国家也会相应地昌盛和强大。因此，必须采取的办法是“节用而爱人，使民以时”“择可劳而劳之”“因民之所利而利之”。① 孔子的这种“使民以时”的政治主张，被后世统治者所接受，成为中国传统政治思想的一个重要组成部分。

1.6　子曰：“弟子[1]入则孝，出则弟[2]，谨而信，泛爱众[3]，而亲仁[4]。行有余力[5]，则以学文[6]。”

【注释】

[1]弟子：一般有两层意思，一是指年纪幼小的人，二是指学生。这里用的是第一种意思。

[2]弟(tì)：通“悌”，敬爱兄长。

[3]泛爱众：博爱大众。泛，广泛。

[4]而亲仁：同时亲近有仁德的人。而，连词，表示并列，同时。仁，这里指有仁德的人。

[5]行有余力：这样实行了还有多余的精力。

[6]学文：指学习《诗》《书》《礼》《乐》及典章制度等方面的知识。

【品读】

“泛爱众”是孔子思想中富有特色的一个内容，从一般意义上讲，它是对等级社会与群属差别的反对。孔子在这里要求人们将仁爱的实践先从最近的地方做起，即先从父母兄弟间的关系开始，在家庭和亲属之间做到孝悌，学会仁爱，继而发扬光大，把对家族内部的爱进一步推广到家族以外的人们中去，把对家族亲子间的爱给予所有的人，把对自己邦国的爱推广到整个天下，使之成为普遍的道德品德。正像孟子所说的：“老吾老，以及人之老；幼吾幼，以及人之幼。天下可运于掌。”②这在今日也很有世界意义。

1.7　子夏[1]曰：“贤贤[2]易色[3]；事父母，能竭其力；事君，能致其身[4]；与朋友交，言而有信。虽曰未学，吾必谓之学矣。”

① 《论语·尧曰》。

② 《孟子·梁惠王上》。

【注释】

[1]子夏(前507～?年):姓卜,名商,字子夏。春秋晋国温(今河南温县西南)人,一说卫国人。孔子的弟子。

[2]贤贤:前一个“贤”字为动词,尊重的意思。后一个“贤”字是名词,指贤人。

[3]易色:易,轻视、简慢。色,容貌、脸色,这里指女色。

[4]致其身:豁出生命,献出自己的身心力量。致,献纳。

【品读】

子夏说:“尊重贤人而不以女色为重;侍奉父母,能够尽心尽力;侍奉君主,能献出自己的生命;同朋友交往,能信守诺言。这样的人即使没有学习过,我也一定要说他是学习过了的。”

其实,子夏在这里所说的是孔子的一贯思想,反映了孔子教育重视德育的基本特点,强调的是学习的最高目的——修身,只要具备了良好的道德修养,“虽曰未学,吾必谓之学矣”。至于其他的知识与一技之长,都是次要的。这与孔子所倡导的“修身、齐家、治国、平天下”是一致的。它奠定了中国传统文化中道德取向的基础。由此,我们再去领会韩愈《师说》中所讲的“师者,传道、授业、解惑也”,便会看到这种一脉相承的传统。师者的第一责任是传道,传为人之道、修身之道;其次才是授业、解惑。有些注释家把这里的“道”解作为学之道,亦即学习方法,显然不妥。

1.8　子曰:“君子不重[1]则不威,学则不固[2]。主忠信[3],无友不如己者[4]。过则勿惮[5]改。”

【注释】

[1]重:庄重。

[2]固:巩固。

[3]主忠信:以忠和信两种道德为主,即崇尚忠、信。主,以……为主,指重视、崇尚。忠、信是孔子思想体系中两项重要范畴,指的也是道德品质和伦理规范。

[4]无友不如己者:不要同不如自己的人交朋友。无,不要。友,以……为友,交……朋友。不如己,不如自己。

[5]惮(dàn):害怕、畏惧。

【品读】

“君子不重则不威,学则不固”,意思是说,君子若不庄重就没有威严,学习的知识也不会巩固。也就是说,君子做事只有严肃认真,才能有威严,所学的东西也才能巩固扎实。这个“威”字,不仅有仪态庄重之义,还指态度严肃认真。如果随随便便,漫不经心,是不会有真才实学的。一个人能否成功，敬业精神很重要。

忠、信是孔子道德规范体系中的两个重要范畴。孔子认为，一个君子，一个有道德的正派人，为人要忠诚老实，信实无欺，所以要“主忠信”，要“敬事而信”，要“言而有信”，要经常反省自己是否“为人谋而不忠”。忠、信是君子基本的道德品质，也是基本的交友、仕进、治国之道。

孔子在这里指出了君子应具备的理想人格：庄重威严，学习认真，交友慎重，知错即改。这反映出孔子的理想主义色彩。

1.9 曾子曰：“慎终[1]追远[2]，民德归厚[3]矣。”

【注释】

[1]慎终：慎重地对待父母的丧事。指对父母的丧事要依礼尽哀。慎，慎重、认真。终，人死为终，此指父母去世。

[2]追远：追念前人、祖先。追，追念，回溯往事。远，指祖先。

[3]归厚：归于淳厚朴实。归，归趋、归向。厚，指人们道德风尚的淳朴忠厚。

【品读】

对于父母后事的慎重，对于先人的追念，都来自原始社会后期的祖先崇拜。值得注意的是，在西方世界，随着国家的产生，以地域关系划分其国民取代了原有的血缘关系组织，祖先崇拜逐渐淡化。而在中国，国家不是在氏族社会完全解体的情况下产生的，大量的宗法制度及其意识形态被保留、积淀下来，再加上自然经济的长期延续，给宗法制度及血缘关系的流衍提供了丰厚的土壤，所以，严格地讲，中国的奴隶社会、封建社会基本上是宗法性的。这种宗法制下的文化，首先表现为对血缘关系的极其注重和对祖先的顶礼膜拜。因此，昭穆制度之发达，祭祖之隆重，一直到丧葬之铺张，都成为“慎终追远”的注脚。客观地说，“慎终追远”可以起到“民德归厚”的作用，也可以成为维系家庭、家族乃至社会的精神纽带。但在千百年来的历史进程中，它又带来了另一方面的影响，即消极影响。其突出表现便是对父母身后事的铺张式祭奠逐渐地重于对父母生前的敬养。如《孟子·离娄下》所言：“养生者不足以当大事，惟送死可以当大事。”在这里，孝的首要意义成了送终，成了借父母丧事向世人展示自身道德修养的一种方式。另外，在政治上，人们言必称三代，行必守成法，祖宗之法不可变，祖宗的利益高于一切，甚至高于国家与百姓，成为代代相沿的传统。这实际上已经走到了“慎终追远”的反面。

······································

1.10　子禽[1]问于子贡[2]曰："夫子[3]至于是邦[4]也，必闻其政，求之与[5]？抑与之与[6]？"子贡曰："夫子温、良、恭、俭、让以得之。夫子之求之也，其诸[7]异乎人之求之与？"

【注释】

[1]子禽：姓陈，名亢（kàng），字子禽。孔子的弟子。

[2]子贡（前520～？年）：姓端木，名赐，字子贡。孔子的弟子。

[3]夫子：古代称大夫为"夫子"。夫，大夫。子，敬称。孔子曾为鲁大夫，故孔子的弟子亦称孔子为夫子。后因以为学生对老师的尊称。

[4]是邦：某个国家。是，任何、每一个、凡。邦，国，指当时的诸侯国。

[5]与：语助词，用于句末，表示疑问、感叹或反诘。

[6]抑与之与：还是别人主动提供给他的？抑，或是、还是。与，前一个"与"意为"给予""提供给"；后一个"与"为句末语助词，表示疑问。

[7]其诸：表示推测的语气词，有"或许""大概"的意思。

【品读】

孔子每到一个国家总是与闻该国政事，对此，子禽不解，便问子贡："老师一到某个国家，一定要听该国的政事，这是他求人告诉的呢，还是人家主动告诉他的呢？"子贡说："老师是靠其温和、善良、恭敬、俭朴、谦让来得到的。老师求得的办法，或许与别人求得的办法不同吧？"子贡在这里用"温、良、恭、俭、让"五个字对孔子进行了生动的素描，把孔子为人处世的品格勾勒了出来，认为孔子至各国之"闻其政"，是以个人人格的力量赢得了各国的尊重，与其他人所求得的闻政干仕是不同的。其实，在孔子这里，"温、良、恭、俭、让"并不是谋求进退的手段，而是修身的重要价值取向。实际上，千百年来，芸芸士子做得到也好，做不到也好，都一直在追求着这样一种境界。

······································

1.11　子曰："父在观其[1]志，父没[2]观其行，三年无改于父之道，可谓孝矣。"

【注释】

[1]其：他的，指儿子。

[2]没：去世。

【品读】

孝是中国传统道德的核心，也是自人类迈进文明门槛以来便产生的最古老的道德内容之一。但是，在漫长的传统社会中，由于社会的与思想的种种制约，孝在其历史演进中又发生着种种的异化，甚至在相当程度上脱离了其本来含义。这一点对中国传统道德的构建产生了深远的影响。

在血缘家庭产生以前漫长的历史时代，人们不会有“孝”的概念，只有家庭出现、父子伦理关系形成以后，才会有子孙对于父祖的所谓的“孝”。正因为孝是伴随着家庭的出现而出现的，而最初的家庭又是父系家庭，所以，在孝的原初意义上便深深地打上了父权的烙印。

按照汉字字义的解释，“孝”，即孝顺，是指尊敬和善待父母，属于私德范畴。《墨子·经上》：“孝，利亲也。”贾谊《新书·道术》曰：“子爱利亲谓之孝，反孝为孽。”《说文解字·老部》释为：“孝，善事父母者，从老省，从子，子承老也。”从金文中的“孝”字看，它的上部形似伛偻老人，唐兰先生认为就是“老”的本字，它的下部是“子”，合起来便构成了子对老人的搀扶，这实际上就是孝的自然意义。

春秋战国时代是中国古代社会的转折时代，其方向是宗法血缘制下的分封体制向官僚体制下的中央集权的转化。由于中国早期国家形成中的非地缘化与社会大分工的不足，春秋战国时期新的社会组织也未能走出宗法血缘关系的层面，因此，在这一历史时期，孝不但没有出现向其自然意义的回归，反而被以儒家为主的诸多学派进行了理论膨胀与实践延伸，使之成为中国传统道德的基点与核心。

儒家对孝进行了系统的阐释、改造与构架。这一工程始自孔子，其弟子及后人又进行了完善和总结。

孔子将孝纳入儒家的重要伦理范畴，使孝成为中国人伦的本位、道德修养的基点。孔子十分重视孝道，他将孝视为仁、义之根本，是“人伦公理”，认为对于各种人的仁爱都是由孝悌这种父子兄弟之爱推衍而来的，所以，“君子务本，本立而道生”，“弟子入则孝，出则弟”，“孝弟也者，其为仁之本与！”①《孝经·三才》进一步阐发道：“夫孝，天之经也，地之义也，民之行也。”将孝抬升至很高的地位。从此，孝便负载上了沉重的社会使命。

孔子的孝具有鲜明的两重性：一方面，他很重视亲子之间的情感因素，在孝的观念中注入和强调亲情，认为孝是由父母对子女的爱引起的子女对父母的爱，并在这种爱的基础上产生尊敬的意识乃至奉养双亲的行动。这是孝的自然意义，也是几千年来代代相承的中华民族的美德。另一方面，孔子的孝又在此基础上进行了延伸，要求子要从父，以父志为己志，以父行为己行，甚至在父死后多年“无改于父之道”，强调的是子对父单方面地无条件

① 《论语·学而》。

服从，儿子没有独立的人格，实际上是一种不平等的关系。后世的“君为臣纲，父为子纲”“君君，臣臣，父父，子子”以及由此而构建的专制权力体系，都与孔子所倡导的“孝”这一内容有直接的渊源关系。

1.12　有子曰：“礼[1]之用，和[2]为贵。先王之道[3]，斯[4]为美，小大由之[5]。有所不行，知和而和[6]，不以礼节[7]之，亦不可行也。”

【注释】

[1]礼：其含义比较丰富，此指古代国家在政务、外交、人事等方面的原则性规定及社会生活中的道德规范。

[2]和：和谐、和合、恰当。

[3]先王之道：指尧、舜、禹、汤、文、武、周公等古代君王、贤臣治国的办法。

[4]斯：这。此处指礼、和。

[5]小大由之：无论大事小事都按这条去做。由，依照、按照。

[6]知和而和：只知道一味地为和谐而和谐。

[7]节：节制、约束。

【品读】

此段意思是：礼的作用，贵在能够和谐。过去的明君圣王治理国家最可贵之处就在于此，无论大小事情都按这条原则去做。如果有所不通的，那肯定是一味地追求和谐所致，而不是以礼来规范节制所致。

依孔子所言，礼与和的关系实际上是形式与内容、手段与目的的关系。“和为贵”之“和”是“礼之用”的最高境界。在这一点上，无论是孔子、墨子还是老子、庄子都是一致的，所不同的是孔门所倡导的不是无为的和，更不是“泛和主义”、为和而和，而是将和置于礼的节制之下，是有礼、有节、有序的和。其最高境界应当是《礼记·礼运》中的大同境界：大道之行，天下为公，上下有节，长幼有序，整个社会按照礼的法则和谐地运行。

洪丕谟先生将“和”解为中和。他认为：“礼的作用，以中和为贵，其他万事万物的作用，又何尝不以中和为贵？”①李泽厚先生则认为“和”的实现标志是“度”的把握。他指出：“度是中国哲学特别是中国辩证法的特点和主要范畴。……《论语》中的‘威而不猛’、‘恭而安’等等，都是讲这一范畴。今日语言中的‘分寸感’同此。艺术或任何成功的创造都有赖于掌握这个‘度’——‘分寸感’，这也就是美，‘增之一分则太长，减之一分则太短’。”②

---

①　洪丕谟：《东方圣经——新编白话〈论语〉》，浙江人民出版社1996年版，第25页。

②　李泽厚：《论语今读》，第42页。

李贽的阐释洗练独到。他说："'礼'是面貌，'和'是血脉，'书'是骨头，总而命之曰'道'。"①

其实，如果抛开所谓的微言大义，我们不难看出，"和"只是指和谐有序，它既包含自然的和谐，也包含人与自然、人与人的和谐，以及人自我身心的和谐。

1.13　有子曰："信[1]近[2]于义，言可复[3]也。恭近于礼，远[4]耻辱也。因[5]不失其亲，亦可宗[6]也。"

【注释】

[1]信：守信用、诚实不欺。

[2]近：接近、符合。

[3]复：实行、履行、兑现。

[4]远：远离、避开。

[5]因：依靠、凭借。

[6]宗：依靠、可靠。

【品读】

"信近于义，言可复也"，可释为：守信要符合道义，所说的话才能兑现。"恭近于礼，远耻辱也"，可释为：对人恭敬，要依礼而行，否则会招致无谓的耻辱，失掉自己应有的尊严。"因不失其亲，亦可宗也"，注家多解为：依靠关系亲密的人才靠得住。不过，若细究有子之意，此句应解为：讲究亲情孝悌者，是可以信赖依托的人。这里，有子所讲的就不是陈旧的关系论，而仍属于孔子所倡导的修身的范畴。

1.14　子曰："君子食无求饱，居无求安，敏于事而慎于言，就[1]有道[2]而正[3]焉，可谓好学也已[4]。"

【注释】

[1]就：看齐、靠近。

[2]有道：有道德的人。

[3]正：匡正、端正。

[4]已：语气词，用法同"矣"。

【品读】

孔子在这里向我们刻画了一个他心目中的"好学"君子形象：饮食不求

① （明）李贽：《四书评·论语》卷之一。

饱足，居住不求安逸，做事勤勉，说话谨慎，向有道德的人看齐以纠正自己的不足。孔子认为做到这些就可以说是“好学”的了。

实际上，孔子在这里讲的仍是君子的修身之道，核心有三点：第一是远物欲；第二是敏于行而慎于言；第三是见贤思齐。自古以来，能做到其中之一者应当是大有人在，但能三者兼备者，实在是“众里寻他千百度”，难以觅求。

1.15 子贡曰：“贫而无谄[1]，富而无骄，何如[2]？”子曰：“可也，未若[3]贫而乐，富而好礼者也。”

子贡曰：“《诗》[4]云：‘如切如磋，如琢如磨。’[5]其斯之谓与[6]？”子曰：“赐[7]也，始可与言《诗》已矣，告诸往而知来者[8]。”

【注释】

[1]谄(chǎn)：巴结、奉承、谄媚。

[2]何如：如何、怎么样。

[3]未若：不如、比不上。

[4]《诗》：指《诗经》，我国最早的诗歌总集。全书分《风》《雅》《颂》三部分，共三百零五篇。其创作年代上起西周初年，下至春秋中叶，跨五百多年。编成年代当在春秋末叶，相传曾经孔子删订。

[5]这两句诗见于《诗经·卫风·淇奥》。切，用刀把骨头做成各种形状；磋，用锉把象牙锉成各种形状。琢，用刀雕刻玉石；磨，用物磨光。这两句诗以锉象牙、琢玉石说明君子要反复不断、精益求精地修养自己。

[6]其斯之谓与：大概说的就是这个意思吧？其，句首语气词，表示推测。斯，这、这个。谓，说、指。与，句末语气词，表示疑问或感叹。

[7]赐：即子贡。

[8]告诸往而知来者：告诉他已知的事情，他便联想到未知的事情，即能举一反三。诸，之于。往，指过去的或已知的事情。来，指将来的或未知的事情。

【品读】

这一章是孔子与得意弟子子贡就如何看待贫富问题而进行的一次对话。子贡首先带着问题向老师提问：“贫穷而不去巴结人，富有而不骄傲自大，这种人怎么样？”孔子说：“可以了，但是还不如贫穷而仍然快乐、富有而好礼节的人。”可见老师的居贫富之道要比弟子的见解富有积极进取精神。子贡心领神会，并联想《诗经》向老师请教：“《诗经》说：‘修制骨器切削之后还要再仔细地锉平，修制玉器雕刻之后还要再反复磨光。’就是这个意思吧？”孔子十分赞赏地说：“赐呀，我现在可以和你谈论《诗经》了，因为我告诉你这一点，你便可以有所发挥、举一反三了。”

从子贡“贫而无谄，富而无骄”到孔子的“贫而乐，富而好礼”，再到孟子的“富贵不能淫，贫贱不能移，威武不能屈”，真可以说是穷人、富人、天下所有人都应共同遵守的修身之道。

子贡听了孔子的教导后，领会了“如切如磋，如琢如磨”的道理，孔子对他能举一反三、知往推来深感欣慰。一部《论语》，实际上就是他们师生间相互讨论问答的实录。孔子提倡师生之间相互切磋，共同讨论，以收教学相长之效，对当今的教育不也是很有启发吗？

1.16 子曰：“不患[1]人之不己知[2]，患不知人也。”

【注释】

[1]患：忧虑、担心。

[2]不己知：是“不知己”的倒装。

【品读】

李泽厚先生认为，此句与本章之第一句“人不知而不愠”相呼应，“要义仍在把握个体的价值与尊严，即走自己的路，为自己所当为，作自己所当作，‘毁誉无动乎中，荣辱在所不计’，自身实在存于自我认识中而不在‘人知’也”①。的确，“不患人之不己知”与“人不知而不愠”相呼应，道出了孔子做人的一个重要准则，但若仅仅如此，还只是“只管耕耘，莫问收获”的同道。后一句“患不知人也”真正体现了一种精神的升华，体现了仁的原则，是一种更高的要求。所以，李贽对此点评道：“今人亦有患知人者否？”②

① 李泽厚：《论语今读》，第47页。

② (明)李贽：《四书评·论语》卷之一。

为政第二

2.1 子曰："为政以德，譬如北辰[1]，居其所而众星共[2]之。"

【注释】

[1]北辰：即北极星，是在正北天空中的一颗较亮的星，属小熊星座，古人在夜晚常靠它来辨别方向。从中国北方来看，北极星是相对静止的，它周围的其他星座都环绕它运动。孔子在这儿是以北极星喻国君，以众星喻民众。

[2]共：通"拱"，环绕、围绕。

【品读】

实行德政，国君就会像星空中的北极星一样，安居其位而众星自然环绕。

"为政以德"，是孔子的一贯思想。他认为，上下无序，天下动荡，归根到底是道德问题。人们心中若丧失了道德观念，行动上必然会越出礼的堤防。所以，要解决这些问题，首先必须以德修身，提高人们的道德水平；同时还要"为政以德"，即以德治国，用道德原则指导政治活动。孔子十分反对当时一些诸侯、卿大夫单靠严刑峻法，甚至欺诈、阴谋等办法治理国家的做法，极力主张将道德原则贯彻到政治生活里去，用道德手段治国安民，也就是"用道德的办法教育感化人民，用礼约束人们，不仅能使之守法，还能使之具有道德自觉，能心悦诚服地守法遵礼，知耻从善"；相反，"用行政的法律的办法管理人民，只能使他们畏祸而守法，不能使他们具有道德观念"。①

孔子在这里强调，道德在政治生活中所起的积极影响。但是道德不是万能的，而且当时社会问题的根本并不在道德。他的道德说教在政治剧烈动荡的春秋时代显得那么幼稚，那么迂阔，那么不现实。也正因如此，孔子的道德说教没有被他的时代或后世的战国时代所用，直至汉代才把德与法结合起来，"定于一尊"，统治阶级真正找到了适宜的管理政治的模式。这恐怕是孔子本人所始料不及的结局吧！

① 匡亚明：《孔子评传》，齐鲁书社 1985 年版，第 220 页。

2.2　子曰:"《诗》三百[1],一言以蔽之[2],曰:'思无邪[3]。'"

【注释】

[1]《诗》三百:《诗经》共收诗三百零五首,"三百"是举其整数。

[2]一言以蔽(bì)之:用一句话来概括它。一言,一句话。蔽,概括。

[3]思无邪:思想纯正,没有虚情假意。无邪,纯正、不邪恶。本是《诗经·鲁颂·駉(jiōng)》中的一句。"思"在本篇中本是无意的语助词,孔子在此借用为"思想"。

【品读】

孔子以"思无邪"三字对《诗经》"一言以蔽之",后世注家也群起效法,要对孔子三字箴言"一言以蔽之"。如:

李贽的"一言"是:"三个字便讲了一部《诗经》。"①

南怀瑾以"一言"题曰:"优美的情歌。"②

洪丕谟的"一言"是:"为政要思想纯正无邪。"③

这三家的"一言"各有千秋,但都未领会《诗经》要旨。李贽大而化之,言之无物;洪丕谟是对"思无邪"的现代语体文对译;南怀瑾则是"王顾左右而言他"。唯有不想"一言以蔽之"的程树德,在其《论语集释》中引用了郑浩《论语集注述要》的一段话,道出了孔子"一言以蔽之"的真谛。他说:"盖言《诗》三百篇,无论孝子、忠臣、怨男、愁女皆出于至情流溢,直写衷曲,毫无伪托虚徐之意。"

2.3　子曰:"道[1]之以政[2],齐[3]之以刑,民免[4]而无耻;道之以德,齐之以礼,有耻[5]且格[6]。"

【注释】

[1]道:通"导",治理、引导。

[2]政:指政策法令。

[3]齐:即"使之齐",约束、制约。

[4]免:避免。

[5]有耻:有知耻之心。

[6]格:匡正、纠正。

① (明)李贽:《四书评·论语》卷之一。

② 南怀瑾:《论语别裁》上册,第69页。

③ 洪丕谟:《东方圣经——新编白话〈论语〉》,第178页。

【品读】

在这段谈话中，孔子把礼和德都作为治民的要道。孔子指出："用政令治理百姓，用刑法约束百姓，百姓虽然会避免犯罪，但没有羞耻心；用道德引导百姓，用礼制制约百姓，百姓不但会有羞耻心，而且能纠正自己的过失。"所以，他反对传统的"道之以政，齐之以刑"，主张"道之以德，齐之以礼"。他指出，前者的结果是"民免而无耻"，即百姓虽然可以避免违规犯罪，但不懂得礼义廉耻；后者的结果是"有耻且格"，即百姓不但以犯罪为耻，而且还能主动纠正自己的过失。两种做法导致两种结果。

孔子显然以前者为非，以后者为是。此议若果然实行，便会走向非刑政治，但是，除非真的有"比屋可封"的尧舜时代，否则，在阶级社会，国家机器要有序地运转，必备条件便是军队、监狱与刑罚，孔子所倡导的只能是一种理想的乌托邦。其实，就是孔子本人在看待现实问题时，也并不回避刑罚的作用。比如他主张："礼不下庶人，刑不上大夫。"①也就是说，庶人之治要用刑而不用礼，大夫之治要用礼而不用刑。他还指出："礼乐不兴，则刑罚不中；刑罚不中，则民无所错手足。"②刑罚对治民的作用显而易见。这又告诉我们一个道理：《论语》中的孔子之言是因时、因事、因地而发，我们在把握时，不能削足适履，而应当回到特定的场景中去领会。

2.4 子曰："吾十有[1]五而志于学，三十而立[2]，四十而不惑[3]，五十而知天命[4]，六十而耳顺[5]，七十而从心所欲[6]，不逾矩[7]。"

【注释】

[1]有：即"又"。"十有五"即"十五"。

[2]立：立身、自立，指能独立地处世立身。

[3]惑：迷惑、疑惑。

[4]天命：上天的意志，又指人们的命运。

[5]耳顺：指能听出他人言语中的是非，能容得下各种毁誉，即有主见。后以"耳顺"为六十岁的代称。

[6]从心所欲：即随心所欲，想干什么就干什么。

[7]不逾(yú)矩：不超越礼法规矩。逾，超越、超出。矩，规矩、规则、法度。

【品读】

李贽对这段话有一句极为精到的概括："孔子年谱，后人心诀。"③这实际

① 《礼记·曲礼上》。

② 《论语·子路》。

③ (明)李贽：《四书评·论语》卷之一。

上是一则最为简洁的孔子自传，也是孔子对自己心路历程的追忆，其主线是精神世界的升华。“十有五而志于学”，不言自明。“三十而立”，是指学业修养已可自立，孔子开门授业亦大致起于此时。“四十而不惑”，是指人生理念已经形成，不会受外界影响而变化。“五十而知天命”，恐怕是在感叹“天不我予”，因为孔子到此时还未能找到实现自己“克己复礼”使命的大门，只是到五十一岁时，方进入仕途，出任中都宰。“六十而耳顺”，诸家多解为能听出他人言语中的是非，若据六十岁时孔子的经历，其“耳顺”还应指容得下各种毁誉。在此之前的五年间，孔子周游列国，屡屡受挫。这一年，孔子在陈，鲁国季康子本要召回孔子，后由于公之鱼的阻拦，改召孔子弟子冉求委以重任。孔子“六十而耳顺”与此不无关系。“七十而从心所欲，不逾矩”是说自我修养的境界，这与“十有五而志于学”相对应，连成了一条完整的自我修养的链条。

对孔子的这一生，张岂之先生评论道：“当一个人的正确信仰以及高尚理想，已经和他的思想感情融为一体的时候，尽管他的主观世界和客观世界也还存在矛盾，但他总是能够妥善地解决这些矛盾，而不导致思想感情的巨大波动。他解决矛盾是那样娴熟，那样自如，那样顺理成章，而不受个人感情和私利的支配。这个时候他确实是进入了一个高尚的精神境界，这也许就是孔子所说的‘……七十而从心所欲，不逾矩’。”①

2.5　孟懿子[1]问孝。子曰：“无违[2]。”

樊迟[3]御[4]，子告之曰：“孟孙[5]问孝于我，我对曰‘无违’。”樊迟曰：“何谓也[6]？”子曰：“生，事之以礼[7]；死，葬之以礼，祭之以礼。”

【注释】

[1]孟懿子：姓仲孙，名何忌，谥号懿，鲁国大夫。为鲁“三桓”之一的孟孙氏贵族。

[2]无违：不要违背礼节。违，违背、违反。

[3]樊迟（前 515～？年）：名须，字子迟，鲁国人，一说齐国人。孔子的弟子。其求知心切，兴趣广泛，曾多次向孔子问仁、问知，请学稼圃。

[4]御：驾车。

[5]孟孙：即孟懿子。

[6]何谓也：即“什么意思呢”。

[7]事之以礼：即“以礼事之”的倒装，以下两句的语法结构同此。事，侍奉。

【品读】

自本章至以下数章，均围绕“孝”字展开，但孔子的阐述各不相同，盖因

① 张岂之：《中华人文精神》，西北大学出版社 1997 年版，第 51～52 页。

人、因事而异。

孟懿子为鲁国著名大夫、新兴贵族，在孔子看来，他有许多“违礼”行为。所以当孟懿子问孝时，孔子有针对性地回答：“无违。”即不要违背礼节。按孔子的解释，“无违”的要求是：“生，事之以礼；死，葬之以礼，祭之以礼。”即父母在世时，子女要按照礼的要求尽力侍奉；父母死后，要按照礼的要求去安葬、祭祀。需要注意的是，这里的“礼”，不是一般的礼节、礼貌，而是孔子倡导的“周礼”之“礼”，是分亲疏、别上下、辨尊卑、区贵贱的行为准则与仪式，是仁的外在表现形式。孔子认为，要改变春秋天下大乱的政治状况，就要恢复周礼的权威，上下尊卑，各安其位，各守其分。“无违”的要求实在是高而又高，以致最终要成为空中楼阁。

2.6 孟武伯[1]问孝。子曰：“父母，唯其疾之忧。[2]”

【注释】

[1]孟武伯：名彘(zhì)，又作仲孙，孟懿子之子，武是其谥号，鲁国大夫。

[2]父母，唯其疾之忧：对于父母，要特别为他们的疾病担忧。唯，只是，引申为“最”“特别”。其，指父母。该句另有人标点为：“父母唯其疾之忧。”意思是父母最担心子女的疾病。似与所问孝不通。

【品读】

因为孟懿子是鲁国新兴阶级的代表之一，在孔子看来，有许多“违礼”行为。孟武伯为孟懿子之子，孔子在这里表面上是说作为孝子要为父母的疾病担忧，实际上是要孟武伯为父亲的“违礼”行为担忧。

2.7 子游[1]问孝。子曰：“今之孝者，是谓能养[2]。至于犬马[3]，皆能有养[4]。不敬，何以别乎[5]？”

【注释】

[1]子游(前506～？年)：姓言，名偃，字子游，吴国人。孔子的弟子。后人尊称之为言子。

[2]是谓能养：只是认为能供养父母而已。

[3]至于犬马：即使是犬马。至于，就是、即使。

[4]皆能有养：都能得到饲养。

[5]何以别乎：如何将孝与饲养犬马相区别呢？何以，即“以何”，如何、用什么。

【品读】

孔子在这里提出了孝的两个基本要求，即“能养”与“敬”。他认为，不能以为只要能养活父母，有饭给他们吃就是孝。如果这就是孝，那么饲养犬马也是孝了。可见，只是赡养而没有"敬"，没有相应的真情实感，就不是真孝。对孔子所言"不敬，何以别乎"，熊十力先生圈点道："吃紧，吃紧。"正因为此，"孝敬"一词才会传之千年而不改。不过，在这孝敬的背后还掩盖着两种倾向：一种倾向是"能养"的沦落。相当一部分人子莫说孝敬，连"能养"也无从谈起。另一种倾向是"敬"的放大，由"敬"而引起的父家长专制权力的膨胀，以至于有"父要子死，子不敢不死"之谚。这实际上也走到了孝敬的反面。

2.8 子夏问孝。子曰："色难[1]。有事，弟子[2]服其劳；有酒食，先生[3]馔[4]，曾[5]是[6]以为孝乎？"

【注释】

[1]色难：色，指儿子侍奉父母时的容色。难，难以做到。

[2]弟子：年轻人，这里指儿子。

[3]先生：长辈，这里指父母。

[4]馔(zhuàn)：吃喝。

[5]曾(zēng)：副词，表示出乎意料，相当于"却""简直""竟""竟然"。

[6]是：此，这个。

【品读】

子夏请教什么是孝，孔子说："经常和颜悦色地侍奉父母是最难做到的。如果仅仅是有了事情，儿子为父母效力；有酒食时，儿子请父母先享用，这怎能算是孝呢？"

在这里，"色难"实际上还是在强调敬事父母的重要性。在孔子看来，如果仅仅是有事情时，儿子为父母效力；有酒食时，儿子让父母先享用，这都还算不上孝。这就是说，赡养父母要抱有敬重的心情，要有愉悦而又谨慎的表情。《礼记·祭义》说："孝子之有深爱者，必有和气；有和气者，必有愉色；有愉色者，必有婉容。"一个人的表情是其真情实意的流露，所以，只有对父母怀有真挚的爱，才会有和颜悦色。

2.9 子曰："吾与回[1]言终日，不违[2]，如愚[3]。退而省其私[4]，亦足以发[5]，回也不愚。"

【注释】

[1]回：即颜回(前521～前481年)，字子渊，又称颜渊。孔子的弟子。

[2]不违：此处指不提出不同意见，没有异议。

[3]如愚：好像有些愚笨、迟钝。

[4]退而省(xǐng)其私：授课后考察他私下的言行。省，观察，反省。此处为前义。

[5]发：阐发、发挥。

【品读】

颜回是孔子最得意的门生，其道德、学问在孔门中都首屈一指，《论语》中提及21次。本章中孔子对颜回的评论可谓峰回路转。颜回听课时一直默不作声，不发表任何不同意见，孔子评为"愚"。但孔子又观察其私下的言行，发现颜回能把老师所授进行阐发与实践，遂又得出结论："回也不愚。"

2.10　子曰："视其所以[1]，观其所由[2]，察其所安[3]。人焉[4]廋[5]哉？人焉廋哉？"

【注释】

[1]以：原因、根据。这里指言行的动机。

[2]由：经由的道路。此处指做事的方法或手段。

[3]安：满足、安心。此处指满足、安心于什么。

[4]焉：如何、怎么。

[5]廋(sōu)：隐藏、隐瞒。

【品读】

孔子此处讲的是观察人的道理：了解一个人，要看他做事的动机及做事的方式、方法，看他安心于做什么或者说其人生追求如何。对此，李贽评曰："好相法！'观由'、'察安'，都在'视以'处。"①"都在'视以'处"，点出了孔子"相法"的核心，也正是这一点引申出中国传统的人物评判的目的、动机和原则，从董仲舒之"正其谊不谋其利，明其道不计其功"②，到《列子》中的"愚公移山"，民谚中的"只管耕耘，莫问收获"，都是"视其所以"的余绪。

2.11　子曰："温[1]故[2]而知新[3]，可以为师矣。"

【注释】

[1]温：温习。

[2]故：已学过的或旧有的知识。

[3]新：此指新体会、新认知。

---

① (明)李贽：《四书评·论语》卷之一。

② 《汉书·董仲舒传》。

【品读】

朱熹《论语集注·为政》曰:“言学能时习旧闻,而每有新得,则所学在我,而其应不穷,故可以为人师。若夫记问之学,则无得于心,而所知有限。”看来,“温故”是手段,“知新”才是目的。“温故而知新”者方可为人师,道出了学习的要义,也讲出了教育的真谛。仅此一言,孔子也足以被称为中国教育第一人。

2.12 子曰:“君子不器[1]。”

【注释】

[1]器:器皿、器物。器皿的用途比较狭窄、有限,孔子在这里代指知识、才用的狭窄。

【品读】

“君子不器”是说君子不能像器皿那样局限于一材一艺,才用狭窄,而应博闻强识,能文能武。这也是孔子自身的写照。孔子兼通六艺,文武兼备,是春秋时代集大成的通才。后世士子们所向往的也往往是淹通六经、学贯百家,上马管军、下马治民的全才,这是造就中国传统社会繁荣的重要因素之一。在当今数字与网络技术笼罩全球的新的大综合时代,“君子不器”同样具有强烈的时代意义。

2.13 子贡问君子。子曰:“先行[1]其言而后从[2]之。”

【注释】

[1]行:践行,常与“言”对举。

[2]从:跟随,此指“言”。

【品读】

子贡向孔子请教怎样才能做一个君子。孔子认为,堂堂君子应该言行一致,说到做到,先做后说,或者说先把自己要说的话付诸行动,而后见之于语言。重行慎言是孔子的一贯精神,前面《学而》中的“君子敏于事而慎于言”也是如此。

2.14 子曰:“君子周[1]而不比[2],小人[3]比而不周。”

【注释】

[1]周:亲近、相合,指正常的交往与团结。

[2]比(bì):朋比、勾结,指因共同利益而相互勾结。

[3]小人:古代的"小人"有两个意思,一是指地位低微的人,一是指道德低下的人。此处指后者。

【品读】

这句话的意思是说,君子与人进行正常交往而不朋比结党,小人朋比结党而不从事正常交往。民谚所谓"君子之交淡如水",也是这个道理。

2.15 子曰:"学而不思则罔[1],思而不学则殆[2]。"

【注释】

[1]罔(wǎng):同"惘",迷惑而无所收获。

[2]殆(dài):疑惑不解。

【品读】

孔子深刻地揭示了学与思的辩证关系,认为一个人要增长知识,必须认真学习并进行思索,也就是"学而不思则罔,思而不学则殆"。二者互相依存、互相贯通,"学"是占有知识,"思"是思考分析。一个人只学习而不思考就会迷惘不解,无所适从,所以,在学得知识的同时,还要分析思考,消化理解,举一反三,触类旁通。反过来,若一味思考,终日苦思冥想,而不去进行认真的学习,那么,这种思考也只能是镜中花、水中月,最终会一无所获。

对于孔子学思结合的理论,王夫之曾精辟地评析道:"致知之道有二:曰学,曰思……学非有碍于思,而学愈博则思愈远,思正有功于学,而思之困则学必勤。"①

2.16 子曰:"攻[1]乎异端[2],斯[3]害也已[4]。"

【注释】

[1]攻:攻读、钻研。

[2]异端:不同的主张与学说,又特指不正确的或不合乎正统思想的学说和主张。

[3]斯:这,代指"攻乎异端"。

[4]也已:句末语气词,表示肯定。

【品读】

对这句话,诠释者们各执己见,可谓仁者见仁,智者见智。大体说来,有

---

① (清)王夫之:《四书训义》卷六。

三种解释：一种是将“攻”解为“攻读”“钻研”“致力于”等，即“攻读（钻研）异端学说是有害的”。持此说者甚多，如朱熹的《论语集注》等。第二种是将“攻”释为“批评”“攻击”，此句意即为“批评（攻击）那些异端学说，祸害就可以消除”。如杨伯峻《论语译注》即持此说。第三种以清末学者王湘绮《论语训》为代表，认为：“攻，犹伐也。《先进篇》曰：‘鸣鼓而攻之。’道不同，不相为谋。若必攻击异己者，既妨于学，又增敌忌，故有害也。”今人李泽厚也认为这句话“表现了儒家的宽容精神：主张求同存异，不搞排斥异己”，将此句译为“攻击不同于你的异端学说，那反而是有危害的”①。

这三种说法又反映了对孔子与儒家的两种评判角度。依前两家诠释，孔子是反对异端学说的；依后一家诠释，孔子又是宽容异端邪说的。若仅从字义出发，很难有一定论。但从孔子平日的言论与行事不难看出，孔子一贯反对异端学说，他不仅“不语怪、力、乱、神”，而且时时处处要归乎周礼，归乎仁义正道。所以，可以认为第三种解释差矣。

2.17　子曰：“由[1]！诲女知之乎[2]？知之为知之，不知为不知，是知[3]也。”

【注释】

[1]由：即子路（前542～前480年），姓仲，名由，字子路，又字季路。山东卞（今山东泗水泉林）人。孔子的弟子。

[2]诲（huì）女（rǔ）知之乎：我教给你的懂了吗？诲，教诲。女，通“汝”，你。知，知道、明白。

[3]知（zhì）：同“智”，聪明、明智。

【品读】

孔子在这里谆谆教导子路如何对待求知问题：知道就是知道，不知道就是不知道。这才是聪明人所为。“知之为知之，不知为不知”，短短十字，奠定了做学问的根基，人人牢记，可受益终生。顾颉刚先生曾说：“孔子是一个很切实的人。……他是一个最诚实的学者，不说一句玄妙的话。他绝不是一个宗教家。”②结合上述孔子教诲弟子的话，可以说这一评语十分中肯。

① 李泽厚：《论语今读》，第64页。

② 顾颉刚：《春秋时代的孔子和汉代的孔子》，载《古史辨》第2册，上海古籍出版社1982年版，第136页。

2.18　子张[1]学干禄[2]。子曰："多闻阙疑[3]，慎言其余[4]，则寡尤[5]；多见阙殆[6]，慎行其余，则寡悔[7]。言寡尤，行寡悔，禄在其中矣。"

【注释】

[1]子张(前503～？年)：姓颛(zhuān)孙，名师，字子张，陈国人。孔子的弟子。

[2]干禄：求取官职。干，求取。禄，官员的俸禄。

[3]多闻阙疑：多听，对有疑问之处采取保留态度。阙，通"缺"，保留、回避。

[4]慎言其余：谨慎地说出其余有把握的看法。

[5]则寡尤：就会减少过失。寡，少、减少。尤，过失。

[6]殆：疑惑。

[7]悔：悔恨、懊恼。

【品读】

这应当是中国历史上最早的一则官箴，若单独取出，恐怕许多人想不到是孔子所言，也不会认为这位温文尔雅的谦谦君子，这位弟子三千的一代宗师，能如此精通为官之道。其实，从孔子本人到其授业弟子，所追求的就是"学而优则仕"，"修身、齐家、治国、平天下"是他们师生终身追求的最高境界。因此，当子张请教孔子如何做官时，他便毫不隐晦地面授机宜：多听，保留有怀疑的地方，谨慎地说出其余有把握的看法，这样就会减少过失；多看，保留有怀疑的地方，谨慎地去做那些可以肯定的事情，这样就会减少恼悔。言语上的过失少，行为上的恼悔少，官职与俸禄自然会有了。

2.19　哀公[1]问曰："何为则民服[2]？"孔子对曰："举直[3]错[4]诸[5]枉[6]，则民服；举枉错诸直，则民不服。"

【注释】

[1]哀公(前494～前476年在位)：姓姬，名蒋，鲁国国君，哀是其谥号。

[2]何为则民服：如何做才能使百姓信服？何为，怎样做、如何做。为，做。服，信服、服从。

[3]举直：举，选拔、举用。直，正直，此处指正直贤能之人。

[4]错：同"措"，放置、弃置。

[5]诸：代词"之"和介词"于"的合音字，相当于"之于"。

[6]枉：邪佞，此处指奸邪不正派之人。

【品读】

对于一个执政者来说，要想使百姓心悦诚服，使辖内大治，首先应该"举直错诸枉”，即选用正直的贤能之人，罢斥奸佞小人。后来诸葛亮在《出师表》中也曾总结道：“亲贤臣，远小人，此先汉所以兴隆也；亲小人，远贤臣，此后汉所以倾颓也。”历观各朝，凡小人当道者，无不衰微沆瀣；凡贤人用政者，皆为清明盛世。那么，贤臣与小人如何区分呢？孟子认为：“有事君人者，事是君则为容悦者也；有安社稷臣者，以安社稷为悦者也；有天民者，达可行于天下而后行之者也；有大人者，正己而物正者也。”①由此可知，臣子们主要有以下四种类型：一种为逢迎承欢者；一种为安定社稷者；一种为行道天下者；一种为“正己而物正者”。作为一位明君，一位要成就大业的执政者，要选用哪些臣子，应当是清清楚楚的。

2.20 季康子[1]问：“使民敬、忠以[2]劝[3]，如之何[4]？”子曰：“临之以庄[5]，则敬；孝慈[6]，则忠；举善而教不能[7]，则劝。”

【注释】

[1]季康子（？～前468年）：季孙氏，名肥，康是其谥号。鲁哀公时的宰臣，摄掌国政。

[2]以：连词，相当于“而”“且”。

[3]劝：勉励、鼓励、督促。

[4]如之何：即“如何之”，意即对此该如何做、怎么办。

[5]临之以庄：对待他们神态庄重。临，从高处往低处看，引申为上对下统治、治理。庄，庄重、庄严。

[6]孝慈：孝顺父母，爱恤百姓。

[7]举善而教不能：推举选用好人，教诲愚笨者。举，提拔、推举。不能，没才能、能力差的人。

【品读】

季康子的问题是：对于一个当政者来说，如何做才能使百姓对之尊敬、尽诚而又相互勉励呢？孔子有针对性地回答这位鲁国的权臣：国君若对百姓严肃端庄，百姓就会尊重他；国君若孝顺父母，慈爱民众，百姓就会对他尽忠；国君若举用好人，教诲愚笨，百姓就会相互勉励。

孔子在这里还是讲修身，讲“为政以德”。他是要为政者以身作则，以自己的实际行为感化百姓，赢得百姓的爱戴与尊敬。也就是说，为政者要想“使民敬、忠以劝”，达到一个上下有序、安定和谐的社会，应当先从其自身的道德品质修养（庄、孝、慈）做起。为政者的修身对百姓起着榜样、表率的教育作用。这也就是《礼记·大学》中所说的“自天子以至于庶人，壹是皆以修

① 《孟子·尽心上》。

身为本，其本乱而末治者，否矣”。

2.21 或谓孔子曰[1]:“子奚不[2]为政[3]?”子曰:“《书》云:‘孝乎惟孝，友于兄弟。施于有政。’[4]是亦为政，奚其为为政[5]?”

【注释】

[1]或谓孔子曰:有人对孔子说。或，有人。谓，对……说。

[2]奚(xī)不:何不，为什么不。奚，疑问代词，何、为什么、怎么。

[3]为政:从政，治理国政。

[4]《书》云:“……施于有政”句:大意为，孝敬父母，友爱兄弟，把孝悌的道理应用于政治。施，施用、作用。有，名词词头，无实义。《书》，即《尚书》，商周时代政令文诰的汇编。以上引文，《伪古文尚书·君陈篇》作“惟尔令德孝恭，惟孝，友于兄弟，克施有政”。

[5]是亦为政，奚其为为政:这也就是从政了，为什么要亲自从政呢?是，这。其，句中语助词，无实义，起调节音节的作用。为为政:前一个“为”意思是“参与”，后一个“为”意思是“从事”“治理”。

【品读】

对为何不为政的发问，孔子并不直接答复，而是认为将自己的思想施于为政者，也是为政。这一方面表明孔子不是为为政而为政，而是以实现自身的价值观为最终目的;另一方面也表明孔子并不是不想直接为政。李贽对孔子的这一回答评曰:“又委婉，又直截，圣人之言。”①

从孔子此言，我们可以清楚地看到，修身是孔子思想的起点，但孔子的修身是入世的，是以“治国、平天下”为目的的。这既不是道家的遁避山林，修气养功，也不是佛家的避世禅坐，静思冥想。如歌德所言，它是个人在时间的长河里，在日常生活中的性格的造就和培养。但是，孔子又认为，自身的伦理道德的完善，并不是修身的目的，个人的修身要用于使他人完善，用于公益事业，即“修身、齐家、治国、平天下”，要通过自我修养，把对父母兄弟的亲族之爱，播及天下民众，发展成对全人类的爱。所以，孔子所说的“身修而后家齐，家齐而后国治，国治而后天下平”②，强调的是由内向外逐步开展的过程，反映了“先内圣再外王”的根本思想。

2.22 子曰:“人而[1]无信，不知其可也。大车无輗[2]，小车无軏[3]，其何以行之哉?”

---

① (明)李贽:《四书评·论语》卷之一。

② 《礼记·大学》。

【注释】

[1]而:连词,表示假设,相当于"如果""假若"。

[2]輗(ní):古代大车车辕前面横木上的木销子。大车,即牛车。

[3]軏(yuè):古代小车车辕前面横木上的木销子。小车,即马车。车上若无輗軏,便无法套驾牲口。古人往往用輗軏比喻事物的关键。

【品读】

孔子在此是说,一个人如果不讲信用,是无法立足于世的,就像车子没有輗軏则无法行走一样。所以,无论从事什么事情,无论是对亲人还是朋友,信用是"人生第一吃紧事"。

2.23 子张问:"十世[1]可知也?"子曰:"殷因于夏礼[2],所损益可知也;周[3]因于殷礼,所损益可知也;其或继周者,虽百世,可知也。"

【注释】

[1]十世:十个朝代。

[2]殷因于夏礼:殷,即殷商(前16～前11世纪);夏,我国第一个奴隶制王朝(前21～前16世纪)。因,因循、继承。

[3]周:周王朝。周王朝是继商而起的王朝,分西周(前11世纪～前770年)与东周(前770～前256年)两个时期。东周从公元前770年周平王东迁洛邑(今河南洛阳)起,到公元前256年被秦所灭为止,分春秋和战国两个时期。春秋(前770～前475年)是孔子所生活的时代。

【品读】

子张,即前篇中那位向孔子"学干禄"的孔门弟子,现在又向老师提出一个大问题:您能预知十代以后的事吗?也就是问孔子是否能预言未来社会的演变。

孔子听完子张的问题后,从容答道:殷商之礼是继承夏朝之礼演变而来的,但这种承继不是全盘因袭,由于时代的变迁,它对夏礼有所减损和增益,从而获得了自身的文化意义和内涵。同样,周礼也是吸收殷礼中的某些要素,并适合时代需要而有所"损益"形成的。"损益"体现着不同时代的文化特色,"因"则沟通了不同时代文化的内在联系。文化的发展,也就是一个不断"因革损益"的历史过程。所以"其或继周者,虽百世,可知也",这是孔子通过对三代文化的比较研究,发现并揭示出文化发展的"因革损益"规律所得出的合乎逻辑的思想认识。

对此,李泽厚先生曾有言曰:"如果标榜全新,常常反而全旧,'文化大革命'即一例。可见,改良优于革命,继承高于批判。"①

洪丕谟先生则另有评论。他认为:"孔子这一思想在很大程度上,依旧没有跳出历史发展的阶段性和人类认知的时代局限。"②

从现代社会人们所面临的文化任务来看,孔子"因革损益"这一思想对于我们如何正确对待传统文化也有着十分重要的启发意义。它向我们昭示了这样一种文化精神:任何时代的文化,都内含、因袭着前人所创造的文化成果,都与前人所创造的文化有着继承、批判关系,没有这种文化的继承和批判,就没有文化的选择和积累,也就不会有文化的进一步丰富、发展与变革。

2.24 子曰:"非其鬼[1]而祭[2]之,谄[3]也。见义[4]不为,无勇也。"

【注释】

[1]鬼:指已死去祖先的亡灵,这里泛指鬼神。

[2]祭:祭祀。此处指为祈福进行的祭祀。

[3]谄:阿谀、谄媚。

[4]义:正义的事情。

【品读】

孔子说:不是你应当祭祀的鬼神却去祭祀它,这是谄媚。见到正义的事不敢去做,这是没有勇气。孔子此言当属有感而发,所感之事已无从考求,但为后人留下了"见义勇为"这样一个千秋受益的至理名训。

---

① 李泽厚:《论语今读》,第73页。

② 洪丕谟:《东方圣经——新编白话〈论语〉》,第266页。

八佾第三

3.1　孔子谓[1]季氏[2]："八佾[3]舞于庭，是[4]可忍也，孰[5]不可忍也？"

【注释】

[1]谓：议论、评价。

[2]季氏：此处当指季平子，鲁国大夫。鲁昭公时，季平子势力膨胀，削弱公室，把持国政。鲁昭公与其争夺政治权力，兵败，先是逃到齐国，又到晋国，最后死于晋国的乾侯。

[3]八佾(yì)：佾，古代奏乐舞蹈的行列。按周礼规定，每佾八人，天子使用八佾，诸侯使用六佾，大夫使用四佾，士使用二佾。季平子只是鲁国大夫，应使用四佾，然而他却擅自使用八佾，是严重的僭越行为。

[4]是：代词，这，此处代指"八佾舞于庭"。

[5]孰(shú)：什么。

【品读】

以此篇为首，《八佾》各篇都记载了孔子对"克己复礼"的种种努力。

在孔子的思想体系中，礼与仁是息息相关的，"一日克己复礼，天下归仁焉"，它是仅次于仁的重要观念。《礼记·哀公问》中曾记孔子言："丘闻之，民之所由生，礼为大。非礼，无以节事天地之神也；非礼，无以辨君臣上下长幼之位也；非礼，无以别男女父子兄弟之亲、婚姻疏数之交也。"也就是说，礼是社会政治生活中最重要的东西。没有礼，就无法区分君臣上下的差别；没有礼，就无法敬拜天地神祇；没有礼，就无法分别家族、亲戚的亲疏远近。所以，在礼的规范下，一些本来只是表达人们喜悦或哀悼之情而举行的欢庆祭献之舞，或表达情感的乐歌、进退揖让的礼节，都成为"辨君臣上下长幼之位"的政治规范，甚至各种日用器物，诸如车、马、钟、鼎、盘、盂，也根据一个人的"名分"高低，而有数量、大小、形制、质地等的差别。从西周至春秋，各种政治场面都要按周礼的规定严格区分名器，按照周礼的规范行事。

但到春秋时代，随着社会的剧烈变动，以及卿大夫与诸侯势力的发展，旧有的周礼遭到很大冲击。上下无序、非分僭越已成风气，形成了"礼崩乐坏"的局面，季氏"八佾舞于庭"便是其中一例。对于发生在身边的僭越，孔子当然痛心疾首，高呼“是可忍也，孰不可忍也”。到两千年后，明代李贽仍能感受到孔子的这种愤怒。他对此章的评论是：“季氏要哭。”①但到两千五百多年后的今天，我们对于这种愤怒已经感到是那么遥远。也有人认为，孔子是背离了时代，在套用过时的礼制。这些说法的是非对错，我们姑且不论，但有一点是清楚的，即孔子所愤怒斥责的季氏以及所要维护的周礼，已经变得那么陌生、模糊，只余下“是可忍也，孰不可忍也”成了表示极度愤怒的汉语名句。

3.2 三家[1]者以《雍》彻[2]。子曰：“‘相维辟公，天子穆穆[3]。’奚取于三家之堂[4]？”

【注释】

[1]三家：又称“三桓”“三子”，指鲁国的孟孙氏、叔孙氏、季孙氏，为鲁桓公之子仲庆父、叔乐、季友的后裔，均为大夫，但实际掌握了鲁国政权。

[2]彻：同“撤”，指祭祀完毕撤去祭品。

[3]相维辟公，天子穆穆：《诗经·周颂·雍》中的诗句。相，助，此指助祭者；维，语助词；辟公，诸侯；穆穆，严肃静穆。

[4]堂：祭祀的庙堂。

【品读】

孟孙、叔孙、季孙三家均为大夫，但在撤除祭品时却擅用《雍》诗。《雍》是《诗经·周颂》中的一篇，为周天子祭祀宗庙完毕撤除祭品时所唱乐章。“相维辟公，天子穆穆”，意即“诸侯们助祭庙堂谦恭谨慎，天子仪态静穆端庄”。天子用的乐章竟然用于大夫的祭堂，孔子当然不满。

对此事，李贽的评论是：“三家要笑。”②笑什么？笑孔子无可奈何的不满。的确，在这一时代，以往的文化准则、生活准则完全丧失了原有的功能，传统文化精神迷失了。这就是孔子视野中的现实文化状态及传统文化的现实命运。但这只能是文化转型时期的特有现象，人类社会文明的重要体现便是秩序、规范与准则。

3.3 子曰：“人而[1]不仁，如礼何[2]？人而不仁，如乐[3]何？”

【注释】

[1]而：连词，表示假设。

---

① （明）李贽：《四书评·论语》卷之二。

② （明）李贽：《四书评·论语》卷之二。

[2]如礼何：怎么能行礼呢？如……何，对……怎么办。

[3]乐：音乐。与礼合称，指礼仪、音乐的规范。

【品读】

孔子在这里对季氏等三家继续发难，说：人若是没有仁德，礼有什么用！人若没有仁德，乐又有什么用！他实际上是用反诘的句式斥责那些非礼、非乐、不讲礼仪制度之人便是不仁之人，将当时的"礼崩乐坏"归结于社会伦理道德的沦丧。这就不是一般的愤怒与不满了，而是入木三分的鞭挞。所以，李贽会意地点评道："季氏三家哭不得，笑不得。"①

另一方面，孔子在这里又将礼进行了重要的改造："一是把'礼'扩大为整个社会所有成员应遵循的秩序原则，突破了'礼不下庶人'的陈旧规范；二是把'仁'作为'礼'的内核，使'礼'的遵循具有了新的心理基础与精神实质。"②

3.4　林放[1]问礼之本[2]。子曰："大哉问[3]！礼，与其奢也，宁俭[4]；丧，与其易[5]也，宁戚[6]。"

【注释】

[1]林放：字子丘，鲁国人。孔子的弟子。

[2]本：本原、本质、根本。

[3]大哉问：这是一个大问题啊！

[4]与其……宁：选择连词，比较两方面的利害得失，选取一方面，舍弃另一方面。"与其"表示舍弃的一面，"宁"表示肯定的一面。可译为"与其……不如……"。

[5]易：办理、治理。此处指仪式办理得妥当、周全。

[6]戚：悲哀、哀戚。

【品读】

该篇是孔子对礼的重要注脚。他首先肯定林放能问及"礼之本"这样重大的问题，接着又以礼仪与丧礼为例，阐发了礼的内核，亦即：对礼仪而言，与其奢侈，不如俭约；对丧礼而言，与其隆重，不如发自肺腑地追念。这表明孔子所倡导的礼的根本是内在的精神，而不是表面的形式，这也是孔子思想常青的重要原因。

---

① （明）李贽：《四书评·论语》卷之二。

② 贾庆超、郭德芳：《论语新读》，中国社会出版社2004年版，第108页。

3.5 子曰："夷狄[1]之有君，不如[2]诸夏[3]之亡[4]也。"

【注释】

[1]夷狄：夷，本指东方的部族；狄，本指北方的部族。此处泛称居于中原地区以外的少数民族。

[2]不如：比不上、不及。

[3]诸夏：华夏，此指居于中原一带的华夏诸侯国。

[4]亡：无。

【品读】

孔子在这里的本意是要区别"诸夏"与"夷狄"，意思是说：夷狄虽有君长，但因其落后，不行周礼，君臣上下没有名分，这样，有等于无；而诸夏有先进的礼乐文化，即使无君，也胜于夷狄之有君。

由此我们可以看到，孔子作为一位文化本位主义者，已开始具有朦胧的"民族"意识。在当时人看来，夷夏之别主要不是地域的，而是文化的。《礼记·王制》曰："中国戎夷，五方之民，皆有性也，不可推移。东方曰'夷'，被发文身，有不火食者矣；南方曰'蛮'，雕题交趾，有不火食者矣；西方曰'戎'，被发衣皮，有不粒食者矣；北方曰'狄'，衣羽毛穴居，有不粒食者矣。……五方之民，言语不通，嗜欲不同。"《左传·襄公十四年》载戎子驹支曰："我诸戎饮食衣服不与华同，货币不通，言语不达，何恶不能为？"《吕氏春秋·为欲》言："蛮夷反舌殊俗异习之国，其衣服冠带，宫室居处，舟车器械，声色滋味皆异。"

这些论述说明，"华夏"与"诸夷"的区别主要在于语言文字、风俗习惯、饮食服饰等生活方式和行为方式的不同，孔子的明"夷狄""诸夏"之制的政治主张正是基于这些文化差异来考虑的。

孔子的这一政治主张，到秦汉以后逐渐发展为"明华夷之辨"这一命题，并被历代儒家所继承发扬。

3.6 季氏旅[1]于泰山。子谓冉有[2]曰："女[3]弗[4]能救[5]与[6]？"对曰："不能。"子曰："呜呼[7]！曾谓泰山不如林放乎[8]？"

【注释】

[1]旅：祭祀的一种，古时称祭祀山川为"旅"。

[2]冉有(前522～？年)：姓冉，名求，字子有。孔子的弟子。此时为季氏家臣。

[3]女(rǔ)：同"汝"，你。

[4]弗：不。

[5]救：匡正、挽救。

[6]与：句末疑问词，同“吗”。

[7]呜呼：叹词，表示感慨。

[8]“曾谓”句：孔子认为林放作为一个凡人尚且知礼，泰山作为山神更应知晓礼仪，不会接受季氏越礼的祭祀。曾，竟、难道。

【品读】

按周礼规定，“天子祭天下名山大川……诸侯祭名山大川在其地者”①。这就是说，只有天子和诸侯才有资格祭祀泰山。季孙氏作为鲁大夫竟然去祭祀泰山，显系越礼行为。而孔门弟子冉有此时为季氏家臣，却不能劝阻季氏的这种僭越行为，孔子对此十分不满。不过，这一次孔子没有直接指斥季孙之非礼，也没有再训责冉有之不能匡救，而是对泰山发出了一通感慨：泰山之神难道不如林放知礼，竟会接受季孙氏的祭祀？不知这是无奈，还是借喻，或是其他什么？

3.7　子曰：“君子无所争。必也射[1]乎！揖让而升[2]，下而饮。其争也君子。”

【注释】

[1]射：射礼，古代六艺（礼、乐、射、御、书、数）之一，系使用射箭的方法进行竞赛。

[2]揖（yī）让而升：相互作揖行礼后升堂射箭。揖让，古代宾主相见的礼节，拱手、低首、弯腰相让，以示礼让。

【品读】

依孔子言，君子无所争，其必争者，只有射礼，但相争之时，也是先作揖相让，然后升堂射箭，下堂后又相互敬酒，虽争但不失君子风度。孔子在这里所讲的“不争”，只是对人际纷纭的不争，对于大是大非，应抗争不懈。孔子本人的实践也表明了他的君子观。但后世的相当一部分士子却以“君子不争”相标榜，与人、与事一无所争，这其实完全背离了孔子的本意。对此，程树德《论语集释》引《集解》所用《松阳讲义》抨击道：“……世间有一等人，惟知隐默自守，不与人争，而是非可否亦置不论，此朱子所谓谨厚之士，非君子也。有一等人，惟知阉然媚世，将是非可否故意含糊，自谓无争，此夫子所谓乡愿，非君子也。又有一等人，激为高论，托于万物一体，谓在己在人，初无有异，无所容争……亦非君子也。”

---

① 《礼记·王制》。

3.8　子夏[1]问曰："'巧笑倩兮，美目盼兮，素以为绚兮[2]。'何谓也？"子曰："绘事后素[3]。"

曰："礼后乎[4]？"子曰："起予者商也[5]！始可与言《诗》已矣。"

【注释】

[1]子夏（前507～？年）：姓卜，名商，字子夏。孔子的弟子。

[2]"巧笑倩兮"三句：前两句见《诗经·卫风·硕人》，后一句不见于今本《诗经》。巧笑，甜蜜的笑容。倩（qiàn），清俊、美丽。盼，眼睛黑白分明。素，白、白皙，此指女子的肤色。绚（xuàn），色彩艳丽。原诗用此赞美一位女子的容貌。

[3]绘事后素：绘画要在打好白底之后。绘事，画画。后，后于，在……之后。素，白底、本色，此指白底素净的绘图材料，如帛、绢等。

[4]礼后乎：礼的产生也在仁后面吧！这里是说礼如同绘画一样，要先具备一定的条件才能产生。

[5]起予者商也：能阐发我思想的人是卜商啊！起，阐发、发挥。予，我。商，卜商，即子夏。

【品读】

"巧笑倩兮，美目盼兮，素以为绚兮"，是《诗经·卫风·硕人》的诗句，赞美一位女子的音容笑貌。意为：甜蜜的笑容清俊可爱，美丽的双眸透彻明亮，白皙的面庞再用华彩修饰一番，更衬出姿色的美丽。正如朱熹《论语集注》曰："素，粉也，画之质也。绚，彩色，画之饰也。言人有此倩盼之美质，而又加以华彩之饰，如有素地而加彩色也。"子夏向孔子请教其寓意所在，孔子答曰："绘事后素。"即只有清洁素白的底子才好作画。这恰如两千多年后的另一位哲人毛泽东所说："一张白纸好画最新最美的图画。"子夏听后，恍然大悟，又得出"礼后乎"的结论，即作为仁的外在表现形式的礼，如同绚丽图案一样，必须以仁为"素底"，亦即先仁后礼。看到卜商的进步，孔子欣慰地说："能阐发我思想的人是卜商啊！现在可以和你讨论《诗》了。"

3.9　子曰："夏礼，吾能言之，杞不足征[1]也；殷礼，吾能言之，宋[2]不足征也。文献[3]不足故也。足，则吾能征之矣。"

【注释】

[1]杞（qǐ）不足征：杞，古国名，在今河南杞县一带，相传为夏禹之后。征，证明、印证。

[2]宋：古国名，都于今河南商丘，为殷商之后。

[3]文献：文，典籍；献，熟知典籍和史实的贤人。

【品读】

孔子自幼深受传统礼乐文化的熏染，“少好礼”，“为儿嬉戏，常陈俎豆，设礼容”①；十五即志于学，“好古，敏以求之”②；成年后，对礼乐文化进行了认真研究，娴熟于心。所以，他很自信地说：夏朝的礼仪制度，我能说出，杞国的礼仪却无法为证；商朝的礼仪制度，我能说出，宋国的礼仪却无法为证。这是由于杞、宋二国缺乏典籍和贤人，否则，我就可以用来作印证了。

孔子所处的春秋季世，是一个“礼崩乐坏”的时代，是夏、商、周以来的礼乐传统文化陷入困境的文化嬗变时期。如何重新振兴三代传统文化，并在此基础上构建适应社会发展要求的文化体系，是孔子着力探讨并力求作出合理解释的文化课题。但是夏、商后继者杞国和宋国却恰恰缺少历史文献和贤能之人，孔子不免陷入深深的叹息，不得不承认以今论古的不可能性。

3.10　子曰：“禘[1]自既灌[2]而往者，吾不欲观之矣。”

【注释】

[1]禘(dì)：古代一种极为隆重的祭祀祖先的典礼，五年进行一次，只限天子举行。周成王因周公旦对周王朝的功勋，特许他举行禘祭，他的后人鲁国国君们也都沿用这一成例。

[2]灌：祭祀中的一个程序，向受祭者第一次献酒叫“灌”。

【品读】

在周代，禘祀之礼只有天子才能举行，虽然周公旦曾被特许使用，其后嗣即鲁国国君们也沿用这一大祭之礼，但严格说来，这也是僭越，所以，孔子在进行第一次献酒后就不想看了。

3.11　或问禘之说。子曰：“不知也。知其说者之于天下也，其如示诸斯乎[1]！”指其掌[2]。

【注释】

[1]其如示诸斯乎：那就像把东西放在这儿一样。示，同“置”，放置的意思。

[2]指其掌：指着他的手掌。

【品读】

有人询问孔子有关禘祭的学问，孔子的回答是：“不知也。”这位礼学大

① 《史记·孔子世家》。

② 《论语·述而》。

师当真不知禘礼吗？不，他最清楚不过了。但是，在孔子看来，禘是天子大祭，鲁国国君不该越礼举行这种祭祀，所以才对请教者说“不知”。孔子还指着自己的手掌说：知道禘祭之礼并照此去做的人，若治理天下就会像运于掌中那么容易。孔子还是在影射鲁国国君的僭礼。在此篇与上一篇中，虽然孔子没有直接指斥鲁君的非礼，但一切都在不言中。如李贽所言：“此二篇不曾说出一字，实是无一字不曾说出。”①

3.12 祭如在，祭神如神在。子曰：“吾不与[1]祭，如不祭。”

【注释】

[1]与(yù)：参与、参加。

【品读】

虽然话题是从祭祀的仪态开始的：祭祀什么，就如同什么真在面前——祭祀祖先，就如同祖先真在面前；祭祀神，就如同神在面前。但是，孔子在这里讲的不仅仅是祭祀的仪态，而是国君对祭祀的态度。在当时“礼崩乐坏”的形势下，各国国君们对以往作为“国之大事”的祭祀越来越不重视，甚至不肯亲自主祭。对这种非礼行为，孔子当然不满，所以他明说：“吾不与祭，如不祭。”实际上是说，你们不直接参与祭祀，便如不举行祭祀一样。

3.13 王孙贾[1]问曰：“与其媚于奥，宁媚于灶[2]。何谓也？”子曰：“不然[3]，获罪于天，无所祷[4]也。”

【注释】

[1]王孙贾：卫国大夫，卫灵公的大臣。

[2]与其媚于奥，宁媚于灶：与其讨好奥神，不如讨好灶神。媚，讨好、奉承。奥，屋内西南角为奥，古人认为那儿有奥神，是居室中的最高神。灶，炉灶，此处指灶君、灶神，古人认为灶神能上天禀报所在一家人的情况。

[3]不然：不这样的话。

[4]祷：祈祷。

【品读】

灶，即灶神，又称“灶君”“灶王爷”，是由原始的火崇拜发展起来的一种神祇崇拜。不过，自其产生时起，其职掌便与火或灶火毫无关系，他是天帝

① (明)李贽：《四书评·论语》卷之二。

派驻各家的监察大员，负责监督一家老小的善恶功过，定期上报天庭。

早在春秋时代，就流传着“与其媚于奥，宁媚于灶”的俗谚。孔子一语道破了人们“媚于灶”的原因：“不然，获罪于天，无所祷也。”也就是说，如果不讨好灶神，他就会向上天告你的恶状。由于人与天帝无法沟通，所以，天帝只能听凭灶神胡言乱语，凡人“无所祷也”。灶神告什么状，天帝就会给你定下什么惩罚。最常用的惩罚方式是“大者夺纪，小者夺算”。一纪为三百日，一算为一百日，平白无故地丢掉几百日的寿命，这种惩罚实在让人畏惧。另外，天帝还可以根据灶神的汇报，说不定在你生活的某一处对你施展惩罚，使你防不胜防。所以要祈福禳灾，便要“媚于灶”，对灶王爷恭恭敬敬，如不得用灶火烧香，不得击灶，不得将刀斧置于灶上，不得在灶前讲怪话、发牢骚、呼叫、唱歌、哭泣，不得将脏污之物送入灶内燃烧，等等。

在中国古代，人们在每年的腊月二十三或二十四进行祭灶，因为这一天灶王爷要升天报告一年的情况。人们要大肆行贿，竭力“媚灶”。比如祭灶时，要为灶神准备好纸马，供他上天时骑用；还要备下一桌丰盛的食品，其中麦芽糖、酒（或酒糟）是不可少之物，并要嘱托灶神：“好话多说，不好的话少说。”酒与酒糟是为了让灶君忘乎所以，晕头转向。而麦芽糖又甜又黏，把它糊在灶神嘴上，一来灶神嘴吃甜了，就不好再恶言恶语，只能说好话；二来麦芽糖黏住了嘴巴，灶神想说坏话也张不开嘴，只能说个含含糊糊。中国古人的想象力实在妙极，把“拿了人家的手短，吃了人家的嘴短”这一套人世间的生活经验，也用在了对灶神的供奉上。

这就是中国人的“媚于灶”。

3.14 子曰：“周监[1]于二代[2]，郁郁乎文哉[3]！吾从[4]周。”

【注释】

[1]监（jiàn）：同“鉴”，借鉴。

[2]二代：指夏、商二代。

[3]郁（yù）郁乎文哉：礼乐制度多么丰富多彩呀！郁郁，丰富、繁盛的样子。文，此处指礼乐制度。

[4]从：遵循、跟从。

【品读】

“周监于二代，郁郁乎文哉”，这句话既是对西周礼乐典章的盛赞，又道出了其繁盛的深层背景。一方面，它说明周文化与夏商文化的差异，认为周文化虽然借鉴和吸收了夏商文化成果，但是，无论在形式上，还是在内容上，都较之夏商文化更为丰富多彩；另一方面，也说明周文化与夏商文化是一脉相承的，有着历史的传承关系。在他看来，没有夏商文化，就不会有周代的社会文明，周文化是夏商文化发展的必然结果。李泽厚对此总结得非常中肯："可见孔子既非复古，也非革命，乃积累进化论者。"①

3.15 子入太庙[1]，每事问。或曰："孰谓鄹人之子[2]知礼乎？入太庙，每事问。"子闻之，曰："是礼也。"

【注释】

[1]太庙：祭祀开国君主之庙。鲁国开国君主是周公旦，所以孔子所入的太庙即周公庙。

[2]鄹(zōu)人之子：即孔子。鄹，春秋鲁国地名，在今山东曲阜东南一带。孔子的父亲叔梁纥曾做过鄹大夫，被称为"鄹人"。

【品读】

孔子进入周公庙，每事必问，有人讥笑他不知礼仪。孔子却泰然答曰：这就是礼。

"每事问"，注家多释为孔子谦虚好学，其实，依孔子之学识修养，对周公庙的祭祀活动应当是烂熟于心，不会事事不懂，但孔子恰恰做出了事事不懂的姿态。正因为此，才会有人讥其徒有虚名，不懂礼仪。不过，讥笑孔子的人也真应了"以小人之心，度君子之腹"那句古谚。孔子的"每事问"其实是虽知而问，是表明自己在太庙之中战战兢兢、恭恭敬敬的心情，是对周公崇敬有加的礼数，所以，孔子泰然答曰："是礼也。"朱熹《论语集注》引宋尹氏曰："礼者，敬而已矣，虽知亦问，谨之至也，其为敬莫大于此。"

3.16 子曰："射不主皮[1]，为力不同科[2]，古之道也。"

【注释】

[1]皮：用兽皮做成的箭靶子。

[2]科：等级、类别。

【品读】

本章中，孔子明说射礼，实则是倡导以礼来营造非暴力的和平环境。

周定天下后，干戈平息，定下了"射不主皮"的规矩，也就是说，射的目的不是穿透靶子，而是一种礼仪过程。如朱熹所说："武王克商，散军郊射，而

① 李泽厚：《论语今读》，第90页。

贯革之射息。”①这也就意味着战争的止息，意味着射只以中的为目的，成为礼仪的一种。

当时的射礼有五：一曰大射，二曰宾射，三曰燕射，四曰乡射，五曰泽官之射。据《仪礼》中仅存的《乡射礼》与《大射》两篇可知：“古者诸侯之射也，必先行燕（通‘宴’）礼；卿大夫士之射也，必行乡饮酒之礼。故燕礼者，所以明君臣之义也；乡饮酒之礼者，所以明长幼之序也。”射既以礼为先，那么射的过程，也就是循礼行事的过程。“故射者，进退周旋必中礼。内志正，外体直，然后持弓矢审固；持弓矢审固，然后可以言中。此可以观德行矣。”②

3.17 子贡欲去[1]告朔[2]之饩羊[3]。子曰：“赐[4]也！尔[5]爱其羊，我爱其礼。”

【注释】

[1]去：免去、去掉。

[2]告朔：古代制度，周天子在每年秋冬之际把第二年的历书颁发给诸侯，诸侯把历书放在祖庙里，并按照历书规定，每月初一来到祖庙，杀一只活羊祭庙，表示每月听政的开始，这就是“告朔”。当时，鲁君已不亲自前来“告朔”，“告朔”完全流于形式，所以子贡主张去掉饩羊。朔，每月的初一。

[3]饩（xì）羊：祭祀用的活羊。

[4]赐：即子贡。

[5]尔：你、你们。

【品读】

子贡以商人的身份投学于孔子门下，孔子因材施教，加上子贡的精明，使他很快在同门中脱颖而出，得到孔子的赞扬和器重。但对他的缺点，孔子也毫不留情地予以批评。在这里，子贡不愿受礼的约束，主张务实灵活，要省去徒有形式的告朔之羊，却遭到孔子的坚决反对。孔子认为，这只饩羊所代表的仪礼比羊本身要重要得多，既然是象征，就不能去掉。否则就是废除了告朔之礼，而礼是万不可废的。对此，李泽厚先生阐释道：“即使某种典礼仪文已失去其实用意义和具体内容，但其形式本身仍有其某种价值在。它是远古文明的具体遗痕……古代的礼文仪典以可感知的‘物态化’（舞蹈、咒语、音乐、雕塑、图画、建筑、文字等）形式，在当时凝聚和呈现了那神圣不可违抗的行为规范、思想观念、情感体验和群体秩序。人们通过这些仪文形式

① （宋）朱熹：《论语集注·八佾》。

② 《礼记·射义》。

的不断实践和反复巩固，以获得理性的内化（认识）和理性的凝聚（道德）。”①

3.18 子曰：“事君尽礼[1]，人以为谄[2]也。”

【注释】

[1]事君尽礼：完全以礼制的要求侍奉君主。事，侍奉、为……服务。尽，全部用出。

[2]谄：谄媚、巴结、奉承。

【品读】

完全按照礼制侍奉君主，人们却以为这是谄媚——这是孔子的伤叹，还是愤愤不平？

孔子一生恪守周礼，尤其在君臣关系方面，丝毫没有越轨行为。他认为，“唯天子受命于天，士受命于君”。后面的《乡党》篇生动地描绘了孔子对君主的敬畏。那些违礼僭越行为，在他看来，“是可忍也，孰不可忍”！季氏八佾舞于庭，三家以《雍》行彻礼，季氏旅于泰山，子贡欲去告朔之羊，以及管仲“树塞门”“有反坫”，等等，孔子都愤然抨击。但正是在孔子时代，等级关系的金字塔已发生了根本性动摇，臣僭君礼、国人暴动甚至臣弑君的事例比比皆是，礼制大厦摇摇欲坠。面对这样的现实，孔子力图重整秩序，自己以身作则，率先以周礼事君，这必然不被世人理解，甚至遭到非难。如刘宝楠《论语正义》所评：“当时君弱臣强，事君者多简傲无礼，或更僭用礼乐，皆是以臣干君。尽礼者，尽事君之礼，不敢有所违阙也。时人以为谄，疑将有求媚于君。”

3.19 定公[1]问：“君使[2]臣，臣事君，如之何[3]？”孔子对曰：“君使臣以礼，臣事君以忠。”

【注释】

[1]定公：鲁国国君，名宋，襄公之子，昭公之弟。公元前509～前495年在位。

[2]使：使用、驱使。

[3]如之何：如……何，怎么办、怎么样。之，代上二句。

【品读】

鲁定公时代，公室衰微，三桓专权。他曾先后以季孙意如和季孙斯为卿大夫，其中三年甚至由季氏家臣阳虎摄国政。为扭转这一局面，定公重用孔

① 李泽厚：《论语今读》，第91～92页。

子为大司寇行摄相事，共同策划了"堕三都"等政治活动，这是唯一一位如此信任、重用孔子的国君。对于定公所询问的"君使臣，臣事君，如之何"这一问题，孔子的回答是：君使用臣要依礼而行，臣事君要忠诚不渝。

孔子这里所讲的君臣关系是一种不平等关系。一个"使"对"事"，一个"礼"对"忠"，就分明道出了这种关系的实质。使，意即驱使、指使仆人做事；事，意为侍奉，是仆人服务于主人；礼，即别尊卑、贵贱、长幼等级的准则；忠，忠心不贰，竭尽全力，是下对上的。这种"君使臣以礼"和"臣事君以忠"是有严格的尊卑等级差别的。但是，需要指出的是，孔子的忠君思想与后世专制统治下那种臣对君的绝对服从、君对臣的绝对统治是有很大差别的。这种差别起码有二：一是孔子的忠君是有条件的忠君。孔子的"臣事君以忠"以"君使臣以礼"为前提，是由君对臣的"礼"作交换的；反过来，君无礼，臣也无须尽忠。正如孟子所阐解的："君之视臣如手足，则臣视君如腹心；君之视臣如犬马，则臣视君如国人；君之视臣如土芥，则臣视君如寇雠。"①二是孔子的忠君不是盲目效忠，从一而终。对有过无道之君，臣子要犯颜直谏，亦即《宪问》篇所说的"勿欺也，而犯之"，甚至弃之而去，如《泰伯》篇所言"天下有道则见，无道则隐"，"危邦不入，乱邦不居"。孔子也正是这样离开鲁国的。

3.20 子曰："《关雎》[1]乐而不淫[2]，哀而不伤。"

【注释】

[1]《关雎(jū)》：《诗经》中的首篇，是一首描写青年男女相思的恋爱诗。

[2]淫：过分而失当。

【品读】

《关雎》是一首明快动人的爱情诗。"关关雎鸠，在河之洲。窈窕淑女，君子好逑"，传之千古而不衰。但孔子在这儿只是借题发挥，强调人们的喜怒哀乐都应适中有度，也就是"乐而不淫，哀而不伤"，要"发乎情，止于礼"，从而奠定了中国传统美感的重要基石——适中与含蓄。

3.21 哀公[1]问社[2]于宰我[3]。宰我对曰："夏后氏以松[4]，殷人以柏，周人以栗，曰：使民战栗[5]。"子闻之，曰："成事不说[6]，遂事不谏[7]，既往不咎[8]。"

① 《孟子·离娄下》。

【注释】

[1]哀公：鲁国国君，姓姬，名蒋，公元前494～前476年在位。

[2]社：土地神，此处指祭祀土地神的牌位（神主）。一说"社"是指立社所栽的树。

[3]宰我（前522～前458年）：名予，字子我，通称宰我，鲁国人。孔子的弟子。

[4]夏后氏以松：夏代人用松。夏后氏，指夏代人。以，用、使用。

[5]战栗：战战兢兢。

[6]成事不说：对已完成的事情不必再说。

[7]遂事不谏：对已做过的事情无须规劝。遂，已经完成。谏，劝诫、规劝，指规劝君主、尊长或朋友，使之改正错误和过失。

[8]既往不咎：对已过去的错误也不再指责追究。既，已经。咎，指责、归罪、责怪。

【品读】

社，最早源于人们对土地的自然崇拜，祈年与报功是这一崇拜的两大动机，后来演变为对土地神的祭祀。由于土地广博无际，人们往往选定某一地点对土地进行祭祀，这一地点就是"社"。社的标志一般为一棵茂密的大树或一片丛林，人们称之为"社树""社丛""丛位"，或简称为"社""丛"。有的还在树旁修筑围墙或祠堂。有的则进一步封土立坛，称之为"社坛"。坛上有树木、石块之类的东西，这一般是帝王、诸侯为之。《墨子·明鬼》云："建国营都，必择大之修茂者，以为丛位。"本章所云夏朝以松为社，商朝以柏为社，周朝以栗为社，即是如此。选择何种树木为社丛，要视各朝本身信仰及动机而定，如选松、柏则取长青不衰之意；选栗，则取其文字谐音，即像宰我所云，是使人战战栗栗，服从统治。

然而孔子对周朝的社树并不赞同，他反对利用这种社神崇拜威胁人民，但又不愿意否认周朝的做法。所以，他说："成事不说，遂事不谏，既往不咎。"这揭示出孔子的难言之隐。他只能用"既往不咎"对周王朝的阙失加以宽恕与掩饰。更重要的是，我们由此又可以看到孔子内心深处所存在的现实与理想的剧烈冲突。将"成事不说，遂事不谏，既往不咎"与孔子所倡导的"杀身以成仁"共同考察，我们才可以绘出一幅完整的孔子心路图。

3.22　子曰："管仲[1]之器[2]小哉！"

或曰："管仲俭乎？"曰："管氏有三归[3]，官事不摄[4]，焉得俭[5]？"

"然则管仲知礼乎？"曰："邦君树塞门[6]，管氏亦树塞门；邦君为两君之好[7]，有反坫[8]，管氏亦有反坫。管氏而[9]知礼，孰不知礼？"

【注释】

[1]管仲（？～前645年）：姓管，字仲，名夷吾，齐国人。齐桓公时为宰相，助桓公成

就霸业。

[2]器:器量、器度。

[3]三归:指市租,即商税。另有三说:一说谓娶三姓之女;一说是管仲自筑的台名;一说谓齐桓公赐给管仲的封地名。

[4]不摄:不是兼职而是专职。摄,兼职。

[5]焉得俭:怎么称得上节俭?焉,疑问代词,怎么、哪里。

[6]树塞门:在大门口建置影壁。树,树立、建置。塞门,在大门口修筑的短墙,遮挡门外人的视线,即影壁。

[7]邦君为两君之好:国君为了两国交好,即为了搞好两国关系。邦,国家。

[8]反坫(diàn):又称"反爵",一种土台子。古代国君招待他国国君时,用以放置献过酒的空杯,其他人不得拥有。

[9]而:假设连词,假如、如果。

【品读】

管仲生活的时代较孔子稍早一些。他辅佐齐桓公,致力于改革,使齐国经济发展,国力大增,齐桓公因之成为春秋第一霸主,管仲也被尊称为"仲父",名震华夏。孔子对他十分赞许,说他"相桓公,九合诸侯,一匡天下","微管仲,吾其被发左衽矣",称他是"仁者"①。但另一方面,他又对管仲的僭越违礼行为颇有微词。他先说管仲器量太小。当有人问他管仲是否节俭时,他便抨击管仲,说他有三归之富,手下官员都是专职,人数众多,怎能称得上节俭?当有人问管仲是否知礼时,他更是滔滔不绝地说:国君建影壁,管仲也建影壁;国君有反坫,管仲也有。如果说管仲知礼,还有谁不知礼?这也显示出孔子在论礼时的苛刻与执着。

朱熹《论语集注·八佾》对此注曰:"器小,言其不知圣贤大学之道,故局量褊浅,规模卑狭,不能正身修德以致主于王道。"

李泽厚先生则由此揭示出中国传统政治的深层内涵。他认为:"孔子批评管仲不懂'礼',却称许管仲'仁'。肯定大于否定,不仅可见'仁'高于'礼',而且造福于民的功业大德高于某些行为细节和个人小德。这与宋明理学以来品评人物偏重个人私德的标准尺度很不一样。一些治世能臣、乱世'奸雄',从桑弘羊、曹操,到李沁、杨炎、张居正等等,均因不符合理学'内圣'标准而遭宋明理学家讥评贬斥。是非不明,久矣。遗风至今未灭。这也正是中国式的'政教合一'的现象。"②

---

① 《论语·宪问》《史记·管晏列传》。

② 李泽厚:《论语今读》,第 97 页。

3.23　子语鲁大师乐[1]，曰："乐其可知也：始作，翕[2]如也；从[3]之，纯[4]如也，皦[5]如也，绎[6]如也，以成[7]。"

【注释】

[1]子语鲁大师乐：孔子与鲁国大师谈论乐。语，谈论。大师，即太师，主管音乐的官员。

[2]翕（xī）：协调。

[3]从：同"纵"，展开、放纵。

[4]纯：和谐、美好。

[5]皦（jiǎo）：清晰、分明。

[6]绎（yì）：连续不断。

[7]以成：而后告成、结束。

【品读】

在孔子这里，礼乐一体，不可分割，他本人便是一位颇有造诣的音乐大师。《史记·孔子世家》《孔子家语·辨乐解》中均有孔子师从音乐大师师襄子的记载。《论语·述而》中还曾记其"与人歌而善，必使反之，而后和之"，"在齐闻《韶》，三月不知肉味"。因此，他谈论起音乐自然成竹在胸，高人一筹。他认为，音乐的奥妙是可知的：启奏之时，五乐和鸣，协调一致；节节展开后，悠扬悦耳；接着，还要注意音节分明，余音不断。如此，演奏便可告成。

3.24　仪封人[1]请见，曰："君子之至于斯也，吾未尝不得见也。"从者见之。出曰："二三子[2]何患于丧[3]乎？天下之无道[4]也久矣，天将以夫子为木铎[5]。"

【注释】

[1]仪封人：管理仪地边界的长官。姓名不详。仪，卫国地名，在今河南省兰考县境内。封，边界。封人，管理边界的长官。

[2]二三子：诸位，你们这些人。

[3]丧：失去。此处指文化的衰落。

[4]无道：指君主昏庸，政治黑暗。

[5]木铎（duó）：木舌铜铃，古代发布政令时用它召集听众。

【品读】

卫国仪邑的边界长官请见孔子，并说：君子到此地者，我未有不见的。孔子随行的弟子带他见了孔子后，这位封人不无感慨地说道：诸位何必担心文化的衰落！天下无道已有很久，上天将以孔子为木铎，号令天下。其意思是将孔子作为他那个时代精神文化转换中的核心人物。这番话对于远离故国到处游历的孔子及其弟子们而言，无啻于他乡遇故知。李贽对此也感叹道："仪封人是仲尼第一个知己，亦是老天一个知己。异人，异人！"①

3.25 子谓《韶》[1]："尽美矣，又尽善也。"谓《武》[2]："尽美矣，未尽善也[3]。"

【注释】

[1]子谓《韶(sháo)》：孔子评论《韶》乐。《韶》，相传为颂扬虞、舜的乐曲名。

[2]《武》：相传为颂扬周武王的乐曲名。

[3]尽美矣，未尽善也：在艺术上格外优美，但在思想内容上并不是无懈可击的。本篇中的"美"是指乐曲的艺术形式，"善"是指乐曲所反映的内容。

【品读】

孔子在这里既评乐，又评乐所反映的内容。虞、舜以禅让得天下，是文治的象征；周武王以武力得天下，是武功的代表。因此，孔子认为，《韶》"尽美矣，又尽善也"，《武》"尽美矣，未尽善也"。对此，孔安国讲得很清楚："《韶》，舜乐名，谓以舜得受禅，故尽善；《武》，武王乐也，以征伐取天下，故未尽善。"②

3.26 子曰："居[1]上不宽[2]，为礼不敬，临[3]丧不哀，吾何以观之哉！"

【注释】

[1]居：处于。

[2]宽：宽厚、宽宏大量。

[3]临：遭遇、面对，此处意为参与、参加。

【品读】

"居于执政地位而不宽厚，举行礼仪而不敬穆，参加丧事而不哀痛，我怎么能看得下去呢！"孔子对"礼崩乐坏"的哀婉，跃然纸上。

① (明)李贽：《四书评·论语》卷之二。

② (魏)何晏等注，(宋)邢昺疏：《论语注疏·八佾》，《十三经注疏》本，中华书局1980年版。

里仁第四

4.1　子曰："里[1]仁为美。择不处[2]仁，焉得知[3]？"

【注释】

[1]里：居住地、住所。

[2]处：安置、居住。

[3]焉得知：哪能称得上明智？焉，哪里、怎么。知，同"智"，聪明、明智。

【品读】

邻里环境的重要性在这一章中被充分阐明。是否择仁义之乡而居，表明一个人的智与不智。著名的孟母三迁的故事，《三字经》中所说"人之初，性本善，性相近，习相远"，以及流传了千百年的古谚"近朱者赤，近墨者黑"，讲的都是这一道理。环境对人的熏陶与影响是永恒的，不会因人类的进步而改变而缩微。相反，无论是人文环境也好，还是自然环境也好，都是人类赖以存在与发展的前提，是无法脱离的背景。

4.2　子曰："不仁者不可以久处约[1]，不可以长处乐[2]。仁者安仁，知者利仁。"

【注释】

[1]约：穷困。

[2]乐：安乐、欢乐。

【品读】

孔子说：不仁的人既不能长处于贫困，也不能长处于安乐。仁者不论贫富贵贱都会安于仁，智者会认识到仁的好处而实行仁。就是说，一个人的道德修养没有达到一定程度时，是不会安居于困境，长处快乐的。人们必须努力学习，立志做有仁德的人，持之以恒，并以此作为生命的第一要义，在任何情况下都不要忘记仁德的标准。只有这样，才能心平气和，才能"不汲汲于富贵,不戚戚于贫贱”①。正像孔子最得意的门生颜回那样,虽然每日“一箪食,一瓢饮,在陋巷,人不堪其忧”,过着别人不堪忍受的贫困生活,但是他不改变自己的志向,不放弃对理想和完善品德的追求,因此,“不改其乐”②,不失其节。

从孔子这段话中,我们可以领悟到:一个人不论他一生的遭际是荣华富贵还是艰难困苦,只要他能感到自己是在实现人生的价值,就会从中体会到生命的快乐,就能以微笑来面对惨淡的人生。文天祥身陷囹圄,将赴刑场时,不还在《正气歌》中高唱“哀哉沮洳场,为我安乐国”吗?为了国家,为了民族,他真正做到了视死如归。

所以,孔子这里的“仁者”是具有内在自我认同感的道德主体。荀子对此进一步发挥道:“劳苦凋萃而能无失其敬,灾祸患难而能无失其义,则不幸不顺见恶而能无失其爱,非仁人莫能行。”③

4.3 子曰:“唯仁者能好[1]人,能恶[2]人。”

【注释】

[1]好(hào):喜爱。

[2]恶(wù):厌恶、憎恨。

【品读】

“唯仁者能好人,能恶人”,意即只有仁者才能正确地去爱人,正确地去恨人。在这里,孔子的“仁者”和前篇的“仁者”相近,是具备道德主体性的人,他不仅能不顾境况而安居仁道,表现出不忧不惧不喜不躁的精神境界,而且能够爱憎分明,“能好人,能恶人”。这说明孔子的“仁者爱人”也不是无原则地什么人都爱,它包含了“好”与“恶”一对相反的情愫,要人们分清善与恶。

后来的孟子则在孔学基础上进一步有所阐发。他认为,“仁者无不爱也,急亲贤之为务”④,主张“惟仁者宜在高位,不仁而在高位是播其恶于众也”⑤。

---

① 《汉书·扬雄传》。

② 《史记·仲尼弟子列传》。

③ 《荀子·子道》。

④ 《孟子·尽心上》。

⑤ 《孟子·离娄上》。

4.4　子曰："苟[1]志[2]于仁矣，无恶也。"

【注释】

[1]苟：假若。

[2]志：立志、有志于。

【品读】

此章有两解：一解谓有志于仁的人不会作恶。如朱熹云："其心诚在于仁，则必无为恶之事矣。"①另一解谓一个人若真正有了仁的修养，就不会特别厌恶他人。南怀瑾即持此说。从孔子一贯倡导的"仁者爱人"的准则来看，似乎后说更有道理。

4.5　子曰："富与贵，是人之所欲也，不以其道[1]得之，不处[2]也。贫与贱，是人之所恶也，不以其道得之[3]，不去[4]也。君子去[5]仁，恶乎[6]成名？君子无终食之间违仁[7]，造次必于是[8]，颠沛[9]必于是。"

【注释】

[1]道：道义、正当。

[2]处：接受。

[3]得之：此指得以摆脱贫贱。

[4]去：摆脱。

[5]去：离开。

[6]恶(wū)乎：相当于"何""怎么"。

[7]无终食之间违仁：不能有片刻时间背离仁。终食之间，吃完一顿饭的时间，喻时间短促。

[8]造次必于是：紧迫仓促时必须如此。造次，仓促、紧迫。于是，如此，指不背离仁，按仁办事。

[9]颠沛：跌倒在地，引申为流离失所。

【品读】

孔子并不排斥荣华富贵，只要是取之有道。

孔子认为，在一个充满等级差别的社会里，人有贫贱、富贵之分。富贵是人人所向往的，但若不用正当的手段得到它，君子就不接受；贫贱是人人所厌恶的，但若不用正当的办法摆脱它，君子也不为。因此，君子时时刻刻

① (宋)朱熹：《论语集注·里仁》。

要以仁的规范来约束自己的思想和行动，须臾不能放松，无论是在紧迫仓促时，还是在颠沛流离时，都要按仁行事，始终不渝地坚持仁道。这样，仁可以通过人的自觉而不间断的实践，逐渐内化为一种品德。

4.6　子曰："我未见好仁者，恶不仁者。好仁者，无以尚之[1]；恶不仁者，其为仁矣，不使不仁者加乎其身[2]。有能一日用其力于仁矣乎？我未见力不足者。盖[3]有之矣，我未之见也[4]。"

【注释】

[1]无以尚之：没有什么可以超过它。无以，没有什么（方法或东西）。尚，超过。

[2]不使不仁者加乎其身：只是不让不仁德的东西施加在自己身上。加，施加、影响。

[3]盖：副词，大概的意思。

[4]我未之见也：即"我未见之也"的倒装。

【品读】

在以往的篇章中，孔子一直在孜孜不倦地倡导仁的实践，也认为"为仁由己"，仁并不是高不可及的境界，要求人人向仁，甚至号召"杀身以成仁"。但在这儿，他却一反以往之见，感叹仁者之难觅。在这一章中，他先说：我未见过爱好仁与厌恶不仁的人。爱好仁的人，把仁视为至高境界；厌恶不仁的人，所追求的仁，只是不使不仁德的东西影响到自身。他又说：有谁能坚持一天，以自己的力量去实践仁吗？我未见过谁的力量达不到。这种人大概是有的，只是我还未见过。

其实，就在此前不久，孔子还褒扬颜回"三月不违于仁"，而在这儿却说没见过一天之中能致力于仁者。这前前后后的矛盾，反映了孔子心境中的"众人皆醉我独醒"的惆怅；也告诉后人他所竭力倡导的仁是多么难以付诸实践，难以让世人接受；更说明了在那一时代"滔滔者天下皆是"的洪流中孔子的艰辛与无奈。

4.7　子曰："人之过也，各于其党[1]。观过，斯[2]知仁[3]矣。"

【注释】

[1]各于其党：都与他们的同类人一样。各，都、皆。党，类别、集团。

[2]斯：就、则、乃。

[3]仁：此处同"人"。

【品读】

孔子认为，人的过错都与其同类人相关。所以，观察他的过错，便可知道他是什么类型的人了。后世的“物以类聚，人乃群分”“欲知其人，视其朋友”[①]等等，正是孔子此句箴言的具体回应。

4.8　子曰：“朝[1]闻道[2]，夕[3]死可矣。”

【注释】

[1]朝(zhāo)：清晨、早晨。

[2]道：真理。

[3]夕：晚上。

【品读】

这又是一个警示众生的千古名言。

一个“道”字，含义深邃，诸子百家，各有其说，不一而足。朱熹认为：“道者，事物当然之理。苟得闻之，则生顺死安，无复遗恨矣。”[②]刘宝楠则认为：“闻道者，王先圣王君子之道。”[③]李贽对此含糊其辞，他的解释是：“说不闻道不可以死，非说闻道即当死也。”[④]从孔子字义看，朱、刘两说均可成立，这里的关键点并不是“道”，而是对“道”的一种无我的追求，是“夕死可矣”的一种精神超越，这正是它的魅力所在。

4.9　子曰：“士[1]志于道，而耻[2]恶衣恶食[3]者，未足[4]与议也。”

【注释】

[1]士：本指西周春秋时代贵族的最低一个层次，此处泛指读书人。

[2]耻：以……为羞耻。

[3]恶(è)衣恶食：破旧的衣服，粗劣的食物。恶，丑、坏、不好。

[4]未足：不值得。

【品读】

孔子认为：士子有志于求道而又以恶衣恶食为耻者，是不足挂齿的。因此，根本就不必与这种人讨论道。这是从反面告诫士子们，真正志于道者，不仅富贵不能淫，威武不能屈，而且还能甘于贫贱，如颜回住在简陋的巷子里，用一竹筒吃饭，用一瓢喝水，别人都忍受不了这种艰苦困穷的境遇，而他

---

① 《意林·邹子》。

② (宋)朱熹：《论语集注·里仁》。

③ (清)刘宝楠撰，高流水点校：《论语正义·里仁》，中华书局1990年版。

④ (明)李贽：《四书评·论语》卷之二。

却自得其乐。当然，孔子也并非禁欲主义者，他在此篇第五章说过："富与贵，是人之所欲也"，但"不以其道得之，不处也"；"贫与贱，是人之所恶也"，但"不以其道得之，不去也"。孔子所追求的只是能安贫乐道、视富贵如浮云的价值取向。

4.10　子曰："君子之于天下也，无适[1]也，无莫[2]也，义之与比[3]。"

【注释】

[1]适(dí)：可、适宜、适合。

[2]莫：不可。

[3]比：比较、比照。此处可译为"衡量""以……为标准"。

【品读】

孔子的这段语录，后人有多种解读，关键在"莫""适"两字的解释上。如程树德《论语集释》引毛奇龄《论语稽求篇》云："'适'与'莫'皆指用情言。适者，亲也；莫者，薄也，漠然也；比者，密也，和也。"陆德明《经典释文》云："适，郑本作'敌'。莫，郑音'慕'，无所贪慕也。"刘宝楠《论语集释》："敌当即仇敌之意。无敌无慕，义与之比，是言好恶得其正也。"朱熹《论语集注》："适，可也；莫，不可也。"

缘于此，当今治《论语》者便有了各种释文。如杨伯峻《论语译注》译为："君子对于天下的事情，没有规定要怎样干，也没规定不要怎样干，只有怎样干合理恰当，便怎样干。"①李泽厚《论语今读》则译为："君子对待天下各种事情，既不存心敌视，也不倾心羡慕，只以正当合理作为衡量标准。"②其实，若依文义直译为"君子对于天下事，无可无不可，只以义为准则"，似更为达意。

对于天下的人和事，一切以义作为判断衡量的标准。如此看来，义的含义十分丰富，标准可谓高之又高。但是它又不同于"道""仁""德""礼"等范畴，即它没有一个具体而确定的内涵。正如匡亚明先生《孔子评传》中所说："义并不是一个特殊的道德规范，它是指一般的当然准则，亦即道德律令。"所以，义乃衡量、判断人的思想、行为的社会价值的标尺或准绳。这样，孔子把追求义作为道德修养的基本目标之一。他要求君子"义之与比"，"义以为质"③，"义以为止"④，"实际上要求人们在道德修养中务必把社会公理、社会

---

① 杨伯峻：《论语译注》，第 37 页。

② 李泽厚：《论语今读》，第 108 页。

③ 《论语・卫灵公》。

④ 《论语・阳货》。

价值融入其中，并内化为道德品质的有机部分，这样，通过‘义’，把个人道德与社会性价值统一起来。——这应该是孔子及其后学强化个人道德修养和积极入世的精神实质”①。

4.11 子曰：“君子怀[1]德，小人怀土；君子怀刑[2]，小人怀惠。”

【注释】

[1]怀：关注、注重、关心。

[2]刑：法度。

【品读】

“怀”字，诸家多解为“怀念”“关怀”。揣摩孔子本意，应解为“关注”“关心”“注重”。

孔子在这里指出，君子与小人的区别是前者关心道德与法制，后者则注重乡土生活与实惠。需要注意的是，“小人”在这儿还不是后世汉语中那样完全带有贬义，它与君子更多的是阶层、地位的区别，所以君子“怀德”“怀刑”理所应当，而小人“怀土”“怀惠”也无可厚非。

4.12 子曰：“放[1]于利而行，多怨。”

【注释】

[1]放(fǎng)：通“仿”，效法，引申为追求。

【品读】

孔子认为，为追求私利而行事，必然积怨。为什么呢？朱子《论语集注·里仁》引程子曰：“欲利于己，必害于人，故多怨。”而李泽厚的《论语今读》却反其道而论之：“由于金钱对一切事物的侵蚀冲击，传统体制开始瓦解，大家埋怨极多。今日何不然？然而在抱怨中，社会却发展、前进，此我所老讲‘历史主义与伦理主义二律背反’也。没有办法，社会便一直是悲剧地行进着的。怨虽无用，但也有好处，可以起到某种制衡作用。……从汉代盐铁会议上，贤良文学对御史大夫‘放于利而行’所进行的怨愤和抨击，到后代儒生的同样的思想、情态，在平衡专制皇权的过分聚敛中，起了重要作用。”②

① 贾庆超、郭德芳：《论语新读》，第118页。

② 李泽厚：《论语今读》，第110～111页。

4.13　子曰："能以礼让[1]为国[2]乎？何有[3]？不能以礼让为国，如礼何？"

【注释】

[1]礼让：按礼的原则谦让。

[2]为国：治理国家。

[3]何有：即"有何"，此处指有什么困难。

【品读】

孔子在这儿以反诘的方式阐述了以"礼让为国"的意义：果真能用礼让来治理国家吗？若能这样，治国有什么困难？不能用礼让治国，怎能实行礼呢？刘宝楠《论语正义》对此条解释曰："让者，礼之实；礼者，让之文。"也就是说，礼与让是形式与内容的完美结合，让是礼的内容，礼是让的外在形式。对于让的重要意义，时人已充分认识到，我们不妨引《左传·襄公十三年》之文为此段诠释："君子曰：'让，礼之主也……世之治也。君子尚能而让其下，小人农力以事其上，是以上下有礼，而谗慝黜远，由不争也，谓之懿德。'"即为政者要以文教治国，爱护下民，而百姓则尽力工作，为国家效力。这样上下一心，同心同德，国家就会大治，就会繁荣昌盛。

4.14　子曰："不患[1]无位，患所以立[2]。不患莫己知，求为可知也。"

【注释】

[1]患：怕、忧虑。

[2]立：在社会中立身，站得住。《论语》中的"三十而立""不学礼，无以立"，均为此意。

【品读】

孔子说：不怕没有职位，怕的是缺乏安身立命之本。不怕别人不知道自己，只求自己成为值得别人知道的人。

孔子在这儿强调的还是内省。将这一段话与《论语·颜渊》中的"内省不疚，夫何忧何惧"及《学而》中的"不患人之不己知，患不知人也"对照细读，就能更全面地把握孔子的本意。

4.15　子曰："参[1]乎，吾道一以贯[2]之。"曾子曰："唯[3]！"

子出，门人[4]问曰："何谓也？"曾子曰："夫子之道，忠恕而已矣。"

【注释】

[1]参(shēn):即曾参。

[2]贯:贯穿、统摄。

[3]唯:是。

[4]门人:同门弟子、同学。

【品读】

孔子的这段话可以说是千古之谜,其中“一以贯之”在《卫灵公》中也出现过:“子曰:‘赐也,女以予为多学而识之者与?’对曰:‘然,非与?’曰:‘非也,予一以贯之。’”孔子本人并未说出“一以贯之”指的是什么,只有曾参一人心领神会。

历来各家对“一以贯之”有许多解释。王弼《集解》释为“一统万物”。焦循的解释是:“贯者,通也。所谓通神明之德,类万物之情也。”[①]阮元《擘经宝集》有《一贯说》一文,认为“一贯”为“行”“事”的意思。今人南怀瑾先生认为,这是“孔子的四字禅”,颇类似于禅宗的“拈花微笑”及“一指禅”。禅宗法师弘法时,常“拈花”或举一拇指,令弟子顿悟其道,报之以“微笑”或“懂了”,秘诀心传。孔子的寥寥四言,也令曾参恍然大悟,其与禅机,不无相通之处。杨伯峻先生则解为“贯穿着一个基本观念”[②],当是。

孔子既然告诉弟子曾参他所信奉的道始终有一个基本原则贯穿其中,曾参心领神会,答曰“唯”。孔子离开后,其他弟子当然要问曾参这是什么意思,曾参的解释是:老师的学说,讲求的不过是忠和恕罢了。

曾参所理解孔子“一以贯之”的原则能不能达孔子之意呢?《周礼·大司徒》云:“中心曰忠,如心曰恕。”朱熹概括为:“尽己之谓忠,推己之谓恕。”[③]孔子的忠是“为人谋而不忠乎”之忠,有“与人忠”,也有“事君以忠”[④],这是朱子的“尽己之谓忠”。而“恕”这儿是首次遇到。孔子在《论语·卫灵公》中曾解释道:“其恕乎,己所不欲,勿施于人。”即自己不愿遭受的待遇或痛苦,也不要施加给别人,也就是朱熹总结的“推己之谓恕”。孔子认为,恕是“可以终身行之”的美德。《礼记·大学》中也引用孔子的话,说:“忠恕违道不远。”所以,朱熹在其《论语集注》中引程子曰:“以己及物,仁也;推己及物,恕也。‘违道不远’是也。忠恕一以贯之:忠者天道,恕者人道;忠者无妄,恕者所以行乎忠也;忠者体,恕者用,大本达道也。此与‘违道不远’异者,动以天尔。”

---

① (清)焦循:《雕菰楼集》。

② 杨伯峻:《论语译注》,第39页。

③ (宋)朱熹:《论语集注·里仁》。

④ 《论语·学而》《论语·子路》《论语·八佾》。

"大本达道",说明忠恕本身确实已近于道,亦即"违道不远"了。但是,程子又说:"圣人教人,各因其才。'吾道一以贯之',唯曾子为能达此,孔子所以告之也。曾子告门人曰:'夫子之道,忠恕而已矣。'亦犹夫子之告曾子也。《中庸》所谓'忠恕违道不远',斯乃下学上达之义。"这是说,忠恕虽"违道不远",但它只是孔子因材施教的结果。忠恕是曾子所理解的"一以贯之"。

若将这一解释与前面刚刚提到的"君子之于天下也,无适也,无莫也"相联系,我们会感到,程子所言还是符合孔子本意的,若果如此,"一以贯之"就不仅仅是"拈花微笑",而是"格致万物"或"理一分殊",抑或是其他什么内容。

4.16 子曰:"君子喻[1]于义,小人喻于利。"

【注释】

[1]喻:明白、懂得。

【品读】

孔子认为,君子通晓义,小人只懂得利。在义、利关系上,孔子充分看重义对人生的价值意义。他提倡"君子义以为质",以义为本,反对"群居终日,言不及义"①,更反对"不义而富且贵"②,要求"见利思义""义然后取"③,主张以义节制人们的私利,节制人们的行为。

但是需要指出的是,孔子在这里只是要求人们重义轻利,他本人也只是"罕言利"④,并不是绝对地反对求利。他曾说过"因民之所利而利之"⑤,主张给百姓以实际利益。也说过"学也,禄在其中矣"⑥,这不啻以利禄引诱弟子勤奋学习。不过,在以后的流变中,"利"逐渐成为与"义"相对立的、水火不容的概念。如孟子曾对梁惠王说:"王何必曰利?亦有仁义而已矣。"⑦西汉时的董仲舒更发挥成"正其谊不谋其利,明其道不计其功"⑧,把道义、功利对立起来,使义利关系走向了极端,对中国传统政治与文化产生了巨大影响。

① 《论语·卫灵公》。
② 《论语·述而》。
③ 《论语·宪问》。
④ 《论语·子罕》。
⑤ 《论语·尧曰》。
⑥ 《论语·卫灵公》。
⑦ 《孟子·梁惠王上》。
⑧ 《汉书·董仲舒传》。

4.17 子曰："见贤[1]思齐[2]焉，见不贤而内自省[3]也。"

【注释】

[1]贤：有道德、有才能的人。

[2]齐：看齐。

[3]内自省（xǐng）：从内心里进行自我反省、自我检查。省，反省、检查。

【品读】

孔子在伦理道德方面的一大特色，是强调人之内心的自我完善，追求品格修养的细密功夫。孔子这儿的"见贤思齐"与"见不贤而内自省"即是如此。他主张，见到贤人，应该想到如何向他看齐；看到不贤者，应该反省自己有没有类似的缺点。将这一思维模式与基督教里的"原罪说"相比较，我们不难领悟出两大文化体系的天然差异。

4.18 子曰："事父母几[1]谏。见志不从[2]，又敬不违[3]，劳而不怨[4]。"

【注释】

[1]事父母几（jī）谏：侍奉父母时，对其过失要委婉劝阻。几，委婉、轻微。谏，用言语规劝尊长改正错误。

[2]见志不从：看到自己的意见没有被（父母）听从。志，此指儿女的意向、心意。从，听从。

[3]又敬不违：也要恭敬孝顺。又，也、仍然。违，冒犯、触忤。

[4]劳而不怨：心中忧虑而不怨恨。劳，忧虑。

【品读】

以下四章都是讲子女应如何尽孝。在本章中，孔子讲的是子女如何对待父母的过失。他主张：对父母的过失要委婉劝阻，若父母不听劝阻，也要恭敬顺从，即便心中忧虑不快也不应埋怨。这等于说，即使父母错了，子女也要遵从，跟着错下去。这是一种盲从，无疑将对父母的孝推向了极端。

4.19 子曰："父母在，不远游，游必有方[1]。"

【注释】

[1]方：方位。

【品读】

"父母在，不远游"，言简意赅。"游必有方"则有多解。朱熹认为："'游必有方'，如已告云之东，则不敢更适西，欲亲必知己所在而无忧，召己则必至而无失也。"①李贽认为："'游必有方'，正是不远游，非真不游也。"②今人南怀瑾则认为："'游必有方'的方是指方法的方，父母老了没人照应，子女远游时必须有个安顿的方法，这是孝子之道。"③

我们认为，诸家之说都不无道理，若合而言之，更为妥当。即：父母在，最好不远游；若远游，也必须告诉父母自己的方位，因为"儿行千里母担忧"。

4.20 子曰："三年无改于父之道，可谓孝矣。"[1]

【注释】

[1]本章重出，见《学而第一》。

4.21 子曰："父母之年[1]，不可不知也。一则以喜，一则[2]以惧[3]。"

【注释】

[1]年：年龄、年事。

[2]一则……一则：相当于"一方面……一方面……"。

[3]惧：忧虑。

【品读】

做子女的，对父母的年龄不可不知。一方面要为父母增福添寿而高兴；另一方面又要为父母年高体衰而担忧。这是一种细致入微的矛盾心态的刻画。所以李贽评道："说尽人子至情。"④

4.22 子曰："古者言之不出[1]，耻躬[2]之不逮[3]也。"

【注释】

[1]言之不出：言论不轻易出口。

[2]躬：自己、自身。

[3]逮：赶上、及、达到。

【品读】

孔子说：古时人们不肯轻言，是耻于自身行动不能做到。朱熹诠释道：

① (宋)朱熹：《论语集注·里仁》。

② (明)李贽：《四书评·论语》卷之二。

③ 南怀瑾：《论语别裁》上册，复旦大学出版社1996年版，第196页。

④ (明)李贽：《四书评·论语》卷之二。

"言古者,以见今之不然。逮,及也。行不及言,可耻之甚。古者所以不出其言,为此故也。"①

重然诺、讲信用,是自古以来人们所看重的一个重要准则,也是正统思想所着力倡导的一种价值追求。但是,孔子时代便感叹古风不再,此后两千余年,虽难说江河日下,但"季布一诺"式的人物早已"英雄无觅",似乎向我们昭示了一种归宿。让人欣慰的是,在现代社会中,重然诺与讲信用对于人类文明维系与发展的意义日益突出,立足于修身自省的东方式重然诺将成为未来社会的重要道德基石。

4.23 子曰:"以约[1]失[2]之者鲜[3]矣。"

【注释】

[1]约:约束。

[2]失:犯错误、有过失。

[3]鲜(xiǎn):少。

【品读】

孔子说:因为约束自己、从严要求而犯过失的人实不多见。对此,李泽厚先生评论道:"中国人却因此而太约束自己,曾造成对人性的巨大损害。当然,孔老夫子这句话从道理上讲,或一般地说,并无错误。"②

4.24 子曰:"君子欲讷[1]于言而敏[2]于行。"

【注释】

[1]讷(nè):言语迟钝,又引申为言语谨慎。

[2]敏:敏捷、勤勉,此处指行事疾迅而勤勉。

【品读】

在这里,孔子对于君子的修养又强调:君子要言语谨慎而行事疾迅勤勉。这与《学而》中的"敏于事而慎于言"意思是一致的。《说文解字·攴部》释"敏"曰:"疾也。"《释名·释言语》:"敏,闵也。进叙无否滞之言也。"毕沅校注云:"敏,闵,同有勉意。闵又同黾,黾勉连文,黾亦勉也。进叙,当作进取,进取亦黾勉之意。"由此看来,"敏于行"就是指行事要疾迅而勤勉。

中华民族是农业民族,质朴无华是其性格的典型表现。人们注重朴实

---

① (宋)朱熹:《论语集注·里仁》。

② 李泽厚:《论语今读》,第119页。

厚重，鄙弃口辩，以致往往把能言善辩看作“巧舌如簧”，看作狡猾奸诈，这样的人不可信赖。而那些讷讷而言者，则被人视为忠厚老实，信诚可靠。孔子反对“巧言”，欣赏“讷于言”，“慎于言”①，“言之不出”②，“言也讱”③。《礼记·坊记》亦曰：“君子约言，小人先人。”王昶《慎言·君子》更曰：“君子有微言，无谬言；有辩言，无赘言。”这些正是农业民族所特有的思维特征，是农业民族朴实无华的典型性格的表现。

4.25　子曰：“德不孤[1]，必有邻[2]。”

【注释】

[1]孤：孤立、孤单。

[2]邻：伙伴、志同道合者。

【品读】

这里是讲修身，不过是立德修身。孔子所说的有道德的人不会孤独，必有志同道合者为伍，揭示了立德修身的价值与意义，仍是强调人格的魅力与影响。

4.26　子游曰：“事君数[1]，斯[2]辱矣；朋友数，斯疏[3]矣。”

【注释】

[1]数：多次、频繁，此处指琐细。

[2]斯：就、就会。

[3]疏：疏远、不亲近。

【品读】

子游在这儿讲的是事君和交友之道。从字面看，是说侍奉君主要有分寸，不要过于琐细，否则会招致耻辱；与朋友交往要有节度，否则会造成疏远。这也正如《庄子·山木》中所说：“君子淡以亲，小人甘以绝。”后世民谚亦谓：“君子之交淡如水。”

朱熹《论语集注》引胡氏曰则另有阐释：“事君，谏不行，则当去；导友，善不纳，则当止。至于烦渎，则言者轻、听者厌矣。是矣求荣而反辱，求亲而反疏也。”这是说，对君主、朋友的劝导应适可而止，否则会适得其反。不知这是否就是中国历史上缺少诤臣与诤友而太多圆通之士的原因。

① 《论语·学而》。

② 《论语·里仁》。

③ 《论语·颜渊》。

公冶长第五

5.1 子谓[1]公冶长[2]:“可妻也[3],虽在缧绁[4]之中,非其罪也。”以其子[5]妻之。

【注释】

[1]谓:评价、谈论。

[2]公冶长:姓公冶,名长,字子长(一说名苌,字子芝),齐国人,一说鲁国人。孔子的弟子。

[3]可妻(qì)也:可以将女儿嫁给他。妻,此处作动词,嫁出女儿。

[4]缧绁(léi xiè):本为捆绑犯人的绳索,又代指监狱。

[5]子:儿女的泛称,此指女儿。

【品读】

公冶长是孔子比较欣赏的弟子。《孔子家语·弟子解》谓其“为人能忍耻”,唐时被封为“莒伯”,从祀孔子庙,宋时被封为“高密侯”,明时改称为“先贤公冶子”。相传其通鸟语,应当是通东夷人的一种方言。至于为何身陷囹圄,史无明文。由孔子此言,我们可知公冶长是蒙冤下狱,非其罪也。所以,孔子仍慨然将女儿嫁与他。孔子这种不以人的境遇为标准,而以德才为标准评判人物的做法,值得后人深思。

5.2 子谓南容[1]:“邦有道[2],不废[3];邦无道,免于刑戮[4]。”以其兄之子妻之。

【注释】

[1]南容:名适(kuò),字子容,通称南容。《史记·仲尼弟子列传》司马贞《索隐》认为,他是鲁大夫孟僖子之子南宫敬叔,原名仲孙阅,因居于南宫,故以此为氏。孔子的弟子。

[2]有道:与“无道”相对,指社会太平,君主贤明,政治清明。

[3]不废:被任用。废,废置、不任用。

[4]刑戮(lù):刑罚。

【品读】

南容在《论语》中被提及三次。在下面"三复白圭"一章中,孔子称赞他为尚德君子。这儿,孔子对南容的评价是:"邦有道,不废;邦无道,免于刑戮。"即谓国家政治清明时,不会被冷落,才能得到施展;政治黑暗时,也不会被罢官,遭到刑罚。可以说是个善于自处、清以自守,能充分发挥才干,又不会被社会遗弃、遭遇不测的人。因此,孔子把自己的侄女嫁给了这位善于"明哲保身"的南容先生。

将此与上章对公冶长的评判相对应,我们可以看到一个比较完整的孔子"人物志"①。

5.3 子谓子贱[1]:"君子哉若人[2]!鲁无君子者,斯焉取斯[3]?"

【注释】

[1]子贱(前521~?年):姓宓(fú),名不齐,字子贱。孔子的弟子。

[2]若人:此人、这个人。若,此、这个。

[3]鲁无君子者,斯焉取斯:如果鲁国没有君子的话,他从哪里学得这种君子品德呢?斯,代词,这、这个、这种。前一个"斯"代指宓子贱,后一个"斯"代指君子品德。焉,哪里。

【品读】

宓子贱曾任单父宰。《吕氏春秋·察贤》记其"治单父,弹鸣琴,身不下堂,而单父治"。《孔子家语·弟子》也称其"有才智,仁爱,百姓不忍欺"。孔子在此忘情地称赞他"君子哉若人",亦即"此人真君子也"!从子贱身上,孔子看到了君子的品质。进而他又从子贱那里得出"鲁无君子者,斯焉取斯"。指出:鲁国乃君子之邦,否则宓子贱的君子风范从何而来?所以,这里他向人们说明:任何文化都有其传承性。鲁国是周公旦的封地,具有深厚的周文化底蕴,宓子贱的君子风范、品性,是受鲁文化这个大环境所影响的,是因为有庞大的君子群存在所致。正如李泽厚先生所阐释的:"美好品德的取得来自环境、教育。"②

5.4 子贡问曰:"赐[1]也何如?"子曰:"女[2],器[3]也。"曰:"何器也?"曰:"瑚琏[4]也。"

---

① (明)李贽:《四书评·论语》卷之三。

② 李泽厚:《论语今读》,第124页。

【注释】

[1]赐：即子贡。在古代，学生与老师或下对上、卑对尊、幼对长交谈时要自称名，以示尊敬。

[2]女(rǔ)：同“汝”，你、你们。

[3]器：器具。

[4]瑚琏：古代祭祀时盛粮食的器具，外饰以玉，十分贵重。

【品读】

在这里，孔子用比较诙谐但又恰当的比喻一语道出对子贡的评价。孔子将子贡借喻为瑚琏这一宗庙之器，既是对他才能的肯定，说明他将是廊庙之材，有治国理政的才能；又是对他品性的称赞，说他像瑚琏一样高贵、清雅。从这一问一答中，可以看出孔子师生间的融洽，更可以看出孔子一代宗师的深邃与平易。

后来子贡的出色，也证明孔子评价之不妄。子贡介入国政，纵横捭阖，折冲樽俎。如《史记·仲尼弟子列传》所言：“故子贡一出，存鲁，乱齐，破吴，强晋而霸越；子贡一使，使势相破，十年之中，五国各有变。”后来，他转而经商，也是富可敌国。如《史记·货殖列传》所记：“结驷连骑，束帛之币，以聘享诸侯；所至，国君无不分庭与之抗礼。”他对老师情深似海，孔子周游列国和晚年生活，子贡始终陪在身边照料。孔子死后，子贡守墓长达六年之久。更难能可贵的是，他对孔子尊崇不已，始终不渝地维护孔子的声望和地位。这一点正如司马迁所说：“夫使孔子名布于天下者，子贡先后之也。”①意思是说，孔子之所以能名扬天下，与子贡在人前人后的努力是分不开的。

5.5　或曰：“雍[1]也仁而不佞[2]。”子曰：“焉用佞[3]？御人以口给[4]，屡憎于人[5]。不知其仁，焉用佞？”

【注释】

[1]雍(前 522～？年)：姓冉，名雍，字仲弓，鲁国人。孔子的弟子。

[2]佞(nìng)：能说会道、巧言谄媚。此指能言善辩。

[3]焉用佞：何必要能言善辩呢？焉，疑问代词，哪里、怎么。

[4]御人以口给(jǐ)：即“口给以御人”，用能言善辩对付别人。给，足，言辞不穷的意思。口给，指嘴快话多，口才敏捷，善于答辩。御，防御、统治。御人，即控制、应付人。

[5]屡憎于人：常常会引起别人的憎恶。屡，经常。憎于人，被人憎恶。于，介词，在被动句中引出动作的主动者。

---

① 《史记·货殖列传》。

【品读】

冉雍，少孔子二十九岁，是孔子比较器重的弟子之一。他出身贫贱，但德行出众，孔子曾说他“可使南面”①，亦即可以做地方官。他曾任季氏宰，以淳朴木讷著称。当别人在孔子面前说冉雍有仁德而无口才、不善辩时，孔子立即反驳道：何必善辩！靠能言善辩来应付或控制人，常会引起人们的憎恶。我不知冉雍是否做到了仁，但做人何必要能言善辩呢？孔子在这里又一次对“佞”表示不屑。

孔子一贯强调言论与人的品质之间的联系，认为人加强品德修养乃是言和行的前提。如孔子在《学而》中的“巧言令色，鲜矣仁”，《卫灵公》中的“巧言乱德”，以及《颜渊》中的“仁者其言也讱”，即把“言”与“仁”联系起来，认为不注重仁德修养，一味追求花言巧语，是不可取的。

5.6　子使漆雕开[1]仕，对曰：“吾斯之未能信。”子说[2]。

【注释】

[1]漆雕开(前540～？年)：姓漆雕，名开，字子开(一说字子若)。孔子的弟子。

[2]说：同“悦”，高兴。

【品读】

在孔门弟子中，漆雕开专攻《尚书》。《尚书》主要收集了夏、商、周三代的政令与事迹，是中国上古时代最早的一部典籍汇编，系孔子编选。漆雕开攻研《尚书》，应当说最便于进入仕途，实现“修身、齐家、治国、平天下”的目标，但此次孔子要他出仕，他却推辞说对此尚无信心。孔子听后，不仅没有责怪，反而很高兴。一幅弟子笃学、先生通达的图画跃然纸上。所以，李贽评道：“好弟子，好先生！”②

5.7　子曰：“道不行[1]，乘桴浮于海[2]。从我者[3]，其由与[4]！”子路闻之喜。子曰：“由也，好勇过我，无所取材[5]。”

【注释】

[1]道不行：政治主张行不通。道，指一定的人生观、世界观、政治主张或思想体系。

[2]乘桴(fú)浮于海：乘着大木筏漂洋出海。桴，木筏。

---

① 《论语·雍也》。

② (明)李贽：《四书评·论语》卷之三。

[3]从我者：能随从我而去的，跟随我的。

[4]其由与：大概只有仲由吧！其，句首语气词，表示猜测，大概、可能。由，即子路，姓仲，名由，字子路，孔子的得意弟子。与，句末语气词。

[5]无所取材：不知如何裁决。材，通"裁"，裁断、裁决、仲裁。

【品读】

"道不行，乘桴浮于海"，既是一种不肯向世俗俯首的气概，又是一种万般无奈的选择。自仕于鲁，孔子便一直孜孜不倦地要"克己复礼"，试图将礼乐倾颓的春秋拉回到过去的周代。但遗憾的是时不我与。孔子在鲁未能伸其志，又率弟子周游列国，谋求"治国、平天下"的机遇，但屡屡受阻，以致感叹要乘大筏漂洋出海，远离中土。但这只是感叹而已，孔子实际上终生从未放弃其追求，最后也还是回到鲁国，以"春秋笔法"对他心目中的非礼不仁者口诛笔伐，一刻也没停止。这也正是孔子的可敬之处。

子路和子贡两人一武一文，是孔子的左右手。子路性情粗犷豪爽，为人耿直有信，有武艺勇力。他一生忠于孔子，但又常常直言不讳地批评孔子，孔子也常常批评责备他。孔子十分了解、也十分欣赏子路，如下章就赞扬子路"千乘之国，可使治其赋"，可备做大臣之数。子路也十分维护孔子，正如孔子所说："自吾得由，恶言不闻于耳。"①匡亚明先生曾概括地说，他"是一个能按照孔子的教诲而躬行实践的好学生"②。这里，孔子在感叹之余说："从我者，其由与！"认为大概只有子路能随他而去。子路不知就里，以为孔子真的要带他出海，因此，"闻之喜"。李贽对此评点道："子路痴。"③孔子也忍不住批评他："由也，好勇过我，无所取材。"即子路的勇敢过于我，就是不知道如何仲裁自己。师徒关系倒也真是融融洽洽，无拘无束。

5.8　孟武伯[1]问："子路仁乎？"子曰："不知也。"又问，子曰："由也，千乘之国，可使治其赋[2]也，不知其仁也。"

"求[3]也何如？"子曰："求也，千室之邑[4]，百乘之家[5]，可使为之宰[6]也，不知其仁也。"

"赤[7]也何如？"子曰："赤也，束带[8]立于朝，可使与宾客言也，不知其仁也。"

【注释】

[1]孟武伯：姓孟孙，名彘（zhì），武是其谥号。鲁国大夫。

---

① 《史记·仲尼弟子列传》。

② 匡亚明：《孔子评传》，第309～310页。

③ （明）李贽：《四书评·论语》卷之三。

[2]千乘(shèng)之国,可使治其赋:在一个千乘之国中可以让他主掌军务。千乘之国,参见1.5章注释。治,管理、治理。赋,即军赋,春秋时向民众征收的军事费用,此处代指军事事务。

[3]求:即冉求,姓冉,名求,字子有。孔子的弟子。

[4]千室之邑:即有一千户居民的城邑。邑,西周春秋时代的居民聚居点,包括它周围的土地,分公邑、采邑两种。公邑直辖于诸侯,采邑是由诸侯分封给卿、大夫的领地。

[5]百乘之家:指卿大夫的采地。一般来说,当时的大夫拥有战车百乘者就属于采地较大的。家,卿、大夫的管辖范围。

[6]宰:卿、大夫家中的总管。

[7]赤(前509～？年):即公西赤,复姓公西,名赤,字子华。孔子的弟子。

[8]束带:整理服装,束紧衣带。此指穿上朝服或礼服。

【品读】

本章是孔子对自己几个弟子的评价,南怀瑾先生称之为“孔门弟子画像”①,也倒十分贴切。

一次,鲁国大夫孟武伯向孔子询问他几个弟子的情况。首先问子路是否做到了仁,孔子答曰:“不知也。”其实,孔子不仅仅是对子路有所保留,对接下来所问的冉求、公西赤也是如此,仅对他们的具体才能进行了评判:子路,可以在一千乘之国中主掌军务;冉求,可以在千室之邑、百乘之家做总管;公西赤,可以身着朝服,立于朝堂做傧相。

为何整日以仁为做人标准的孔子,此时却慎言仁,不以仁轻许弟子们呢？李泽厚先生揭示道:“孔子答话表明强调‘仁’并非某些才能本领,强调将‘仁’与才能、本领区别开来,于此可窥‘仁’作为心理本体的真义。”②也就是说,“仁”只是孔子所追求的一种最高的理想道德境界。

5.9 子谓子贡曰:“女与回[1]也,孰愈[2]?”对曰:“赐[3]也何敢望[4]回？回也闻一以知十,赐也闻一以知二。”子曰:“弗如[5]也,吾与女弗如也。”

【注释】

[1]回:颜回。

[2]孰愈(yù):哪一个较强？孰,疑问代词,表示选择,哪一个。愈,更好、更强。

[3]赐:子贡自称己名。

[4]望:望其项背,指相比。

[5]弗如:不如。弗,不。

① 南怀瑾:《论语别裁》上册,第210页。

② 李泽厚:《论语今读》,第127～128页。

【品读】

本章的骊珠在“吾与女弗如也”。

颜回学问渊博，品德高尚，却又能安贫乐道，是孔子最喜欢的弟子。孔子问他的另一位得意门生子贡：“你自己与颜回相比，谁更出色呢？”子贡的回答是：“我怎能与颜回相比呢？颜回能由一推知十，我只能由一推知二。”读到这儿，一个坦然谦逊的君子跃然纸上，让人对子贡平添许多敬佩。更让人感叹的是，听完子贡的回答，孔子同样由衷地说：“是不如，我与你都不如颜回。”一代宗师的襟怀与风范坦露无遗。所以，李贽评论道：“夫子造就子贡处，大有禅机。”①

……………………………………

5.10 宰予昼寝[1]。子曰：“朽木不可雕也，粪土[2]之墙不可圬[3]也。于予与何诛[4]？”子曰：“始吾于人[5]也，听其言而信其行；今吾于人也，听其言而观其行。于予与改是[6]。”

【注释】

[1]昼寝：白天睡觉。

[2]粪土：腐土、脏土。

[3]圬(wū)：本为涂墙工具，此指涂墙，即粉刷墙壁。

[4]于予与何诛：对宰予这个人啊，有什么可责备的？于，对于。与，语气词，表示停顿。诛，谴责。

[5]始吾于人：最初我对于人。于，对于。

[6]是：代词，指上两句中由“信其行”到“观其行”的态度。

【品读】

本章中的孔子是一位严厉的师长。

宰予是鲁国人，孔子的弟子。他能言善辩，遇事有主见，常与孔子讨论问题。但孔子看到他白天睡觉时，仍严厉斥责道：“朽木不可雕也，粪土之墙不可圬也。”接下来孔子又借题议论道：“最初我对人，是听了他的言论便相信他的行动，现在我对人，是听了他的言论还要观察他的行动。是宰予使我改变了观察人的方法。”

对于本章，后世诠解不一。有的注家如南朝梁人皇侃、近人梁启超和康有为认为“昼寝”当为“画寝”之误，因为繁体昼为“晝”，画为“畫”，极易混淆。“画寝”即在寝室墙壁上乱涂乱画，故遭孔子斥责。

① （明）李贽：《四书评·论语》卷之三。

台湾学者南怀瑾则认为:“昼寝”是因为他身体不好,体弱多病,所以孔子骂完后说:“于予与何诛。”即对于宰予不必过分诛求。顺下来,他对下半文的解释则为:“他从前看一个人,有思想、有才具,便相信这个人将来一定有成就——‘听其言而信其行’。后来他发现并非如此,一个人即使有才具、有学问,但没有良好的体能、没有充沛的精力,也免谈事业。一个人做事业,必须要强健的体力,饱满的精神。所以孔子说,我看了宰予,对人生看法有了改变。”①此说亦为一家之言,故存录于此。

5.11 子曰:“吾未见刚者[1]。”或对曰:“申枨[2]。”子曰:“枨也欲[3],焉得刚?”

【注释】

[1]刚者:刚毅的人,有阳刚之气的人。

[2]申枨(chéng):姓申,名枨,字周。孔子的弟子。

[3]欲:欲望。

【品读】

本章是“无欲则刚”一词的由来。孔子在这儿所感叹的“刚者”之刚,不是一般的刚强,而是一种阳刚正气。郑玄注称“刚谓强志不屈挠”②,也就是孟子所说的“富贵不能淫,贫贱不能移,威武不能屈”③。而孔子在这儿也不是禁欲主义者,他反对的是非分的、过分的欲望。如《韩非子·解老》所言:“有欲甚,则邪心生。”北齐刘昼在其所著《刘子·防欲》中进而说道:“蝎盛则木析,欲炽则身亡。”对照来看,我们对“无欲则刚”会有一个确切的把握。

5.12 子贡曰:“我不欲人之加诸我[1]也,吾亦欲无加诸人。”子曰:“赐也,非尔所及[2]也。”

【注释】

[1]加诸我:强加于我。加,凌驾、强迫、强加。诸,相当于“之于”。

[2]非尔所及:这不是你所能做到的。尔,你。及,达到、做到。

【品读】

子贡这里所说的“我不欲人之加诸我也,吾亦欲无加诸人”,与孔子所说

① 南怀瑾:《论语别裁》上册,第217~218页。

② (魏)何晏等注,(宋)邢昺疏:《论语注疏·公冶长》,《十三经注疏》本。

③ 《孟子·滕文公下》。

的“己所不欲，勿施于人”同义，即我不愿他人强加于我，我也不强加于他人。这种推己及人的道理固然好懂，但行之不易。因为任何人都不是孤立的，都生存于一定的社会群体中，与他人相互联系，相互依存。你的所得，甚至你的快乐幸福一定会有赖于他人，有赖于他人的“施予”，也就多少会妨碍他人。换言之，你得到的越多，对他人的妨碍、触动可能就会越大。所以，孔子提倡推己及人，实际上也是要求人们多一点爱心、公心，少一点私欲，这与“无欲则刚”实际上是一致的。

但是孔子听了子贡的表白后却指出：“赐也，非尔所及也。”为什么他认定子贡做不到呢？可能是他看到子贡既有仕进之欲，又有经营谋利之欲，对社会及他人索取过多，自然也就无法做到“我不欲人之加诸我也，吾亦欲无加诸人”。李贽在“非尔所及”处点一“妙”字，在章后评曰：“推他上路。”①未言是上求仕经商之路，还是上“己所不欲”之路，颇有意味。

5.13 子贡曰：“夫子之文章[1]，可得而闻[2]也；夫子之言性与天道[3]，不可得而闻也。”

【注释】

[1]文章：古代文章是指规范社会人事的礼乐文化和典章制度。此指孔子讲授的《诗》《书》《礼》《乐》等文化知识。

[2]可得而闻：可以看得见、听得到。闻，见闻、看到、听到。

[3]性与天道：性，人性；天道，天命。

【品读】

子贡说，老师讲授的《诗》《书》《礼》《乐》等知识，我们都可听到并掌握，而老师所说的人性与天道，仅是耳闻却难以掌握。子贡此言，一般解作孔子重人事、远天道，很少讲授有关问题，所以“不可得而闻也”。对此，匡亚明先生曾分析道：“孔子在新旧思想的矛盾激荡中形成自己的世界观。他一方面继承传统观念，承认并尊重天的至上神地位，另一方面又尽力容纳进步思想，高扬人的地位与价值。以旧观念肯定和安慰人们的宗教情感，用新观念论证和指导人的现实行动，力求两者的并存与协调。”“孔子在新旧思想的协调中，限制了天的地盘和作用，使得人们有可能更好地用现实的世俗的观点对待人事，而不用宗教迷信指导自己的行动。这一思想在当时无疑具有重大理论价值，促进着人们的思想解放。但是，他过份拘泥于这个限制，以致

① （明）李贽：《四书评·论语》卷之三。

不允许人的理智超过界限去探讨天的奥秘。"①正是如此,其弟子子贡才会有"夫子之言性与天道,不可得而闻也"的感叹。

若将孔子前后思想相联系,对子贡此说还可以从另一个方面去理解,即孔子胸中的人性与天道,高深莫测,无法言传,只能在自己的学习与实践中逐步体悟。其实,东汉桓谭也指出:"天道性命,圣人所难言。自子贡而下,不得而闻。"②

5.14 子路有闻[1],未之能行[2],唯恐有闻[3]。

【注释】

[1]有闻:有所闻知,此指听到孔子的教诲。

[2]未之能行:即"未能行之"。行,践行、实践。

[3]唯恐有(yòu)闻:只怕又有所闻。有,同"又"。

【品读】

子路虽然性格鲁莽,但闻善必行,忠实于师命,重视"践履",所以在他听到老师的某一教诲而尚未践行时,唯恐又听到新的教诲。正如《荀子·儒效》曰:"不闻不若闻之,闻之不若见之,见之不若知之,知之不若行之。"李贽在本章后评道:"画出子路。"③

5.15 子贡问曰:"孔文子[1]何以谓之'文'也?"子曰:"敏而好学[2],不耻下问[3],是以[4]谓之'文'也。"

【注释】

[1]孔文子:名圉(yǔ),又叫仲叔圉,谥(shì)号为文。卫国大夫。

[2]敏而好(hào)学:聪敏又爱好学习。

[3]不耻下问:不以向比自己地位低或知识少、能力差的人求教为耻。耻,以……为耻。下,此指次序、等级、能力和地位在后、在下的人。

[4]是以:所以。

【品读】

在中国古代社会,帝王后妃、文武百官以及鸿儒耆宿、忠勇义烈者死后,朝廷或私家会给予一个特殊的称号,这个称号叫"谥号"。谥号根据逝者生前行

---

① 匡亚明:《孔子评传》,第211、213页。

② 《后汉书·桓谭传》。

③ (明)李贽:《四书评·论语》卷之三。

为评定，一般分为美、平、恶三类：倘若死者一生为善或建有功勋，就给予昭、恭、文、景、敬、宣、庄、烈、武等美谥；倘若死者早夭或志向未伸，便给予怀、悼、闵、哀、平等平谥；倘若死者生前的行为有悖礼义，就给予暴、炀、昏等恶谥。

子贡问孔文子为什么能得到“文”这一美谥，孔子根据谥法，说孔文子“敏而好学，不耻下问”，解答了子贡的问题。

5.16 子谓子产[1]：“有君子之道[2]四焉：其行己也恭[3]，其事上也敬，其养民也惠，其使民也义。”

【注释】

[1]子产（？～前522年）：姓公孙，名侨，字子产，又字子美，谥号成子。郑国大夫。在任正卿、主持国政期间，曾进行了“作封洫”“作丘赋”等一系列改革。

[2]君子之道：指君子的道德、品行、操守。

[3]行己也恭：要求自己的行为操守谦恭谨慎。

【品读】

孔子称子产具有君子的四项美德：他要求自己行为谦逊谨慎，他侍奉国君敬重有礼，他抚养百姓仁爱恩惠，他役使百姓合理适当。这一评价十分适当。

子产是春秋时代著名的政治家。其为郑穆公之孙，父亲子国担任过郑国执政。郑简公二十三年（前543年），子产为郑国执政，此后二十余年间，他对郑国的政治、经济、法律等方面都进行了重大改革。例如，他下令“田有封洫，庐井有序”，整顿田疆地界和沟洫，公开认可私田的合法性；又实行“作丘赋”（按丘征赋的制度）、“铸刑书”（把法律条文铸在鼎上公布）、“不毁乡校”（广开言路，倾听国人意见）、知人善任、任贤使能、反奢靡、倡节俭、重民生等一系列改革。他的这些改革，给当时的郑国带来了新气象，出现了“竖子不戏狎，斑白不提挈，童子不犁畔……门不夜关，道不拾遗”的社会景象。公元前522年，子产去世，郑国上下，“丁壮号哭，老人悲啼，曰：‘子产去我死乎！民将安归？’”①

对子产的这些改革，孔子并非不知，但他只字未提，而是从礼的角度概括出子产的四条君子之道，其中原因，恐怕是子产的改革多是对以往制度的冲击与否定，而这正是孔子所感叹的“礼崩乐坏”的一个内容。但孔子对子产有“君子之道”的评判，却从另一个侧面反映了孔子求真务实、不拘一格的

① 《史记·循吏列传》。

形象，说明他并不是泥古不化的冥顽老人。

5.17 子曰："晏平仲[1]善与人交，久而敬之。"

【注释】

[1]晏平仲(？～前500年)：名婴，字仲，谥号为平。齐国大夫，曾为齐景公时宰相。

【品读】

孔子在本章中称赞的是齐相晏婴，说他善于与人交往，时间越久，人们就越敬重他。

晏婴与孔子同时，曾历齐灵公、庄公、景公三朝，辅佐朝政，政绩斐然。晏婴外貌丑陋，身材短小，但才华横溢，智慧过人，机敏幽默。政治上，他更是克己奉公，廉洁正直；尤其是在与人交往上，他谦恭辞让，有礼有节，实在让人"久而敬之"。

《史记·管晏列传》曾记载，晏婴的车夫因是为晏婴驾车，一直趾高气扬。一日归家时，其妻要离他而去，车夫问其故，其妻答曰："晏子长不满六尺，身相齐国，名显诸侯。今者妾观其出，志念深矣，常有以自下者。今子长八尺，乃为人仆御，然子之意自以为足，妾是以求去也"。车夫听了妻子的话，立即改过，也做到谦恭自抑。晏子得知其中原委后，即荐他为齐大夫。

当然，晏婴对人也不是一味谦恭，在有损国格、人格时，他也能充分运用智慧，反其道而行之。如《晏子春秋·内篇杂记下》记载：晏婴出使楚国，楚王一向与齐国不和，便想借机羞辱晏婴以损齐国形象。他见晏婴身材短小，就在大门旁开了一小门，让晏婴从小门进去。晏婴不进，说："使狗国者，从狗门入；今臣使楚，不当从此门入。"傧相只好改道，让他从大门堂堂而入。拜见楚王时，楚王又蔑视地问道："齐无人邪？"言外之意是：齐王怎么派你这么丑矮的人来了呢？晏婴不慌不忙，正辞答曰："临淄三百闾，张袂成阴，挥汗成雨，比肩继踵而在，何为无人？"之所以派我来，是因为"齐命使，各有所主，其贤者使使贤王，不肖者使使不肖王。婴最不肖，故直使楚矣"。一席话，说得楚王面红耳赤，无以答对。

楚王设宴招待晏婴，当酒意正浓时，两位小吏缚绑着一人来见楚王。楚王高声喝问："何为者也？"对曰："齐人也。"又问："何坐？"对曰："坐盗。"楚王便话里有话地问晏婴："齐人固善盗乎？"晏婴识破其伎俩，从容答曰："婴闻之，桔生淮南则为桔，生于淮北则为枳，叶徒相似，其实味不同。所以然者何？水土异也。今民生长于齐不盗，入楚则盗，得无楚之水土使民善盗邪？"楚王听后尴尬地笑曰："圣人非所与熙也，寡人反取病焉。"

正因如此,晏婴得到了齐国内外的敬重,在当时的政治生活中起着举足轻重的作用。

孔子与晏婴多有交往,有相合处,也有不相合处(详见本书序"品读孔子"),但此处孔子对晏婴的称赞无疑是发自内心的。

5.18 子曰:"臧文仲[1]居蔡[2],山节藻棁[3],何如其知也[4]?"

【注释】

[1]臧文仲(? ~前617年):即鲁国大夫臧孙辰,"文"是其谥号,"仲"指弟兄排行第二。其历事鲁国庄公、闵公、僖公、文公四君,曾实行过一些废除关卡以利流通的措施。

[2]居蔡:蓄养蔡地出产的乌龟。蔡,蔡龟,即蔡地出产的乌龟,被古人称为"元龟",体积较大。龟壳当时多用作祭祀、占卜。居,收藏,此引申为蓄养。

[3]山节藻棁(zhuō):蓄养蔡龟的家庙的节与棁上都雕饰着山水草藻的图案。节,柱子上的斗拱。棁,大梁上的短柱。

[4]何如其知(zhì)也:这怎么能说是明智呢?知,同"智",明智。

【品读】

鬼神迷信是殷周以来的传统宗教观念。人们认为万物有灵,世上万事都受神鬼支配,所以遇事须先卜问鬼神。春秋时代,鬼神的地位虽有所动摇,但作为一种传统的思想观念,它无疑仍是一种统摄人心的文化力量。孔子对鬼神迷信一直持怀疑态度,虽然他不否认鬼神存在,但不认为它们会左右人类的命运,采取"敬鬼神而远之"的立场,对于社会上的淫祀更是持否定态度。臧文仲蓄养占卜用的神龟,并且为其修筑雕梁画栋的豪华居所,被孔子斥责为"何如其知也",亦即为不明智的做法。

实际上,孔子在这里对臧文仲大加斥责,原因不在于他蓄养龟本身,而在于其做法属僭越行为。一则,此蔡龟应蓄养在天子的宗庙中,而不是蓄养在臧文仲的家庙中。刘宝楠《论语正义》说:"《白虎通》引《礼·三正记》:'天子龟为蔡,长一尺二寸。'诸侯一尺,大夫八寸,士六寸。"二则,"山节藻棁"是天子宗庙的装饰,臧文仲不应将蓄养蔡龟的家庙也照此规格装饰。

5.19 子张问曰:"令尹子文[1]三仕为令尹,无喜色;三已[2]之,无愠色[3]。旧令尹之政,必以告新令尹。何如?"子曰:"忠矣。"曰:"仁矣乎?"曰:"未知。焉得仁?"

"崔子弑齐君[4],陈文子有马十乘[5],弃而违之[6],至于他邦,则曰:'犹吾大夫崔子也。'违之。之[7]一邦,则又曰:'犹吾大夫崔子也。'违之。何如?"

子曰："清[8]矣。"曰："仁矣乎？"曰："未知。焉得仁？"

【注释】

[1]令尹子文：令尹，楚国辅弼国君的执政长官，类似后世的相。子文，姓斗，名谷於菟（gòu wū tú），字子文。

[2]已：废止、罢免。

[3]愠（yùn）色：怨恨、生气的样子。

[4]崔子弑（shì）齐君：崔杼（zhù）杀害齐庄公。弑，古代称子杀父、臣杀君为"弑"。齐君，此指齐庄公，姓姜，名光。

[5]陈文子有马十乘：陈文子仅是一位拥有十乘马车的下大夫。陈文子，名须无，"文"是其谥号，齐国大夫。崔杼杀庄公后，文子为表示清高，曾离开齐国两年。

[6]弃而违之：舍弃不要，离开而去。违，离开、避开。

[7]之：到……去。

[8]清：清廉、清高。

【品读】

孔子的弟子子张问孔子：楚国的令尹子文几次出任令尹，面无喜色；几次遭遇罢免，也不见怒容；而且每次罢免时他总把自己任令尹的政务完全告诉新的令尹。此人如何？孔子的评判是："忠矣。"子张又问：他达到仁的境界了吗？孔子的回答是：不知。这如何称得上仁呢？子张又问：齐大夫崔杼杀齐庄公，陈文子有十乘车马，舍弃不顾，远走他国；不久又说那里的执政者像齐国的崔子，遂离开此国；到另一国后，又认为那里的执政者仍像齐国的崔子，又离开了。此人如何？孔子的评判是："清矣。"亦即清高。子张又追问：此人达到仁的境界了吗？孔子还是那句话：不知。这如何称得上仁呢？

子张列举的这两位名士，一位淡于官爵，忠于职守；一位清高不俗，不入污流。但孔子对二人也未肯施予一个"仁"字。其实，孔子对自己的弟子也是如此。除颜渊曾被认为可"三月不违仁"外，子贡、子路等人都未获此殊荣。可见，在孔子的思想体系中，"仁"实际上相当于释迦牟尼的"涅槃"、基督的"天国"，是人生的最高境界。

5.20　季文子[1]三思而后行[2]。子闻之，曰："再[3]，斯可矣[4]。"

【注释】

[1]季文子：季孙氏，名行父，"文"是其谥号。鲁国大夫，成公、襄公时曾任正卿。

[2]三思而后行：做事情前要反复考虑后才付诸行动。三思，多次考虑。

[3]再：两次。

[4]斯可矣：就可以了。斯，连词，那么、就。矣，句末语气词。

【品读】

季文子历鲁文公、宣公、成公、襄公四朝，处世谨慎，遇事“三思而后行”。孔子对此不以为然，恐怕是认为他做事过于谨慎，过于周详，以至于优柔寡断。因此，他说：“再，斯可矣。”考虑两次就可以的事不要考虑再三，犹疑不定。正如清代经学家宦懋庸《论语稽》曰：“（季文子）生平盖祸福厉害之计太明，故其美恶两不相掩，皆三思之病。其思之至三者，特以世故太深，过为谨慎。”

不过，在孔子以后的文化传承中，“三思而后行”成为人们所信奉的准则，三国东吴吕岱甚至提出了“每事必十思”①的行事准则。较之孔子本意，我们的传统文化改变了什么，少了些什么，值得深思。

5.21 子曰：“宁武子[1]，邦[2]有道则知；邦无道则愚[3]。其知可及[4]也，其愚不可及也。”

【注释】

[1]宁武子：姓宁，名俞，又称宁子，谥号武。卫国大夫。

[2]邦：国家，此指诸侯国。

[3]愚：愚昧、糊涂。

[4]及：赶上、追上，此指做得到。

【品读】

宁武子在卫文公、成公时辅政十余年。在卫文公时，政治清明，他运用才智，对卫国政治有一定的建树。至成公时，卫国政局开始不稳，他便假装愚昧，采取韬晦的态度。所以，孔子说：宁武子这个人在国家政治清明时就聪慧有谋，政治黑暗时就拙笨愚昧。他这种聪慧可以学得到，而他那种笨拙却很难做到。

实际上，孔子在这里是对宁武子的称颂。在孔子看来，正人君子就应当是“天下有道则见，无道则隐”②，这与宁武子的“邦有道则知”“邦无道则愚”是一致的。但“隐”与“愚”都是以牺牲既得利益为代价的，是一项痛苦的抉择，并非人人可及，所以，孔子才说出上面一番话。而且，孔子的这一思想对后世士大夫的价值取向及行为准则都产生了很大的影响。

---

① 《三国志·吴书·诸葛恪传》注引《志林》。

② 《论语·泰伯》。

5.22 子在陈[1],曰:"归与[2]! 归与! 吾党[3]之小子[4]狂简[5],斐然[6]成章,不知所以裁[7]之。"

【注释】

[1]陈:西周春秋时的诸侯国,拥有今河南开封以东、安徽亳州以北一带地方,都于宛丘(今河南淮阳)。

[2]归与:回去吧! 与,句末语气词,相当于"吧"。

[3]吾党:春秋时五百家为一党,吾党即我的家乡。

[4]小子:年轻人,此章中指孔子的弟子。

[5]狂简:志向远大而才能粗疏。

[6]斐然:有文采的样子。

[7]裁:仲裁、裁决。

【品读】

鲁定公十三年(前497年),孔子五十五岁时,为了实践自己的政治主张,寻找一个能赏识自己的明君,离开了自己生息五十多年的故土,带着数十名弟子离鲁而去,开始了周游列国的生涯。但他所到之处,处处碰壁,"累累若丧家之狗"①。鲁哀公六年(前489年),孔子率弟子离开卫国,一路艰难,来到陈国。此时孔子已经是六十多岁的老人了,长年累月的奔波,政治理想的破灭,使他对政治的坎坷与生活的飘零流露出强烈的厌倦。此时,他的一些弟子如曾参等人已在鲁国受到重用,所以他叹息道:归去吧,归去吧! 故乡的弟子们志大才疏,虽有灿烂篇章,却不知如何利用。这实际上是为自己的怀才不遇与思归找一点安慰与借口,聊以慰藉十几年奔波的艰辛。李贽曾不无感慨地评点道:"夫子之出,为何而出? 夫子之归,为何而归? 圣人! 圣人!"②

5.23 子曰:"伯夷、叔齐不念旧恶[1],怨是用希[2]"。

【注释】

[1]不念旧恶(è):不记过去的怨仇。恶,不好,此指怨仇。

[2]怨是用希:怨恨因此很少。是用,因此。希,同"稀",少。

【品读】

伯夷、叔齐是商朝孤竹君的二子,因互相让位,逃奔周文王。武王伐纣

① 《史记·孔子世家》。

② (明)李贽:《四书评·论语》卷之三。

后，他们以食周朝粮食为耻，饿死于首阳山。

孟子称其"非其君不事，非其友不友，不立于恶人之朝，不与恶人言"，"与乡人立，其冠不正，望望然去之，若将浼焉"。① 所以朱熹释曰："其介如此，宜若无所容矣；然其所恶之人，能改即止，故人亦不甚怨之也。"②

"不念旧恶"是各民族圣贤们所普遍倡导的原则，孔子也极力提倡"既往不咎"，主张"以德报怨"，追求的是人与人之间和谐有序的氛围。然而遗憾的是，在历史的进化中，这一珍贵的理念总是被权欲、物欲的横流所淹没。但人与人关系的最终走向，人与人的本来愿望，恐怕还是要回到孔子所告诉我们的"不念旧恶"的朴素时代，进而使整个文明世界化戾气为祥和，化干戈为玉帛。

5.24　子曰："孰谓微生高[1]直？或乞醯焉[2]，乞诸[3]其邻而与之。"

【注释】

[1]微生高：当为尾生高，鲁人。

[2]或乞醯（xī）焉：有人讨借点醋。或，有人。醯，醋。焉，句末语气词。

[3]诸：相当于"之于"。

【品读】

微生高，在《庄子·盗跖》《战国策·燕策一》《史记·苏秦列传》中均作"尾生"，《汉书·古今人表》作"尾生高"，鲁国人，以坚守信约、直爽坦率闻名于世。相传他曾与一女子相约于桥下，女子未来，河水上涨，但他仍守信践约，不肯离去，最后抱桥柱淹死。

孔子在此是否定他人所认为的尾生高的正直。他说：谁说微生高正直？有人向他讨醋，他不直说自己没有，却到邻居那儿转借一点儿给人家。孔子似乎很了解此人，所以能举出这样一个反例。其实，孔子并非刻薄之人，他在这里只是借题发挥，但未免矫枉过正。对此，李贽看得很清楚。他说："维直道也，非讥议微生高也，不然乞邻与他人亦是好事，夫子何等刻薄至此。"③ 朱熹也解释道："夫子言此，讥其曲意徇物，掠美市恩，不得为直也。程子曰：'微生高所枉虽小，害直为大。'"④

① 《孟子·公孙丑上》。

② （宋）朱熹：《论语集注·公冶长》。

③ （明）李贽：《四书评·论语》卷之三。

④ （宋）朱熹：《论语集注·公冶长》。

5.25 子曰："巧言、令色、足恭[1]，左丘明[2]耻之，丘[3]亦耻之。匿怨[4]而友其人，左丘明耻之，丘亦耻之。"

【注释】

[1]足恭：十足的恭顺。

[2]左丘明：春秋时史学家，相传为《左传》的作者。

[3]丘：孔丘。孔子自称其名，以示谦恭。

[4]匿怨：把对别人的怨恨隐藏在心中，不露声色。

【品读】

左丘明是春秋时鲁国人，左为氏，丘明为名。一说左丘为复姓。相传他曾任鲁太史，为孔丘整理的鲁史《春秋》作传，成《春秋左氏传》（简称《左传》），又作《国语》。因目盲，后人又称之为"盲左"，是位刚直博学的史家。

从本章我们可以看到，孔子完全认同左氏的人生观。左氏认为那些花言巧语、虚容假貌、低三下四的行为是可耻的，又认为那种内心对人隐藏着怨恨而表面上却同他为友的人也是可耻的。对此，孔子深表赞同。

恭与敬一直是孔子所倡导的，他主张"貌思恭""事思敬"①，"居处恭""执事敬"②，认为这是做君子的必要条件。但孔子又认为，恭、敬必须依礼而行，对人的恭、敬要以礼相待，过分的恭顺便是"令色"，是"足恭"，是可耻的。不过，在现实世界中却往往走向了孔子所"耻之"的反面。司马迁所讲到的富有者们"千则仆，万则役"③以及当政者们的专制与威势，使很多人不得不"令色、足恭"。

同样，很多人对于"匿怨而友其人"也往往不得已而为之。李泽厚先生对此指出："这又涉及伦理与政治的背反。'慝怨而友其人'，是政治家的常规作业，否则也就没政治可言了。"④

5.26 颜渊、季路侍[1]。子曰："盍[2]各言尔志？"

子路曰："愿车马衣裘[3]，与朋友共，敝[4]之而无憾[5]。"

颜渊曰："愿无伐[6]善，无施[7]劳。"

子路曰："愿闻子之志。"

---

① 《论语·季氏》。

② 《论语·子路》。

③ 《史记·货殖列传》。

④ 李泽厚：《论语今读》，第141页。

子曰："老者安之，朋友信之，少者怀[8]之。"

【注释】

[1]侍：站立一旁。

[2]盍：何不。

[3]裘：皮袍。

[4]敝：坏、破旧，此处为动词，意即用坏了、用旧了。

[5]憾：不满、遗憾。

[6]伐：夸耀。

[7]施：表白、张扬。

[8]怀：关怀、爱护。

【品读】

这是一幅别开生面的师徒恳谈图。当孔子要弟子们各言其志时，子路说他愿意把自己的车马、衣裘与朋友共享，即便用坏了也毫无怨言，表现出子路固有的那种爽朗、豁达而又富有侠气的性情；颜渊则不同，他说他愿意不夸耀自己的优点，不张扬自己的功劳，是一个十分注意自我修养的谦谦君子。而孔子则愿"老者安之，朋友信之，少者怀之"，以天下大同为己任，展现了涵濡社会与民生的圣哲风范。

5.27 子曰："已矣乎[1]！吾未见能见其过[2]而内自讼[3]者也。"

【注释】

[1]已矣乎：完了！真的完了！已，止、结束。

[2]见其过：认识（觉察）自己的过错。

[3]自讼：自责。

【品读】

孔子在此仍在强调内省与自察。他表面上明说未见过能觉察自己的过失而自责的人，实际上又是在借题发挥，极而言之。不知是在针对哪位弟子，要促他自省、自戒。

5.28 子曰："十室之邑[1]，必有忠信如丘者焉，不如丘之好学也。"

【注释】

[1]十室之邑：只有十几户人家的小村子。邑，邑落、村落。

【品读】

孔子认为，即使在十户人家的小地方，一定也有像他这样讲究忠信的人，只是不如他好学而已。

孔子非常重视“学”，强调“学”，认为人之为人、立身、处世、行道、平天下，其第一要务就是“学”。他明确指出：“好仁不好学，其蔽也愚；好知不好学，其蔽也荡；好信不好学，其蔽也贼；好直不好学，其蔽也绞；好勇不好学，其蔽也乱；好刚不好学，其蔽也狂。”[①]“学如不及，犹恐失之。”[②]“君子食无求饱，居无求安，敏于事而慎于言，就有道而正焉，可谓好学也已。”[③]他把“好学”当成了人生的主要优点或基本要务。所以，《论语》开篇即言：“学而时习之，不亦乐乎！”正因为此，被后世称为“孔颜乐处”的那种发愤忘食、乐以忘忧的求学精神，也成为中国文人士大夫追求的一种精神境界。

孔子这里是在倡导学而不倦，如李贽所言：“正欲满天下都好学也。”[④]《论语》中多是孔子对弟子因材施教的片断对话，故对孔子言论不可过分拘泥于其字义。

① 《论语·阳货》。
② 《论语·泰伯》。
③ 《论语·学而》。
④ （明）李贽：《四书评·论语》卷之三。

雍也第六

6.1　子曰："雍[1]也可使南面[2]。"

【注释】

[1]雍：即冉雍。

[2]南面：面向南坐。古代以面向南的座位为尊位。无论天子、诸侯、卿大夫，当他作为长官出现的时候，总是面南而坐。这里指可以做卿大夫之类的官。

【品读】

冉雍出身贫寒，投身孔子门下后，德行才识大有长进，深得孔子赏识，也颇为后人所推崇。荀况在《荀子·非十二子》篇中曾言："圣人之得势者，舜、禹是也"；"圣人之不得势者也，仲尼、子弓是也"。如果从这个角度看，可以将孔子所言"雍也可使南面"解为可为君王。汉刘向、宋朱熹均持此说。不过，若从孔子所一贯倡导的君臣父子之义来理解，"可使南面"恐怕只能解为可为地方长吏。当然，孔子也可能不是确指，只是说冉雍有安邦治民之才而已。

6.2　仲弓问子桑伯子[1]。子曰："可也，简[2]。"

仲弓曰："居敬而行简[3]，以临其民[4]，不亦可乎？居简而行简，无乃[5]大[6]简乎？"子曰："雍之言然[7]。"

【注释】

[1]子桑伯子：人名，鲁人，事迹不详。

[2]简：简要、简约、不烦琐。

[3]居敬而行简：态度严肃认真而办事简要。居，处于、在于。敬，表示工作态度，即严肃认真之意。

[4]以临其民：用来治理百姓。临，监察、统管，此处有治理的意思。

[5]无乃：相当于"岂不是"，只用于反问句。

[6]大：同"太"。

[7]雍之言然：冉雍，你说得对呀！雍，即冉雍。然，正确、对。

【品读】

关于子桑伯子，刘向《说苑·修文》篇曾记载他与孔子有过往来，孔子认为他过于简单，有质无文。从本章看，的确如此。本章中孔子对他的评判是"可也"，但又指出他过于简素。冉雍不同意此说，他认为：一个执政者若态度严肃认真，办事简约，以此来治理百姓，是完全可以的。但若态度简单，办事也简单，岂不是太简单了吗？孔子听了冉雍的话，连连称赞他说得对。由此我们可以看到，孔子与弟子之间的平等与和谐，更能感受到那种"教学相长"的境界，全然没有后世所谓"大成至圣先师"的威严。

6.3 哀公[1]问："弟子孰为好学？"孔子对曰："有颜回[2]者好学，不迁怒[3]，不贰过[4]。不幸短命[5]死矣。今也则亡[6]，未闻好学者也。"

【注释】

[1]哀公：鲁国的君主。在位时间为公元前494～前476年。

[2]颜回：姓颜，名回，字子渊。孔子的弟子。

[3]不迁怒：不将怒气转移发泄到别人身上。迁，转移。

[4]不贰过：不重犯同样的错误。贰，重复、再次。

[5]短命：据《公羊传》《孔子家语》，颜回于鲁哀公十四年（前481年）卒，时年仅四十岁，孔子时年七十一岁，故孔子称颜回"不幸短命死矣"。一说认为颜回生于周景王二十四年（前521年），卒于周敬王三十年（前490年）。

[6]亡：同"无"。

【品读】

"不迁怒，不贰过"，是人生道德修养的重要功课。李贽说得好："不迁怒，不贰过，极切身的学问，今人勿看做难事，亦勿看做易事。"①在孔子看来，颜回做到了这点，但他"不幸短命死矣"，而且"今也则亡，未闻好学者也"，再也没有听说有这么好学的人了。孔子内心的惋惜和哀痛真是难以言表。

孔子一生教授弟子三千，其中身通六艺者有七十二人，而颜回又以其不懈的好学精神、高尚的品行和渊博的学识成为孔子最赏识、最得意的弟子，被誉为"德行"第一②。至汉代，祭祀孔子时也同祭颜回；唐时尊之为"先师""兖公"；明时又封尊号"后圣"，作为四配之首。

对于颜子的"不幸短命死矣"，历来有不少史家进行过分析。如司马迁认为，颜回身住陋巷，瓢饮箪食，生活清苦，但不辍于学，致使"回年二十九，

① （明）李贽：《四书评·论语》卷之三。

② 《论语·先进》。

发尽白早死”①。当代有学者则认为，“缺乏锻炼或许是更为直接的原因”②。

6.4 子华[1]使于齐，冉子[2]为其母请粟[3]。子曰：“与之釜[4]。”

请益[5]。曰：“与之庾[6]。”

冉子与之粟五秉[7]。

子曰：“赤[8]之适[9]齐也，乘肥马[10]，衣轻裘[11]。吾闻之也：君子周急不继富[12]。”

【注释】

[1]子华：姓公西，名赤，字子华。孔子的弟子。

[2]冉子：即冉有。

[3]粟(sù)：未去壳的谷粒称“粟”，去壳的称为“小米”。但古籍中也有把米称为“粟”，或把粮食总称为“粟”的。

[4]釜(fǔ)：古代的容量单位，六斗四升为一釜。

[5]请益：益，增加；请，相当于“之于”。

[6]庾(yǔ)：古代容量单位，二斗四升为一庾。

[7]秉(bǐng)：古代容量单位，十六斛(hú)为一秉。十斗为一斛。

[8]赤：即公孙赤。

[9]适：往、去。

[10]乘肥马：乘坐肥马驾的车。乘，乘坐……车。

[11]衣轻裘：穿着轻暖的皮袍。衣，动词，穿着。裘，皮衣、皮袍。

[12]君子周急不继富：君子只救济贫急的人，而不接济富有的人。周，周济、救济。继，接济、帮助。

【品读】

子华高车大马，衣着华贵，出使泱泱齐国。冉有替其母请求安家粟米，孔子答应给一釜；冉有请求增加，孔子又答应给一庾，但冉有却悄悄给了其母五秉，引起了孔子的不满。孔子在这儿并不是计较粟米的多少，而是不满于冉有违背了他所倡导的“周急不继富”的原则，所以他才说：“赤之适齐也，乘肥马，衣轻裘。吾闻之也：君子周急不继富。”这一原则与他“不患寡而患不均”的思想相辅相成，构成了孔子社会思想的一个重要内容，对中国传统思想文化产生了深远的影响。从民间所流传的“锦上添花”“雪中送炭”的区别到农民领袖所高举的“均平”大旗，从王莽的废王田、奴婢到后世一次次的

① 《史记·仲尼弟子列传》。

② 周海生：《论孔子和颜子的师生关系》，载杨朝明、修建军主编《孔子与孔门弟子研究》，齐鲁书社2004年版，第427页。

均田、均税改革，都能找到其影响所在。

6.5 原思[1]为之宰[2]，与之粟九百[3]，辞[4]。子曰："毋[5]！以与尔邻里乡党乎[6]！"

【注释】

[1]原思（前515～？年）：姓原，名宪，字子思。孔子的弟子。孔子在鲁做司寇时，原思曾做他家的总管。

[2]宰：官名。商代始置。西周及春秋各国沿用。为卿一级内朝长官，掌王家事务，或在王之左右侍奉。又，卿大夫的家臣及卿大夫所属私邑的长官也称宰。

[3]九百：下无量名，不知是斛还是斗。人们习惯上常把最通用的度、量、衡单位省略不说，故疑为斗。

[4]辞：推辞不要。

[5]毋（wú）：表示禁止，有"别""不要"的意思，即不要推辞。

[6]以与尔邻里乡党乎：可以把粟送给你家乡的人嘛！以，介词，把、用。与，给。尔，你、你们。邻里乡党，都是古代地方的居民组织。一般以五家为邻，二十五家为里，五百家为党，一万二千五百家为乡。这里指原思家乡的人。乎，语气词，用在句末表示感叹，相当于现代汉语的"啊""呀""嘛"。

【品读】

孔子对待原宪与公西华的态度显然不同。原因就在于原宪家境穷蹙，但他穷不失志，清静守节。孔子给他谷米九百斗以作俸禄，他辞而不受，孔子却一再劝他，让他收下，可以此周济家乡的亲戚朋友。从以上两件事中孔子的不同态度，又可以看到他做官为师的风范。

6.6 子谓仲弓，曰："犁牛之子骍且角[1]，虽欲勿用[2]，山川[3]其[4]舍诸[5]？"

【注释】

[1]犁牛之子骍（xīng）且角：耕牛之子长着红色的毛、端正的角。犁牛，耕牛。骍，指红色的牲畜皮毛。角，牛角，此指两角长得端正。古代祭祀用的牛必须皮毛红色、两角端正，而且要单独饲养，不能用耕牛代替。据说仲弓（冉雍）的父亲出身卑贱，这里的"犁牛"比喻仲弓的父亲，"耕牛之子"比喻仲弓。"骍且角"比喻仲弓德行等方面的素质好，有做官的才能，虽出身贫贱，但仍可以做官。

[2]用：使用、采用。这里指杀牲畜用以祭祀。

[3]山川：山川之神。这里比喻上层统治者。

[4]其：句中语气词，表示反问。相当于"岂""难道"。

[5]诸:"之乎"二字的合音。

【品读】

仲弓,也就是被孔子誉为"可使南面"的冉雍。孔子认为,他虽然出身低下,但才学足以当南面之任。因此,本章中孔子借题发挥,将仲弓比做耕牛之子,说它长着红色的毛、端正的角,即使不想用它去祭祀,山川之神难道会舍弃它吗?

这是孔子思想中尚未被人重视的精华所在。众所周知,在《周礼》的大框架中,实行着严格的世卿世禄制,层层分封,世代相承,贵族、庶人之间泾渭分明,不可逾越。至春秋时代,随着整个社会经济政治结构的变动,新的选官任官制度也开始出现。在这一变动中,孔子并不是顽固地抱残守缺,而是极力主张以德才取人。他收授弟子提出"有教无类",打破了"礼不下庶人"的界限,颜回、原宪、冉雍、曾参、子路、闵子骞等都不是贵族出身,但这些弟子在孔子的荐举和鼓励下,有一大批走上了仕途。在本章中,他也强调,牛如果具备了"骍且角"的条件,就可以用来祭祀山川之神,是否为"耕牛之子"无关紧要。也就是说,只要这个人有德有才,出身如何是不应影响他的政治前途的。由此我们可以看到一个不墨守成规的孔子,可以看到一个高擎"复礼"大旗却又因事而异、讲究实际的孔子,当然,这只是他的一个侧面。

6.7 子曰:"回也[1],其心三月[2]不违仁[3],其余则日月[4]至焉而已矣。"

【注释】

[1]回也:颜回呀!回,颜回。也,句末语气词。

[2]三月:指长时间、长久地。

[3]违仁:不离开仁。违,离开、避开。

[4]日月:指短时间、偶尔地。

【品读】

由此看来,孔子非常重视实践仁的连续性和持久性。在孔子心目中,只有颜回做到了"三月不违仁",亦即能很好地修养自己,长时间地保持在仁的境界中,而其他弟子只是一时做到而已。看来,孔子对仁的标准绝不降低,对弟子的要求更不放松。

6.8 季康子[1]问："仲由[2]可使从政也与[3]？"子曰："由也果[4]，于从政乎何有[5]？"

曰："赐也可使从政也与？"曰："赐也达[6]，于从政乎何有？"

曰："求[7]也可使从政也与？"曰："求也艺[8]，于从政乎何有？"

【注释】

[1]季康子：姓季孙，名肥，"康"是其谥号。鲁国的大夫，哀公时为正卿。

[2]仲由(前542～前480年)：即子路。

[3]与(yú)：句末语气词，表示疑问或感叹。表示这个意义的"与"后写作"欤"。

[4]由也果：仲由处事果断。也，句中语气词，表示语气的停顿，以引起下文。果，果断。

[5]于从政乎何有：即"于从政乎何难之有"，意思是说：对于治理政事有什么困难呢？

[6]达：通达事理。

[7]求：即冉求。

[8]艺：有技艺、有才能。

【品读】

当鲁国的权臣季康子向孔子询问其学生能否治理政事时，孔子坦率地推荐道：仲由(子路)处事果断，端木赐通达事理，冉求多才多艺，都能胜任政务。这种对弟子精到的把握，与孔子的因材施教，堪称"双璧"。这实际上是告诉当政者，不同的人各有千秋，也各有长短，只要取其所长，定能人尽其才，才尽其用。

6.9 季氏[1]使闵子骞[2]为费[3]宰。闵子骞曰："善为我辞焉[4]！如有复我者[5]，则吾必在汶上[6]矣。"

【注释】

[1]季氏：季孙氏，鲁国的大夫。

[2]闵子骞(前515～？年)：姓闵，名损，字子骞。孔子的弟子。

[3]费：地名。季氏的封邑，在今山东费县西北。

[4]善为我辞焉：请你妥善地替我辞掉吧！善，副词，好好地、妥善地。辞，推辞、辞谢。

[5]如有复我者：如果再来召我。复，再。

[6]汶上：汶水之北，暗指齐国。汶，水名，指汶水，即今山东的大汶河，当时流经齐、鲁之间。上，古代凡言水上者，皆指水北。

【品读】

闵子骞，春秋鲁国人，以德行著称。据汉刘向《说苑》记载，他自幼丧母，曾受后母虐待。冬天，后母让亲生子穿丝绵之衣，而给子骞穿芦花做的衣服。一次，子骞驭车，身不抵寒以致失辔。其父觉察，大怒，欲赶走后妻，子骞却劝阻父亲，为后母讲情，说："母在一子单，母去四子寒。"父善其言，乃止。子骞对父母尽孝顺之道，对昆弟尽友爱之情。后母被他感化，遂待其如己出。孔子曾赞扬说："孝哉闵子骞，人不间于其父母昆弟之言！"并将他与颜回并列为德行科。

但子骞为人清高，不思仕进，《史记·仲尼弟子列传》说他"不仕大夫，不食污君之禄"。当时季氏是鲁国权臣，曾想请闵子骞出任费邑宰，闵子骞本来就看不惯横行的季氏，所以毫不犹疑地予以回绝，并对人说："如有复我者，则吾必在汶上矣。"以此表示自己不事权贵的决心。在孔门中，他是唯一不愿做官而终身隐居的人。这一点，与孔子大相径庭。

闵子骞对后世影响颇大，尤其是其孝的思想和行为更是家喻户晓。唐开元年间他被诏定为"十哲"之一，以祀于孔子庙，追封为"费侯"；宋封其为"琅邪公"；清乾隆诏定为"十二哲"之一。其墓葬在今山东济南闵子骞路。

6.10 伯牛有疾[1]，子问之，自牖[2]执其手，曰："亡之[3]，命矣夫[4]！斯[5]人也而有斯疾也！斯人也而有斯疾也！"

【注释】

[1]伯牛有疾：伯牛患上恶疾。伯牛，姓冉，名耕，字伯牛。孔子的弟子。疾，病。

[2]牖(yǒu)：窗户。

[3]亡之：要死了，不能活了。

[4]命矣夫：这是命啊！夫，语气词，表示感叹。

[5]斯：这、此。

【品读】

冉伯牛德行并兼，却不幸染上恶疾。孔子前去探视，但只能从窗口拉拉他的手。据《淮南子·精神训》称："伯牛为厉。""厉"即癞，大概伯牛生的是癞病，俗称"麻风病"。后代诗文中常以"伯牛之疾"代指恶疾或不治之症。为避免传染，孔子只能从窗口一见，以为永别。看到自己心爱的弟子得了这种当时根本无法医治的恶疾，孔子痛感天道的无助，怆然而叹："亡之，命矣夫！"

6.11 子曰："贤哉，回也！一箪食[1]，一瓢饮[2]，在陋巷[3]，人不堪[4]其忧，回也不改其乐。贤哉！回也！"

【注释】

[1]一箪(dān)食：一竹筒饭。箪，古代盛饭用的圆形竹器。

[2]一瓢饮：一瓢冷水。

[3]在陋巷：生活在简陋的巷子里。

[4]不堪：不能忍受。

【品读】

颜回的修养境界是常人所难以达到的，即使身处陋巷卑室，只有一箪饭、一瓢水，人们都无法忍受这种困苦之时，他依然能不改变自己的快乐。故孔子连连赞叹："贤哉，回也！"对颜回之"乐"的诠释，向有两解：一解为"安贫乐道"。如郑玄所言："贫者，人之所忧，而颜渊志道，自有所乐。"①亦即孔孟以来儒者所极力彰扬的"贫且益坚，不坠青云之志"。文天祥身陷囹圄，在《正气歌》中所高吟的"哀哉沮洳场，为我安乐国"，正是这样一种人生境界。另一解将"乐"引喻为禅宗之"拈花微笑"。如南宋时潘时举向朱熹请教："'不改其乐'，莫是乐个贫否？"朱熹答曰："颜子私欲克尽，故乐，却不是专乐个贫。"②"私欲克尽"，可以说到了"拈花微笑"的人生境界。此两说从不同的角度阐释颜回之"乐"、颜回之"贤"，各有可取。若合并理解，当更达孔子原意。

6.12 冉求曰："非不说[1]子之道，力不足也。"子曰："力不足者，中道而废，今女[2]画[3]。"

【注释】

[1]说：同"悦"，喜欢。

[2]女：同"汝"，你。

[3]画：划分，划分界线。此处指划地自限，不再前进。

【品读】

冉求在孔门弟子中属颇有才干者，也常被孔子称赞。或许是治学途中过于困顿，他萌发了半途而废的念头，并向孔子说：不是我不喜欢您的学说，

① (魏)何晏等注，(宋)邢昺疏：《论语注疏·雍也》，《十三经注疏》本。

② (宋)朱熹：《朱子语类·论语十三》。

而是能力不够。孔子则毫不客气地批评道：能力不足的人是行进到途中不得不停止，而你今天是划地为限，裹足不前。

本章的核心在于"力不足者，中道而废"，这是儒者的一种重要精神准则。在力行途中，不能预设能否成功，只要专注地向道向仁，不懈努力，便是真正的仁人志士。孔子其实正是这种精神的实践者。后世儒者所谓"正其谊不谋其利，明其道不计其功"，民间所谓"只管耕耘，莫问收获"，也都是这一精神的体现。

6.13 子谓子夏[1]曰："女为君子儒[2]，无为小人儒。"

【注释】

[1]子夏（前507～？年）：名商，字子夏。春秋末晋国人。孔子的弟子。

[2]儒：先秦时期熟悉《诗》《书》《礼》《乐》，活动于礼仪、教育等方面的一类人。

【品读】

子夏是孔门高足，以文学著称。他精研《诗》义，明《春秋》大义，兼通《易》《礼》。相传《春秋》等儒家经典由其传授而来。孔子殁后，他曾到魏国西河（今陕西合阳一带）收徒讲学，影响颇大，被称为"西河孔子"，魏文侯也向他亲咨国政，待以师礼。所以，经学研究者较普遍地认为经学起源于子夏。

子夏师从孔子期间，学习刻苦，勤于思考，常与孔子讨论问题，深得孔子赏识。孔子对他寄予厚望，所以叮嘱他要做个君子儒，勿要为小人儒。

什么是君子儒？什么是小人儒？多年来众说纷纭，莫衷一是。有的学者认为这是根据儒者的行为、作风以及人格的规范而划分的儒者类型，《礼记·儒行》篇便有许多儒者类型，其中包括孔子所说的这两种儒者。钱穆《论语新解》曰："推孔子之所谓小人儒者，不出两义：一则溺情典籍，而心忘世道；一则专务章句训诂，而忽于义理。子夏之学，或谨密有余，而宏大不足，然终可免于小人儒之讥矣。"①南怀瑾认为，那些"书读得很好，文章写得很好，学理也讲得很好。但除了读书以外，把天下国家交给他，就出大问题，这就是所谓书呆子，小人儒。……人情练达，深通世故。如前面所讲的，子路的'果'，子贡的'达'和冉求的'艺'，都具备了，那就是'君子儒'"②。而有的学者认为君子儒与小人儒其实仍是君子与小人之别，前者重义，后者重利。杨伯峻、洪丕谟先生均持此说。依孔子原意，当以后说为是。

---

① 钱穆：《论语新解》，第142页。

② 南怀瑾：《论语别裁》上册，第275～276页。

6.14 子游[1]为武城[2]宰。子曰："女得人焉耳乎[3]？"曰："有澹台灭明[4]者，行不由径[5]，非公事，未尝至于偃之室也。"

【注释】

[1]子游(前506～？年)：春秋时吴国人。姓言，名偃，字子游。孔子的弟子。

[2]武城：地名，在今山东费县西南。

[3]女得人焉耳乎：你得到人才了吗？"女"，同"汝"，你。焉耳乎，三字均为句末语气词。

[4]澹(dàn)台灭明：姓澹台，名灭明，字子羽，武城人。后为孔子的弟子。

[5]行不由径：不走邪路，指人品行端正。径，小路，这里指邪路。

【品读】

孔子非常重视举贤才。他曾说过："其人存，则其政举；其人亡，则其政息。……故为政在人。"①这就是说，政是依赖人去推行的，有贤人才会有好的政治。因此，在他见到为武城宰的弟子子游时，劈头就问：你是否发现了人才？子游答道：有个澹台灭明，他公正无私，从不干谒请托，不为公事，从不到我这里来。

其实这位澹台灭明也曾拜读在孔子门下，但孔子恶其相貌丑陋，以为材薄，不予重视。他退而修行，甚得人心。南游至长江一带，有弟子三百随从，名闻诸侯。现在子游又将澹台灭明介绍给孔子，孔子不无感叹，曰："吾以言取人，失之宰予；以貌取人，失之子羽。"②看来，圣人也常犯错，但知错便改，又非常人所能及。

6.15 子曰："孟之反[1]不伐[2]，奔[3]而殿[4]，将入门，策[5]其马，曰：'非敢后也，马不进也。'"

【注释】

[1]孟之反：姓孟之，名侧，字反。鲁国大夫。

[2]伐：夸耀。

[3]奔：跑。这里指战败逃跑。

[4]殿：行军走在最后的称"殿"。这里指留在最后掩护全军撤退。鲁哀公十一年(前484年)，鲁与齐作战，鲁军败，孟之反留在最后作掩护。

---

① 《礼记·中庸》。

② 《史记·仲尼弟子列传》。

[5]策：鞭打。

【品读】

孔子说："孟之反从不夸耀自己。他在败退之际，主动留在最后，掩护全军。将进城门时，他却鞭打着马匹，说道：不是我敢于殿后，而是这马跑不快呀！"这是十分典型的自谦不伐，深得孔子赞赏。

对谦的系统倡导始于《易》。《易·谦》中反复强调谦的作用和意义。如："劳谦，君子有终"，谓有功劳而又谦虚，如此君子必有好的结果；"谦谦君子，卑以自牧"，意即谦虚的君子，总是以谦恭的态度来自卫自牧；"有大而能谦必豫"，是说有了大的功劳和高的地位而能自谦的，必定会快乐。所以，中国人向来推崇那些"为而不矜，作而不恃"①的谦谦君子，提倡"至人无己，神人无功，圣人无名"②的做法。因此，可以说自谦不伐在几千年的文化传承中已成为仁人君子的一个重要特征，构成了中国传统人文精神的重要一环。

但我们同时又可以看到，脱离个体、面向人人所提倡与要求的自谦不伐，实际上是抹杀了人的个性，产生了许许多多貌似而神异的伪君子，以至于经过数千年的提倡，那些汲汲于这一境界的人们还要到海外的《镜花缘》中去寻找君子国。

6.16　子曰："不有祝鮀[1]之佞[2]，而有宋朝[3]之美，难乎免于今之世矣。"

【注释】

[1]祝鮀(tuó)：又称"祝佗"，字子鱼，卫国大夫，能言善辩，受到卫灵公的重用。

[2]佞：能说会道，巧言谄媚。

[3]宋朝：宋国的公子朝。以貌美得到卫灵公及其夫人南子的幸宠，也因此惹出不少乱子。

【品读】

祝鮀，为卫国大祝，以善治宗庙出名，精于口辩；宋朝貌美而淫。孔子认为，卫灵公无道而国不丧，主要是得力于祝鮀等人。否则像宋朝这样的人当政，社会大乱就不可避免了。

6.17　子曰："谁能出不由户[1]？何莫[2]由斯道[3]也？"

① (唐)皮日休：《手箴》。

② 《庄子·逍遥游》。

【注释】

[1]户：门。

[2]何莫：为什么没有。

[3]斯道：这条路。这里以路比喻孔子倡导的主张。

【品读】

人外出必经门户，这是最一般的道理，但在社会现实中却往往邪径横生。孔子处在动荡剧烈的春秋时代，面对纲纪大乱、社会秩序颠倒、“礼崩乐坏”的现象，终生以“克己复礼”、匡复正道为己任，但他所倡导的道又总是不被社会所认可。所以他借“谁能出不由户”大发感叹：“何莫由斯道也？”人们为什么不遵循这个道理呢？真是无可奈何花落去！

6.18 子曰：“质[1]胜文[2]则野[3]，文胜质则史[4]。文质彬彬[5]，然后君子。”

【注释】

[1]质：朴实、质朴，即内在的本质。与“文”相对。

[2]文：文采、华饰，即外在的言辞、仪容、风貌。与“质”相对。

[3]野：朴拙、粗俗简鄙。

[4]史：言词华丽，这里有“虚伪、浮夸”的意思。

[5]彬彬：搭配适当，即内在本质与外在风采相称、协调统一。

【品读】

和谐为美，过犹不及，这里讲的还是“中庸”的道理。孔子认为：做人如果朴实多于文采，便会流于粗鄙简陋；如果文采胜于朴实，就会流于虚伪浮夸。只有文与质即外在表现与内在本质这两种不同的品质相互协调，表里一致，做到既朴实又有文采，外表形态与思想品质配合一致，这样才算一个大雅君子。

孔子的文质统一观对后世产生了很大影响，可惜的是，后儒在接受孔子文质统一观时作了改造，偏离了孔子“文质彬彬”的原意，往往偏重于质。如朱熹注“文质彬彬”章时引用他人话说：“文质不可以相胜。然质之胜文，犹言甘可以受和，白可以受采也。文胜而至于灭质，则其本亡矣。虽有文，将安适乎？然则与其史也，宁野。”①

贾庆超等学者就此来论及对文学、艺术方面的影响。他们指出：“孔子

① （宋）朱熹：《论语集注·雍也》注引杨氏曰。

的文质观，实际上是后世文道观的滥觞。在传统美学思想和文艺批评中，主张文道统一、文以载道是其主流。但也出现了'文以害道'，进而否定文艺作品审美功能的偏颇观点。这应该是孔子文质观对后世产生的消极影响。"①对于中国人信仰思维的影响，李泽厚先出指出："中国从巫术中脱魅途径不是将宗教（情感、信仰）与科学（思辨、理性）分离，而是融理于情、情理合一，从而既不是盲目的迷狂执著，也不是纯冷静的逻辑推理，终于形成了'实用理性''乐感文化'的传统而构成'一个世界（人生）'的宇宙观，亦可移在此处讲。'质'，情感也；'文'，理性也。'质胜文'近似动物，但有生命；'文胜质'如同机器，更为可怖。孔子以'孝慈'—'仁'作为中心范畴，其功至伟者，亦在此也：使人不作动物又非机器。"②

6.19 子曰："人之生也直[1]，罔[2]之生也幸[3]而免。"

【注释】

[1]直：正直。

[2]罔（wǎng）：不正直、邪曲。

[3]幸：侥幸。

【品读】

孔子在这里实际上是以因果报应倡导一种道德法则。他认为，人之所以得以生存，是由于正直，不正直者或许也可生存，但那只是侥幸免于灾祸。后世民间所谓"自作孽，不可活"与之同义。所以，李贽对此发挥道："不直的都是死人。"③不过，道德法则与制度法则相比，其先天不足便显而易见，后世民间也有"好人不长寿，恶人活千年"之谚，正说明了道德法则的这一不足。

6.20 子曰："知之者不如好[1]之者，好之者不如乐之者。"

【注释】

[1]好（hào）：喜好、爱好。

【品读】

孔子在这里是说追求学问的三种境界。他认为：懂得不如喜好，喜好又不如以此为乐。这三种境界可以说是循序渐进、渐入佳境的过程，但又可以

---

① 贾庆超、郭德芳：《〈论语〉新读》，第199页。

② 李泽厚：《论语今读》，第157～158页。

③ （明）李贽：《四书评·论语》卷之三。

说是社会中三种类型的求学致道状态，不仅适用于两三千年前，也同样适用于当今社会。

6.21 子曰："中人[1]以上，可以语上[2]也；中人以下，不可以语上也。"

【注释】

[1]中人：指资质、天赋中等的人。

[2]语上：讲解高深的东西。语，告诉、谈论。上，高的、深的，此处指高深的学问、知识、道理等。

【品读】

孔子很早就注意到人的才智有高下之别，并且能够从实际情况出发，针对智力的高低不同而因材施教：对于中等以上智力水平的人，可以跟他讲高深的学问；对于中等以下智力水平的人，则不可以讲高深的内容。根据每位学生的志趣、智慧和能力，施予不同的教育，以收到事半功倍的教学效果，这是孔子教育思想的重要构成部分，也是孔子对中国教育史与教育理论的一大贡献，直至今日，我们依然受用不尽。

6.22 樊迟[1]问知[2]。子曰："务民之义[3]，敬鬼神而远之[4]，可谓知[5]矣。"问仁。曰："仁者先难而后获[6]，可谓仁矣。"

【注释】

[1]樊迟（前515～？年）：春秋末齐国人。姓樊，名须，字子迟。孔子的弟子。

[2]知：同"智"，智慧、聪明。

[3]务民之义：致力于老百姓认为合理的事情。务，从事、致力于。义，指合乎正义的道德、行为或道理。

[4]敬鬼神而远之：对鬼神采取敬重但又回避的态度。远，不亲近、远离。

[5]知（zhì）：同"智"，聪明、智慧。

[6]先难而后获：先付出艰苦努力，而后获得成果。难，艰苦。

【品读】

樊迟问稼时，孔子的答复是"吾不如老农"；当他问智与仁时，孔子为他讲解了其中的奥义。孔子认为：致力于人民认为合理的事情，尊敬鬼神，而又疏远它们，这才称得上聪明有智。

这里，孔子对鬼神所持的这种"敬而远之"的立场，实际上是一种现实主义和理性主义的态度。有没有鬼神，如何事鬼神，在当时的条件下，人们无法作出科学或者合理的解释，但这对人们的实际行动并无大碍，人们完全可以存而不论，把注意力转到更有实际意义的事情上来，那就是如何尽人事，即“务民之义”。

孔子的这一态度对后来的儒家思想及中国传统意识产生了重要影响。几千年来，无论是上层社会还是民间社会，对天神多持“敬而远之”的实用主义态度，他们也崇拜天地神祇，但绝没有希伯来人、阿拉伯人、印度人以及欧洲人那样的虔诚和狂热，而且往往把天神崇拜与祖先崇拜结合起来，“天地君亲师”五位一体，是中国人普遍敬奉的牌位。其中“天地”是虚设的，对“君”崇敬是对“父”或“祖”的崇敬的延伸，至于尊“师”也没有越出对“父”的崇敬，古人所谓“一日为师，终身为父”即是指此。这样，“天地君亲师”的核心和枢纽是“亲”——真是太实惠了。

孔子所认为的“仁者先难而后获”，实际上又是在提倡力行，要人们努力在前，对成功的希求在后。这与前面刚刚对冉求的教诲是一致的，但这又是一条理想与主观的道路，与“敬鬼神而远之”的实用主义似乎不是那么一致。

6.23 子曰：“知者[1]乐[2]水，仁者[3]乐山。知者动，仁者静。知者乐[4]，仁者寿。”

【注释】

[1]知者：即“智者”，聪慧的人、明智的人。

[2]乐(yuè)：动词，喜欢、爱好、热爱。

[3]仁者：有仁德的人。

[4]乐(lè)：快乐。

【品读】

孔子的这段话极富哲理，以至李贽认为“有说不尽之意”①。

钱穆《论语新解》阐述道：“道德本乎人性，人性出于自然，自然之美反映于人心，表而出之，则为艺术。故有道德者多知爱艺术，以此二者皆同本于自然也。《论语》中似此章富于艺术性之美者尚多，鸢飞戾天，鱼跃于渊，俯仰之间，而天人合一，亦合之于德性与艺术耳。此之谓美善合一，善美合一，此乃中国古人所倡天人合一之深旨。”②

李泽厚阐释道：“用山、水类比和描写仁、智，非常聪明和贴切。作为最高生活境界的‘仁’，其可靠、稳定、巩固、长久有如山；作为学习、谋划、思考的智慧，其灵敏、快速、流动、变迁有如水。真正聪明的人之所以常快乐，不

① (明)李贽：《四书评·论语》卷之三。

② 钱穆：《论语新解》，第149页。

仅因为能够迎刃而解各种问题，而且因为了解人生的方向和意义而快乐。'仁'则似乎更高一层，已无谓快乐不快乐。他(她)的心境是如此平和宁静、无所变迁，成了无时间的时间：寿。'乐山''乐水'，是一种'人的自然化'。"①

既然此言"有说不尽之意"，我们就不必再过多罗列那些言传的文字，只待大家人人意会，人人读出一个乐山、乐水的人生感悟。

6.24 子曰："齐一变[1]，至于鲁；鲁一变，至于道[2]。"

【注释】

[1]齐一变：齐国社会一旦变革。一，副词，一旦、一经。

[2]道：先王之道，即孔子追求和向往的理想境界。

【品读】

春秋时代，齐强鲁衰已是定论。但孔子却提出：变革齐国社会，便可达到鲁国的水准；变革鲁国社会，便可达到先王之道。其中原因，还是孔子所孜孜以求的"克己复礼"。《史记・鲁周公世家》记道："鲁公伯禽之初受封之鲁，三年而后报政周公。周公曰：'何迟也？'伯禽曰：'变其俗，革其礼，丧三年然后除之，故迟。'太公亦封于齐，五月而报政周公。周公曰：'何疾也？'曰：'吾简其君臣礼，从其俗为也。'"从这一记载可以看到，齐国之政是因齐地旧俗而成，鲁国之政是在鲁地全面实施周礼，所以，孔子才提出"齐一变，至于鲁；鲁一变，至于道"。但是，早在孔子之前五百多年，齐国开国之君姜太公在得知鲁国向周公报政之迟时已断言："呜呼，鲁后世其北面事齐矣！夫政不简不易，民不有近；平易近民，民必归之。"②这一番话，不知孔子是否知道。

6.25 子曰："觚不觚[1]，觚哉[2]！觚哉！"

【注释】

[1]觚(gū)不觚：觚，古代盛酒的器具，上圆下方，有四条棱角，后来改成圆筒形，没有棱角了，故孔丘叹息它觚不像觚。

[2]觚哉：这也是觚吗！意即"这哪里是觚呀"。

【品读】

孔子面对已改形制的觚，联想起每况愈下的世道，不由得感叹道："觚不

---

① 李泽厚：《论语今读》，第161页。

② 《史记・鲁周公世家》。

觚，觚哉！觚哉！”在孔子看来，这个社会一切都在变，变得那么不称心，那么不可思议，那么无可奈何。钱穆先生《论语新解》曰：“饩羊之论，所以存名，觚哉之叹，所以惜实。”①

……………………………………

6.26 宰我[1]问曰：“仁者，虽[2]告之曰，‘井有仁焉[3]’，其从[4]之也？”子曰：“何为其然也[5]？君子可逝[6]也，不可陷[7]也；可欺也，不可罔[8]也。”

【注释】

[1]宰我（前522～前458年）：姓宰，名予，字子我。春秋鲁国人。孔子的弟子。以擅长言语著称。

[2]虽：即使、纵然、假使。

[3]井有仁焉：有人掉到井里了。仁，同“人”。

[4]从：跟从、听从，指跟着跳下井去救人。

[5]何为其然也：为什么要这样做呢？何为，为何、为什么。

[6]逝：去。指到井边去救人。

[7]陷：指陷入井中。

[8]罔：愚弄、陷害。

【品读】

宰我以利口善辩著称，敢于问难质疑，常与孔子讨论问题，颇有独到见解。但不知为什么，孔子往往与他不欢而散。他曾公开反对“三年之丧”而被孔子斥为“不仁”②，曾因昼寝受到孔子责备。不过，孔子也说过：“吾以言取人，失之宰予。”③看来孔子对他的指责也不无过分之处。

这次，宰我又向老师发问：有仁德者，若有人告诉他，有人掉入井中，他也会随之下井救人吗？孔子答曰：为什么要这样做呢？君子可以到井边去援救，却不必自己陷入井中。君子可以被欺骗，却不能被愚弄。这是告诉宰我，仁者并非教条的僵化遵守者，也应懂得应变；仁者也是智者，虽然可能上当受骗，却不能愚弄他。这实际上是对“有杀身以成仁”的另一注解。

……………………………………

6.27 子曰：“君子博学于文[1]，约之以礼[2]，亦可以弗畔矣夫[3]！”

【注释】

[1]博学于文：广泛地学习诗、书、礼、乐和典章制度。博，多、丰富、广泛。文，文献典

① 钱穆：《论语新解》，第150页。

② 《论语·阳货》。

③ 《史记·仲尼弟子列传》。

籍，此指儒家的典籍及礼仪制度。

[2]约之以礼：用礼来约束自己。约，约束、节制。

[3]亦可以弗畔矣夫：也就可以不离经叛道了。畔，同“叛”。矣夫，句末语气词。

【品读】

孔子认为，一个君子博学多识，并用礼来约束自己，也就不至于离经叛道了。这里讲清了学识与德用的关系。在孔子看来，有德无识与有识无德都是不可取的，都有可能离经叛道，这一原则也历数千年而不变，影响了一代又一代的读书人。

6.28 子见南子[1]，子路不说[2]。夫子矢[3]之曰：“予所否者[4]，天厌[5]之！天厌之！”

【注释】

[1]南子：卫灵公宠爱的夫人。

[2]说(yuè)：同“悦”，高兴。

[3]矢：通“誓”，发誓。

[4]予所否(pǐ)者：我假如做了不当的事。予，我。所，如果、假若。否，恶、邪恶、不好。

[5]厌：厌弃。

【品读】

孔子周游列国期间，大部分时间滞留在卫国。当时卫灵公年迈体衰，其国政把持在夫人南子手中。南子年轻貌美，轻浮淫乱，又富有权术，名声不佳。一天，南子派使者表示，愿一见孔子。孔子或许是出于礼节，因为自己是卫国食客，寄人篱下，所以不得不见。正像他所表白的那样：“吾乡为弗见，见之礼答焉。”①或许也是为了能向这位卫国的实际执政者游说，以实践自己的政治主张和政治理想，就像他一度曾想应鲁之叛臣公孙不狃之召，要去辅佐一样。总而言之，他当即应召拜见了南子。

据《史记·孔子世家》记载，孔子见南子时，“孔子入门，北面稽首。夫人自帷中再拜，环佩玉声璆然”。子路对孔子的举动十分不满，孔子只得指天发誓，表明自己的清白：我若做了什么不当之事，让苍天厌弃我！让苍天厌弃我！

① 《史记·孔子世家》。

6.29　子曰："中庸之为德也[1]，其至矣乎[2]！民鲜[3]久矣。"

【注释】

[1]中庸之为德也：中庸作为一种道德。中，不偏不倚，无过无不及。庸，经常，守旧不变。

[2]其至矣乎：可以说是至高无上的啊！其，句中语气词，表示揣测、期望等。至，达到顶点。

[3]鲜：缺少、缺乏。

【品读】

毛泽东曾指出：中庸观念"是孔子的一大发现，一大功绩，是哲学的重要范畴，值得很好地解释一番"①。的确，中庸是儒家伦理思想和方法论的核心所在。所谓中，即中正、中和也；庸，用也，常也。中庸即用中为常道也，它是对殷周以来"中和""尚中"思想的继承和发展。孔子把中庸视为至高之德，视为规范人们思想行为的最高标准。不过，令人遗憾的是，"中庸"一词在《论语》中仅本篇提及一次，也没有作进一步阐释。这恐怕如子贡所言："夫子之文章，可得而闻也；夫子之言性与天道，不可得而闻也。"②我们只能根据孔子对人对事的评判，把握这一命题之一二。

"过犹不及"是中庸的一个重要命题。子贡曾问孔子："(颛孙)师与(卜)商也孰贤？"孔子答曰："师也过，商也不及。"子贡又追问："然则师愈与？"孔子曰："过犹不及。"③亦即过和不及都偏离了中，只有把握两端，"允执其中"④，达到矛盾各方的平衡协调，才是中庸的应有之义。对此，匡亚明先生指出："中是过与不及的联结点和分界点。中既有过的因素，也有不及的因素，正因为如此，它既不是过，也不是不及，而是它们的否定。……'过犹不及'的思想……在一定程度上揭示了质与量的辩证关系……量的过与不及都会改变事物的质。为了保证事物具有一定的质，必须既反对过，又反对不及。"⑤

需要指出的是，这种执其两端、无过无不及并不是无原则、无是非的折中主义，它是讲原则的，这个原则就是人与人之间在各种关系上都必须遵守的礼。事实上，孔子十分痛恨无原则的折中，他把那些不讲是非、含糊苟且

① 《毛泽东书信选集》，人民出版社1983年版，第147页。

② 《论语·公冶长》。

③ 《论语·先进》。

④ 《论语·尧曰》。

⑤ 匡亚明：《孔子评传》，第205～206页。

的和事佬称之为“乡愿”，并斥之为“德之贼也”①。

“和而不同”是中庸的又一重要命题。孔子提出：“君子和而不同，小人同而不和。”②所谓“和”，是指矛盾对立面或各种不同因素的和谐统一；“同”，是指取消矛盾对立面或不同因素的差异。孔子认为，孤立单一的因素不能构成完美的事物，只有多种因素特别是对立因素的统一和谐才能形成完美的事物。

孔子的中庸，强调矛盾的统一、平衡与和谐，但这种统一、和谐只是矛盾的一种状态，和谐迟早都会被打破，而代之以激烈的斗争。所以，孔子对春秋时代的巨变总是持否定态度，不承认它们是发展的常规，并一生致力于恢复西周初年那种和谐统一的状态。这也正是其一生在政治上处处碰壁的原因所在。

在本章中，孔子认为：中庸之德是至高之德，但民众却久违于此。这实际上也是对中庸之道无法实施的伤感与无奈。老子认为：“大道甚夷，而民好径。”③既然大道平坦，为何百姓要取小径呢？如此用民“好”来解释，便把一切都推向了民众，显然不妥。看来，问题还是出在孔子对中庸的过于绝对化与理想化。

6.30　子贡曰：“如有博施于民而能济众，何如？可谓仁乎？”子曰：“何事于仁[1]！必也圣乎[2]！尧、舜其犹病诸[3]！夫仁者，己欲立而立人，己欲达而达人。能近取譬[4]，可谓仁之方[5]也已[6]。”

【注释】

[1]何事于仁：何止是仁人。何事，何止、岂止。仁，指有仁德的人。

[2]必也圣乎：一定是圣人了。圣，圣人，谓道德智能极高的人。

[3]尧、舜其犹病诸：尧，即唐尧；舜，即虞舜。传说中远古时代的两位部落联盟首领，十分圣明。其，句中语气词，表示推测，恐怕、可能。病诸，对它感到为难。病，担忧。诸，相当于“之乎”。

[4]近取譬：就自身打比方，即推己及人，能联系身边的事情或从自身做起。譬，打比方、譬喻。

[5]仁之方：实行(践)仁道的办法。方，方法。

[6]也已：句末语气词。

---

① 《论语·阳货》。

② 《论语·子路》。

③ 《老子》第五十三章。

【品读】

本章中，子贡向老师提出：如果能对民众博施恩惠并周济大众，可以算是仁人了吧？在孔子以往的言论中，都把仁视为高于一切的伦理纲常。而“博施于民而能济众”其实就是孔子“泛爱众”的一种表现形式，应属于孔子以爱人为基础的仁的范畴之内。但孔子在此处却提出了一个好似较仁更高的圣的范畴。他回答子贡的问题时说：“何事于仁！必也圣乎！尧、舜其犹病诸！”亦即若能如此，何止是仁人，那一定是圣人，尧、舜恐怕也难以做到。我们从中可以悟出，圣与仁在本质上是一致的，都要爱人、惠民，都要以“泛爱众”“博施于民而能济众”为己任。而二者的差别在于：圣人是像尧、舜一样居天子之位者，有条件施行；而仁人不在其位，无此条件而已。

那么，仁人应该怎样实现爱人之举呢？孔子又说：“夫仁者，己欲立而立人，己欲达而达人。能近取譬，可谓仁之方也已。”亦即推己及人，将心比心，要想自己站得住，同时也要使别人站得住；自己想达到的，也要努力帮助别人达到。从近处做起，可以说是实行仁的办法。由此可见，践行仁德，并不单单是圣人之举，凡人一样可以做到。只要脚踏实地，从近处做起，仁之路就在脚下，人人都可欣然向仁。

述而第七

7.1　子曰："述而不作，信而好古，窃比于我老彭[1]。"

【注释】

[1]老彭：人名，说法不一。有人认为是商代的一位"好述古事"的贤大夫彭祖，有人认为是老子和彭祖的合称，也有人认为是孔子同时代的人。

【品读】

"老彭"究竟为何人，史焉不详，一直未有定论，但这无关本章宏旨。在本章中，孔子对自己评价道：我只承前而不创新，相信而且爱好古代的典制，我私下把自己比做老彭。亦即说自己的所作所为只是对前人的发扬光大，并无个人创造。对此，诸家多认为是孔子的自谦之辞，但李贽认为"都是实话，何曰谦词"①。从孔子毕生对古代典籍的整理来看，"述而不作"与"信而好古"的确都是实话，但除此之外，他还有其他一些原则，表明他不仅仅是"述而不作"。如范文澜所指出的："（孔子）整理六经有三个准绳：一个是'述而不作'，保持原来的文辞；一个是'不语怪，力，乱，神'，删去芜杂荒诞的篇章；一个是'攻（治）乎异端（杂学），斯害也已'，排斥一切反中庸之道的议论。"②由此我们可以看到，孔子说自己"述而不作"，表明他在整理古代文献典籍时，持"信而好古"的态度，将原有文献的内容及风格大部分保持了下来，这是肯定的。但他的"述而不作"又鲜明地贯穿了他一贯倡导的政治主张与思想内容，在"述"的过程中，对传统文化作了创造性的阐释，赋予其新的时代内容。如孔子深入思考夏商周礼乐文化的精神实质，以仁释礼，以仁释乐，使礼乐文化获得了新的意蕴。这样，"述而不作"，又可以说是"述中有作，寓述于作，且述且作"，如以仁释礼，礼为"述"，仁为"作"。是作仁、述礼，结果仁大放异彩，超越礼之上。朱熹《论语集注·述而》曰："然当是时，作者略备，夫子盖集群圣之大成而折衷之。其事虽述，而功则倍于作矣，此又不

① （明）李贽：《四书评·论语》卷之四。

② 范文澜：《中国通史》（修订本）第1编，人民出版社1964年版，第210页。

可不知也。”朱氏此言颇有见地。

最能体现孔子“述而不作”完整意义的是他对《春秋》的编述。《春秋》是孔子依据鲁国史官记录加以整理删定而成的一部历史典籍。就整理删定本身而言，是“述而不作”，一切依原来面貌进行删编整理。但经他整理而成的《春秋》却又大不同于以往的记事，其中充满了孔子的“微言大义”。孔子常常寓褒贬于一字一语，文笔隐晦曲折，但其政治态度、政治观点却体现其中，形成了史学史上独具特色的“春秋笔法”。如《春秋·僖公二十八年》城濮之战的胜利者晋文公于践土会盟诸侯，很不礼貌地将周天子召去，违背了礼制。孔子在记载中仅以寥寥六言“天王狩于河阳”，以替有名无实的周天子掩饰，维护其尊严。对此，左丘明传曰：“仲尼曰：‘以臣召君，不可以训。’故书曰‘天王狩于河阳’，言非其地也，且明德也。”又如《春秋·庄公十年》：“秋十日，荆败蔡师于莘，以蔡侯献舞归。”是说楚国在莘地打败了蔡，擒获蔡侯，但书中却以州名（荆）称楚国，不用国称，也不用氏称或用爵（子）称，以示贬抑。对蔡侯的被擒也不按通常说“获”而说“归”，目的同样是贬抑楚国，表示不赞成南方蛮夷之国（楚）向华夏耀武，反映他“明夷狄华夏之别”的政治主张。此类笔法比比皆是，所以，经他整理编订的《春秋》等“六经”充分反映了他本人的政治主张与政治思想，在某种意义上成为他自己的著作。

由此，我们似乎又可以将孔子的“述而不作，信而好古”解为自谦，也可以解为“都是实话”，还可以解为一种标榜，或其本身就可以视作“春秋笔法”。

7.2 子曰：“默而识之[1]，学而不厌[2]，诲人不倦[3]，何有于我哉[4]？”

【注释】

[1]默而识(zhì)之：把所学的知识默默地记住。识，记住。

[2]学而不厌：努力学习而不满足。厌，满足。

[3]诲人不倦：教导别人而不知疲倦。诲，教诲、教导。

[4]何有于我哉：我做到了哪些呢？

【品读】

孔子说：把所学的知识默默地记住，学而不厌，诲人不倦，我是否都做到了呢？这是作为一代宗师的孔子为中国教育史写下的重重一笔，成为中国传统学品与师德的重要组成部分。毛泽东曾对孔子这一思想予以充分阐释：“学习的敌人是自己的满足，要认真学习一点东西，必须从不自满开始。

对自己，'学而不厌'，对人家，'诲人不倦'，我们应取这种态度。"①

7.3 子曰："德之不修，学之不讲[1]，闻义不能徙[2]，不善不能改，是吾忧也。"

【注释】

[1]讲：讲求、探讨。

[2]徙：迁移。这里为"靠近、从事、追求"的意思。

【品读】

孔子说：不修养道德，不讲求学问，不遵循合乎义理的事情，不改正错误，这都是我所忧虑的。

孔子在此提出了他自省的四项主要内容，即：修德，以德修身，改变自己的道德面貌，以达到"修己以安百姓"之效；讲学，阐发三王之道、礼乐制度，为治国、平天下造就人文气象；徙义与改不善是讲追求道义，身体力行，闻过则改，独善其身，在理论上、实践上提高道德修养，强调的仍是修身、内省，以达到理想人格。由孔子之"四忧"，我们可以领悟到他的人生追求与人生乐趣。对孔子而言，修德、讲学、徙义、改过，乐在其中。如李贽所言："知圣人之忧，便知圣人之乐。"②但若放之常人，要求人人仿效、人人力行，则又未必都能乐在其中，必然会生出种种道貌人家。

7.4 子之燕居[1]，申申如[2]也，夭夭如[3]也。

【注释】

[1]燕居：退朝而居，安居，闲居。燕，通"宴"，安闲、安逸、闲适。

[2]申申如：安详舒适的样子。如，形容词词尾，表示"……的样子"。

[3]夭夭如：颜色和悦的样子。

【品读】

"申申"有两义：一为和舒貌。何晏《集解》引马融曰："申申，和舒之貌也。"一为整齐严肃貌。《汉书·石奋传》记其在家闲居时，"虽燕必冠，申申如也"。师古注："申申，整饬之貌。"本章中的"申申"为前义。"夭夭"也是和舒貌，与"申申"之前义同。这是弟子们对孔子闲居在家时的描绘，可谓出神

① 《毛泽东选集》第2卷，人民出版社1991年版，第535页。

② （明）李贽：《四书评·论语》卷之四。

入化。李贽在此仅用三字评说:“一幅画。”①不过,孔子的这幅画既是走下神坛的圣人,又是走上圣坛的常人,若无超凡脱俗的人生修养,不可能有如此境界。其实,后世之所谓儒士贤者中,多数只是得鱼忘筌,只是做出一副道貌岸然的冷面孔,便以为是恂恂儒者了,如西汉的石奋,便是一例。《汉书·石奋传》载,汉景帝时,上大夫石奋居家时,“子孙为小吏,来归谒,万石君(即石奋)必朝服见之,不名。子孙有过失,不诮让,为便坐,对案不食。然后子孙相责,因长老肉袒固谢罪,改之,乃许。子孙胜冠者在侧,虽燕必冠,申申如也”。居家衣冠整齐,严肃不苟,俨然在朝廷一般。

7.5 子曰:“甚矣,吾衰也[1]!久矣,吾不复梦见周公[2]!”

【注释】

[1]甚矣,吾衰也:此为倒装句,应为“吾衰甚矣”。我衰老得多么厉害呀!甚,厉害、严重。

[2]周公:姓姬,名旦,周文王的儿子,武王的弟弟,成王的叔父。鲁国始祖。传说西周的典章制度是由他制定的。他是孔子最崇拜的古代圣人。

【品读】

本章中孔子由衷地感叹:我衰老得多么厉害呀!我已好久没有梦到周公了!对这一感叹,朱熹的解释是:“孔子盛时,志欲行周公之道,故梦寐之间,如或见之。至其老而不能行也,则无复是心,而亦无复是梦矣。故因此而自叹其衰之甚也。”②从字面意思看,孔子之后的这位理学宗师阐释得有理,但从孔子一生的追求看,却又不妥。孔子对周礼的追求自始至终没有懈怠,至其晚年仍“不知老之将至”。所以,孔子在这里并不是说自己年老体衰梦不见周公,而是面对春秋季世古今文化的断裂和传统精神的迷失而发出的感慨,也是对自己无力回天的哀叹,这实际上又表明了他对于周公与周礼的执着追寻。因此,李贽的评说是:“壮哉!”③

7.6 子曰:“志于道[1],据[2]于德,依[3]于仁,游于艺[4]。”

【注释】

[1]志于道:立志于道。道,此处指孔子所追求、坚持的社会原则和社会理想。

---

① (明)李贽:《四书评·论语》卷之四。

② (宋)朱熹:《论语集注·述而》。

③ (明)李贽:《四书评·论语》卷之四。

[2]据：据守。

[3]依：依靠、依从。

[4]游于艺：游，游艺、交往、游学。艺，指六艺，即礼、乐、射、御、书、数。孔子以这六方面的知识传授学生。

【品读】

这是孔子对弟子们的学习提出的总要求。他要求弟子们以道为志向，以德为标准，以仁为依靠，以六艺为游艺范围。李泽厚先生推测“这大概是孔子教学总纲”①，结合上下文来看，十分合理。

7.7 子曰：“自行束脩[1]以上，吾未尝无[2]诲焉。”

【注释】

[1]束脩（xiū）：脩，干肉。每条干肉叫“一脡（挺）”，十脡为一束。束脩即十条干肉，是古代用来初次拜见的礼物。又因为古人一般十五岁入学，入学初见老师时必用束脩，因指入学为束脩。还有一说认为，古代人十五岁时将幼少年时期的两个发结扎成一个发结，盘在头上，表示成年，所以以“束脩”代指十五岁。

[2]未尝无：从来没有。

【品读】

孔子之前，学在官府，民间百姓子弟与“学问”二字无缘，自然与政治也无缘。孔子开门授徒，宣称：凡送来束脩愿意求学者，我从未有不教诲的。因此，孔门弟子三千，贤人七十，多是这样来自民间，出自庶人。我们今人不可小看孔子的这一举措，其实这是孔子“有教无类”教育思想的一个具体体现，在人类教育史上是一项富有意义的突破。也就是说，孔子对一切可施教的人都不拒绝进行教育，使其享有均等的受教机会，打破了贵族垄断文化教育、进而世袭官职的局面，这在当时的历史条件下，是一项不可低估的功绩。

7.8 子曰：“不愤[1]不启[2]，不悱[3]不发[4]。举一隅[5]不以三隅反[6]，则不复[7]也。”

【注释】

[1]愤：心里苦思冥想而仍未想通。

[2]启：启发、开导。

[3]悱（fěi）：口里想说而又说不出。

---

① 李泽厚：《论语今读》，第173页。

[4]发：启发。

[5]隅(yú)：角落。

[6]反：类推。

[7]不复：不再重复，即不用再施教了。

【品读】

孔子在这里系统总结了他自己的启发式教学法。对这段语录，朱熹《论语集注·述而》的解释是："愤者，心求通而未得之意。悱者，口欲言而未能之貌。启，谓开其意。发，谓达其辞。物之有四隅者，举一可知其三。反者，还以相证之义。复，再告也。"也就是说，教育学生不应采取灌输的方式，而要结合教学内容诱导、启发他去思考。不到他苦思冥想而仍想不通时，不去开导他；不到他想说出自己的意见、看法又说不出来时，不去启发他。同时，还要培养学生举一反三、触类旁通的能力。如果跟他说明了一个角落的样子，而他不能由此推知其余三个角落的样子，那就不必再勉强教下去了。孔子的这种教学方法，旨在培养学生学习上的积极性和主动性，培养学生的思辨推论能力。这种启发式教学法，对于现代教育仍有重要的意义。

7.9 子食于有丧者[1]之侧，未尝饱也。

【注释】

[1]有丧者：指死了亲属、有丧事的人。

【品读】

这里说孔子参加丧礼，在丧主家吃饭，从未吃饱过。食不甘味，与丧主同悲，本是孔子的恻隐之情，但同时又成为后世丧礼的一个组成部分。宋邢昺便认为："有食饥而废事，非礼也；饱而望哀，亦非礼。"①

7.10 子于是[1]日哭[2]，则不歌。

【注释】

[1]是：这。

[2]哭：这里指在吊丧时哭泣。

【品读】

孔子在这天若为吊丧哭泣过，就不再唱歌。

① (魏)何晏等注，(宋)邢昺疏：《论语注疏·述而》，《十三经注疏》本。

看来，孔子不仅重视礼的内在实质，也重视贯穿在各种礼仪形式中的情感，正如他在《八佾》中所说的“祭如在，祭神如神在”。孔子向来强调礼的形式与内容的内在统一。人与人之间感情的表达总要通过一定的形式，而礼仪恰恰就是一套能够引导人们表达情感，使之趋向合理化的规范形式。

7.11　子谓颜渊[1]曰：“用之则行，舍[2]之则藏，惟[3]我与尔有是夫！”

子路曰：“子行三军[4]，则谁与[5]？”

子曰：“暴虎[6]冯河[7]，死而无悔者，吾不与也。必也临事而惧[8]，好谋而成者也。”

【注释】

[1]颜渊(前521～前490年)：春秋末鲁国人。姓颜，名回，字子渊。孔子的弟子。

[2]舍：舍弃、不用。

[3]惟：只、仅。

[4]子行三军：如果你统率军队的话。三军，军队的统称。

[5]与：在一起。这里指相处、共事。

[6]暴虎：赤手空拳和老虎搏斗。

[7]冯河：不用船涉水过河。冯，同“凭”。

[8]临事而惧：遇事小心谨慎。惧，戒惧、警惕。

【品读】

孔子与颜渊探讨处世原则时说：有任用我的，我将行道于世；不任用我，我便藏道于身。这只有我和你持这种态度吧！

站在一旁的子路见老师与颜回如此相知，心中不平，于是问：如果要您统率三军，您将和谁共事呢？子路性格粗犷，向以勇敢闻名，他自以为老师会毫不犹疑地选择自己，但孔子一点儿也不给他面子，直截了当地说：空手和老虎搏斗，蹚水过河，死了都不后悔的人，我不和他共事。和我共事的人一定是遇事小心谨慎、善于谋划而能争取成功的人。这对子路无疑是个不小的触动，也是对他的一种鞭策。

7.12　子曰：“富而[1]可求也，虽执鞭之士[2]，吾亦为之。如不可求，从吾所好。”

【注释】

[1]而：假设连词，含有“如果”的意思。

[2]执鞭之士：拿着鞭子为人开路、看门者，意即做下等差役的人。

【品读】

本章中一个真实坦白、富有现实主义精神的孔子跃然纸上。他并不避讳致富的欲望。他说：若能致富，就是做执鞭贱役，我也愿意。当然，如果没机会致富，那就从我所好，走自己的路。这里的孔子和后代那些表面上耻言财利的儒者，尤其是与那些把欲、利全盘诛灭的宋明理学家们的僧侣主义面目大相径庭。读过此章，只会觉得孔子可爱可亲，绝不会有丝毫市井世俗之感。

7.13 子之所慎：齐[1]、战、疾。

【注释】

[1]齐：同“斋”，即斋戒。古人祭祀前要整洁身心，不吃荤，不饮酒，清心寡欲，以示虔诚。

【品读】

斋与战向来备受重视，“国之大事，唯祀与戎”是商周以来统治者的共识，于此二事外，孔子又将“疾”列入应慎之的内容，这是他民本思想的又一反映，实际上是要当政者既要重视斋戒，又要慎言战争，同时还要关心民生疾苦。

7.14 子在齐闻《韶》[1]，三月[2]不知肉味，曰：“不图为乐之至于斯也[3]。”

【注释】

[1]《韶(sháo)》：相传是古代歌颂虞舜的一种乐曲名。

[2]三月：这里不是指具体时间，而是泛指长时间。

[3]不图为乐之至于斯也：没想到古人创作的音乐达到这样怡人的水平。不图，想不到、未料到。

【品读】

孔子在《八佾》篇中，曾对赞美舜的郊庙之乐——《韶》乐推崇之至，认为“尽美矣，又尽善也”①。在孔子这儿，无论是诗还是乐，其意义都不仅仅是艺术本身，更重要的是修身循礼的手段。所以，孔子在齐国听到《韶》乐后，长时间不知肉味，可谓如痴如醉。

① 《论语·八佾》。

钱穆《论语新解》曰："此乃圣人一种艺术心情也。孔子曰：发愤忘食，乐以忘忧，此亦一种艺术心情也。艺术心情与道德心情交流合一，乃是圣人境界之高。"①所言极是。

7.15 冉有曰："夫子为[1]卫君[2]乎？"子贡曰："诺[3]，吾将问之。"

入，曰："伯夷、叔齐[4]何人也？"曰："古之贤人也。"曰："怨乎？"曰："求仁[5]而得仁，又何怨？"

出，曰："夫子不为也。"

【注释】

[1]为：此句与最后一句的"为"都是"帮助"的意思。

[2]卫君：指卫出公蒯辄(kuǎi zhé)。蒯辄是卫灵公的孙子，蒯聩(kuì)的儿子。蒯聩因谋杀卫灵公的夫人南子而被卫灵公驱逐出国，逃到晋国。灵公死后，蒯辄立为国君。晋国这时故意又把蒯聩遣送回卫国，与蒯辄争夺君位。

[3]诺：答应的话，表示同意。

[4]伯夷、叔齐：商朝末年孤竹君的两个儿子。传说孤竹君死后两人互相让位，谁也不肯做国君，最后都逃奔到周文王那儿去了。

[5]求仁：追求仁德。仁，此处指仁德。

【品读】

此时，孔子与弟子们正滞留在卫国。卫灵公死后，君位继承问题致使卫国局势动荡，齐、晋两大国又趁机介入。当时，卫灵公夫人南子扶植其孙蒯辄继位，是为出公，又称孝公。辄父蒯聩则在晋庇护下流亡于卫、晋边境，欲与子争位，辄极力拒绝其父回国。对此，国内外议论纷纷，莫衷一是。

孔子的弟子们不知老师对此事所持态度，互相探询。冉有问子贡：老师会帮助卫国国君吗？子贡主动表示要去问老师，但又不好直接发问，便旁敲侧击地探问道：伯夷、叔齐是怎样的人呢？因为蒯聩与蒯辄父子争位这件事，与商朝末年伯夷、叔齐兄弟互相让位的情况正好相反，所以子贡从孔子对伯夷、叔齐互让君位的评价中就可知道他对蒯辄的态度。孔子听到子贡的发问后肯定地说：他们俩是古代的贤人。子贡又问：他们有怨恨吗？孔子说：他们追求仁而得仁，又有何怨？听到这里，子贡便出来对冉有说：老师不会帮助卫君。

① 钱穆：《论语新解》，第166页。

7.16 子曰："饭疏食[1]，饮水[2]，曲肱而枕之[3]，乐亦在其中矣。不义而富且贵，于我如浮云。"

【注释】

[1]饭疏食：吃粗粮。饭，动词，吃。疏食，粗粮。

[2]水：古代常以"汤"和"水"对言。汤，指热水；水，指凉水。

[3]曲肱(gōng)而枕(zhěn)之：弯着胳膊当枕头。肱，由肩到肘的部分，这里指胳膊。枕，动词，枕着。

【品读】

孔子的伦理理论总的来说是先义后利，重义轻利，但他并不反对求利，前面他曾说过，"富而可求也，虽执鞭之士，吾亦为之"。实际上，他一生风尘仆仆，周游列国，谁又说不是为富为贵呢？但关键是对富贵的态度和取得富贵的手段。孔子强调"见利思义"，"义然后取"①，本章他所表达的也是这一思想。"不义而富且贵，于我如浮云"，即不是通过正道而得来的高官厚禄，对他来说如同过往浮云一样，不屑一顾，还不如吃粗粮、饮凉水、弯臂而枕，过这种平淡生活来得快乐。从孔子一生来看，也确实如此。他从不牺牲自己的政治信念，无原则地与当权者同流合污，去猎取一官半职，去贪图个人的富贵安乐。

7.17 子曰："加我数年[1]，五十以学《易》[2]，可以无大过矣。"

【注释】

[1]加我数年：让我多活几年。加，增加。

[2]《易》：书名，又称《易经》《周易》，是古代占卜用的一部书。相传系周人所作，故称《周易》。内容包括《经》《传》两部分。《经》主要是六十四卦和三百八十四爻，卦、爻各有说明(卦辞、爻辞)，作为占卦之用。旧传伏羲画卦，文王作辞，说法不一。《传》是对《经》的最早解说，包含解释卦辞、爻辞的七种文辞，共十篇，统称《十翼》，旧传为孔子所作。

【品读】

对孔子的这段语录，历来有不少争议。朱熹认为"五十"是"卒"字之误，也有人认为是"吾"之误；钱穆等从《鲁论》，认为"易"应是"亦"，意即"五十岁继续学习，也就可以没大错误了"。各说都有一定道理。但根据《史记·孔子世家》《仲尼弟子列传》及《礼记·礼运》等相关记载，还是应以"五十以学

① 《论语·宪问》。

《易》”的本来意思为是。

《史记·孔子世家》记道：“孔子晚而喜《易》，序《彖》、《系》、《象》、《说卦》、《文言》。读《易》，韦编三绝。曰：‘假我数年，若是，我于《易》则彬彬矣。’”《彖》《系》《象》《说卦》《文言》是对《易经》的解释、说明和补充、发挥，称《传》或《易传》，共有十篇，故又称《十翼》。《传》是否全部为孔子所作，古来争论颇大，但某些篇章出自孔子之手是肯定的。《史记·仲尼弟子列传》说“孔子传《易》于瞿”。1973年湖南长沙马王堆汉墓出土的帛书之一《周易》，其卷后所附佚书《要》等两篇，也记录着孔子与其弟子研讨《易》理的问答。在讲授过程中，孔子一边整理，一边加进自己的体会和说明，形成自己系统的治《易》观。

据刘宝楠等学者推论，孔子说此话时约为四十七岁，此论大致可信。《论语正义》云：“《易》之为书，穷理尽性，以至于命。吉凶悔吝，豫以告人，使人从吉不从凶，故孔子言已四十七，学《易》可以无过咎矣。”《易经》本是古代卜卦算命之书，涉猎天际人生、世道命运，富有哲理。孔子曰：“五十而知天命。”知天命之年研读知命之书，当然可以无大过了。

7.18　子所雅言[1]，《诗》、《书》、执礼[2]，皆雅言也。

【注释】

[1]雅言：与“方言”对称，指周王朝时以京都地区的语言为标准的官话，相当于现在的普通话。

[2]执礼：执行典礼。

【品读】

孔子所处的春秋时代，各诸侯国所用的语言不统一。孔子平时说话用鲁国方言，但在诵读《诗》《书》和执行典礼这些重要场合时，则用“雅言”，即用周王朝的标准语言，以表达自己的敬穆庄重之情。但从语言发展史的角度看，孔子可以说是我国提倡推广普通话的先驱者。

7.19　叶公[1]问孔子于子路[2]，子路不对[3]。子曰：“女[4]奚[5]不曰：其为人也[6]，发愤忘食，乐以忘忧，不知老之将至云尔[7]。”

【注释】

[1]叶(shè)公：姓沈，名诸梁，字子高。楚国的大夫，封地在叶城（今河南叶县南），故称叶公。

[2]问孔子于子路：向子路询问孔子为人如何。问，询问、打听。于，向。

[3]不对：无法作答。

[4]女：同“汝”，你。

[5]奚(xī)：疑问代词，为什么。

[6]其为人也：他的为人啊。

[7]云尔：如此罢了。云，如此、这样。尔，语气词，相当于“罢了”。

【品读】

这是一幅很形象的孔子自画像。

鲁哀公六年(前489年)，孔子率弟子周游途中，由陈国经蔡国，来到楚国北部的负函(今河南信阳)。此间，他们一连几天没有粮食吃，饥肠辘辘的弟子们不免情绪低落，而孔子泰然自若，继续讲学、诵诗，“发愤忘食，乐以忘忧”。孔子的所作所为使弟子们受到鼓舞，从而想方设法渡过难关。到负函后，孔子拜访了大夫叶公。叶公向孔子请教如何为政，孔子回答说：“政在来远附迩。”①即治国的方略在于使远近的人民都愿归附。不久，叶公问子路：孔子究竟是一个什么样的人？子路无法作答。孔子听说后对子路说：由！你为何不对他说：他是一个发愤学习而忘却饮食、精神快乐而忘记忧愁、不知老之将至的人！寥寥数语，绘就了一幅入木三分的自画像，将一个平凡而又伟大、知难而进、勇往直前的孔子形象树立在人们面前。正如南怀瑾先生所评价的那样：“孔子的人生修养，是永远年轻的，所以他的学问道德，能‘苟日新，日日新，又日新。’永远是进步的，随时有新的境界。”②

7.20 子曰：“我非生而知之者，好古[1]，敏[2]以求之者也。”

【注释】

[1]古：指古代的诗书礼乐文化。

[2]敏：努力、奋勉。

【品读】

孔子认为自己不是生来就有知识的人，而是喜好古代文化并努力去求知的人。李贽评曰：“实话。”③诚然，这不是一代圣贤的谦谦之词，而是其饱学历程的心灵独白，也是他之所以能成为一代宗师的至关重要处。

---

① 《史记·孔子世家》。

② 南怀瑾：《论语别裁》上册，第333页。

③ (明)李贽：《四书评·论语》卷之四。

7.21　子不语[1]怪[2]，力[3]，乱，神。

【注释】

[1]语：谈论、议论。

[2]怪：怪异的现象。

[3]力：暴力之事。

【品读】

对孔子不语"怪，力，乱，神"，朱熹《论语集注》引谢氏曰："圣人语常而不语怪，语德而不语力，语治而不语乱，语人而不语神。"这儿的"语"并非一般意义上的言与不言，而是代表着关注与认可。对于暴力与叛乱、乱政一类的事情，孔子的"不语"是不屑一顾，是以"春秋笔法"加以鞭挞；对于怪异鬼神一类，孔子的"不语"是敬而远之。在这一原则主导下，面向人伦、人际与正统的"常、德、治、人"，便成为中国传统人文精神的主体，中国神学与神话传说的不够发达、中国实用主义哲学的盛行，都与之密切相关，其积极意义在于引导民众远离鬼神，直面人生，尤其在西周春秋巫鬼盛行之时更具意义。如鲁迅先生所言："孔丘先生确是伟大，生在巫鬼势力如此旺盛的时代，偏不肯随俗谈鬼神。"

不过，"不语怪，力，乱，神"，也大大限制了人们的视野，限制了人们对自然与社会变化的关注，尤其限制了人们对自然现象及其变迁的深究。对怪异鬼神敬而远之，对天地自然也是敬而远之，以至于忧天的杞人被视为千古笑谈，中国传统文化中未能孕育出近代自然科学体系，中国近代社会以来科学知识和科学精神的补课，都与之息息相关。

7.22　子曰："三人行，必有我师焉。择其善者而从之[1]，其不善者而改之。"

【注释】

[1]择其善者而从之：选择他们的优点来学习。从，听从、跟随。

【品读】

朱熹《论语集注・述而》曰："三人同行，其一我也。彼二人者，一善一恶，则我从其善而改其恶焉。是二人者，皆我师也。尹氏曰：'见贤思齐，见不贤而内自省，则善恶皆我之师，进善其有穷乎？'"

其实，这里的"三"不一定是具体数字，而是一个约数。就是说，在交往的人中，总有我所师法的，都可以从正、反两方面学到对自己有益的东西。我要选择其优点加以学习，将其缺点作为鉴戒而改正自己。

李贽对此评点道："遍地先生。"①极是。孔子这种学无常师、"遍地先生"的襟怀，不知要让多少自以为是、自我标榜的读书人汗颜。

……………………………………

7.23 子曰："天生德于予[1]，桓魋[2]其如予何[3]！"

【注释】

[1]天生德于予：上天赋予我圣德。于，向、给。予，我。

[2]桓魋(tuí)：即宋国司马(主管军事行政的官)向魋，因是宋桓公的后代，所以又叫桓魋。

[3]其如予何：能将我怎么样！其，句中语气词，表示诘问、感叹。

【品读】

鲁哀公二年(前493年)，孔子率弟子由曹抵宋。宋国非但没有接待，其大夫司马桓魋还险些将孔子杀害。这是为什么呢？因为在前不久，桓魋为自己造了一口名椁，十分奢华，此椁已花了三年时间尚未完成。孔子听说后，很不以为然，尖锐地批评道："若是其靡也，不如速朽之愈也！"②意即这般侈靡浪费，死了倒不如快些烂掉的好些！大概此话重重地激怒了桓魋，所以他不惜一切要加害孔子。听说孔子来到宋国，便伺机行事。一天，孔子率弟子在宋境内的一棵大树下学习礼仪，桓魋遂率兵士赶到。他先让人将大树砍掉，对孔子进行恫吓。弟子们见此情景很是着急，而孔子却自信从容地说："天生德于予，桓魋其如予何！"也就是说：上天赋予我圣德，区区桓魋能把我怎么样！

孔子在强力面前，在生死关头，不惊恐，不畏惧，对自己的德行和所肩负的政治使命充满了自信。但同时我们也应看到，孔子绝不是子路式的匹夫之勇，而是面对现实的智者之勇。据《史记·孔子世家》所记，当桓魋威胁时，孔子并非在原地抗争，而是当即要"去"。此时，弟子劝他"可以速矣"，孔子才说了上面这番话。而且，据《孟子·万章上》所记，孔子此"去"，是"微服而过宋"，亦即换了行装，进行了改扮。李贽对此评论道："却又'微服而过宋'。妙！妙！"③

① (明)李贽：《四书评·论语》卷之四。

② 《礼记·檀弓上》。

③ (明)李贽：《四书评·论语》卷之四。

7.24 子曰："二三子[1]以我为隐乎[2]？吾无隐乎尔[3]。吾无行[4]而不与[5]二三子者，是[6]丘也。"

【注释】

[1]二三子：诸位、诸君、几个人。这里孔子指的是他的弟子们。

[2]以我为隐乎：以为我会隐瞒什么吗？以，以为、认为。为，做、有。隐，隐匿、隐瞒。

[3]吾无隐乎尔：我没有什么可隐瞒的。乎尔，复合语气词。

[4]行：所行之事、行为。

[5]与：给予，此引申为"告知"。

[6]是：指示代词，这、这个、这样。

【品读】

本章是孔子的自我表白。他告诉弟子们："你们以为我会隐瞒什么吗？我没有什么可隐瞒的。我没有什么事情不对你们公开的，这就是我孔丘的为人。"

孔子在这里表明：一方面，自己是个胸怀坦荡、毫无城府的人，自己的所作所为，包括言行、思想、知识等等都可以公开，无可隐瞒。也就是说，师生在人格上是平等的。另一方面，自己在学问上也毫无隐匿，不会对学生"留一手"。对此，刘宝楠《论语正义》阐释道："圣人知广道深，弟子学之不能及，常以为夫子有所隐匿，故以此言解之。言汝以我为隐，我实无隐也。"古代授业只凭老师口口相传，学生没有其他获取知识的方式，所以，总有一些老师不愿将全部本领，尤其是"看家本领"传授给学生。正如元好问《论诗》曰："鸳鸯绣了从教看，莫把金针度与人。"孔子在这里向学生坦白交代：我会毫无保留地将知识授予你们。这与他平时所强调的"诲人不倦"是一致的。

孔子是这么说的，也是这么做的。

7.25 子以四教[1]：文[2]、行[3]、忠、信。

【注释】

[1]以四教：从四个方面施教。以，从、在。

[2]文：文献知识，指古代的《诗》《书》《礼》《乐》等文化知识及典章制度。

[3]行：实践，指对所学知识的践行。

【品读】

有人把"文、行、忠、信"视为孔子的教学宗旨，有人说是孔子的教学内容的分类，有人则将其看作孔子的教学总纲，也有人认为是孔子由浅及深的教学程序。

程树德《论语集释》在“子以四教：文、行、忠、信”条下引刘滹南的话说：“夫文与行，固为二物，至于忠、信，特行中之两端耳，又何别为二教乎！”道出忠、信二教实为一教，所论极当。这样，孔子的“四教”实际上涵盖了三个方面的内容，即知识（文）、实践（行）、品德（忠、信），后世数千年的教育变迁，概未超出这一范围。

7.26 子曰：“圣人，吾不得而见之矣[1]；得见君子者，斯[2]可矣。”

子曰：“善人[3]，吾不得而见之矣；得见有恒者[4]，斯可矣。亡而为有[5]，虚而为盈[6]，约而为泰[7]，难乎有恒矣[8]。”

【注释】

[1]吾不得而见之矣：我不能看见了。得，能、能够。而，语气助词。

[2]斯：就。

[3]善人：有道德的人，行为善良的人。

[4]有恒者：有恒心、立志不贰者。

[5]亡而为有：没有却假装有。亡，同“无”。而，表示转折，相当于“却”“但是”。

[6]虚而为盈：空虚却假装充实。盈，满。

[7]约而为泰：贫穷却假装富裕。约，穷困。泰，用度豪华而不吝惜，宽裕。

[8]难乎有恒矣：（这样的人）很难有恒心的。乎，介词，于、以。

【品读】

本章是孔子对做人行事的要求，他依次列举了圣人、君子、善人、有恒者四类人物。朱熹认为：“圣人，神明不测之号。君子，才德出众之名。……‘有恒者’，不贰其心。善人者，志于仁而无恶。”①可见，做个有恒心的人是最基本的，是“人入德之门”。

怎样才能察知一个人是否有恒心呢？孔子指出：将没有假装有，将空虚装作充实，将穷困假充富有，这样的人是不会向学问、道德努力的，所以也不会成为有恒心的人。朱熹也认为：“三者皆虚夸之事，凡若此者，必不能守其常也。”②

李贽对此有一段很好的评释，我们不妨读一下：“此分明教人‘有恒’起脚，‘圣人’歇脚也。末节又是吃紧为人处。恐人失了本钱，出门不得。”③

---

① （宋）朱熹：《论语集注·述而》。

② （宋）朱熹：《论语集注·述而》。

③ （明）李贽：《四书评·论语》卷之四。

7.27　子钓而不纲[1]，弋[2]不射宿[3]。

【注释】

[1]纲：渔网上的总绳。这里指用网捕鱼。

[2]弋(yì)：用带绳子的箭射。这里泛指一般射猎。

[3]宿：指归巢歇宿的鸟。

【品读】

孔子只用钓竿而不用渔网捕鱼，只射飞鸟而不射巢中歇宿之鸟，这表面上是讲孔子不妄杀滥捕，"取物以节"，实际上是借此宣扬仁爱之心。果如是，人间可真是"秋冬之中都是春夏"①，天地万物之间充满温暖和谐，充满爱心仁慈。

7.28　子曰："盖[1]有不知而作之者[2]，我无是也[3]。多闻，择其善者而从之，多见而识[4]之，知之次[5]也。"

【注释】

[1]盖：副词，大概、或许。

[2]不知而作之者：自己不知不懂而凭空创造的人。作，创作、创造。

[3]我无是也：我没这么做过。是，指示代词，这、这样。

[4]识(zhì)：记住。

[5]次：次一等、差一等。这里指学而知之比生而知之次一等。

【品读】

此前，孔子曾明确宣布："我非生而知之者。"②这里他又表明：要多听，选择其中好的去遵行；多看，将观察到的有益启示牢记在心。这样，学来的知识仅次于"生而知之"。所以他最反对那种不懂却凭空创造的"不知而作"者，并告诉人们"我无是也"，即我没这么做，而是要多听、多看、多向别人学习。

7.29　互乡难与言[1]，童子[2]见，门人[3]惑。子曰："与[4]其进也，不与其退也，唯何甚[5]！人洁己以进，与其洁也，不保[6]其往也。"

---

① (明)李贽：《四书评·论语》卷之四。

② 《论语·述而》。

【注释】

[1]互乡难与言：与互乡这地方的人很难交流。互乡，地名，详址已不可考。与，和、跟。

[2]童子：儿童，未成年的人。

[3]门人：即弟子。古代弟子、门人无别。至东汉后，亲受业者为弟子，转相授者为门人。

[4]与：赞许、允许。

[5]唯何甚：何必做得太过分！唯，句首语气词，无意义。甚，过分。

[6]保：保持、守住。这里有“抓住不放”的意思。

【品读】

互乡这个地方的名声大概不太好，一般人难以和他们交谈，更难以和他们打交道。一天，孔子接待了互乡的一位少年，这使弟子们疑惑不解。孔子告诉弟子们说：我这是赞许其上进，而不赞许退步。何必那么过分！即当他人洁身以求上进时，就要给予赞许，不要抓住其以往的过失不放。由此可见孔子既往不咎的宽容胸怀。这一胸怀被李贽评释为“天地父母之心”①。

7.30　子曰：“仁远乎哉[1]？我欲仁，斯[2]仁至矣。”

【注释】

[1]仁远乎哉：仁德离我们很远吗？

[2]斯：那么、就。

【品读】

仁，是孔子所倡导的最高道德规范，人们往往认为常人难以做到，它距离我们十分遥远。但是，在孔子看来并非如此，关键是有没有做的决心。一个人如果具备了求仁的意志，就可以求仁而达仁。“我欲仁，斯仁至矣”，就是说，“为仁由己”②，一个人能坚定地求仁，那么仁就会达到。正如孟子所说：“求则得之，舍则失之，是求有益于得也，求在我者也。”③

7.31　陈司败[1]问：“昭公[2]知礼乎？”孔子曰：“知礼。”

孔子退[3]，揖巫马期而进之[4]，曰：“吾闻君子不党[5]，君子亦党乎？君

① （明）李贽：《四书评·论语》卷之四。

② 《论语·颜渊》。

③ 《孟子·尽心上》。

取[6]于吴,为同姓[7],谓之吴孟子[8]。君而知礼,孰不知礼?”

巫马期以告。子曰:“丘也幸,苟[9]有过,人必知之。”

【注释】

[1]陈司败:人名,事迹不详。有人认为,陈是指陈国,司败是官名,即司寇。

[2]昭公:鲁国国君,名裯(chóu)。公元前541~前510年在位。

[3]退:离去、离开。

[4]揖(yī)巫马期而进之:陈司败向巫马期作了个揖,请他走近些。揖,古时拱手礼。先将手着胸前,然后上下左右拱手,以示礼让。这里用作动词。巫马期,姓巫马,名施,字子期,春秋鲁国人。孔子的弟子。

[5]党:袒护、包庇。

[6]取:同“娶”。

[7]为同姓:鲁为周公之后,姬姓;吴为太伯之后,也是姬姓。按当时礼法,同姓不能结婚。

[8]吴孟子:鲁昭公夫人。春秋时代,国君夫人的称号一般应是她的母国之名后面加上她的姓。这位夫人出生于姬姓的吴国,应称吴姬。但是当时礼法规定,吴、鲁两国同姓,不得通婚。为隐瞒真相,便不称吴姬而称吴孟子。孟子是鲁昭公夫人的名字。

[9]苟:如果、假若。

【品读】

陈国司败向孔子提出了一个两难的发问:“昭公知礼乎?”作为鲁臣,孔子必须要为尊者讳,故答曰“知礼”。但昭公又确有违礼之处,所以,孔子退下后,这位司败向孔子弟子巫马期作揖,贴近他悄声说:我听说君子无所偏袒,难道像孔子这样的君子也有所偏袒吗?鲁君(昭公)从吴国娶了位女子做夫人,鲁国和吴国是同姓国,便不称这位夫人为吴姬,而称为吴孟子。如果鲁君算是知礼,还有谁不知礼呢?

鲁、吴两国同为姬姓,而鲁昭公却娶吴国女子吴姬为妻,更名为吴孟子,这显然违背了“同姓不婚”的礼制。孔子在应对陈司败的发问时,先是恪守“臣不可言君亲之恶,为讳者礼”①的原则,代君受过,答为“知礼”。对孔子的这种做法,朱熹阐释得十分深刻:“孔子不可自谓讳君之恶,又不可以取同姓为知礼,故受以为过而不辞。……然其受以为过也,亦不正言其所以过,初若不知孟子之事者,可以为万事之法矣。”②继而在听到陈司败对他的抨击后,孔子又欣然接受,并说:我实在幸运,若有过错,他人一定知道。这又是典型的闻过则喜。这样,一个完整生动的圣贤形象跃然而出。以至于李贽

① 《史记·仲尼弟子列传》。

② (宋)朱熹:《论语集注·述而》。

对此也连连感叹道："圣人！圣人！"①

7.32　子与人歌而[1]善，必使反[2]之，而后和[3]之。

【注释】

[1]而：若、如。

[2]反：反复、重复、再一次。

[3]和(hè)：跟着唱。

【品读】

本章是讲孔子对歌乐的痴迷。他与人歌唱时，如果有人唱得好，就一定请他再唱一遍，自己再随之学唱。其实，孔子在音乐方面造诣颇深，他曾整理《乐经》，将《诗经》配乐谱曲，用于教学。如《史记·孔子世家》所记："《诗》三百五篇，孔子皆弦歌之。"他"在齐闻《韶》乐，三月不知肉味"②。本书《先进》篇中曾记他与弟子们纵论人生志趣时，对公西华所说的"浴乎沂，风乎舞雩，咏而归"非常认同。看来，生活中的孔子能歌善乐，全不似后世那些板着面孔的道学先生。

7.33　子曰："文，莫吾犹人也[1]。躬行君子[2]，则吾未之有得[3]。"

【注释】

[1]莫吾犹人也：大概我同别人差不多。莫，大约、大概。犹，如同、好像。

[2]躬行君子：在身体力行君子之道方面。躬行，亲自实践、身体力行。

[3]得：得到、获得。

【品读】

刘宝楠《论语正义·述而》说："此章记夫子之谦恭也。"孔子在这里向人们自我评论道：做学问，我大概和别人差不多；至于努力实践，做个君子，我还没有达到。可以看出，孔子是那么平实谦下，没有丝毫矫揉造作的迹象。孔子道德文章皆为千古楷模，而在这里却如此检讨反省，意在督促自己，也在启发别人。李贽评论道："今之以文章自负者，至此能不通身汗出？"③

① (明)李贽：《四书评·论语》卷之四。

② 《论语·述而》。

③ (明)李贽：《四书评·论语》卷之四。

7.34　子曰："若[1]圣与仁，则[2]吾岂敢！抑[3]为之不厌，诲人不倦，则可谓云尔已矣[4]。"公西华曰："正唯[5]弟子不能学也。"

【注释】

[1]若：如果说、至于。

[2]则：那、那么。

[3]抑：转折语气词。相当于"不过""只是"。

[4]云尔已矣：如此而已。云尔，如此、这样。已矣，句末语气词，相当于"罢了""而已"。

[5]唯：句中语气词，帮助判断。

【品读】

孔子的圣人桂冠，看样子在当时就被其学生给戴上了。《孟子·公孙丑上》就曾记宰我曰："以予观于夫子，贤于尧舜远矣。"对孔子的敬佩超过尧、舜。又记子贡之言："学不厌，智也；教不倦，仁也。仁且智，夫子既圣矣。"

这里，面对学生的赞颂，孔子却自谦道：如果说圣与仁，那我怎么敢当！我只不过向圣与仁的方向努力而不满足，教诲别人而不知厌倦罢了。这又从一个侧面反映出他的谦谦君子之貌。所以，公西华紧跟着说：这正是弟子们所学不到的啊！

7.35　子疾病[1]，子路请祷[2]。子曰："有诸[3]？"子路对曰："有之。《诔》[4]曰：'祷尔于上下神祇[5]。'"子曰："丘之祷久矣[6]。"

【注释】

[1]疾病：患了病，病得很重。古代的"疾"常指一般的生病；"病"则含有"病重"的意思。

[2]祷(dǎo)：祷告、祈祷。

[3]诸：相当于"之乎"。"之"为代词，这里指鬼神；"乎"是疑问语气词，相当于现代汉语里的"吗"。

[4]《诔》(lěi)：哀悼死者的悼文及向鬼神祈福的祷文称"诔"，这里指后者。

[5]神祇(qí)：古代称天神为"神"，地神为"祇"。

[6]丘之祷久矣：这句话是孔丘表示推辞的一种委婉说法。意思是说：我早就祈祷过了，不必再祈祷了。孔子平时对鬼神的存在与否一贯持怀疑态度。

【品读】

孔子患重病时，子路请求向鬼神祷告。孔子怀疑地问：有这种事吗？子路肯定地说：有的。《诔》文中就有"为你向上下神祇祷告"的文辞。孔子听后说道：我已祷告许久了。

对于这段话，注家多解为孔子的托词，是孔子安慰子路之语。李泽厚先生即阐释道："孔子反对这样做。孔子言'天'言'命'而不言'祷'：不去刻意请求上帝鬼神的特殊保护和帮助。尽伦尽责也就心安理得，即使功败垂成，也无可追悔怨恨。……儒学主张'尽人事而听天命'，并不希冀偶然、神意、奇迹。'天命'者，非人力所能控制、主宰。人虽然能'参天地，赞化育'，但毕竟有一定限度；遇到极限而失败毁灭，也不求份外之恩宠神赐，这才真正保持了人的尊严。"①

不过，从孔子原话字义来看，也可解为孔子真的已祷告很久了。尽管孔子认为为政应当"敬鬼神而远之"，但在日常生活中，他并不反对与神鬼的沟通。《论语·八佾》篇中，他在回答王孙贾所问的"与其媚于奥，宁媚于灶，何也"时，就认为："不然，获罪于天，无所祷也。"依此解释，当子路要求祷告时，孔子所反对的不是祷告本身，而是不想让子路代祷，这也正是他往日所坚持的"吾不与祭，如不祭"。所以，他才会说："丘之祷久矣。"

7.36 子曰："奢则不孙[1]，俭则固[2]。与其不孙也，宁固。"

【注释】

[1]不孙：不恭顺。孙，同"逊"，谦逊、恭顺。

[2]固：鄙陋，这里是寒碜的意思。

【品读】

奢侈和节俭在孔子看来都违反了人生的修养原则，违反了中庸之道。因为一个人若过分奢侈就会不谦逊、不恭顺，过分节俭就会寒碜、固执。两者都有失偏颇，失掉中和。当然，如果必须就两者作一选择的话，孔子选择的是后者。

7.37 子曰："君子坦荡荡[1]，小人长戚戚[2]。"

【注释】

[1]坦荡荡：指心胸宽广。坦，平坦。荡荡，宽广的样子。

[2]长戚戚：长，经常。戚戚，忧愁的样子。

【品读】

孔子一语道出了君子和小人在情怀上的差异。

---

① 李泽厚：《论语今读》，第194页。

君子通过“修身”“内省”以达到理想人格，他对人生的追求，既不在富贵，也不在寿考，而是“人不知而不愠”，“不怨天，不尤人”，心地坦荡、宽舒。只有达到这种境界的人，才能体味人生的乐趣，也才有充实的精神生活。无论得意的时候，还是艰难的时候，都乐观从容，如春风秋月，舒展自如，清爽皎洁，“坦荡荡”也。

那么小人呢？营私求利，又好为咎过，体味不到生活乐趣。而他们所求未必能得，所得又欲壑难填，所以总是忧心忡忡，“长戚戚”也。

……………………………………

7.38 子温而厉[1]，威而不猛，恭而安。

【注释】

[1]厉：指表情严厉、严肃。

【品读】

本章是弟子们对孔子仪态风范的刻画。在他们眼中，孔子温和而严肃，威严而不凶狠，谦恭而安详，真正做到了内在修养与外在仪态的统一。

千百年来，随着历代统治者一而再、再而三地对孔子的神化，使其成为高踞历史之上的“大成至圣文宣王”，成为冷冰冰的一尊偶像，“诲人不倦”的孔子不见了，“人不知而不愠”的孔子不见了，“温而厉，威而不猛，恭而安”的孔子不见了。这是孔子身后最大的悲哀。

泰伯第八

8.1　子曰："泰伯[1]，其可谓至德[2]也已矣。三以天下让[3]，民无得而称焉[4]。"

【注释】

[1]泰伯：又作"太伯"。周代吴国始祖。周太王古公亶(dǎn)父的长子。太王欲立幼子季历，泰伯便与弟仲雍同避江南，改从当地风俗，断发文身，成为当地君长，是春秋时代吴国的始祖。

[2]至德：最高的德行。

[3]三以天下让：多次将王位推让。三，这里指多次。以，把、将。天下，此指周政权、周王位。

[4]民无得而称焉：老百姓不知该怎么称赞他。无得，不能、无法。

【品读】

泰伯让位于其弟季历，被孔子赞颂为"至德"，敬佩之至。其实，孔子在这里归根到底提倡的是一种礼让精神。他认为，统治阶级内部若都能像泰伯那样礼让，自然就能和谐一致，绝不至于演成春秋时代这种互相残杀的局面。他在《论语・里仁》篇中也提出以礼让治国："能以礼让为国乎？何有？不能以礼让为国，如礼何？"

8.2　子曰："恭而无礼则劳[1]，慎而无礼则葸[2]，勇而无礼则乱[3]，直而无礼则绞[4]。君子笃[5]于亲，则民兴于仁[6]，故旧[7]不遗[8]，则民不偷[9]。"

【注释】

[1]恭而无礼则劳：只是谦恭而不知礼，就会徒劳。恭，谦逊、恭敬。礼，古代社会的法则、礼仪。在孔子思想中，"礼"是一个非常重要的范畴，是孔子思想的核心观念。"礼"自"周礼"演化而来，它是协调社会关系、制约人们行为的规范和标准。劳，徒劳。

[2]葸(xǐ)：畏缩、拘谨。

[3]乱：作乱、犯上作乱。

[4]绞：说话尖刻，为人刻薄。

[5]笃(dǔ):忠诚、厚道。

[6]则民兴于仁:那么百姓中就会盛行仁德。兴,兴盛、盛行。

[7]故旧:即老朋友。

[8]遗:遗弃。

[9]偷:淡薄、不厚道。

【品读】

本章孔子语录有两个层次:第一层意思是讲谦恭、谨慎、勇敢、直率固然都是人之美德,但是若没有礼制的外在约束,就会陷于疲劳、拘谨、作乱、尖刻。也就是说,如果不在礼的约束下发挥谦恭、谨慎、勇敢、直率,那就不是美德,而是恶德了。这样,孔子把礼与其他品质联系起来,不仅强调了礼的重要性,而且使礼的内涵愈加丰富而显豁。

在孔子的思想体系中,仁和礼是统一的、相互制约的。礼是人们修身修德的外在规范和行为准则,体现了社会对人的约束;仁则是人的本质,是修己、爱人的内在自觉性,它强调人们之间的亲爱、谅解、容忍、关怀,也强调孝亲、敬长、亲友,更强调人民生活的安定和富足。那么,怎么让一般老百姓也具有这种仁德呢?孔子认为,关键是君子们一定要以身作则,起表率作用。如果他们孝顺父母,厚爱亲族,不忘故旧,那么老百姓中就会盛行仁德,充满仁爱。这是本章的第二层意思。

如果将礼与仁统一起来,以礼的准则去行仁,去爱人,去修己,那么,这样的社会不是很理想吗?

8.3 曾子[1]有疾,召门弟子曰:"启予足,启予手[2]!《诗》云:'战战兢兢,如临深渊,如履薄冰[3]。'而今而后,吾知免[4]夫!小子[5]!"

【注释】

[1]曾子:姓曾,名参,字子舆。孔子的弟子。

[2]启予足,启予手:摆正我的脚,摆正我的手。启,开,此为"摆正"之义。予,我。

[3]这三句诗引自《诗经·小雅·小旻》,曾参借用来形容自己一生小心谨慎。临,面临。履(lǚ),践踏、踩。

[4]免:避免。这里指身体免于毁伤。

[5]小子:对弟子的称呼。

【品读】

曾子是孔子弟子中卓有成就的一位。他为人质鲁,却勤奋好学,相传曾著有《孝经》《大学》。一生致力于学道修身,收徒讲学,是继颜回之后孔子之学的直接传承者,以子思、孟子为代表的儒家"正统"学派——思孟学派即出于曾子。可以说曾参在中国儒学史上产生了十分重要的影响，在中国文化史上也拥有特殊的地位。曾参非常注意自我修养，尤其注重“慎独”，倡导“吾日三省吾身”。他又是个有名的孝子，一生宣扬、提倡孝道，并身体力行，成为中国古代史上孝子的代表人物。

本章是讲曾子病危时，将弟子们召集身边，让学生帮他摆正手脚，并引用《诗经》上的话说明自己一生小心慎重，修己反省，谨守无失，当弥留之际，方坦然地对弟子们说：从今以后，我可以使自己免于过失了。后来人们遂将“启手启足”或“启手足”作为一个人善终的代名词。

曾子在求仁自省之途上，战战兢兢，如临深渊，如履薄冰，真正做到了死而后已。

8.4 曾子有疾，孟敬子[1]问[2]之。曾子言曰：“鸟之将死，其鸣也哀；人之将死，其言也善。君子所贵乎道者三[3]：动容貌[4]，斯远暴慢矣[5]；正颜色[6]，斯近信矣；出辞气[7]，斯远鄙倍[8]矣。笾豆之事[9]，则有司[10]存[11]。”

【注释】

[1]孟敬子：即仲孙捷，鲁国大夫。

[2]问：探问、看望、慰问。

[3]君子所贵乎道者三：君子所重视的礼有三方面。贵，重视、崇尚。道，曾子这里所讲的道（即“动容貌”“正颜色”“出辞气”）皆属礼的范围，是君子的修身之道，是道的具体表现。

[4]动容貌：严肃（注重）自己的容貌。动，变动。

[5]斯远暴慢矣：就可以避免粗暴和傲慢。斯，就、乃。远，远离、避开、避免。暴慢，粗暴和傲慢。

[6]颜色：指脸色。

[7]出辞气：在说话时注意修辞和语气。出，出言、说话。辞，言辞。气，口气、语气。

[8]鄙倍：即粗野、悖理。倍，同“背”。

[9]笾(biān)豆之事：祭祀、典礼等方面的具体事情。笾，古代祭祀和典礼时用来盛果品的竹器。豆，木制器皿，有盖，用以盛有汁的食物，也可用于祭祀、典礼。此处以“笾”“豆”代指祭祀、典礼之事。

[10]有司：主管某方面的官吏。

[11]存：过问、负责。

【品读】

曾子病重之际，鲁大夫孟敬子前来探视，曾子诚恳地对他说：鸟将要死的时候，鸣叫的声音是悲凉的；人将要死的时候，所讲的话也多是善言。言外之意是要孟敬子知道自己的话语是诚恳、严肃的，要引起对方的足够重视。

接着，他向孟敬子指出："君子所贵乎道者三。"这个"道"是平时孔子所倡导的修身之道。其内容一是"动容貌，斯远暴慢矣"，即注重仪容，可避免粗暴和傲慢；二是"正颜色，斯近信矣"，即端正神态，可接近诚实信用；三是"出辞气，斯远鄙倍矣"，即注意谈吐，可以避免粗鄙和过失。至于祭祀和礼仪方面的细琐之事，自有主管人员负责。对曾子弥留之际的良苦用心，李贽给予充分肯定。他说："圣贤将死也，定有裨于人；今人未死，惟见其损人而已矣。"①

8.5 曾子曰："以能问于不能，以多问于寡，有若无，实若虚，犯而不校[1]。昔者吾友尝从事于斯矣。"

【注释】

[1]校（jiào）：计较、对抗、较量。

【品读】

本章中，曾子向人们追述他的一位朋友虚怀若谷、宽人律己的美德：有才能却向没才能的人求教，知识渊博却向胸无点墨的人请教，有学问却像没学问一样，满腹经纶却像才疏学浅似的，被人冒犯却不计较。

对曾子这里所说的"吾友"，注家多认为是颜回，当是。既然曾子对颜回的这些美德如此首肯，并且富有感情地说"昔者吾友尝从事于斯矣"，表明他同时又是以此激励弟子、鞭策自己的。

8.6 曾子曰："可以托[1]六尺之孤[2]，可以寄百里之命[3]，临大节[4]而不可夺[5]也。君子人与[6]？君子人也！"

【注释】

[1]托：托付、委托。

[2]六尺之孤：死去父亲的孩子称"孤"。在此特指未成年而继位的年幼君主。古代尺短，六尺合今四尺多些（约一米三）。

[3]寄百里之命：可以把一国的命运寄托给他。寄，寄托、托付。百里，这里指一个诸侯国。命，命运。

[4]大节：指生死存亡。

[5]夺：指丧失志气，动摇屈服。

[6]君子人与：这种人是君子吗？与，句末语气词。

① （明）李贽：《四书评·论语》卷之四。

【品读】

曾子在这里讲的是君子的使命与责任。在曾子看来，君子应当是德才兼备的治世能臣，是治国、平天下的优秀人才。他既能受任“托六尺之孤”，出任君王的贤能辅臣；又可任一方之长，“寄百里之命”，以实现仁德政治；而且，在面临生死之际，也不会失节夺志。

翻开中国历史，曾子所讲的可以“托六尺之孤”者有之，如周公旦、诸葛亮；可以“寄百里之命”者有之，如黄霸、龚遂、召信臣之类的循吏；“临大节而不可夺也”者亦有之，如苏武、文天祥等人。但中国历史上也充斥着另一类政治人物，有借托孤而篡代者，有为官一方贪赃枉法者，还有山河沦陷而变节投敌者，等等。值得注意的是，伴随着中国古代政治的进程，这些人物有愈演愈烈之势，政治舞台上堪称“君子”者也越来越少，以至于李贽将曾子这段话评论为：“大是镜花水月。”①个中原因，值得我们深思。

8.7 曾子曰：“士不可以不弘毅[1]，任重而道远。仁以为己任[2]，不亦重乎？死而后已[3]，不亦远乎？”

【注释】

[1]弘毅：胸襟宽广，意志坚忍。弘，大，这里指心胸宽广。毅，意志坚毅、刚强。

[2]仁以为己任：即“以仁为己任”，把实行仁德作为自己的责任。

[3]已：停止。

【品读】

士作为一个社会阶层在中国历史上有着复杂的演变过程。西周时代，士本是贵族阶级的最低一层，其上为“大夫”，其下为“庶人”。由于当时社会的流动性极小，人们的身份地位因而也相当固定。《说文解字》训“士”为“事也”，顾炎武断定古代的士“大抵皆有职之人”，大概各种低层官吏如邑宰、府吏等都由士来充任。

到了春秋战国之际，由于社会秩序的变动、社会组织的复杂化及官僚制度的成长，士这一阶层也发生了剧烈的变化。一方面是士的队伍迅速扩大，这主要是由于平民的上升和贵族的下降二者合流所造成的；另一方面则是此时士的主要构成是各类知识者，已不能训为“事”，他们越来越像是拥有知识的自由职业者。春秋时代，士在《礼》《乐》《诗》《书》方面的长期训练使他们自然成为博文知礼的专家，如孔子便是其中最杰出的一位。他在青少年

① （明）李贽：《四书评·论语》卷之四。

时代便以知礼闻名，上层贵族如南宫敬叔、孟懿子都曾向他学礼，他的弟子也有不少以相礼为职业者。这样，既娴熟礼乐又掌握有关古代典籍的士，便自觉或不自觉地成为文化传统的承担者。

由于士的特性与功能已与前大异，因此，孔子重新为士下定义，竭力为士灌注一种理想主义精神。如他说："士志于道，而耻恶衣恶食者，未足与议也。"①"士而怀居，不足以为士矣。"②他要求士都能超越个人的利害得失，而发展为对整个社会的深厚关怀。

曾参作为孔子的弟子，充分阐释了"士志于道"的精神内涵，把对士的道德要求提高到前所未有的高度。他指出：士要胸襟宽广，眼光远大，意志坚强。因为他们"任重而道远"，要为国家、为社会肩负重任。他们的责任是什么呢？就是仁，即爱人、爱国家、爱天下；要以救人救世为己任，以治国、平天下为目标，矢志不渝，死而后已。

孟子对孔子的这种"士志于道"的理想主义进行了更缜密的发挥。《孟子·尽心上》有这么一段话："王子垫问曰：'士何事?'孟子曰：'尚志。'曰：'何谓尚志?'曰：'仁义而已矣。'"仁义为儒家之道，故志于仁即志于道。

孔、曾、孟所倡导的这一理念，对后世的士影响很大，它使中国历史上的士子们具有强烈的责任感与使命感，每每"以天下为己任"。东汉末年的党锢领袖们在这一点上即表现得十分明显。如李膺"高自标持，欲以天下风教是非为己任"，陈蕃、范滂则更"有澄清天下之志"③。北宋范仲淹起而呼吁"士当先天下之忧而忧，后天下之乐而乐也"④，曾经激励了多少士子的理想与豪情。晚明东林人物所倡导的"事事关心"，同样扣动着读书人的心弦。至于渗透到我们民族血液中的"天下兴亡，匹夫有责"等观念，也无不是从孔子以来的这一理念中滥觞而来。

8.8 子曰："兴[1]于诗，立于礼，成于乐。"

【注释】

[1]兴：兴起，这里引申为"振奋""激发"。

【品读】

孔子在这里提出了人生修养的三部曲。

---

① 《论语·里仁》。

② 《论语·宪问》。

③ 《后汉书·党锢列传》。

④ （宋）欧阳修：《资政殿学士户部侍郎文正范公神道碑铭》，《欧阳修全集》第2册，卷二十一，中华书局2001年版，第333页。

"兴于诗。"刘宝楠《论语正义》指出:"兴,起也。言人修身当先起于诗也。"诗能明志,能疏通致远,能陶冶性情,启迪心智。"兴之为义,因是惟诗歌为最宜。"①孔子十分重视诗教,《阳货》篇中记有他对诗的精辟论述:"小子何莫学夫诗?诗可以兴,可以观,可以群,可以怨。迩之事父,远之事君。多识于鸟兽草木之名。"照他看来,读诗不仅可以激发志气,可以观察社会,可以与人们建立良好的关系,可以抒发心中的情绪,还可以运用诗中的道理侍奉父母,从政事君,认识自然界中的鸟兽草木。故孔子言"兴于诗"。

"立于礼。"关于礼的意义,孔子所言极多。他认为,礼是立身、立国之本,"不学礼,无以立"②,"为国以礼","齐之以礼"③。他本人也终日致力于礼的弘扬与实践。他坚定地认为:"一日克己复礼,天下归仁焉。"④所以,他教育学生要懂礼,以礼立身。但要做到并非易事,他要求加强个人内在品德的修养,达到君子、仁人的水平,懂得"进退周旋"之礼仪,恪守"亲亲""尊尊"之原则,还要遵从各种等级条规,等等。

"成于乐。"孔子把乐作为完善人格修养的重要手段,认为人在学诗知礼后能在音乐中自觉地陶冶情操,能"洁静精微"⑤,方可完成人格的修养,使人学之有成,实现完美的自我。

由此看来,诗、礼、乐是达到完美人性必不可少的三要素,是儒家理想人生修养的三部曲。

8.9 子曰:"民可使由[1]之,不可使知[2]之。"

【注释】

[1]由:从、遵从。

[2]知:知道、了解。

【品读】

曾几何时,这句话被判为专制主义与愚民政策的代名词,饱经抨击。但也有一些注家出于为尊者讳或者引经据典的需要,在句读上再做文章,读出了一个民生与民主的含义。如梁启超、康有为等即改句读为:"民可以使,由之;不可使,知之。"意思与上述大相径庭。但也有人不同意梁、康的句读,认

① (清)程树德:《论语集释·泰伯》引《论语集注述要》。

② 《论语·季氏》。

③ 《论语·为政》。

④ 《论语·颜渊》。

⑤ 《礼记·经解》。

为应该是："民可，使由之；不可，使知之。"孔子俨然成为一个现代民主派。

这里，我们不妨看一下李泽厚先生的阐释，从中可以得到一些有益的启示。他说："古代的'民主'正是'为民作主'，'民为贵'也只是这种意思，而并非人民作主的现代民主。所以这只是 for the people，不是 of the people 和 by the people。今天的'为人民服务'最多也不过是在'of the people'的名义下的'for the people'而已。古语亦有'民可与乐成，未可与虑始'，均同一经验，不足为怪，不足为病。时移世变，孔子之是非当然不是今日的是非。"①

8.10 子曰："好勇疾贫[1]，乱也。人而不仁，疾之已甚[2]，乱也。"

【注释】

[1]疾贫：厌恶、憎恨贫穷。疾，厌恶、憎恨。

[2]已甚：太过分。已，太。甚，严重、厉害。

【品读】

喜好勇敢而厌恶贫穷，就会不安分守己，则必作乱；对不仁的人过分憎恨，就会使之无所容纳，则必铤而走险。这是导致社会不安定的两个重要因素。对这两个问题，孔子都开出了自己的处方。对前者，他主张安贫乐道，认为："士志于道，而耻恶衣恶食者，未足与议也。"对后者，他主张仁者爱人，虽然"唯仁者能好人，能恶人"，但在实际行动上，都应当是"苟志于仁矣，无恶也"②。

8.11 子曰："如有周公之才之美，使[1]骄且吝[2]，其余不足观也矣。"

【注释】

[1]使：连词，假若、如果。

[2]吝：吝啬、小气。

【品读】

据《史记·鲁周公世家》记载，周公辅佐成王，尽心尽力。他"一沐三捉发，一饭三吐哺，起以待士，犹恐失天下之贤人"，即在一次沐浴中，往往多次绾起头发，吃一餐饭，往往多次吐出口中的食物，迫不及待地起身去接待士人，处理政务。即使这样礼贤下士，谦虚逊让，他犹恐做得不够。在他的辅

① 李泽厚：《论语今读》，第 205 页。

② 《论语·里仁》。

佐下，西周王朝臻于鼎盛，文物典章日渐完备。在孔子心目中，周公德才兼备，完美无缺。但在本章中他提出，一个人即使才比周公，但若恃才傲物，胸襟狭小，也不会得到别人的尊敬和推崇。

由此我们可以看到，“骄且吝”被孔子视为人生之大敌；还可以看到，人品与人格力量在孔子所倡导的人生修养中的至高无上的地位。

8.12 子曰：“三年学，不至[1]于谷[2]，不易得也。”

【注释】

[1]至：这里指意念所至，即想到。

[2]谷：古代以谷米为俸禄，这里“谷”即“禄”的意思，表示做官。

【品读】

孔子认为，读书三年还没有出仕的念头，实属难得。看来，当时的读书人首要目标确是“学而优则仕”。

8.13 子曰：“笃信[1]好学，守死善道，危邦不入，乱邦不居[2]。天下有道则见[3]，无道则隐。邦有道，贫且贱焉，耻也；邦无道，富且贵焉，耻也。”

【注释】

[1]笃信：坚守信念。笃，坚定。

[2]危邦不入，乱邦不居：不进入政局不稳的国家，不居住在发生祸乱的国家。邦，即邦国、国家。一个国家如有臣弑君、子弑父的现象称“乱”，有乱的征兆叫“危”。这里“危邦”指政局不稳的国家，“乱邦”指有叛乱的国家。

[3]见：同“现”，指出来做官。与下句的“隐”相对。

【品读】

“笃信好学，守死善道”是孔子为“有道之士”灌注的又一历史使命，或曰理想主义信念。他再次强调士的价值取向必须以道为最后的依据。所谓“笃信好学，守死善道”，是说以道自任的那种精神或使命在任何艰难困苦、安危成败的情况下都不能动摇。孔子以自己的一生实践了这一精神，以至于“发愤忘食，乐以忘忧，不知老之将至”①。

那么，怎样实现以道自任、贯彻“守死善道”呢？孔子认为，关键在于能否与国家政治的代表者——君主保持一种适当的关系。在他看来，士与君

① 《史记·孔子世家》。

主之间的结合只能建立在道这一共同基础上。所以，他提出了“危邦不入，乱邦不居。天下有道则见，无道则隐”的仕进原则。“危邦”，指政局不稳的国家；“乱邦”，指已发生祸乱的国家。在孔子看来，这都是由无道所引发的，因此，“入”与“不入”、“居”与“不居”，其利弊得失，应从是否符合道的大局出发，而不是从个人利害关系去考虑。与之相联系，在入世与出世的抉择上，在人生价值取向上，尤其在进退行藏、取舍去就的目标上，孔子也强调所首当考虑的是道，而不是个人利害。“有道则见，无道则隐”，是说如果天下政治清明，就入世为官；政治黑暗，就隐居不仕，亦即“以道事君，不可则止”[①]，“用之则行，舍之则藏”[②]。这样，孔子将政统与道统分成了两个相互关涉又彼此分立的系统，从中我们可以读出一幅活生生的政治太极图。

不过，我们应当看到，儒家对人生、对政治采取的态度基本上是积极的。尽管孔子的“无道则隐”有明哲保身意味的消极因素，但他的隐是手段，是精神的抗争，是隐居待仕。孔子所强调的主旋律是积极的入世与进取，追求的是“治国、平天下”的目标。“天下无道”时，中国的士大夫往往是“采菊东篱下，悠然见南山”；但一旦政治清明，他们还是积极参与的。这与道家对政治的态度大不一样。庄子认为，学道的目的在于全生保真，长生久视。庄子宁愿挨饿也不肯做官为君主效劳，他理想的圣人是古代隐者许由——这位传说中尧舜时代的人物，为了自由自在地生活，拒绝接受天子职位。所以，与孔子的儒家相比，道家对人生及政治的态度是消极的、出世的。他们遁居山林，屏气练功，隐居避世，最后目的是为保全保真，成为理想的隐者、真人。他们对现实政治无论清明还是污浊都采取不合作态度：既不向权威反抗，也不向权威低头，“与天地精神独往来”[③]。

8.14 子曰：“不在其位，不谋其政。”

【品读】

从管理学的角度讲，“不在其位，不谋其政”，讲的是职位与权责界限的原则，有其合理与正确的内核。但我们也不能忽略春秋以来人们所赋予它的另外一层含义，这就是与“匹夫有责”相对立的对责任与义务的逃避。《左传·庄公十年》记道：“十年春，齐师伐我。公将战，曹刿请见。其乡人曰：‘肉食者谋之，又何间焉？’”这里的“肉食者谋之，又何间焉”与“不在其位，不谋其

① 《论语·先进》。
② 《论语·述而》。
③ 《庄子·天下》。

政”，被此后的许多所谓精神超然者所尊奉。那些放浪形骸、逃遁山林者，骨子里其实也都透着这一信条。从曹刿的乡人，到鲁迅先生在仙台看到的幻灯片中面对同胞被日本人蹂躏仍呆然麻木的中国人，不能说其间全无关系。

8.15 子曰：“师挚[1]之始，《关雎》[2]之乱[3]，洋洋[4]乎盈耳哉。”

【注释】

[1]师挚：名挚，师，乐师。鲁国的乐师。

[2]《关雎(jū)》：《诗经·国风·周南》的第一篇，也是《诗经》全书的首篇，是写上层社会男女恋爱的作品。

[3]乱：古代把乐曲的开始称为“始”；乐曲结尾的一段，由多种乐器合奏，叫“乱”。

[4]洋洋：美好。

【品读】

诗与乐本是一体的。《史记·孔子世家》说：“(《诗》)三百五篇，孔子皆弦歌之。”因此，孔子本人又是一位出色的音乐家，有很高的音乐修养和鉴赏能力，《论语》中载有多处孔子对音乐的欣赏与评论。此时，听到师挚高超的演奏，孔子又如痴如醉，情不自禁地发出“洋洋乎盈耳哉”的赞叹。

8.16 子曰：“狂而不直，侗[1]而不愿[2]，悾悾[3]而不信，吾不知之矣。”

【注释】

[1]侗(tóng)：幼稚无知。

[2]愿：老实、朴实。

[3]悾悾(kōng)：同“倥倥”，愚昧无知。

【品读】

孔子在这儿是有感而发。他感叹道：狂妄而不正直，幼稚而不朴实，无知而不讲信用，我不知道有些人为什么会如此。孔子所抨击的对象是他的某些弟子，还是其他人，已不得而知，但从中我们可以感知到一个求道修身的谆谆长者的不懈追求。

8.17 子曰：“学如不及[1]，犹恐失之[2]。”

【注释】

[1]不及：赶不上。

[2]犹恐失之：赶上了，还怕落后。

【品读】

孔子在这里指出了学习的难处：既担心赶不上，又担心会落伍。李泽厚解读此章曰："既急求新知，又恐失旧识，故瞻前顾后。学如逆水行舟，不进则退也。"①所以，孔子多次强调"学而不厌""学而时习之""温故而知新"等等，其原因就在于孔子看到了社会与时代的变迁，看到了知识的迅速进步，看到了"苟日新，又日新，日日新"。时隔两千多年，我们重温孔子之言"学如不及，犹恐失之"，依然感到他仍旧在求知求新的潮头，这恐怕正是孔子之为孔子吧！

8.18 子曰："巍巍乎[1]，舜、禹之有天下也而不与[2]焉。"

【注释】

[1]巍巍乎：多么崇高啊！

[2]与：参与，这里指夺权。

【品读】

尧、舜、禹是传说中的原始社会后期部落联盟领袖、贤明君主。据传说，尧晚年，咨询四岳，推选舜为继承人，但未让他立即即位，而是让他"典职数十年，功用既兴，然后授政"，直到尧去世，舜才真正继位。所以司马迁感叹道："王者大统，传天下若斯之难也。"②禹的继位亦然。禹本为夏后氏部落领袖，时值洪水肆虐，民无定处，舜先是派禹的父亲鲧治水，他采取传统的堵的办法，结果适得其反。舜又派禹前去，禹反其道而行之，疏导江河，兴修沟渠，他风来雨去，身先士卒，胼手胝足，三过家门而不入，经过十三年的努力，终于制服了洪水，被舜选为继承人。

孔子在这里是有感于春秋各国上下僭越、篡位窃国、"王道荡然"的社会乱象而发。以下三篇也都是他对尧、舜、禹三位圣人的追缅。

8.19 子曰："大哉，尧之为君也[1]！巍巍乎！唯天为大[2]，唯尧则[3]之。荡荡乎[4]！民无能名[5]焉。巍巍乎！其有成功也[6]。焕[7]乎！其有文章[8]。"

【注释】

[1]大哉，尧之为君也：伟大啊，尧这样的君主！

---

① 李泽厚：《论语今读》，第209页。

② 《史记·伯夷列传》。

[2]唯天为大：只有天最高大。唯，只、只有。

[3]则：效法。

[4]荡荡乎：多么广大啊！这里指尧的恩德广大。

[5]名：称说、称赞。

[6]其有成功也：他拥有的功绩。有，具有、拥有。

[7]焕：鲜明、光亮。

[8]文章：文化。这里指礼乐典章制度。

【品读】

在孔子看来，尧是古代最圣明的君主，对其赞美、崇拜到了无以复加的地步。在本章中，孔子先是赞叹尧作为一代圣君的伟大，而后又具体阐释了尧的四个伟大之处：一为"唯天为大，唯尧则之"。赞尧能沟通上天，顺应天意，故颂之曰："巍巍乎！"即至高至大。二为"民无能名焉"。赞尧恩泽天下，以至百姓无法用言语表达对他的崇尚和赞美，故颂之曰："荡荡乎！"即恩德无边。三为"其有成功也"。赞尧能教化天下，达到盛世，故仍颂之曰："巍巍乎！"四为"其有文章"。赞尧制定的礼乐典章为社会带来光明，故颂之曰："焕乎！"即光明天下。

不过，透过孔子的赞誉，我们应当看到：他所称颂的尧、舜盛世只是他的理想世界，这一"盛世"中的"禅让"，有民主之风，但那只是原始共产主义的尾声所在，是人类由蒙昧时代向文明时代过渡的产物，只能是昙花一现；而且在尧、舜时代，血与火的战争与掠夺是社会的真正主题，我们不可一叶障目，盲目陶醉于这一虚构的大同世界。以孔子所赞颂的"唯天为大，唯尧则之"为例，其实现的途径同样是军事的、暴力的。在原始宗教中，人是平等的，都可以自由地与神交往、沟通。据《国语·楚语下》记载，到帝尧之时，以"苗民弗用灵"为借口，出兵征伐三苗，所谓"报虐以威，遏绝苗民"，"乃命重、黎绝地天通"，从而剥夺了被征服部族与神交通的权利。这样，原始宗教中人人平等自由地与神交往的局面结束了，与神交往、沟通天地之事成了这些部落联盟领袖的特权。他们设置专门的官吏，独掌与神、天交往的职权，所谓"重""黎"即是这类的官，后又称"祝""巫"等。可见，尧之为君，不仅仅是"焕乎"，也同时伴随着暴力与强权。

8.20 舜有臣五人[1]而天下治。武王[2]曰："予有乱臣十人[3]。"孔子曰："才难，不其然乎[4]？唐、虞之际[5]，于斯为盛[6]，有妇人[7]焉，九人而已。三分天下有其二[8]，以[9]服事[10]殷。周之德，其可谓至德也已矣[11]。"

【注释】

[1]舜有臣五人：传说是禹、稷、契、皋陶(gāo yáo)、伯益五人。

[2]武王：指周武王，姓姬，名发，西周的开国君主。

[3]乱臣十人：《说文解字·乙部》："乱，治也。"在这里，"乱臣"即治国之臣。"十人"指周公旦、召公奭（shì）等十人，其中有一妇女。

[4]才难，不其然乎：人才难得，难道不是这样吗？不其然乎，即"其不然乎"。其，语气词，表示反问。然，这样、那样。

[5]唐、虞之际：即唐尧、虞舜之际，实指尧、舜以后。

[6]于斯为盛：在这个时期（人才）最多、最盛。斯，代词，指唐虞之际的人才。

[7]妇人：传说是太姒，文王之妻，武王之母，能以德教化天下。孔子不视她为武王臣子，故说"九人而已"。

[8]三分天下有其二：（周文王）据有了天下的三分之二。

[9]以：连词，相当于"而"，表示转折。

[10]服事：服从侍奉。

[11]至德也已矣：至高无上的道德啊！也已矣，复合句末语气词，表示肯定。

【品读】

本章是孔子对虞舜、周文王、周武王三世的评论。对舜有五位贤臣即天下大治以及武王自己所说的十位治国之臣，孔子评论道：人才难得。不是吗？自唐尧、虞舜以来，以周武王时人才为盛，十位治国之臣中还有一位妇女，实际只有九人而已。周文王时，三分天下有其二，却依然服事殷王，文王之德，才是至高无上的。

对孔子这段议论，注家多从孔子注重人才角度加以阐释。如刘宝楠《论语正义·泰伯》即言："才是极难，当尧、舜时，比屋可封，不乏有德之士，而此称才者五人，及周之盛，亦但九人，是其为才难可验也。"但李贽却认为其中似另有蕴意。他说："平叙之中，似有褒贬，《春秋》，《春秋》！"① 细读本章，此说应是。不然，讲虞、舜以五位能臣治天下，武王有十位能臣，接着又称颂文王才是真正的周之至德，便无法连贯。孔子在这里是以对虞、舜与文王之褒，提示武王之不足。此前，他已再三称颂"舜、禹之有天下也，而不与焉"，本章又讲到文王三分天下有其二，仍能"服事殷"，在《八佾》中他曾称《韶》乐"尽美矣，又尽善也"，而称《武》乐"尽美矣，未尽善也"，看来，孔子对先王之道绝不会盲目尊崇。

8.21 子曰："禹[1]，吾无间然[2]矣！菲[3]饮食而致孝乎鬼神；恶衣服而致美乎黻冕[4]，卑[5]宫室而尽力乎沟洫[6]。禹，吾无间然矣！"

① （明）李贽：《四书评·论语》卷之四。

【注释】

[1]禹：传说中古代部落联盟领袖。姒姓，亦称大禹、夏禹、戎禹。

[2]间(jiàn)然：意为挑剔、找毛病、批评。间，空隙、空子，此处用作动词。

[3]菲(fěi)：微薄、不丰厚。

[4]黻冕(fú miǎn)：古代大夫以上祭祀时所穿戴的礼服、礼冠。

[5]卑：低、矮。

[6]沟洫(xù)：沟渠，这里指农田水利。洫，田间水道。

【品读】

孔子对禹一贯评价很高。他在此章中说：对于禹，我没有什么可挑剔的了。他的饮食很简单，却尽力敬事鬼神；他平时穿戴得很破旧，祭祀时的礼冠却很华美；他居住的宫室很低矮，对农田水利却很尽力。对于禹，我没有什么可挑剔的了。

程树德《论语集释》引《论语札记》曰："致孝鬼神与菲饮食对，致美黻冕与恶衣服对，尽力沟洫须知亦是与卑宫室对。"孔子以此说明大禹既忠于礼制，也忠于职守。

对于大禹其人，学界争议颇多。或曰其为舜之后的夏后氏部落酋长，夏王朝的奠基者；或曰他是传说中的神话人物，抑或为部落图腾，实际并无此人；也有人认为他是八千多年前的治水英雄，不过，他所治理的洪水不是江河泛滥，而是大理冰期结束所引发的海平面上升。不管哪一种说法，都承认他是中国文明时代前夜的一位代表人物或者化身，尧、舜亦然。

子罕第九

9.1 子罕言[1]利,与[2]命与仁。

【注释】

[1]罕言:很少谈论。罕,少。

[2]与:赞同、肯定。

【品读】

孔子虽然一向采取重义轻利的立场,但对利益并不讳言,只是"罕言"而已。他曾说:"富而可求也,虽执鞭之士,吾亦为之。"①他还对弟子子贡"亿则屡中"大加赞赏。当然,孔子对利的态度是"见得思义"②,"义然后取"③。孔子之所以"罕言利",其原因还在于他所说的"君子喻于义,小人喻于利"④,张嘴闭口谈利,是小人所为,故为孔子所不屑。但后世儒者在此基础上衍化为讳言利、耻言利,把孔子的"罕言利"引向了极端。西汉的董仲舒即鲜明地将道义与功利相对立,提出:"正其谊不谋其利,明其道不计其功。"⑤宋代程朱理学更将义利之辨发展为天理人欲之辨,把欲和利完全彻底地予以否定。

"与命与仁"是讲孔子认可天命与仁德。就仁而言,它蕴含着孔子的社会理想和人生的最高精神境界,所以在孔子学说中,"仁"与生命价值联系在一起,成为生生不息的奋斗目标和追求。在《论语》一书中,"仁"字竟出现109次。"仁"构成孔子思想体系的核心。故在先秦时期,就有人指出孔子之学"贵仁"⑥,"要在仁义"⑦。

在孔子看来,命是一种不可知的、也不可抗拒的外在必然性。《孟子·

① 《论语·述而》。
② 《论语·季氏》。
③ 《论语·宪问》。
④ 《论语·里仁》。
⑤ 《汉书·董仲舒传》。
⑥ 《吕氏春秋·不二》。
⑦ 《庄子·天道》。

万章上》中的一句话很能代表孔子的看法："莫之为而为者，天也；莫之致而至者，命也。"命乃是一种不可知的神秘力量。孔子承认命。他说："不知命，无为君子也。"①说自己"五十而知天命"②。他曾对学生说过："死生有命，富贵在天。"③《论语·雍也》中也曾记当有德行的伯牛得了不治之症时，孔子感叹道："亡之，命矣夫！"但孔子又不是宿命论者。他的一生可以说是不断地与命运抗争的一生，他倡导并极力实践"修身、齐家、治国、平天下"的目标。他为实现自己的政治主张，周游列国，颠沛流离，一直不肯放弃自己的追求，以致人们说他是"知其不可而为之者"④。虽然他也认为道的行、废是命决定的——"道之将行也与，命也；道之将废也与，命也"⑤，但他对"天下有道"一直处在不断的追求与等待之中。他公开宣称："天下有道，丘不与易也。"⑥甚至宣布："道不行，乘桴浮于海。"⑦这种生生不息、积极进取的人生态度成为中国传统文化的重要骨架。

9.2 达巷党人[1]曰："大哉孔子！博学而无所成名[2]。"子闻之，谓门弟子曰："吾何执[3]？执御[4]乎？执射乎？吾执御也。"

【注释】

[1]达巷党人：达巷这个地方的人。达巷，地名。党，古代的一种居民组织，五百家为一党。

[2]无所成名：没有可以成名的一技之长。

[3]执：掌握、持有。这里指掌握技术。

[4]御：驾驭车马。

【品读】

对于达巷党人对自己褒贬不一的评价，孔子未置可否，而是不无诙谐地对弟子们说：我该掌握哪种技艺呢？驾车吗？射箭吗？我还是驾车吧！达巷党人并不了解孔子的真正抱负是"治国、平天下"，是"克己复礼"，而仍把他视为一般的士，所以才会说他虽知识渊博，却无可以成名的一技之长。这应当属于"不见泰山"之属。但孔子之后的士子们却也都要学着孔子，亦步

① 《论语·尧曰》。
② 《论语·为政》。
③ 《论语·颜渊》。
④ 《论语·宪问》。
⑤ 《论语·宪问》。
⑥ 《论语·微子》。
⑦ 《论语·公冶长》。

亦趋，也都要充当“治国、平天下”的旷世大才，“博学而无所成名”，治不了国，平不得天下，与世亦无所补，一生了了而已。须知，若人人尽如孔子，世界也无法存续，几乎所有的人仍要“有所成名”。

9.3 子曰：“麻冕[1]，礼也；今也纯[2]，俭[3]，吾从众。拜下[4]，礼也；今拜乎上[5]，泰[6]也；虽违众，吾从下[7]。”

【注释】

[1]麻冕：古代用麻料制成的礼冠。

[2]纯：黑丝。

[3]俭：俭省、节俭。按规定，麻冕须用二千四百缕经线织成，很费工，反倒不如用丝俭省。

[4]拜下：臣见君的礼节。先在堂下拜，然后到堂上拜。

[5]拜乎上：意思是臣见君时不先在堂下拜，而直接在堂上拜。

[6]泰：过分。这里是“越礼”的意思。

[7]吾从下：我遵从先在堂下行叩拜之礼的做法。

【品读】

孔子说：用麻布制作礼冠，这是礼制；今改用丝织，比较俭省，我随俗从众。在堂下跪拜君主，这是礼制；如今改为堂上跪拜，这是越礼；虽违众俗，但我仍主张在堂下跪拜。

孔子的这一论说，恐怕是中国历史上最早的礼俗之争。在这一问题上，孔子的态度非常明确：无碍大节处，可以因陋就简，可以随众从俗；但涉及尊卑上下的礼节，则不能有所损益。按照礼制，臣见君，应先叩拜于堂下，再叩拜于堂上，以示恭谨。但在春秋时代，随着“君不君，臣不臣”、上下僭越现象的出现，臣子对君主之礼也简化为只在堂上叩拜，所以，志于匡复君臣尊卑秩序的孔子才这样肯定地认为：“虽违众，吾从下。”

9.4 子绝四：毋意[1]，毋必[2]，毋固[3]，毋我[4]。

【注释】

[1]毋意：对于人和事不要主观臆断，妄加猜测。毋，不要。意，同“臆”，臆断、猜想。

[2]毋必：对于人和事不要绝对肯定或否定。必，必定、绝对。

[3]固：固执、拘泥。

[4]我：这里为“自私”或“唯我是从”“自以为是”之义。

【品读】

孔子杜绝了四种毛病，做到了不凭空揣测，不绝对肯定或否定，不拘泥固执，不唯我是从。对此，邢昺阐释道："常人师心徇惑，自任己意；孔子以道为度，故不任意。常人行藏，不能随时用舍，好自专必；惟孔子用之则行，舍之则藏，不专必也。常人之情，可者与之，不可者拒之，好坚固其所行也；孔子则无可无不可，不固行也。人多制作自异，以擅其身；孔子则述古而不自作，处群众萃聚，和光同尘而不自异，故不有其身也。"①这种人生修养的境界非常人所能及。

9.5　子畏于匡[1]，曰："文王[2]既没，文不在兹[3]乎？天之将丧斯文也，后死者[4]不得与[5]于斯文也；天之未丧斯文也，匡人其如予何[6]！"

【注释】

[1]子畏于匡：孔子在匡邑被拘禁。畏，使害怕、吓唬，这里指受到囚禁。匡，地名，在今河南省长垣县西南。

[2]文王：指周文王，姓姬，名昌，商末周族领袖。商纣时为西伯，又称伯昌，在位五十年。统治期间，国势强盛。其子周武王为西周开国君主。

[3]兹：这里。指孔丘自己。

[4]后死者：孔丘自称。

[5]与：给予、授予，这里指"传授"。

[6]如予何：奈我何，把我怎么样。如……何，把……怎么样。予，我。

【品读】

据《史记·孔子世家》记载，公元前496年，孔子率弟子自卫国前去陈国，途径宋国匡时，被匡人围困了五日，其原因是匡人曾经遭受过鲁国大臣阳货的掠夺残杀，而孔子的相貌很像阳货，因而他们误认孔子为阳货。

在生死危亡面前，孔子坦然无畏，依旧弦歌不辍，他对自己作为传统文化的传承者所负有的使命充满自信，所以对弟子们说：周文王死后，古代文化不都保存在我这里吗？如果上天要毁灭这文化，那我就不能传授这文化了；如果上天不愿毁灭这文化，那么匡人又能把我怎么样！这里的"天"是主宰世界的至高无上的神，孔子在最困难、最需要信任和帮助时往往会把"天"拿出来作为自己的精神依托，给无助的心一些慰藉。当然，最终为孔子解围的还是匡人，他们发现这实乃一场误会之后，即告诉孔子："以为阳货也，故围之。今非也，请辞而退。"②

① （魏）何晏等注，（宋）邢昺疏：《论语注疏·子罕》，《十三经注疏》本。

② 《庄子·秋水》。

9.6 太宰[1]问于子贡曰："夫子圣者与？何其多能也？"子贡曰："固天纵[2]之将圣，又多能也。"

子闻之，曰："太宰知我乎！吾少也贱，故多能鄙事[3]。君子多乎哉？不多也。"

【注释】

[1]太宰：官名。掌管王及卿大夫内外事务的家臣，卿大夫所属私邑的长官也称"太宰"。这里的太宰不知是指何国的太宰。

[2]纵：使、让。

[3]鄙事：卑贱的事。

【品读】

太宰问子贡："孔夫子是圣人吗？为何有这样多的技艺？"子贡的回答模棱两可，大概是要为尊者讳吧。他说："这本来是上天要他成为圣人，又让他多才多艺。"孔子听后，不以为然地说："太宰了解我呀！我少时贫贱，所以能干许多卑贱的事。君子需要这么多的技艺吗？不是的。"

在这儿，孔子并不避讳自己的出身，坦言自己少时贫贱，"故多能鄙事"。他五岁丧父，与母亲相依为命，家境当十分清寒。十六七岁时，母亲又离开人世，孔子开始了自我谋生之路。为了生计，他恐怕做过许多种诸如洒扫、放牧、驭车以至吹鼓手之类的"鄙事"。二十岁左右时，还做过两次小吏，一次是管理牛羊的"乘田"，一次是管理仓库的"委吏"。但在孔子看来，这些"鄙事"本不应是君子所为，他是不得已而为之。在前面回应达巷党人的评论时，他也明确表达出这一思想。在本章末尾，他又申明："君子多乎哉？不多也。"君子无须拥有这么多技艺，只需有宪章文武、祖述尧舜、治国平天下的"大道"便可。从这个意义上讲，这位太宰应是孔子的知音。

9.7 牢[1]曰："子云：'吾不试[2]，故艺。'"

【注释】

[1]牢：即子牢，孔子的弟子。

[2]试：试用，指做官。

【品读】

本章是承接上章而来的，是对孔子的说明。其弟子子牢又补充道：我的老师（孔子）说过，因为没有做官，所以学会许多技艺。这还是在说"君子多乎哉？不多也"。

9.8 子曰:“吾有知乎哉?无知也。有鄙夫[1]问于我,空空如也。我叩[2]其两端[3]而竭[4]焉。”

【注释】

[1]鄙夫:鄙陋浅薄之人。这里指农夫、乡下人。

[2]叩:询问。

[3]两端:两头,指问题的正与反、本与末或上与下两方面。

[4]竭:尽、尽量。

【品读】

孔子在这里精辟地论述了知识与求知方法的关系,指出求知方法的掌握远重于对知识本身的掌握。他说:“我有知识吗?我是无知者。曾有一位农夫求教于我,我其实一无所知,但我对那个问题的正、反两方面加以询问,便能尽量地告知他答案。”今人在教育理论中所津津乐道的“鱼”与“渔”的关系,实际上便是由此而来的。

9.9 子曰:“凤鸟不至,河不出图,吾已矣夫[1]!”

【注释】

[1]吾已矣夫:我完了!意即“我没指望了”。已,停止、完。矣夫,句末语气词,表示感叹。

【品读】

这是孔子伤时感世的哀叹。

凤在中国古代的神灵崇拜中占有十分重要的地位,它一直渗透在华夏族的不同时间、不同空间的整个生活领域内,被我们的先人列为“四灵”之一。在长期的文化传承中,人们赋予它非常奇特的形象,成为集多种鸟兽特点于一身的神异飞禽。据《尔雅·释鸟》,凤的形象是鸡头、蛇项、燕颌、龟背、鱼尾,色呈五彩,高六尺左右。中国人还赋予凤很多禀性和意义,它是吉祥、太平的象征。所以,只要凤鸟一出,就意味着天下太平,盛世来临,将有圣哲之人出现。相传,虞、舜和周文王时代都出现过凤鸟;东夷首领少昊即位时,也有“凤鸟适至”。

“图”,谓八卦图。据《易·系辞》:“河出图,洛出书,圣人则之。”传说上古伏羲时代,黄河中有龙马背负“河图”出现,伏羲据此画成八卦,这就是后来《周易》的来历。“河图”与凤鸟一样也是盛世与圣王出现的先兆。

孔子这里感慨“凤鸟不至，河不出图”，既是对春秋季世的失望，又是对个人理想破灭而发出的孤鸿哀鸣。对此，今人张凤娟指出：“这种宗教式的感情宣泄，却是进取者的悲辛。读书至此，不禁使人想起了惠特曼的名言：‘当失败不可避免时，失败也是伟大的！’当然这种失败是进取者的失败。”①

9.10　子见齐衰[1]者、冕衣裳者[2]与瞽者[3]，见之，虽少，必作[4]；过之，必趋[5]。

【注释】

[1]齐衰(zī cuī)：衰，通“缞”。旧时丧服名，为五服之一，次于斩衰。丧服用麻布做成，以其缉边，故称“齐衰”。服期有一年的，为“齐衰期”，如孙为祖父母，夫为妻；有五月的，如孙为曾祖父母；有三月的，如孙为高祖父母。

[2]冕衣裳者：戴礼帽、穿礼服的人。冕，古代大夫以上的贵族所戴的礼帽。衣，上衣。裳，下服。这里“冕衣裳者”代指“当官的”。

[3]瞽(gǔ)者：盲人。

[4]作：起来、起身。

[5]趋：小步快走，表示恭敬。

【品读】

孔子看到穿丧服者、着礼帽官服者以及盲人，即使对方很年轻，也一定要站起来；在他们面前走过时，一定要快走几步。对孔子的这一做法，李贽评曰：“平等。”②其实，这里首先体现的还是孔子的仁爱与礼制思想。对盲人是充满同情，对服丧者是施以悲悯。这与《述而》篇中所记“子食于有丧者之侧，未尝饱也”是一致的。孔子对于为官者的尊敬也是一贯的，不过，这不同于世俗的媚上，而是出于对上下尊卑礼制的维护，这又与《季氏》篇所言“君子有三畏：畏天命，畏大人，畏圣人之言”中的“畏大人”是一致的。遗憾的是，自孔子以后，“畏大人”越来越成为世俗的媚上，远远脱出了孔子的本意，从而成为专制主义的世俗基础。

9.11　颜渊喟然[1]叹曰：“仰之弥[2]高，钻[3]之弥坚[4]，瞻[5]之在前，忽焉在后。夫子循循然善诱人[6]，博我以文，约我以礼[7]，欲罢不能。既竭吾才[8]，如有所立卓尔[9]，虽欲从之[10]，末由[11]也已。”

① 转引自张凤娟编：《论语》，内蒙古人民出版社2007年版，第165～166页。

② (明)李贽：《四书评·论语》卷之五。

【注释】

[1]喟(kuì)然:叹气的样子。

[2]弥:更加。

[3]钻:钻研。

[4]坚:坚固、坚硬。这里喻指学问的深奥。

[5]瞻:往上看或往前看。

[6]循循然善诱人:即“循循善诱”,善于循序渐进地引导人学习。循循然,有步骤、有次序的样子。诱,引导、启发、诱导。

[7]博我以文,约我以礼:以各种文献丰富我的知识,以礼节规范我的行为。博、约,均用作动词。博,丰富、广博。约,束缚、约束。以,介词,用、拿、按照。

[8]既竭吾才:已经用尽了我的全部才能。既,已经。竭,尽、全部。

[9]如有所立卓尔:好像有一个高大的东西立在前面。卓尔,高高直立的样子。

[10]虽欲从之:尽管想要追随上去。从,跟随、随从。

[11]末由:末,无、没有。由,途径,这里是“办法”的意思。

【品读】

颜回是孔子的得意门生,但面对恩师的道德学问,他却喟然而叹道:“老师的道德学问越仰望越觉得伟大,越钻研越觉得深奥,看着好似已在眼前,忽然却感到在后面。老师循循善诱,以文献丰富我的知识,用礼节规范我的行为,使我欲罢不能,直至竭尽我的才能。好像有一个高大的目标在面前,尽管想攀登上去,却又找不到路径。”

对此,钱穆《论语新解》曰:“学者熟读《论语》,可见孔子之道,实平易而近人。而细玩此章,可知即在此平易近人之中,而自有其高深不可及处。虽以颜子之贤,而犹有此叹。”①

的确如此,孔子是一位既平实又伟大、既崇高又近乎神秘的人物,是一位谆谆可亲但又可望而不可即的圣哲。子贡也说过:“夫子之墙数仞,不得其门而入,不见宗庙之美,百官之富。得其门者或寡矣。”②他还说:“他人之贤者,丘陵也,犹可逾也;仲尼,日月也,无得而逾焉。”③与颜渊的感叹有些类似。也正因为此,孔子及其学问成为中国传统文化中的万仞宫墙,历千年而不衰。

① 钱穆:《论语新解》,第219页。

② 《论语·子张》。

③ 《论语·子张》。

9.12 子疾病[1]，子路使门人为臣[2]。病间[3]，曰："久矣哉，由[4]之行诈也！无臣而为有臣。吾谁欺？欺天乎？且予与其死于臣之手也，无宁死于二三子之手乎[5]！且予纵[6]不得大葬[7]，予死于道路乎！"

【注释】

[1]疾病：病重、病危。

[2]臣：家臣。按当时礼制规定，卿大夫家中才有家臣。孔子此时已不是大夫，没有家臣，子路让孔子的学生充当家臣，是想在孔子死后按大夫之礼举行葬礼。

[3]病间：这里指病情转轻。间，间隙。

[4]由：仲由，即子路。

[5]且予与其死于臣之手也，无宁死于二三子之手乎：而且我与其在家臣的侍候下死去，还不如在你们这些学生的侍候下死去。

[6]纵：即使、纵然。

[7]大葬：指大夫的隆重葬礼。

【品读】

刘宝楠对此章解说得比较得体。他说："夫子仕鲁为司寇，是大夫也。……今子路尊荣夫子，欲用大夫丧葬之礼，故使门人为臣助治之。……有臣死于臣手，礼也。夫子愿死于弟子者，以弟子情益亲也。故皇疏云：在三事同，若以亲察而言，则臣不及弟子也。"①

孔子愿死于弟子身边，看来他不但重礼制，更重亲情。中国人尊奉"天地君亲师"，五位一体，其间的核心和枢纽在于亲情。其中"师"享有类似父亲的尊严与情感。

9.13 子贡曰："有美玉于斯[1]，韫椟而藏诸[2]？求善贾[3]而沽[4]诸？"子曰："沽之哉！沽之哉！我待贾者也！"

【注释】

[1]斯：这、这里。

[2]韫椟(yùn dú)而藏诸：把它们收藏在匣子里吗？韫，收藏。椟，匣子。诸，相当于"之乎"("乎"相当于"吗")。

[3]善贾(gǔ)：识货的商人。贾，商人。

[4]沽(gū)：卖出。

① (清)刘宝楠撰，高流水点校：《论语正义·子罕》。

【品读】

本章是"待贾而沽"的由来。子贡作为孔子的得意门生，比较了解孔子政治人格的矛盾，遂以美玉作比喻，委婉含蓄地向老师发问：有美玉在此，是藏之匣中，还是寻找识货的贾人卖出？孔子当即答道："沽之哉！沽之哉！我待贾者也。"意即他本人就是待贾而沽者。注意，"待贾而沽"，后人往往诠释为等到好价钱才卖，又比喻为怀才者要等到有人赏识重用才肯出仕效力。但在本章中，却应与"韫椟而藏诸"对应理解，表明孔子急切出仕的心情。这一点，李贽看得很清楚。他说："此见圣哲都急于渡世，非子贡求而孔子待也。但玩'沽之哉！沽之哉！'口角自见。"①李泽厚先生亦云："孔子念念不忘'外王'，自比如出售良货，绝不像宋明理学所解读的孔子。"②

9.14 子欲居九夷。或曰："陋[1]，如之何？"子曰："君子居之，何陋之有？"

【注释】

[1]陋：边远地区。这里意为落后。

【品读】

孔子想到九夷之地居住，有人劝他："陋，如之何？"意即：九夷地区那么落后，怎么安居？这里的"陋"即"落后"义，指文化落后、风俗鄙陋，如古籍中的所谓"无男无女之别""被发左衽""被发文身""衣羽毛穴居""不火食"等等。孔子不否认九夷之鄙陋，但他确信，一个深受华夏文化熏染的人，即使生活在落后的文化环境中，也不会入乡随俗，不会被夷狄同化，更不会背离自己的文化传统。相反，他会以先进的文化去同化落后地区的陋鄙之俗，即"用夏变夷"。所以，他说："君子居之，何陋之有？"

对于九夷，向有两指：一指为海内九夷，即居于东部淮、泗等地的少数民族。如《后汉书·东夷传》云："夷有九种：曰畎夷、于夷、方夷、黄夷、白夷、赤夷、玄夷、风夷、阳夷。"另有一指为海外九夷。如《论语·子罕》"子欲居九夷"邢昺疏曰："东有九夷：一曰玄菟，二曰乐浪，三曰高骊，四曰满饰，五曰凫臾，六曰索家，七曰东屠，八曰倭人，九曰天鄙。"③

今之注家多谓孔子所要去的九夷为海内九夷，即东部少数民族地区，其

① （明）李贽：《四书评·论语》卷之五。

② 李泽厚：《论语今读》，第224页。

③ （魏）何晏等注，（宋）邢昺疏：《论语注疏·子罕》，《十三经注疏》本。

实未必，孔子既然有过“道不行，乘桴浮于海”的想法，此处之“欲居九夷”为什么必然是海内九夷呢？因此，孔子所说“九夷”当泛解。其“欲居九夷”的原因亦为“道不行”，体现了“有道则见，无道则隐”的价值取向。正如朱熹注云：“东方之夷有九种，欲居之者，亦‘乘桴浮海’之意。”①

……………………………………

9.15 子曰：“吾自卫反鲁[1]，然后乐正[2]，《雅》、《颂》[3]各得其所。”

【注释】

[1]自卫反鲁：反，通“返”。公元前484年冬，孔子从卫国返回鲁国，结束了长达十四年的周游列国的生活。

[2]正：使……正。这里指整理、订正。

[3]《雅》、《颂》：《雅》《颂》是《诗经》中的两部分，按古制，不同的诗配有不同的乐曲。《雅》《颂》是指乐曲。《雅》是宫廷和京畿一带演唱的乐歌，《颂》是宗庙祭祀时演唱的乐歌。

【品读】

《史记·孔子世家》载：“古者《诗》三千余篇，及至孔子，去其重……三百五篇，孔子皆弦歌之，以求合《韶》、《武》、《雅》、《颂》之音。”这应当是孔子所说的“乐正，《雅》《颂》各得其所”。

杨伯峻《论语译注》对此注释道：“‘雅’和‘颂’一方面是《诗经》内容分类的类名，一方面也是乐曲分类的类名。篇章内容的分类，可以由今日的《诗经》考见；乐曲的分类，因为古乐早已失传，便无可考证了。孔子的正‘雅’‘颂’，究竟是正其篇章呢？还是正其乐曲呢？或者两者都正呢？《史记·孔子世家》和《汉书·礼乐志》则以为主要的是正其篇章。”②

李泽厚《论语今读》的评注是：“孔子‘删诗书，正礼乐’是一大工作。‘雅’‘颂’是直接有关祭祀等重要仪典的‘庙堂诗’，使它们得到正确的位置，就是表示承续了周公‘制礼作乐’的事业，维护了传统的礼制。这当然是孔子所想做和必需做的。孔子作为教育家、思想家是与他把传统礼制作为准宗教性的精神事业来维护分不开的。结果‘乐教’并没真正延续传承下来，其重要性也早丧失而渐沦为仪文性、娱乐性的了。这也属历史发展，无可避免，因逐渐脱离远古巫术仪式而日益理性化，社会自靠礼制规则来维系，而不再依靠原始歌舞音乐了。”③

---

① (宋)朱熹：《论语集注·子罕》。

② 杨伯峻：《论语译注》，第91页。

③ 李泽厚：《论语今读》，第225页。

9.16 子曰："出则事公卿[1]，入则事父兄，丧事不敢不勉[2]，不为酒困[3]，何有于我哉[4]？"

【注释】

[1]公卿：本指三公九卿，这里泛指朝廷官员。

[2]勉：尽力、努力。

[3]不为酒困：不被酒所困扰。意即不嗜酒贪杯或因饮酒过量而失态。

[4]何有于我哉：这些方面我做到了哪些呢？

【品读】

中国古代社会的构建始终以父家长制为主线，宗法关系渗透到社会的每个层次。"国"与"家"相通，君权与父权互为表里，君被视为全国百姓之父。所以《孝经·广扬名》提出："君子之事亲孝，故忠可移于君；事兄悌，故顺可移于长；居家理，故治可移于君。"在这一理念下，家族组织与乡村行政组织往往一致，家政与国政也每每相通。在家能孝悌者，在朝必能敬事；能治家者，必能理政。孔子所倡导的"修身、齐家、治国、平天下"这个"内圣外王"路线也是由家到国，是家与国利益的合一。所以，在本章中，孔子特别强调"出则事公卿，入则事父兄"，对丧事也"不敢不勉"。孔子对各种人的仁爱及同情都是由孝悌这种父子兄弟之爱衍化而来的。不过应当看到，这种仁爱一方面表现得浓重、凝厚，另一方面也表现出明显的以血亲为核心的层次递减性与不平等性。

9.17 子在川上[1]曰："逝者[2]如斯夫[3]！不舍昼夜[4]。"

【注释】

[1]川上：江河岸边。

[2]逝者：消逝了的，此指消失的事物或时光。

[3]如斯夫：如同这河水一样呀！斯，这。夫，句尾语气词，表示感叹。

[4]不舍昼夜：日夜不停地流去。舍，停留、止息。

【品读】

孔子此言是千百年来思想者们永恒的主题，人人都可以在这里读出自己的人生感受。有人读出了"君子法之，自强不息"①；有人读出了"少壮不努力，老大徒伤悲"；还有人读出了"对酒当歌，人生几何"；一代伟人毛泽东则

① （宋）朱熹：《论语集注·子罕》引程子曰。

读出了他自己的昂扬洒脱、卓尔不群的人生感悟，他在《水调歌头·游泳》一词中吟道：

才饮长沙水，又食武昌鱼。

万里长江横渡，极目楚天舒。

不管风吹浪打，胜似闲庭信步，今日得宽余。

子在川上曰：逝者如斯夫！

……

9.18 子曰："吾未见好德如好色者也。"

【品读】

据《史记·孔子世家》载，孔子居卫国期间，为实践自己的政治主张，曾主动拜见过掌握卫国实权但又轻浮的南子，回来后还遭子路埋怨。"子见南子"不久，卫灵公与南子又同车出游，让孔子相从。当时，"灵公与夫人同车，宦官雍渠参乘，出，使孔子为次乘，招摇市过之。孔子曰：'吾未见好德如好色者也。'于是丑之"。实际上，无论南子还是卫灵公，都没有把孔子看成一位政治家，而只是把他当作一位名士，一个用来点缀自己荒诞与无聊的饰物。孔子对此深感羞辱，怒斥卫灵公好色不好德。这里的"德"是指有德行的人，即孔子本人；"色"指女色，即南子。此后不久，孔子便离开了卫国。

9.19 子曰："譬如为山[1]，未成一篑[2]，止，吾止也。譬如平地，虽覆[3]一篑，进，吾往也。"

【注释】

[1]为山：堆土成山。

[2]篑(kuì)：盛土的筐子。

[3]覆：翻、翻转、倒。

【品读】

孔子在这里告诉弟子们：做事情就如同积土成山与平坎为地。譬如堆山，只差一筐土便要成功之际，我功亏一篑，怨不得他人，是我自己停止的。平整隰洼之时，尽管刚倒一筐土，我决心努力下去，这也是由我自己决定的，不必等待他人的督促。孔子在此倡导的是治学行仁要自强不息，坚持不懈，并说明是前进还是停止，都取决于自己。

这一精神被后世儒者发扬光大。《荀子·劝学》中即曰："积土成山，风雨兴焉；积水成渊，蛟龙生焉。积善成德，而神明自得，圣心备焉。故不积跬步，无以至千里；不积小流，无以成江海。骐骥一跃，不能十步；驽马十驾，功在不舍。锲而舍之，朽木不折；锲而不舍，金石可镂。蚓无爪牙之利、筋骨之强，上食埃土，下饮黄泉，用心一也。”

9.20　子曰：“语之而不惰者[1]，其[2]回也与[3]！”

【注释】

[1]语之而不惰者：听我说话而始终不懈怠的人。语，说话、告诉。惰，懈怠。

[2]其：语气词，表示揣测，含有“大概”“可能”之义。

[3]与：句末语气词，表示感叹。

【品读】

孔子弟子中，颜回可以说是真正的“学而不厌”者，也是最执着于孔子之道者。他在听孔子讲习或平时与孔子交谈时，总是聚精会神，毫不懈怠，甚至达到“夫子步亦步也，夫子言亦言也，夫子趋亦趋也，夫子辩亦辩也，夫子驰亦驰也，夫子言道，回也言道也”①的虔敬的地步。正如朱熹《论语集注·子罕》引范氏曰：“颜子闻夫子之言，而心解力行，造次、颠沛未尝违之。如万物得时雨之润，发荣滋长，何有于惰？此群弟子所不及也。”

9.21　子谓颜渊曰：“惜[1]乎！吾见其进[2]也，未见其止[3]也！”

【注释】

[1]惜：可惜，此指对颜回之死的痛惜。

[2]进：指进步。

[3]止：指停步不前。

【品读】

颜回勤学不止，深思问学，故其学业能日日进步，迅速提升，深得孔子的称赞：“吾见其进也，未见其止也！”

对颜回的英年早逝，孔子每每伤叹不已，再想到颜回进而不止的求学精神，孔子更是为之扼腕。本章平平实实的一句话，道尽这位为人师者的心中感伤。李贽读出了其中情感：“字字痛哭！”②确然。

---

① 《庄子·田子方》。

② （明）李贽：《四书评·论语》卷之五。

9.22　子曰："苗而不秀[1]者有矣夫[2]！秀而不实[3]者有矣夫！"

【注释】

[1]秀：谷物吐穗开花。

[2]夫：语气词，放在句尾，表示感叹。

[3]实：果实、种子。这里用作动词，即结实、结果、结籽。

【品读】

有些植物，虽有苗出但未扬花吐穗，这是"苗而不秀"；虽扬花吐穗，但不结果结籽，这叫"秀而不实"。孔子的本意仍是感伤颜回的早逝。牟融《理惑篇》即言："颜渊有'不幸短命'之记、'苗而不秀'之喻。"刘宝楠也认为："此章亦以颜回早卒，孔子痛惜之，为作譬也。"①但后世又引喻为善始善终，自勉自励。朱熹即注曰："盖学而不至于成，有如此者，是以君子贵自勉也。"②

9.23　子曰："后生[1]可畏，焉知来者之不如今也[2]？四十、五十而无闻焉，斯[3]亦不足畏也已。"

【注释】

[1]后生：即年轻人。

[2]焉知来者之不如今也：怎么能断定他们的将来不如现在的人呢？焉，疑问代词，怎么、哪里。来者，后来的人，此处指年轻人的将来。

[3]斯：连词，那么、就。

【品读】

"后生可畏"是孔子留给后世的千古名言。曹丕《答吴质书》曰："后生可畏，来者难诬。"正是对孔子这一名句的简明概括。在孔子看来，"后生可畏"的理由是"焉知来者之不如今也"，这是肯定他们的将来会超越今人。但又讲到，如果"四十、五十而无闻焉"，也就没有可畏的了，其用意还是勉励后学。朱熹《论语集注》对本章的诠释是："孔子言后生年富力强，足以积学而有待，其势可畏，安知其将来不如我之今日乎？然或不能自勉，至于老而无闻，则不足畏矣。言此以警人，使及时勉学也。"

① (清)刘宝楠撰，高流水点校：《论语正义·子罕》。

② (明)李贽：《论语集注·子罕》。

9.24　子曰："法语之言[1]，能无从乎？改之为贵。巽与之言[2]，能无说[3]乎？绎[4]之为贵。说而不绎，从而不改，吾末[5]如之何[6]也已矣。"

【注释】

[1]法语之言：指合乎礼仪原则的话。法，法令、法律、制度，这里指礼仪规则。

[2]巽(xùn)与之言：指谦恭顺耳的话。巽，谦逊。与，赞许。

[3]说(yuè)：同"悦"，高兴。

[4]绎(yì)：抽丝。引申为寻究、分析。

[5]末：没有。

[6]如之何：怎么样、怎么办。

【品读】

孔子在这儿是向弟子们讲言与行的关系，当然，这不是前面所讲到的"听其言，观其行"中的言与行，而是他人之言与自身之行。对于他人提出的合乎礼仪的规谏，不仅要听从，而且还要身体力行，改其不善；对于顺耳的恭维，尽管听了高兴，但要对照自己的行为妥加分析。对于盲目高兴而不加分析者，表面听从而实不改过者，孔子认为"吾末如之何也已矣"，即我实在没有办法，亦即"朽木不可雕也"。

9.25　子曰："主忠信，毋友不如己者，过则勿惮改。"[1]

【注释】

[1]这段话重出，见《学而》篇。

9.26　子曰："三军可夺帅[1]也，匹夫[2]不可夺志[3]也。"

【注释】

[1]三军可夺帅：三军人数虽多，如果军心不齐，它的主将也会被人掳走。三军，依先秦军制，一军为一万二千五百人，一个诸侯国可拥有三军。但在春秋争霸时期，已打破此限，军队人数大增。夺，撤换、劫夺、俘虏。

[2]匹夫：普通人，此处指男子。

[3]夺志：改变志向、气节。

【品读】

近代以来，学人们多感慨传统社会中人的个性的泯灭，于是，许多人便追根溯源，归咎于孔子与他所创立的儒家思想。其实这是一种误解。"三军可夺帅也，匹夫不可夺志也”，这不是极其突出个人的主体地位吗？不是对人的尊严以及人的独立人格和意志自由的肯定吗？孔子还说过：“为仁由己，而由人乎哉？”①“我欲仁，斯仁至矣。”②他甚至主张：“无求生以害仁，有杀生以成仁！”③一个人为行善而宁可牺牲生命，其人格难道不是得到最高的发扬吗？其弟子曾子也承师钵，强调“自反而缩，虽千人吾往矣”④。后继者孟子将守志不移的人称之为“大丈夫”，并在论大丈夫时说：“得志，与民由之；不得志，独行其道。富贵不能淫，贫贱不能移，威武不能屈。”⑤儒家倡导的突出个性的思想在将人的价值源头归之为神的西方早期哲学中是难以见到的。

9.27 子曰：“衣敝缊袍[1]，与衣狐貉者[2]立，而不耻者，其由也与[3]！‘不忮不求，何用不臧[4]？’”子路终身诵之[5]。子曰：“是道也[6]，何足以臧[7]？”

【注释】

[1]衣敝缊(yùn)袍：身穿破旧的丝绵袍。衣，用作动词，穿。敝，坏、破旧。缊袍，旧的丝绵袍。

[2]衣狐貉(hé)者：穿狐貉皮袍的人。貉，一种外形如狐的野兽，其毛皮可做裘衣、帽等。

[3]其由也与：大概只有仲由吧？

[4]不忮(zhì)不求，何用不臧(zāng)：这两句诗引自《诗经·邶风·雄雉》。意思是说：不嫉妒，不贪求，有什么不好？忮，嫉妒。求，贪求。何用，何以，怎么会。臧，善、好。

[5]终身诵之：总是诵记这两句诗。终身，一生，此处指时间长。

[6]是道也：这只是一种修身之道。是，这。道，方式、方法。

[7]何足以臧：怎么算得上好呢？

【品读】

子路衣着敝衣旧袍能与衣着华贵者坦然并立，不生嫉妒、贪求之心，深得孔子好评并送《诗经》“不忮不求，何用不臧”之句以示勉励。子路便以此为座右铭，日日诵之。孔子见此状，不禁又说道：“是道也，何足以臧？”意即只是做到这点，还不够好，学问、道德永无止境，必须“苟日新，日日新，又日

① 《论语·颜渊》。
② 《论语·述而》。
③ 《论语·卫灵公》。
④ 《孟子·公孙丑下》。
⑤ 《孟子·滕文公下》。

新”，正所谓“天行健，君子以自强不息”。

9.28 子曰：“岁寒[1]，然后知松柏之后凋[2]也。”

【注释】

[1]岁寒：一年中的寒冬季节，即到了严寒季节。

[2]凋：凋零、凋谢。

【品读】

“岁寒，然后知松柏之后凋也”，本意是说：到了严寒季节，才知道松柏是最后凋零的。但此句却道尽识人至理。《荀子·大略》谓：“岁不寒，无以知松柏；事不难，无以知君子。”朱熹《论语集注·子罕》引范氏曰：“小人之在治世，或与君子无异。惟临利害、遇事变，然后君子之所守可见也。”又引谢氏曰：“士穷见节义，世乱识忠臣。”均言此意。后世所言“岁寒三友”，以至传统文化中的梅、竹、松情结均由此而来。除此之外，孔子在这里还彰明了君子良材之由来往往要出于“岁寒”，经受“岁寒”之磨炼。这也就是《孟子·告子下》中所言：“天将降大任于是人也，必先苦其心志，劳其筋骨，饿其体肤，空乏其身，行拂乱其所为。所以动心忍性，曾益其所不能。”遗憾的是，这些竟成了现实社会中不断淡去的吉光片羽。

9.29 子曰：“知[1]者不惑，仁者不忧，勇者不惧。”

【注释】

[1]知：同“智”，明智、智慧。

【品读】

《礼记·中庸》所载“知、仁、勇三者，天下之达德也。……好学近乎知，力行近乎仁，知耻近乎勇”，东汉荀悦《申鉴》卷五《杂言下》所言“君子乐天知命，故不忧；审物明辨，故不惑；定心致公，故不惧”，可以看作是对孔子此言的阐释。北宋邢昺对此章疏曰：“仁者乐天知命，内省不疚，故不忧；知者明于事理，故不惑；勇者折冲御侮，故不惧。”

在《论语·宪问》中，孔子进一步将智、仁、勇视为君子之道的三个标志。“知”，即智慧，指一个人在认识和实践上的智慧和才能。智者能“审物明辨”，即明达事理，能知人、知言，因而可以权衡利弊，可以通权达变，面对抉择而不犹疑、不迷惑。所以孔子也在《里仁》中指出：“仁者安仁，知者利仁。”由于智者聪明通达，认识到行仁的长远利处便行仁，当然这较之仁者无论贵贱贫富都行仁，已略逊一筹。

“勇”，指果敢、刚毅。但是，孔子的“勇”是“义以为上”，否则便“有勇而无义为乱”①。正像荀悦所说的，一个人只要“定义致公”，大公无私，就会无所畏惧了。

这里的“仁者不忧”之“忧”，指的是忧个人利害得失、荣辱贵贱。由于君子“乐天知命”，追求的是学问、道德的完善，故而能“安贫乐道”，“乐以忘忧”。

一个人若能集智、仁、勇三者于一身，那么他肯定是一位完美的君子，子贡认为孔子此言是“夫子自道也”②。

9.30 子曰：“可与[1]共学，未可与适[2]道；可与适道，未可与立[3]；可与立，未可与权[4]。”

【注释】

[1]与：和、跟、与……在一起。

[2]适：到……去、往。这里是“到达”“学到”的意思。

[3]立：即“立于礼”，指依礼行事。

[4]权：权衡、权变、灵活。

【品读】

孔子认为，能在一起学习的人，未必能一起至于道；能一起学道的人，未必能一起达于礼；能一起达于礼者，未必能一起通于权变。

孔子在这里是说人生知行的层层递进，并不是所有的人都能如此，也不是凡同学者都志同道合。对本章内容，李贽从另一个角度进行了阐释，可备一说。他认为：“‘与适道’者，必‘可与共学’之人；‘与立’者，必‘可与适道’之人；‘与权’者，必‘可与立’之人。曰‘未可与’者，慎重之词，郑重之意，勿误看。”③

9.31 “唐棣之华，偏其反而，岂不尔思？室是远而。”[1]子曰：“未之思也[2]，夫何远之有[3]？”

【注释】

[1]“唐棣(dì)之华”四句：这四句诗的出处已无法查考。唐棣，又作“棠棣”，树名。

---

① 《论语·阳货》。

② 《论语·宪问》。

③ (明)李贽:《四书评·论语》卷之五。

华，同“花”。偏，同“翩”，即随风翩翩摆动。一般树木开花都是先合后开，而唐棣树花却先开后合，违反常规，故说“反而”。而，语气助词，相当于“啊”或“吧”。室，居住之处。诗的作者是想借唐棣开花先开后合来表达与朋友先离后合的心情。

[2]未之思也：不曾想念呀。

[3]夫何远之有：（否则）怎么会觉得远呢？夫，句首语气词，表示将发议论。

【品读】

此章是孔子借诗言志。

程树德《论语集释》引《四书辨疑》曰：“自汉魏以来，解《论语》者多矣，此章之说，皆莫能明，孔子借题发挥而已。”从诸家诠释来看，以朱熹之说更能近孔子之意。他认为：“夫子借其言而反之，盖前篇‘仁远乎哉’之意。”他还引程子曰：“圣人未尝言易，以骄人之志；亦未尝言难，以阻人之进。但曰：‘未之思也，夫何远之有？’此言极有含蓄，意思深远。”[①]李泽厚先生也认为这“是孔子借诗发挥，摇来摆去，并未真正执著；否则‘我欲仁，斯仁至矣’，又何必怕遥远呢”[②]？

① （明）李贽：《论语集注·子罕》。

② 李泽厚：《论语今读》，第238页。

乡党第十

10.1　孔子于乡党[1]，恂恂如[2]也，似不能言者。其在宗庙[3]朝廷，便便言[4]，唯谨尔[5]。

【注释】

[1]乡党：乡和党都是古代的居民组织，一万二千五百户为一乡，五百户为一党。这里引申为家乡。

[2]恂(xún)恂如：恭敬谨慎的样子。如，形容词词尾，相当于"……的样子"。

[3]宗庙：古代帝王、诸侯或大夫、士祭祀祖宗的处所。

[4]便便言：善言谈，健谈。便便，同"辩辩"，善于言辞。

[5]唯谨尔：只是比较谨慎罢了。唯，只、只是。尔，语气词，相当于"罢了"。

【品读】

以下诸章，均记孔子在乡里、宗庙、朝廷等不同场合的不同言貌。

本章之"乡党"指孔子居住的曲阜阙里。孔子在家乡与宗亲故旧来往时，态度总是恭敬谦逊，显得很拘谨；而在宗庙祭祀与朝堂朝见时虽很谨慎，却很健谈。对不同人物、在不同场合采取不同的语言、不同的态度，以别君臣、上下、长幼、尊卑之序，这是礼制所定。孔子是礼制的忠实维护者，当然也是忠实执行者。

10.2　朝，与下大夫[1]言，侃侃如[2]也；与上大夫言，訚訚如[3]也。君在，踧踖如[4]也，与与如[5]也。

【注释】

[1]下大夫：在周代，大夫是诸侯下面的一个等级。在有的诸侯国中，大夫又分上大夫(相当于卿位)和下大夫。孔子的地位相当于下大夫。

[2]侃(kǎn)侃如：从容不迫的样子。

[3]訚(yín)訚如：和颜悦色的样子。

[4]踧踖(cù jí)如：恭敬、局促不安的样子。

[5]与与如：小心谨慎的样子。

【品读】

孔子在朝中与下大夫交谈时，侃侃而谈；与上大夫交谈时，和颜悦色。国君在场时，他会显得局促不安，严肃谨慎。

同一个场合，孔子对不同等级的人态度各异，同上章一样，仍在表明孔子对上下尊卑之礼的恪守，与后世趋炎附势者迥然不同。如李贽言："此圣人化工付物之妙，莫作势利看。"①

10.3 君召使摈[1]，色勃如[2]也，足躩[3]如也。揖所与立，左右手，衣前后，襜如[4]也。趋进[5]，翼如[6]也。宾退，必复命[7]曰："宾不顾[8]矣。"

【注释】

[1]摈(bìn)：通"傧"，出迎、接引宾客。

[2]色勃如：脸色变得庄重起来。色，指脸色。勃如，变色而庄重的样子。

[3]躩(jué)：快走、疾行。

[4]襜(chān)如：衣裙摆动的样子。

[5]趋进：疾走。此指礼貌性地小步快走，表示恭敬。

[6]翼如：像鸟儿展翅一样。

[7]复命：指完成使命后回报。

[8]宾不顾：宾客已不回头，指宾客已走远了。顾，回头看。

【品读】

本章仍讲孔子对礼的恪守。当鲁君召他接待宾客时，孔子的神色会变得矜持庄重，脚步也加快起来。他向站立两旁的人左右不停地拱手作揖，衣裳向前或向后摆动着。他以小步快速向前走，就像鸟儿展翅一样，轻盈潇洒。宾客辞别后，他一定向君主回报说：宾客已走远了。孔子做礼官(傧相)的礼节之到位，行止之标准，如在眼前。

10.4 入公门[1]，鞠躬如[2]也，如不容[3]。

立不中门[4]，行不履阈[5]。

过位[6]，色勃如也，足躩如也，其言似不足者[7]。

摄齐升堂[8]，鞠躬如也，屏气似不息者[9]。

出，降一等[10]，逞颜色[11]，怡怡如[12]也。

没阶[13]，趋进，翼如也。

① (明)李贽：《四书评·论语》卷之五。

复其位[14]，踧踖如也。

【注释】

[1]入公门：走进朝廷的大门。

[2]鞠躬如：低头欠身，这里指恭敬谨慎的样子。

[3]不容：没有容身之地。容，容纳。

[4]立不中门：不站在门的中间。中门，此处指门的中间。

[5]行不履(lǚ)阈(yù)：进门时不踩门槛。履，踩、踏。阈，门槛。

[6]过位：经过国君座位之时。位，指君主的座位。

[7]其言似不足者：他说起话来好像气力不足似的。此是为了表示恭敬、畏慎。

[8]摄齐升堂：提起衣摆向堂上走去。摄，拉、拽、提。齐，衣下摆。古时穿长袍，升堂时须提起衣摆，防止跌倒，表示恭谨有礼。

[9]屏(bǐng)气似不息者：紧屏呼吸，好像不喘息了一般。屏气，憋住气、压抑呼吸。屏，抑制。

[10]降一等：指从台阶上走下一级。

[11]逞颜色：面色舒展。逞，舒展。

[12]怡怡如：怡然自得的样子。

[13]没阶：下完台阶。

[14]复其位：回到自己的位置上。

【品读】

本章讲孔子对君臣之礼的恪守。

忠君尊王是孔子的政治主张，也是孔子的一贯政治表现。他恪守周礼，尤其在君臣关系方面，丝毫没有违礼之处。这里详细生动地描述了孔子对君主尽忠遵礼的举止容貌。在君主的宫殿里，他“鞠躬如也，如不容”，“立不中门，行不履阈”，谨慎小心，唯恐触犯君威。甚至经过君主的空座时，他也毕恭毕敬，矜持庄重，紧屏呼吸，像是不能喘息似的。一直待他由朝中出来，走下一级台阶时，面色才轻松舒展起来。由此可见他恪守君臣之礼的程度。

孔子主张“居处恭”①、“事君尽礼”②，但又反对过分做作的恭顺，即“足恭”，并以此为耻③。但本章所记孔子对君主的这种恭敬，岂不有“足恭”之嫌？其实，当时已有人对孔子事君的这种仪态视为谄媚之举了。孔子不是曾叹息“事君尽礼，人以为谄也”④吗？

---

① 《论语·子路》。

② 《论语·八佾》。

③ 《论语·公冶长》。

④ 《论语·八佾》。

对本章，李贽的评论是："一幅入公门图。笔法亦变。神品！神品！"①

10.5 执圭[1]，鞠躬如也，如不胜[2]。上如揖，下如授[3]。勃如战色[4]，足蹜蹜[5]，如有循[6]。

享礼[7]，有容色。

私觌[8]，愉愉如[9]也。

【注释】

[1]圭(guī)：帝王、诸侯及卿大夫在举行朝会、祭祀的典礼时拿的一种玉器，上圆或作剑头形，下方。这里指大夫出使邻国时所执的代表君主的圭。

[2]不胜(shēng)：这里指不能举起来。胜，能承担、能承受。

[3]上如揖，下如授：向上举圭像是作揖，向下拿圭像是在交给别人。授，给予。

[4]勃如战色：脸色庄重严肃像在作战一样。

[5]蹜(sù)蹜：指步足相接，足步密而狭的样子。

[6]如有循：好像沿一条线向前走。循，顺着、沿着。

[7]享礼：即享献礼，是使臣向对方贡献所带礼物的仪式。享，贡献。古代出使邻国，先行聘问礼。"执圭"一段所描写的就是行聘问礼时孔子的情貌。聘问之后，便行享礼。

[8]私觌(dí)：私下拜访。觌，相见。

[9]愉愉如：心情舒畅的样子。

【品读】

本章记孔子出使他国践行礼仪时的举止。"执圭，鞠躬如也，如不胜"，"勃如战色"，"足蹜蹜，如有循"，从动作行为到容貌姿态，都是那么合乎礼制，那么神圣庄严，一丝不苟。

10.6 君子不以绀緅饰[1]，红紫不以为亵服[2]。

当暑[3]，袗絺绤[4]，必表而出之[5]。

缁衣，羔裘[6]；素[7]衣，麑裘[8]；黄衣，狐裘。

亵裘长，短右袂[9]。

必有寝衣[10]，长一身有半[11]。

狐貉之厚以居[12]。

去丧，无所不佩[13]。

非帷裳[14]，必杀之[15]。

羔裘玄冠不以吊[16]。

① (明)李贽：《四书评·论语》卷之五。

吉月[17]，必朝服而朝。

【注释】

[1]不以绀緅(gàn zōu)饰：以，用。绀，深青透红的颜色。緅，黑中透红的颜色。饰，缘边、滚边、镶边。黑色是正式礼服的颜色，而这两种颜色都近于黑色，故不用来镶边。

[2]红紫不以为亵(xiè)服：在古代，红色、紫色是贵重的颜色，不用来作平常家居衣服的颜色。亵服，便服，平常在家穿的衣服。

[3]当暑：在夏天。当，在(某时，某地)。暑，指夏天。

[4]袗絺绤(zhēn chī xì)：穿粗细葛布质地的单衣。袗，单衣，这里用作动词。絺，细葛布。绤，粗葛布。

[5]必表而出之：一定加件外衣才出门。

[6]缁(zī)衣，羔裘：缁，黑色。羔裘，用羔羊皮制作的皮袍。古人穿皮衣，毛向外，因此外面要套上罩衣，罩衣的颜色和皮衣的颜色应相称。古代的"羔裘"都为黑色的羊毛，所以要配上黑色的罩衣(缁衣)。

[7]素：没有染色的丝绸布帛。这里指白色的。

[8]麑(ní)裘：用白色鹿皮制作的皮袍。麑，小鹿，其毛为白色。

[9]短右袂(mèi)：右边的袖子短一些，便于做事。袂，袖子。

[10]寝衣：睡觉盖的小被子。一说为睡衣。

[11]长一身有半：长度为一身半。一身，指一个人的身高。

[12]狐貉之厚以居：用狐貉的厚毛皮制作的坐垫。居，坐，这里引申为坐垫。

[13]去丧，无所不佩：服丧期满后可佩带各种装饰品。去，去掉、除去。

[14]帷裳：古代上朝和祭祀时穿的礼服。用整幅布制作，多余的布折叠起来缝上，不裁掉。

[15]必杀之：一定要裁掉多余的布。杀之，就是缝制时把多余的布裁去，不用折叠。杀，减去、裁去。

[16]羔裘玄冠不以吊：玄冠，黑色的礼冠。羔裘、玄冠都是黑色的，古人用作吉服，故不能穿着去吊丧。

[17]吉月：每月初一。一说特指大年初一。

【品读】

此节记孔子衣服之制。如此讲究、重视，"处处停当"①，真让人透不过气来。

10.7　齐[1]，必有明衣[2]，布[3]。

齐必变食[4]，居必迁坐[5]。

---

① (明)李贽：《四书评·论语》卷之五。

【注释】

[1]齐：同“斋”，斋戒。古人在祭祀前要整洁身心，不饮酒、不吃荤，要沐浴，并不与妻妾同房。

[2]明衣：洗浴后穿的浴衣。

[3]布：古代的布一般用麻、葛制成。

[4]变食：改变饮食，和平时相区别，指不饮酒、不吃荤。

[5]居必迁坐：指从内室迁到外室居住，不与妻妾同房。

【品读】

古人视祭祀为大事，在祭祀前要洁净身心，不饮酒，不吃荤，还要洗沐，然后穿干净的浴衣，并且改易常处，实行禁欲，以示敬诚和畏惧。正像朱熹《论语集注·乡党》引杨氏言：“齐所以交神，故致洁变常以尽敬。”

10.8 食不厌精[1]，脍[2]不厌细。

食饐而餲[3]，鱼馁[4]而肉败[5]，不食。色恶[6]，不食。臭恶，不食。失饪[7]，不食。不时[8]，不食。割不正，不食。不得其酱，不食。

肉虽多，不使胜食气[9]。

唯酒无量，不及乱[10]。

沽酒市脯[11]，不食。

不撤[12]姜食，不多食。

【注释】

[1]食不厌精：饭食做得越精细越好。厌，讨厌、厌恶、嫌。

[2]脍(kuài)：细切的肉、鱼。

[3]饐(yì)而餲(ài)：“饐”和“餲”都是指食物放置经久而变味腐臭。

[4]馁(něi)：腐烂、不新鲜。

[5]败：饮食变质变味。

[6]恶：坏、不好。

[7]失饪(rèn)：烹调不当。饪，烹饪、烹调。

[8]时：应时、新鲜。

[9]不使胜食气(xì)：不要超过饭量。胜，超过。气，同“饩”，粮食。食气，此处指饭料、饭量。

[10]乱：昏乱。这里指醉酒失态。

[11]沽(gū)酒市脯(fǔ)：“沽”和“市”都是买的意思。脯，干肉。

[12]不撤：不要撤去，即要备有。

【品读】

此章记孔子的饮食规矩，非常周到、细致。孔子主张“食不厌精，脍不厌细”，食物、鱼肉变质、腐烂的不要吃，食物颜色不正的不要吃，气味异常、难闻的不要吃，烹调不当的不要吃，蔬菜不新鲜的不要吃，肉割取的部位不正的不要吃，甚至没有调味的酱醋也不吃。酒席上的肉食虽多，但不要超过饭量。只有饮酒不限量，但不要豪饮，以免醉酒失态。从市场上买来的酒和肉干不要吃。吃饭时要备有姜食，但不要多食。对此，李泽厚认为：“孔子很讲究饮食起居，这正是儒学重生的具体表现。”①

这里的“唯酒无量，不及乱”与《子罕》中所言“不为酒困”一致。李贽对此赞叹不已。他说：“‘唯酒无量，不及乱’，大圣人！大圣人！其余都与大众一般。”②

不过，孔子毕竟不是一般大众，他一方面要讲究“食不厌精，脍不厌细”，另一方面又追求“饭疏食，饮水，曲肱而枕之，乐亦在其中”③的境界，两者之径庭，非常人所能调协。

10.9 祭于公[1]，不宿肉[2]。祭肉[3]不出三日。出三日，不食之矣。

【注释】

[1]祭于公：指参加国君的祭祀典礼。

[2]不宿肉：不使肉过夜。古代士大夫都有助君祭祀之礼。天子、诸侯的祭礼，当天清早宰杀牲畜，然后举行祭典，次日再祭，叫“绎祭”。绎祭之后才令各人拿自己带来助祭的肉回去，或依贵贱等级分别颁赐祭肉，这样这些肉至少放了两天了，已不十分新鲜，所以拿回家后不能再留着过夜了。

[3]祭肉：指祭祀用过的肉。

【品读】

孔子在这儿是在进行饮食卫生的启蒙。与上篇“食饐而餲，鱼馁而肉败，不食。色恶，不食。臭恶，不食”同。

祭祀之后分食祭肉，这一习惯相传甚久，至汉代已演变成重要的民间活动。《史记·陈丞相世家》曾记：“里中社，平为宰，分肉食甚均。父老曰：‘善，陈孺子之为宰！’平曰：‘嗟乎，使平得宰天下，亦如是肉矣！’”

10.10 食不语[1]，寝不言[2]。

---

① 李泽厚：《论语今读》，第246页。

② （明）李贽：《四书评·论语》卷之五。

③ 《论语·述而》。

【注释】

[1]食不语:吃饭时不说话。

[2]寝不言:睡觉前不聊天。

【品读】

朱熹《论语集注·乡党》曰:"范氏曰:'圣人存心不他,当食而食,当寝而寝,言语非其时也。'杨氏曰:'肺为气主而声出焉,寝、食则气窒而不通,语、言恐伤之矣。'"

现代一些养生家仍持这般主张。

10.11 虽疏食菜羹[1],必祭,必齐如[2]也。

【注释】

[1]疏食菜羹(gēng):疏食,粗糙的米饭。菜羹,用菜做的汤。

[2]齐如:即像斋戒时那样虔诚。齐,同"斋"。

【品读】

古人有这种习俗,就是吃饭前将席上各种食品拿出少许,放在食器之间,祭祀最初发明饮食的人,以示不忘本,时人又称之为"氾祭"。本章记孔子即使吃的是粗食菜羹,也必得先行祭祀,且其祭必敬,像斋戒时那样虔诚。

10.12 席[1]不正,不坐。

【注释】

[1]席:席子。古代没有椅凳,都坐在铺在地上的席子上。

【品读】

《墨子·非儒》也有"哀公迎孔子,席不端,不坐"一语,表明孔子之循礼是随时随地、一以贯之的。

依周礼,无论是政治场合,还是内外府第,无论是车马服饰,还是钟鼎盂盘,以至各种日用器物,在大小、质地、形制、数量甚至摆放方面都有具体规定,以表明器物的主人在社会地位上的"名分"高低。对于席子的铺摆也是如此。

刘宝楠《论语正义·乡党》对此阐释道:"凡为席之礼,天子之席五重,诸侯之席三重,大夫再重。席南向北向,以西方为上;东向西向,以南方为上。如此之类,是礼之正也。若不正,则孔子不坐也。"

10.13 乡人饮酒，杖者[1]出，斯[2]出矣。

【注释】

[1]杖者：拄拐杖的人，此处指老年人。

[2]斯：就、才。

【品读】

本章的“乡人饮酒”指的是乡饮酒礼，这是中国古代被官方特许的乡间定期会饮。西周时期，鉴于殷人“庶群自酒，腥闻在上”以致亡国的教训，严格规定民间不得无故群饮，违者“尽执拘”，以至斩首。这种戒规一直延续到春秋战国时期。秦律明确规定：“百姓居田舍者毋敢酤酒，田啬夫、部佐谨禁御之，有不从令者有罪。”①但是，“乡饮酒”却为官方许可，并受到大力倡导。因为它能使“民知尊长养老，而后乃能入孝弟（悌）；民入孝弟（悌），出尊长养老，而后成教；成教而后国可安也”②。“乡饮酒”既能营造乡里的祥和气氛，又利于治国安民。那么，统治者何乐而不为呢？

“乡饮酒”的仪式十分烦琐，在《仪礼·乡饮酒礼》和《礼记·乡饮酒义》中有详细描述。概括起来，举行“乡饮酒”有以下四种情况：一是乡里三年大比，宾宴贤能，进行会饮；二是乡大夫饮国中贤能者酒；三是每年春、秋两季举行的乡民会射所饮之酒；四是年终腊祭举行群饮。

由于官方倡导的“乡饮酒”是以尊长、养老、孝悌之道为宗旨，所以“乡饮酒”的礼俗通常也是按“少长以齿”的原则进行的。乡人群饮时，要依年龄为序进行，如“六十者三豆，七十者四豆，八十者五豆，九十者六豆，所以明养老也”③；结束时，要长幼有序，依次退出。

但是事实上，“乡饮酒”中这种以“少长以齿”的场面并不多见。一年之中，劳作的艰辛，礼仪的压抑，生活的困乏，一旦有了乡人聚饮机会，人们醉饮狂乱而不拘礼节的场面就在所难免了。如《礼记·杂记下》有一段孔子与子贡的问答，比较实际地记下了春秋末年鲁国腊祭群饮的情况。孔子问子贡：腊祭是否过得快乐？子贡答曰：“一国之人皆狂也”，“未知其乐也”。可谓真实地道出了“乡饮酒”的狂欢场面。这种情况直到战国时仍是如此。《史记·滑稽列传》记齐国州闾之会饮：“男女杂坐，行酒稽留，六博投壶，相引为曹，握手无罚，目眙不禁。前有堕珥，后有遗簪……日暮酒阑，合尊促

① 睡虎地秦墓竹简整理小组编：《睡虎地秦墓竹简·田律》，文物出版社1978年版，第30页。

② 《礼记·乡饮酒义》。

③ 《礼记·乡饮酒义》。

坐，男女同席，履舄交错，杯盘狼藉。”《楚辞·招魂》记楚国乡饮也是“士女杂坐，乱而不分”。这些场面可以说是子贡说鲁“一国之人皆狂”场面的更具体描写。

孔子是个严格守礼的人，无论乡人饮酒场面如何，他都依礼而行，待“杖者出，斯出矣”。

10.14 乡人傩[1]，朝服而立于阼阶[2]。

【注释】

[1]傩(nuó)：古代春节前夕迎神驱鬼疫的一种仪式。

[2]阼阶：东阶。古殿前两阶，无中间道，宾主相见，主人立东阶，宾自西阶升降。

【品读】

在古代社会，人们无法科学地解释各种自然现象，从而认定现实世界之中或其周围存在着各种各样、数量巨多的鬼与怪。这些鬼魅往往通过疾疫等方式加害于人，直接威胁人们的生命，而且它们的加害“不可为富贵、众强、勇力、强武、坚甲利兵所阻”①。也就是说，无论是什么阶层、什么人物、有何勇力、用何武器，都无法避免这种加害。在这种情况下，人们自然要借助于自身以外的非自然力量驱避鬼魅的侵扰，禳灾避难，其中最常用的方式就是“傩”。

“傩”又称“追傩”，是人们举行的一种驱鬼仪式，本源于原始氏族的驱鬼活动。这种追傩仪式主要由“方相氏”主持，实际上是由人(一般是巫师)戴上面具而成，又被称为“傩神”“乡傩神”“傩公”等。据《周礼·夏官·方相氏》记载，方相氏掌蒙熊皮，“黄金四目，玄衣朱裳，执戈扬盾，率百隶而时傩”。因为古人认为，驱打鬼怪，倘若以毫不掩饰的常人面孔出现，厉鬼是不会害怕的，非但驱赶不了鬼，反而会激怒鬼，变本加厉地加害于人。所以，打鬼者要乔装打扮，变换真实面目，借助易容去恫吓鬼怪，并通过面具这种法具向打鬼者输送神的灵性与力量。

在中国古代，自京城宫室到乡间民间，普遍流行追傩仪式，一年次数不等。一般来说，多在腊月初七举行，目的是为了使百姓在腊祭时不受野鬼邪祟惊扰，并以此除旧迎新。

乡村社会中举行的追傩又称“乡傩”“乡人傩”。届时，乡里的人们佩戴着各种狰狞的面具，手持兵器或农具，由方相氏统率，逐门逐户地搜索厉鬼，

① (汉)王充：《论衡·明鬼》。

并跳方相氏舞，欢呼呐喊，内容诸如"节解女（你）肉，抽女（你）肺肠，女（你）不急去，后者为粮"①，多威胁恐吓之词。然后，手持火炬，将厉鬼们赶出聚落，直至追到附近丛林或河流，并将火炬投入河流，使其随波逐流而去，以使鬼怪不再死灰复燃。为避免厉鬼卷土重来，人们回家后在门户上又设置桃梗、苇索等缚鬼降鬼之物，加强防范。至此，追傩方大功告成，人们可以安心地辞旧迎新了。

由于乡傩仪式的举行地点往往在祖庙宗祠前，并挨门挨户进行，孔子担心被驱打得走投无路的恶鬼会潜入祖庙，惊扰祖灵安宁，所以在乡人傩时，他"朝服而立于阼阶"，身着严肃的礼服立于庙门前以身挡鬼，"存室神也"②。

10.15 问[1]人于他邦，再拜[2]而送之。

【注释】

[1]问：问讯、问候。

[2]再拜：拜两次，表示礼节隆重，多用于平辈之间。拜，古代一种表示恭敬的礼节，或下跪叩头，或打躬作揖。

【品读】

孔子托人向其他国家的朋友问候时也恪尽礼道，在送别受托者时要拜两次。李贽对此评论道："只是一个至诚。"③

10.16 康子馈[1]药，拜而受之，曰："丘未达[2]，不敢尝。"

【注释】

[1]馈（kuì）：赠送、馈赠。

[2]达：通晓、了解。

【品读】

此处"康子"即鲁国权臣季康子，他以药赠予孔子，而孔子行礼致谢接受后说："我不晓此药药性，不敢尝。"朱熹《论语集注·乡党》认为，本章"记孔子与人交之诚意"。他又引范氏曰："凡赐食，必尝以拜。药未达，则不敢尝。受而不饮，则虚人之赐，故告之如此。"这是讲孔子守礼又不拘泥于礼。

---

① 《后汉书·礼仪志》。

② 《礼记·郊特牲》。

③ （明）李贽：《四书评·论语》卷之五。

10.17　厩焚[1]。子退朝，曰："伤人乎？"不问马。

【注释】

[1]厩(jiù)焚：马棚失火。厩，马棚。

【品读】

马厩失火，孔子只关心是否"伤人"，贵人贱畜，说明他一直躬行着"泛爱众"的仁爱理念。这在等级森严的春秋时代，实属难得。

10.18　君赐食，必正席[1]先尝之。君赐腥[2]，必熟而荐[3]之。君赐生[4]，必畜[5]之。

侍食于君，君祭，先饭[6]。

【注释】

[1]正席：摆正席位和食案。

[2]腥：生鱼肉。

[3]荐：献，进献祭品。这里指对自己的祖先进奉、上供。

[4]生：指活的禽兽。

[5]畜(xù)：饲养禽兽。

[6]先饭：先尝一尝。

【品读】

本章通过饮食之礼记孔子对君臣礼仪的笃行。李贽对此评论道："一部《礼记》。"①朱熹则细细阐释了本章中孔子所循礼仪的内涵："君赐食，必正席先尝之"，其含义是"正席先尝，如对君也。言先尝，则余当以颁赐矣"，即接受国君所赐食物，如在国君面前一样，要摆正坐席、食案，先行品尝，然后再分赐他人，共同享用。"君赐腥，必熟而荐之"，其含义是"熟而荐之祖考，荣君赐也"，即做熟后先供奉到祖先灵前，以彰示国君所给予的荣光。"君赐生，必畜之"，其含义是"畜之者，仁君之惠，无故不敢杀也"，这是要将国君的恩惠泽及牲畜。"侍食于君，君祭，先饭"，朱熹依《周礼》释其含义道："《周礼》：'王日一举，膳夫授祭品尝食，王乃食。'故侍食者，君祭，则己不祭而先饭，若为君尝食然，不敢当客礼也。"②这是说臣下在随国君祭祀时，要先尝食，然后再由国君献祭，这一点同于伴食国君时要先品尝的礼仪，其真正的

① (明)李贽：《四书评·论语》卷之五。

② (宋)朱熹：《论语集注·乡党》。

渊源恐怕还是国君饮食安全的需要。

10.19 疾，君视之，东首[1]，加朝服[2]，拖绅[3]。

【注释】

[1]东首：面向东方。

[2]加朝服：孔子卧病在床，不能穿朝服，只能盖在身上。

[3]拖绅：绅，束在腰间的大带子，束之后仍有一段垂下来，故曰“拖绅”。

【品读】

本章记孔子尽君臣之礼。

依常礼，宾主相见，主人立东面西，宾客立西面东，但古人卧榻一般设在南窗的西面。孔子患病之时，国君探视，为尽君臣之礼，孔子只好卧在榻上面朝东，亦即“东首”。这样，国君在东面西向，以示主人之意。同时，卧病在榻，无法穿着官服，故将官服盖在身上，官服上的绅带也照样摆上，以示对国君的恭敬。

10.20 君命召，不俟驾[1]行[2]矣。

【注释】

[1]俟（sì）驾：等车辆驾上马匹。俟，等待。

[2]行：行走。

【品读】

本章仍记孔子之“事君尽礼”。孔子无论何时何地，均虔诚地执行“事君能致其身”的尊君原则。因此，当君要召见时，不待车马备好，他便立刻步行前去，以减少国君的等候，以示君尊。《荀子·大略》也说：“诸侯召其臣，臣不俟驾，颠倒衣裳而走，礼也。”

10.21 入太庙，每事问[1]。

【注释】

[1]此条重出，见《八佾》篇。

10.22 朋友死，无所归[1]，曰：“于我殡[2]。”

【注释】

[1]无所归：指无人收殓或无力收殓。归，归属、归宿。

[2]于我殡（bìn）：由我来办理丧事。殡，停放灵柩，这里指办理丧事。于，介词，以、用、由。

【品读】

本章记孔子交友之义。

孔子不但尊亲，而且爱友，博大慈爱。无怪乎李贽对此以“大圣人”①三字为评语。

10.23 朋友之馈，虽车马，非祭肉，不拜。

【品读】

本章仍记孔子交友之义。

对于朋友的馈赠，即使是车马，也不拜谢；若是祭肉，则拜。原因是祭肉已具有神性，是供祖先享用的，意义重大，故拜。所以朱熹《论语集注·乡党》说：“朋友有通财之义，故虽车马之重，不拜。祭肉则拜者，敬其祖考，同于己亲也。”

10.24 寝不尸[1]，居不容[2]。

【注释】

[1]不尸：指不像死尸那样直挺着。

[2]居不容：指闲居在家时不像在举行典礼、接待宾客等正式场合下那样仪态恭敬，端庄严肃，而是轻松自如。居，闲居在家。容，容貌、仪态。一作“客”。

【品读】

本章记孔子居家之道，亦即《论语·述而》所云：“子之燕居，申申如也，夭夭如也。”可谓张弛有方，礼法自然。

10.25 见齐衰[1]者，虽狎[2]，必变[3]。见冕者[4]与瞽者[5]，虽亵[6]，必以貌[7]。凶服者式之[8]。式负版者[9]。

有盛馔[10]，必变色而作[11]。

① （明）李贽：《四书评·论语》卷之五。

迅雷风烈必变[12]。

【注释】

[1]齐衰：衰，通“缞”。旧时丧服名，为五服之一，次于斩衰。丧服用麻布做成，以其缉边，故称“齐衰”。服期有一年的，为“齐衰期”，如孙为祖父母，夫为妻；有五月的，如孙为曾祖父母；有三月的，如孙为高祖父母。这里泛指孝服。

[2]狎(xiá)：亲近而随便、不拘礼节。

[3]必变：指改变态度或神色，变得严肃端庄。

[4]冕(miǎn)者：此处指当官的。冕，大夫以上的贵族所戴的礼帽。

[5]瞽(gǔ)者：盲人。

[6]亵(xiè)：常见、熟悉。

[7]必以貌：一定改变神色，以礼相待。

[8]凶服者式之：凶服，丧服。式，同“轼”，车前横木，供扶手用。此处用作动词，即身子微俯在横木上，以示尊敬和同情。

[9]负版者：背着国家图籍的人。版，方形木板。古代无纸，把国家的图籍，如地图、户籍等刻在木板上，称“版籍”，简称“版”。

[10]盛馔(zhuàn)：丰盛的筵席。馔，饭食。

[11]作：起身、起来。

[12]迅雷风烈必变：遇到雷暴和狂风大作的天气时，必然改变神色。

【品读】

本章记录了孔子在不同场合下、不同人事面前所施用的礼节。孔子见到服丧者，即使平日关系亲密，也一定会严肃端庄起来；见到为官者与盲人，即使彼此熟悉，也一定彬彬有礼；即使在乘车时遇到穿丧服者，也一定把身子倾俯在横木上，以示敬意。这种见齐衰者、冕者、瞽者及凶服者的表示，同于《子罕》篇中所记“虽少必作，过之必趋”。至于对负版者为何同样尊敬，盖因他们是国中负责土地与民数之上达者。如朱熹《论语集注·乡党》所言：“负版，持邦国图籍者……人惟万物之灵，而王者之所天也，故《周礼》‘献民数于王，王拜受之’，况其下者，敢不敬乎？”

做客时，若主人以丰盛的菜肴款待，必恭敬地站起来，这是“敬主人之礼”①，以示谢意。

“迅雷风烈必变”，是说天气若有异常变化，孔子定然会改变神色，以示对上天的虔诚和畏惧。对此，朱熹《论语集注·乡党》又诠释道：“必变者，所以敬天之怒。《记》曰：‘若有疾风、迅雷、甚雨，则必变，虽夜必兴，衣服冠而坐。’”

① (宋)朱熹:《论语集注·乡党》。

10.26　升车[1]，必正立，执绥[2]。车中，不内顾[3]，不疾言[4]，不亲指[5]。

【注释】

[1]升车：上车、登车。

[2]绥（suí）：上车时扶手用的索带。

[3]内顾：在车内回头向后看或四处张望。顾，回头看、张望。

[4]疾言：言语急促。疾，快、急速。

[5]亲指：用自己的手指画。

【品读】

孔子上车时，一定先端正站好，然后再拉着车绥上去，且在车中不四处张望，不快言快语，也不指指点点。

李贽评曰："与大众一样。"①不妥。此处正是孔子不同于大众处。他于细微处体现礼制之所在，非大众所能及。

10.27　色斯举矣[1]，翔而后集[2]。曰："山梁雌雉[3]，时哉时哉[4]！"子路共[5]之，三嗅而作[6]。

【注释】

[1]色斯举矣：色，脸色。举，鸟飞起来。

[2]翔而后集：盘旋一阵便都落在树上。翔，回翔、盘旋。集，指鸟群停在树上。

[3]雌雉（zhì）：野母鸡。

[4]时哉时哉：得其时呀！得其时呀！指野鸡命运好，能自由飞翔。

[5]共：同"拱"。

[6]三嗅而作：长叫几声飞走了。三，表示多数，几次。嗅，唐代石经《论语》中作"戛"（jiá），即鸟长叫声。作，起身，这里为飞起。

【品读】

李贽对此评论道："分明一段禅语。若认作实事，便是呆子。'色斯举矣'，'可以仕而仕'，'可以速而速'也。'翔而后集'，'可以处而处'，'可以久而久'也。曰'山梁'，见非庙堂也。曰'雌雉'，见非帝王也。曰'子路'，见非'用之则行，舍之则藏'者也。的是宣圣一幅真容，的是宣圣一部实谱，正与'学而时习之'处关应。记《论语》者，圣手也。读《论语》者，从来都是瞎子。

① （明）李贽：《四书评·论语》卷之五。

我今指出，孔子又活矣。快活！快活！然亦孔子知之耳，瞎子仍不知也。”①

杨伯峻《论语译注》则言：“这段文章很费解，自古以来就没有满意解释，很多人疑它有脱误。”这里将它译出，供读者遐思：

（孔子与弟子在山谷中行走，望见一群野鸡）他神色一动，野鸡飞向天空，盘旋一阵，又落在一处。孔子说：“山梁上的野母鸡，得其时呀！得其时呀！”子路向它们拱拱手，野鸡鸣叫着飞走了。

① （明）李贽：《四书评·论语》卷之五。

先进第十一

11.1 子曰："先进于礼乐[1]，野人也；后进[2]于礼乐，君子[3]也。如用之，则吾从先进。"

【注释】

[1]先进于礼乐：指先学习礼乐而后做官的人。

[2]后进：指先做官而后学习礼乐的人。

[3]君子：此处指贵族男子。

【品读】

此章中的"野人"不能依字面诠释为"粗俗之人"或"小人"，它的本义是指周代被统治宗族。西周诸国均以宗族统治为特征，宗族是国家政权的主体，国是族权的外在形式。统治宗族的族长既是族人的领袖，也是一国之君；同时，被统治阶级也是以宗族的形式存在的，他们是被征服宗族，如"殷民六族""怀姓九宗""殷民七族"等，被分封给各异姓、同姓诸侯。为了维护统治宗族成员的团结，实现对国家政权的绝对控制，西周实行了国野制度。"国"是统治宗族聚居区，一般在城池及其周围地区；"野"是被统治宗族的聚居区，一般在城外的远郊地区。前者居民（包括卿大夫等贵族在内）称"国人"，后者则称"野人"或"鄙人"。

相对于"野人"而言，"国人"具有优越的地位与权力，如参政、议政、当兵征战、受教育等等；而"野人"则不具备这些。但是到春秋时代，随着社会生产力的进步，社会经济、政治结构发生了巨大的变化，国野制下的这种阶级结构开始走向衰亡，其集中表现就是"国人"的瓦解与"野人"地位的提高，"国人"中的一部分人从统治阶级中分离出来，和"野人"逐渐合而为一，"野人"这一概念也随之发生了变化。本章中所说的"野人"便是指那些非贵族的、没有爵禄的平民、庶民，而"君子"则与"野人"对举，指的是贵族。

依周礼，贵族的地位包括社会各阶层的身份都世代相传，不能改变。但春秋时代的社会巨变却不断地冲击着这一旧制。为适应时代的变化和需要，孔子提出了"举贤才"的新思想，修正了"先祖当贤，后子孙必显；行如桀纣，列从必尊”的宗族世卿世禄制度，并适应文化下移的历史潮流，打破了“学在官府”的旧制，提出了“有教无类”的主张。他的三千多弟子，不受贵贱、贫富、老幼的限制，其中大多数是出身于贫贱的“野人”之家。孔子以“学而优则仕”为其教学目的，即最终想通过教育，造就“齐家、治国、平天下”的优秀人才。为了这个目的，孔子不遗余力地培养弟子们的品德修养和政治才干。正如美国著名汉学家G. 克里尔在其《孔子和中国之道》一书中所说：孔子不是仅仅培养学者，而是训练治世能人；他不是教书，而是教人。其结果是在贵族之外各等级中培养了大批人才，他们凭才能可以改变自己的身份，可以入仕。这无疑给贵族政治注入了新鲜血液，使之恢复了生机。因此，孔子极力主张用人应看他本人是不是德才兼备，而不是看他的出身之尊卑贵贱。他说：“野人”是先学习礼乐而后凭才能和所学知识做官；而君子是凭其世袭特权先做官而后为了需要而学礼乐。如果要选用人才，他要选先学习礼乐的“野人”。这无疑是一个重大的历史进步。

11.2 子曰：“从我于陈、蔡者，皆不及门[1]也。”

【注释】

[1]不及门：不在跟前受教。门，这里指孔子授教的场所。

【品读】

陈、蔡指陈国与蔡国。陈在今河南东部及安徽西北部一带，蔡在今河南上蔡一带。孔子周游列国途中，所遇最大的厄难当属被困于陈、蔡。据《史记·孔子世家》记载，哀公四年（前491年），“吴伐陈，楚救陈，军于城父。闻孔子在陈、蔡之间，楚使人聘孔子。孔子将往拜礼，陈、蔡大夫谋曰：‘孔子贤者，所刺讥皆中诸侯之疾。今者久留陈、蔡之间，诸大夫所设行皆非仲尼之意。今楚，大国也，来聘孔子。孔子用于楚，则陈、蔡用事大夫危矣。’于是乃相与发徒役围孔子于野。不得行，粮绝。从者病，莫能兴。孔子讲诵弦歌不衰”。此时，子贡、子路、颜渊等弟子均随从身边，孔子以《诗经》的“匪兕匪虎，率彼旷野”对三位弟子因材施教，以至于对颜回发出“使尔多财，吾为尔宰”的感叹，均发生在此时。不过，关键时刻，还是子贡脱身赶至楚国，使楚昭王发兵为孔子解围，并将其一行迎至楚国。

本章是孔子晚年对往事的感怀。此时，早年的弟子们已学成他去，或仕于鲁，或仕于卫，或仕于他国，颜回也已早逝。一想到往日周游列国时的艰辛，孔子立时便会想到随他一同奔波的弟子们，心中有说不出的酸楚。

11.3　德行：颜渊、闵子骞、冉伯牛、仲弓。言语：宰我、子贡。政事：冉有、季路。文学[1]：子游、子夏。

【注释】

[1]文学：这里指文章、文献及礼乐方面的学问。

【品读】

本章所记这十位弟子亦即唐以来“十哲”之由来。朱熹认为此处是孔子因材施教的体现。他说：“弟子因孔子之言，记此十人，而并目其所长，分为四科。孔子教人各因其材，于此可见。”①但也有注家认为，此十人是随孔子被困于陈、蔡者，据此而定孔门“十哲”并不妥当。程子即言：“四科乃从夫子于陈、蔡者尔，门人之贤者固不止此。曾子传道而不与焉，故知十哲世俗论也。”②李贽也认为：“此记从陈、蔡之人耳，德行、言语、政事、文学，不甚关系。”③然而无论怎样，这十人应是孔子弟子中的出类拔萃者。

11.4　子曰：“回也，非助我者也，于吾言无所不说[1]。”

【注释】

[1]说(yuè)：同“悦”，心悦诚服。

【品读】

孔子一向主张“君子和而不同”④。他常常对人对事直陈己见，也希望有来自他人的驳议、诘难。其弟子子夏(卜商)就《诗经》上的问题不断地向他发问，促使他进一步思索。所以孔子对他赞赏道：“起予者商也。”⑤而颜回尽管是孔子最得意的弟子，但他性格内向，且过于谦恭，事事、处处都遵从孔子的教导，不敢越雷池半步。“于吾言无所不说”，即对孔子之说从不提出异议。对此孔子并不满意，说：“回也，非助我者也。”

11.5　子曰：“孝哉闵子骞！人不间[1]于其父母昆弟[2]之言。”

---

① (宋)朱熹：《论语集注・先进》。

② (宋)朱熹：《论语集注・先进》。

③ (明)李贽：《四书评・论语》卷之六。

④ 《论语・子路》。

⑤ 《论语・八佾》。

【注释】

[1]间(jiàn):这里指挑剔、找毛病。

[2]昆弟:兄弟。

【品读】

闵子骞,孔子弟子,以孝行闻名于世。据《艺文类聚·孝部》引汉代刘向《说苑》云:"子骞兄弟二人,母死,其父更娶,复有二子。子骞为其父御车,失辔,父持其手,衣甚单,父则归,呼其后母儿,持其手,衣甚厚温,即谓其妇曰:'吾所以娶汝,乃为吾子,今汝欺我,去无留。'子骞前曰:'母在一子单,母去四子寒。'其父默然。"《艺文类聚·孝部》引《韩诗外传》也记载道:"母悔改之,至均平,遂成慈母。"所以孔子在这里对闵子骞的孝行大加称赞,认为闵子骞的孝行感化并教育了后母,保护了异母弟,挽救了家庭,因而"父母兄弟称其孝友,人皆信之无异词者"①。

11.6 南容三复白圭[1],孔子以其兄之子[2]妻[3]之。

【注释】

[1]南容三复白圭:白圭是一种珍贵而莹洁的玉器,国君和大臣行礼时拿在手中。这里是指关于白圭的四句诗:"白圭之玷,尚可磨也;斯言之玷,不可为也。"(《诗经·大雅·抑》)意思是:白圭的污点还可以磨掉,我们言语中的错误可无法收回了。南容反复念此四句诗,表明他说话、办事小心谨慎。三复,多次重复、反复多次。

[2]子:此指女儿。

[3]妻(qì):用作动词,以女嫁人。

【品读】

南容,即南宫适(kuò),鲁国人,因字子容,时人通称其南容。据《史记·仲尼弟子列传》司马贞《索隐》,南容即鲁大夫鲁僖子之子南宫敬叔,原名仲孙阅,因居于南宫,便以之为氏。南容谨慎稳妥,又崇尚文德。孔子曾对他评价道:"邦有道,不废;邦无道,免于刑戮。"②所以,将兄之女嫁给了他。

11.7 季康子问:"弟子孰[1]为好学?"孔子对曰:"有颜回者好学,不幸短命死矣,今也则亡[2]。"

① (宋)朱熹:《论语集注·先进》。

② 《论语·公冶长》。

【注释】

[1]孰：哪一个、谁。

[2]亡：同"无"。

【品读】

此章与《雍也》中的一章相似。《雍也》曾记："哀公问：'弟子孰为好学？'孔子对曰：'有颜回者好学。不迁怒，不贰过。不幸短命死矣，今也则亡，未闻好学者也。'"

同样一个问题，孔子同样以颜回作答，但回答有详有略。对此，南梁皇侃《论语义疏·先进》疏曰："此与哀公问同而答异者，旧有二说：一云缘哀公有迁怒贰过之事，故孔子因答以箴之也。康子无此事，故不烦言也。又一云哀公是君之尊，故须具答，而康子是臣为卑，故略以相酬也。"

其实，我们大可不必探究孔子的态度如何，从孔子的答问中，我们可以感受到他对颜回好学的赞叹及对其早逝的痛惜之情。

11.8 颜渊死，颜路[1]请子之车以为之椁[2]。子曰："才不才[3]，亦各言其子也。鲤[4]也死，有棺而无椁。吾不徒行以为之椁。以吾从大夫之后[5]，不可徒行也。"

【注释】

[1]颜路（前545～？年）：名无繇（yóu），字路，颜渊的父亲，也是孔子的弟子。

[2]椁（guǒ）：古代棺材有两层，里层为棺，外层为椁。

[3]才不才：有才能的和没才能的。才，有才华，这里指颜渊。不才，没才华，此处指孔鲤。

[4]鲤：孔子的儿子，名鲤，字伯鱼。鲤五十岁死，时孔子七十岁。

[5]从大夫之后：跟随大夫行列的后面。意思是曾当过大夫。孔子曾任鲁国司寇，属大夫阶层，当时已去位多年。按照当时的等级制度，大夫出外必须乘车。孔子当时虽已不做官，但还保有大夫的身份。

【品读】

孔子对颜回之死是非常哀痛的。如下章即云："颜渊死。子曰：'噫！天丧予！天丧予！'""颜渊死，子哭之恸。从者曰：'子恸矣！'曰：'有恸乎？非夫人之为恸而谁为？'"孔子对颜回之死的痛惜之情溢于言表。但是在处理颜回死后棺椁、埋葬的问题上，孔子却又很理智，坚持以礼行事，不肯丧失原则。颜回的父亲大概是看到孔子如此器重颜回，如此哀怜颜回，遂要求孔子卖掉车子给颜回买椁。孔子却坚持说："无论有没有才能，都是自己的儿子呀。我的儿子鲤死了，也只有内棺而无外椁。我没有卖掉车子徒步行走来替他买椁。因为我忝居大夫之列，不便徒步行走啊。”孔子坚守礼制，没给颜回买椁。对于如何安葬颜回，据《礼记·檀弓》记载，孔子也主张“称其家之财物所有以送终，此谓之礼”，认为对死者应实行薄葬，应视自家的财力而为之，超过自家的财力而借贷行葬是不合礼制的。然而孔子的弟子们最终还是违命抗礼将颜回用厚礼葬了(详见后章)。

对于孔子不肯卖车买椁，后人每每不肯正视，也有一些注家要为尊者讳，再替孔子找出一些理由来。如清人懋庸在《论语稽》中即认为，颜回之父是请求孔子将车用作殡时之椁，使颜回享用卿大夫的葬仪，所以孔子不许。就连对孔子时有微词的李贽也特地在本章批道：“此处大有关系，勿看作悭吝一般。”他对此的评论是：“‘颜路请子之车以为之椁’，欲以命车为椁也。盖以其子有王佐之才，生不得沾一命之荣，故欲以此宠荣之耳。此亦世俗常情，正与子路以门人为臣一般见识。但夫子看得自家与颜回俱是木铎中人，师道与君道并重，教泽与治泽齐长，何必又假此也？故有‘才不才’之说云耳。”①

李贽此处也是多虑了，再读一下孔子原话，看一看下面他对弟子仍厚葬颜回后所感叹的：“回也视予犹父也，予不得视犹子也，非我也，夫二三子也。”我们可以清楚地看到孔子对颜回视为己出，所以才会不顾伤感之痛，依礼行事，并无其他。

11.9 颜渊死。子曰：“噫[1]！天丧予[2]！天丧予！”

【注释】

[1]噫(yì)：感叹词，相当于“咳”。

[2]天丧予：老天要我的命呀！予，我。

【品读】

孔子和颜回在长期教与学的实践中形成了情深意厚、亲如父子的师生关系。对此，《吕氏春秋·劝学》描述道：“颜回之于孔子也，犹曾参之事父也。古之贤者也，其尊师若此，故师尽智竭道以教。”而颜回勤学深思，恪遵孔子教诲，深切体悟孔子之道，力行不辍，时时以德、礼律己，使自己的言行均合乎仁德的标准，做到“三月不违仁”，连孔子都自叹不如。而且他能做到“不迁怒，不贰过”，择乎中庸；同时还能居陋巷，“一箪食，一瓢饮”②，安贫乐

① (明)李贽：《四书评·论语》卷之六。

② 《论语·雍也》。

道，知足无欲；又能谦和待人，深思问学。孔子对他由衷赞赏："贤哉！回也。"①将颜子视为其道德学问的理想继承人。所以，对于自己最得意的弟子的早世，孔子悲痛欲绝，失魂落魄，反复呼喊："天丧予！天丧予！"孔子在最痛苦、最绝望、最困难的情况下，往往把"天"字喊出来，以减少心灵上的负担，增加精神上的依托。从这呼喊中，我们能感悟到的不仅是孔子对颜回之死的哀痛之情，更多的恐怕是对自己终生所追求的"克己复礼"志向的绝望吧！

11.10 颜渊死，子哭之恸[1]。从者曰："子恸矣！"曰："有恸乎？非夫人之为恸而谁为[2]？"

【注释】

[1]恸(tòng)：极度悲哀。

[2]非夫(fú)人之为恸而谁为：我不为这个人悲痛还为谁悲痛呢！"非夫人之为恸"即"非为夫人恸"的倒装。夫人，即这个人，指颜渊。夫，这。之，助词。谁为，即"为谁"的倒装。

【品读】

颜渊去世，孔子哭得十分悲哀，以至于大呼："天丧予！天丧予！"有人劝他节哀，认为他哭得太悲痛了。孔子却说："我哭得太悲痛了吗？我不为这样的人悲痛还为谁悲痛呢？"颜回的死真正牵动了孔子的心。此情此状真可谓千古一哭，后无来者。

11.11 颜渊死，门人欲厚葬之，子曰："不可。"

门人厚葬之。子曰："回也视予犹父也，予不得视犹子也，非我也，夫[1]二三子也。"

【注释】

[1]夫：那。

【品读】

孔子的弟子们要厚葬颜回，孔子认为不合于礼，表示反对。但由于颜回的父亲颜路同意厚葬，所以孔子也没有以老师的尊严强制性地加以制止，只是说：颜回视我如父，我却未能视他为子，非我之过，是那些弟子们所为。表

① 《论语·为政》。

明他内心深处感情与理智的巨大矛盾。

通过颜回之死，我们对孔子其人有了更进一步的了解。他是一位情感丰富、儿女情长的凡夫常人，对此，我们从他哀恸的热泪，从“天丧予”的呼唤中可清晰地感到。同时，他又是一位坚持原则、坚守礼制的理性长者。他能控制住自己感情的汹涌波浪不去冲破理智的大门，将情与理交融在一起，汇成一种他追求不舍的理想信念。通过颜回之死，一个有血有肉、有情有理的孔子活生生地立在了我们面前。

11.12　季路[1]问事鬼神。子曰：“未能事人，焉能事鬼[2]？”曰：“敢问死[3]。”曰：“未知生，焉知死[4]？”

【注释】

[1]季路：即子路。因子路曾做过季氏的家臣，故人们又称之为季路。

[2]焉能事鬼：怎么能够服侍鬼神？焉，怎么、哪里。事，服侍、侍奉。

[3]敢问死：请问死亡是怎么回事？敢，谦词，冒昧地、大胆地、请。

[4]焉知死：怎么知道死亡呢？

【品读】

商周时期，无论是上层社会还是乡间民间，都充满着浓厚的原始信仰与原始崇拜气氛，人们相信，世上的一切都是由鬼神来支配的，鬼神既可嫁祸于人类，也可以赐福于人类，如果能虔诚地服侍祭祀鬼神，便能得到它们的福佑。因此，当时巫鬼崇拜特别盛行，人们所崇仰、祭祀的神祇鬼怪多种多样，无所不在，无处不有。孔子虽处在这个时代，但丰富的知识和睿智的人生思考，使他对鬼神一直抱有怀疑、保留甚至疏远的态度，他既不否认鬼神存在，也不认为鬼神会在多大程度上左右人类的命运，因此，他“不语怪，力，乱，神”①，“敬鬼神而远之”②。所以当季路向他询问如何服侍鬼神、怎样看待死亡这些问题时，他回答道：“未能事人，焉能事鬼？”“未知生，焉知死？”他巧妙地避开问题的锋芒，而用反问的方式将话题转移到有实际意义的问题，即什么是生、如何尽人事上来。因为在当时的条件下，对如何事鬼神、什么是死之类的问题是难以给予科学解释的。但是这不妨碍人们的实际活动，可以存而不论，人们更应该面对现实，重视人事、人生。孔子的这一现实主义和理性主义态度，对后世中国人产生了很大的影响。中国人虽然也崇拜神祇，但既没有像印度人、欧洲人那样虔诚，也没有像希伯来人、阿拉伯人那样

① 《论语·述而》。

② 《论语·雍也》。

狂热，人们在对鬼神崇拜与祖先崇拜中，更注重后者，正像孔子弟子曾参所说的“慎终追远，民德归厚矣”①那样。不仅如此，中国古代的人们对于神祇鬼怪的态度，也都是从实用的角度出发：这些神祇鬼怪要么能威胁其生活与生存，是其畏惧的对象；要么能为他们禳灾祈福，对他们有实用价值。因此，在民间社会中，往往是门神、灶神、土地神等与人们有着密切关系的鬼神被顶礼膜拜，或被驱以刀杖。至于天上的天鼓、天狗、十二卫之类的神祇，老百姓并不十分关心。《八佾》中所述对灶神的崇拜可以作为最好的诠释。依孔子所言，人们之所以祭灶，就是因为“不然，获罪于天，无所祷也”。

对此，一贯高举反孔大旗的鲁迅倒是予以高度的褒赞：“孔丘先生确是伟大，生在巫鬼势力如此旺盛的时代，偏不肯随俗谈鬼神。”②

11.13 闵子[1]侍侧[2]，訚訚如[3]也；子路，行行如[4]也；冉有、子贡，侃侃如[5]也。子乐。“若由也[6]，不得其死然[7]。”

【注释】

[1]闵子：即闵子骞。

[2]侍侧：指晚辈侍奉陪坐在长辈身边。

[3]訚(yín)訚如：恭敬和顺的样子。

[4]行(hàng)行如：刚强的样子。

[5]侃侃如：从容不迫的样子。

[6]若由也：像仲由这样。若，如、像。由，仲由，即子路。

[7]不得其死然：恐怕不能善始善终，即不得好死。其，副词，表推测、估计，相当于“大概”“或许”。“得死”为当时俗语，意即善终。然，语气词。这话是孔子批评子路有勇无谋，怕他不得善终。

【品读】

闵子骞、子路、冉有、子贡都是孔子的得意门生。这天，他们侍坐于孔子身旁谈天说地，各有自己的性格特点：闵子骞温和恭顺；子路刚正强直；冉有、子贡则从容不迫，言谈自如。看到这些，孔子由衷地高兴。但对于子路的“行行如也”，却又不免担忧起来，不由得告诫道：若像仲由这样，恐怕不得善终呀。一年后，此言果然成为事实。据《史记·仲尼弟子列传》记载，鲁哀公十五年（前480年），孔子在鲁，子路仕卫，为大夫孔悝的邑宰，以政事著称。是年，卫国发生宫廷之变。蒯聩在孔悝帮助下，逐其子出公而自立，是为卫

① 《论语·学而》。

② 鲁迅：《坟·再论雷峰塔的倒掉》，《鲁迅全集》第1卷，人民文学出版社1981年版，第192页。

庄公，出公亡奔鲁国。时子路在外，闻之便驰往卫都。到城门时，正遇上逃离的子羔（孔子的弟子）。子羔劝子路说："出公去矣，而门已闭，子可还矣，毋空受其祸。"子路仍耿耿忠于正统的出公，答曰："食其食者不避其难。"依然冒险入城。进城后他又要火烧蒯聩与孔悝所在的亭台，被卫兵所击，子路的冠缨在搏斗时被击断。在这危急时刻，他却想起孔子的教诲"君子死而冠不免"，遂从容结缨，结果被砍成肉酱。

身在鲁国的孔子听说卫乱，即有不祥之感，说："嗟乎，由死矣。"①认为子羔可以生还，而子路难免于劫难。尽管如此，在得到子路的噩耗时，孔子仍十分悲痛，曰："自吾得由，恶言不闻于耳。"②

……………………

11.14　鲁人[1]为长府[2]。闵子骞曰："仍旧贯[3]，如之何？何必改作[4]？"子曰："夫人不言[5]，言必有中[6]。"

【注释】

[1]鲁人：此处指鲁国的执政大臣。

[2]为长府：为，动词，做、治理，这里意为翻盖、改建。长府，鲁国的国库。

[3]仍旧贯：沿袭老样子。仍，因袭、沿袭。贯，同"惯"，习惯，此处指老样子。

[4]改作：这里为翻盖、改建。作，做、制作。

[5]夫人不言：这人平时不爱说话。夫，这。

[6]言必有中（zhòng）：一说就说到点子上，这里指说话能抓住要害。中，射中目标。

【品读】

闵子骞一向谨言慎行，温和恭顺，但当他听说鲁国要改建国库时，便直言而谏，主张沿用旧库，以爱惜民力与财力。此举深得孔子赞扬。

……………………

11.15　子曰："由之瑟[1]奚为[2]于丘之门？"门人不敬子路。子曰："由也升堂矣，未入于室也[3]。"

【注释】

[1]由之瑟（sè）：由，即子路。瑟，一种和琴相似的弦乐器，有二十五根弦。

[2]奚（xī）为：奚，疑问代词，怎么、为什么。为，这里是"弹奏"的意思。

[3]升堂、入室：古代贵族的活动场所一般都是堂室结构，它坐北朝南，前堂后室。堂室之间隔有一堵东西走向的墙，西边有窗，东边有门，入室必经堂，即所谓"升堂入室"。

① 《左传·哀公十五年》。

② 《史记·仲尼弟子列传》。

这里是说子路(仲由)学习虽有成就,但还须更进一步,以此来比喻做学问由浅入深的过程。

【品读】

子路鼓瑟,孔子听后不乐,责备道:"子路为何在我这里弹琴呢?"弟子们不解其意,以为孔子是对子路不满,便纷纷对子路不敬起来。其实孔子并非否定子路其人,也不是否定子路之弹琴,而是因为"子路鼓瑟,有北鄙杀伐之声"①,"言其声之不和,与己不同也"②。《孔子家语·辨乐》记有孔子对子路所弹瑟琴的评价:"子路鼓琴,孔子闻之,谓冉有曰:'甚矣,由之不才也!夫先王之制音也,奏中声以为节,流入于南,不归于北。夫南者,生育之乡;北者,杀伐之域。故君子之音,温柔居中,以养生育之气。忧愁之感,不加于心也;暴厉之动,不在于体也。夫然者,乃所谓治安之风也。小人之音则不然,亢丽微末,以象杀伐之气。中和之感,不载于心;温和之动,不存于体。夫然者,乃所以为乱之风。……由,今也匹夫之徒,曾无意于先王之制,而习亡国之声,岂能保其六七尺之体哉?'"

孔子批评子路所弹瑟琴不足于中和,有"杀伐之气",是"习亡国之声",此番话尖锐中肯。子路闻知后,"惧而自悔,静思不食,以至骨立"。孔夫子又鼓励他说:"过而能改,其进矣乎!"

看到弟子们由此而对子路相轻,孔子便又为子路解围说:"由也升堂矣,未入于室也。"对此,朱熹《论语集注·先进》解释得十分清楚:"门人以夫子之言,遂不敬子路,故夫子释之。升堂、入室,谓入道之次弟。言子路之学,已造乎正大高明之域,特未深入精微之奥耳,未可以一事之失而遽忽之也。"从中也可见孔子之因材施教与诲人不倦。

11.16　子贡曰:"师与商也孰贤[1]?"子曰:"师也过,商也不及。"

曰:"然则师愈与[2]?"子曰:"过犹不及。"

【注释】

[1]师与商也孰贤:师与商二人哪个强一些?也,句中语气词,表示语气的停顿,下句"师也过,商也不及"中的"也"作用同此。师,颛(zhuān)孙师,即子张。商,卜商,即子夏。两人都是孔子的弟子。孰,哪一个、谁。

[2]然则师愈与:那么是颛孙师要强一些吗?与,句末语助词。愈,胜过。

---

① (宋)朱熹:《论语集注·先进》引《孔子家语》。

② (宋)朱熹:《论语集注·先进》引程子曰。

【品读】

“过犹不及”是孔子中庸思想的一个重要命题。在孔子看来，子张的“过”与子夏的“不及”同样不好，只有无过无不及的中正是好的。当然，过与不及都是相对于一定的标准——“中”而言的，两者构成方向相反的两端，“中”是两端的联结点和分界点；而只有把握两端，才能更好地坚持“中”。因此，“中既有过的因素，也有不及的因素……它既不是过，也不是不及，而是它们的否定”①。怎样才算“中”呢？孔子认为“中”是有原则和标准的，这个原则或标准即礼。《礼记·仲尼燕居》曰：“子曰：‘师，尔过，而商也不及。……’子贡越席而对曰：‘敢问将何以为此中者也？’子曰：‘礼乎礼！夫礼所以制中也。’”“礼所以制中”即是说：礼可以作为决定“中”的标准，因为有了礼才能明确什么是“过”，什么是“不及”，进而明确什么是“中”。

朱氏《论语集注·先进》给我们做了简单明了的解释：“子张才高意广，而好为苟难，故常过中。子夏笃信谨守，而规模狭隘，故常不及。……贤智之过，虽若胜于愚不肖之不及，然其失中则一也。尹氏曰：‘……夫过与不及，均也。差之毫厘，谬以千里。故圣人之教，抑其过，引其不及，归于中道而已。”也就是说，凡事之要在于恰如其分，适度适中。

11.17 季氏富于周公[1]，而求[2]也为之聚敛[3]而附益[4]之。子曰：“非我徒[5]也！小子[6]鸣鼓而攻之，可也[7]。”

【注释】

[1]季氏富于周公：季氏比周公还富有。季氏，即季康子，鲁国大夫。公元前562年，鲁国的三家大夫（孟孙氏、叔孙氏、季孙氏）瓜分公室，季氏分得三分之一。公元前537年，三家第二次瓜分公室，季氏分得四分之二，而且季氏推行新的政治、经济措施，很快富裕起来。于，介词，表示比较，相当于“过”。周武王封周公旦于鲁，为鲁公，为了辅佐周成王，周公旦不能就国，而使其子伯禽代就封于鲁。所以此处的“周公”指的应是周公旦之子伯禽。还有一说认为，“周公”指的是周天子左右的乡大夫，如周公黑肩、周公阅等，他们敛聚了很多钱财。

[2]求：即冉求，当时为季氏的家臣。

[3]聚敛：搜刮钱财。

[4]附益：增加。

[5]徒：门徒、徒弟。

[6]小子：指门人弟子。

① 匡亚明：《孔子评传》，第205页。

[7]鸣鼓而攻之，可也：可以大张旗鼓地声讨他。鸣鼓，即鸣钟鼓。古代以鸣钟鼓治兵振旅，讨伐敌人。后即以鸣钟鼓为声讨罪行之举。

【品读】

此事发生在鲁哀公十一年（前484年）。是年，身为季氏宰臣的冉求说服季康子，迎回了在外流亡十四年、已六十八岁的孔子。孔子回国不久，冉求奉季氏之命向他请教实行“田赋”的问题。据《左传·哀公十一年》载：“季氏欲以田赋。使冉有访诸仲尼。仲尼曰：‘丘不识也。’三发，卒曰：‘子为国老，待子而行，若之何子之不言也？’仲尼不对，而私于冉有曰：‘君子之行也，度于礼，施取其厚，事举其中，敛从其薄。如是，则以丘（即‘丘赋’）亦足矣。若不度于礼而贪冒无厌，则虽以田赋，将又不足。且子季孙若欲行而法，则周公之典在。若欲苟而行，又何访焉。’弗听。”季康子欲以田赋取代丘赋，使人民的负担增加一倍左右，遭到孔子的反对。孔子向冉求指出：君子行事，要合乎礼制。施予民众要宽厚（“施取其厚”），国家兴事要适中（“事举其中”），取于民众要从少（“敛从其薄”）。如果这样，过去实行的丘赋足够了；如果违越礼制，贪得无厌，即使实行田赋，也会感到不足。由此看来，孔子一方面反对统治者“贪冒无厌”、横征暴敛，主张实行薄税赋、厚施予的惠民爱民政策，具有一定的人民性。另一方面，他虽反对实行田赋，但却不能从发展变化了的政治、经济条件出发提出相应措施，而是要在“周公之典”中寻找出路，这又说明他的政治思想具有很强的保守性。

季康子与冉求没有采纳孔子的意见，在次年正月颁布、实行了新的田赋制度。孔子对此很是愤怒，告诉弟子们：“（冉求）非我徒也！小子鸣鼓而攻之，可也。”

但这只是一时怒气，并未太多地影响他们的师生感情，以后冉求依然不断地向孔子讨教为政之道，孔子也依然对冉求寄予厚望，并把冉求列为四科的政事之首。而且，孔子让弟子们大张旗鼓地抨击冉求，其实是“醉翁之意不在酒”，正如李贽所指出的“攻冉求，正所以攻季氏”①。“攻季氏”才是孔子大打出手的真正目的。

11.18 柴也愚[1]，参也鲁[2]，师也辟[3]，由也喭[4]。

【注释】

[1]柴也愚：高柴老实厚道。柴，姓高，名柴，字子羔，孔子的弟子。也，句中语气词，

① （明）李贽：《四书评·论语》卷之六。

表示语气的停顿。愚，愚笨、厚道。

[2]参也鲁：曾参迟钝。参，曾参。鲁，笨拙、迟钝。

[3]师也辟：子张偏激。师，子张。辟，偏、偏激。

[4]由也喭(yàn)：仲由鲁莽。由，子路。喭，鲁莽、莽撞。

【品读】

此乃孔子平日对子羔、曾参、子张、子路四弟子的零星评价，被弟子记录下来，故不冠以“子曰”。“愚”“鲁”“辟”“喭”形象地概括出四弟子的弱点。

子羔身材矮小，相貌丑陋，又忠厚老实，笃孝守礼，被孔子认为“愚”。不过，此处之“愚”并非愚笨。当如王弼所言：“愚，好仁过也。”①子羔平日办事也能沉着应变，灵活机敏。对此，孔子也深信不疑。鲁哀公十五年，卫国发生宫廷政变(详见前解)，孔子就预言子羔可以生还，而子路恐怕是不能免于此难，最后果然不出所料。

曾参十分注重存仁修身，倡导“吾日三省吾身”，而他平日办事说话小心谨慎。孔子认为他的缺点是“鲁”，还是比较中肯的。

子张才貌双全，讲求“闻”“达”之道，志在从政干禄，富有勇武激进精神，但他秉性固执褊狭，所以孔子对他的评语是“辟”，可谓一言中的。孔子殁后，他以陈国为基地发展势力，成为儒家八大派之首——子张之儒。

子路之“喭”，我们已领教多次了，此不赘述。

11.19 子曰：“回也其庶乎[1]，屡空[2]。赐不受命[3]，而货殖[4]焉，亿[5]则屡中[6]。”

【注释】

[1]回也其庶乎：颜回的道德学问大概近乎完善了吧！回，即颜回。其，表示推测、估计，可译为“大概”“或许”。庶，差不多，即接近完善。

[2]屡空(kòng)：常常处于贫困之中。屡，多次、常常。空，空乏、贫穷。

[3]赐不受命：端木赐从不听从命运的安排。赐，即端木赐。

[4]货殖：经商。居积财货，经营生利。

[5]亿：同“臆”，主观想象和揣测，此指端木赐对市场行情的推测。

[6]中(zhòng)：适合、符合。

【品读】

端木赐与颜回性格各异，其价值取向也不同，孔子对这两位弟子亦从不同角度给予了评价和赞赏。对此，朱熹《论语集注·先进》阐释道：“颜回不

① (南朝梁)皇侃：《论语义疏》引。

以贫窭动心而求富，故屡至于空匮也，言其近道，又能安贫也。子贡不如颜子之安贫乐道，然其才识之明亦能料事而多中也。”司马迁则对子贡褒赞有加，他在《史记·货殖列传》中说：“子赣（贡）既学于仲尼，退而仕于卫。废著鬻财于曹、鲁之间。七十子之徒，赐最为饶益。……子贡结驷连骑，束帛之币，以聘享诸侯；所至，国君无不分庭与之抗礼。夫使孔子名布扬于天下者，子贡先后之也。”

其实，子贡与颜回一武一文，是孔子的左右手。子贡并未因“不受命”、事货殖而失去其本来。孔子死后，弟子中为其庐墓守丧最久者恰恰是他，维护孔子形象、宣传孔子学说最坚决、主动的也是他。

11.20 子张问善人之道。子曰：“不践迹[1]，亦不入于室[2]。”

【注释】

[1]践迹：踩着别人的足迹走。践，踏、踩。迹，足迹。

[2]不入于室：指道德学问不能进入更高的境界，难以达到精深的地步。

【品读】

善与恶，是道德哲学上的一个重大问题。不同的时代，不同的制度，善恶的标准也不同。这里，子张询问怎样才是善人，孔子的答复十分简单：“不践迹，亦不入于室。”但此句解释起来却十分困难。

汉孔安国释曰：“言善人不但循追旧迹而已，当自立功立事也。而善人好谦，亦少能创业，故亦不能入于圣人之奥室也。”①

清陈澧《东塾读书记》曰：“此言善人之道，当践迹乃能入圣人之室。如不践迹，亦不能入室。言质美未可恃也。”

台湾学者南怀瑾先生则认为：“孔子这里的‘不践迹’，就是说做一件好事，不必要看出来是善行。为善不求人知。……‘亦不入于室’，意思是不要为了做好人、做好事，用这种‘善’的观念把自己捆起来。……不要用心守着善的观念……”“做善人故意表示善，就践迹了，是不对的。更有些用‘善’的观念把自己捆住了，像信教就信教，一定要表现斋公斋婆式招摇成教徒的样子，便是既‘践迹’，又‘入于室’。”②

从孔子的一贯主张看，善人的修身之道与仁人不同，他们只能做到“不践迹”，即能通过修身弥补自己的不足，亦即能使自己不循旧迹，但尚达不到登堂入室的程度。

---

① （魏）何晏等注，（宋）邢昺疏：《论语注疏·先进》，《十三经注疏》本。

② 南怀瑾：《论语别裁》下册，第512～513页。

11.21　子曰："论笃是与[1]，君子者乎？色庄者乎[2]？"

【注释】

[1]论笃(dǔ)是与：总是赞许言论诚实的人。论笃，即"论笃者"，指言论诚实的人。论，言论、说话。笃，诚实。与，赞许。"论笃是与"是"与论笃"的倒装，"是"字起把宾语提到动词前的作用。

[2]色庄者乎：还是只是外表庄重的人呢？色，脸色、表情。

【品读】

孔子一贯主张"言行一致"，重行，慎言，不以言貌取人，要听其言，观其行，诸如"敏于事而慎于言"①，"君子耻其言而过其行"②，"古者言之不出，耻躬之不逮也"③，都和这一精神相通。元代陈天祥《四书辨疑》解释得十分好："君子不以言举人，谓不专信其言，听言未得其实，而又必观其行也。不知言，无以知人也，正患不能辨其言之真伪耳，果知其言虚伪不情，则当待为小人而不取。果知其言笃实无妄，则当待为君子而取之。"

11.22　子路问："闻斯行诸[1]？"子曰："有父兄在，如之何[2]其闻斯行之？"

冉有问："闻斯行诸？"子曰："闻斯行之。"

公西华曰："由[3]也问闻斯行诸，子曰'有父兄在'；求[4]也问闻斯行诸，子曰'闻斯行之'。赤也惑[5]，敢问[6]。"子曰："求也退[7]，故进[8]之；由也兼人[9]，故退[10]之。"

【注释】

[1]闻斯行诸：听到了应当做的事马上就去实行。闻，听见，这里指听见了应当做的事。斯，就、马上。行，实行、实践。诸，相当于"之乎"。

[2]如之何：等于"如何"，怎么样、怎么办、怎么。

[3]由：即子路。

[4]求：即冉求，亦称冉有。

[5]赤也惑：我公西华觉得迷惑不解。赤，即公西华。

[6]敢问：冒昧地问一下。敢，谦词，冒昧地、大胆地。

[7]退：指遇事畏缩不前。

---

① 《论语·学而》。

② 《论语·宪问》。

③ 《论语·里仁》。

[8]进：使动用法，使……前进，即鼓励。

[9]兼人：胜人。这里是说子路争强好胜。兼，胜过。

[10]退：与"进"相对，约束、抑制。

【品读】

本章是孔子因材施教的经典范例。子路与冉有都曾向孔子请教"闻斯行诸"，但孔子的回答却因人而异。他对子路的回答是：有父兄在，不能"闻斯行诸"，而是要征询父兄的意见。但对冉有的答复却是肯定的，即要其"闻斯行诸"。当公西华不解地问其中原因时，孔子解释道：冉有遇事一向谨慎不前，所以要鼓励他进取；子路平时好勇过人，所以我要约束他。

11.23 子畏于匡[1]，颜渊后[2]。子曰："吾以女为死矣[3]。"曰："子在，回何敢死[4]！"

【注释】

[1]畏于匡：孔子一行在匡地被拘禁。此事详见《子罕》篇注"子畏于匡"段。

[2]后：指最后一个逃出来。

[3]吾以女(rǔ)为死矣：即"吾以为女死矣"的倒装。我以为你已经死了。女，通"汝"，你。

[4]子在，回何敢死：老师您还活着，我颜回怎敢轻易死去呢！

【品读】

此章尽显师生之谊，也表彰了颜回对孔子的忠诚。

刘宝楠《论语正义·先进》云："《曲礼》云：父母在，不许友以死。颜子事夫子犹父。"是说颜回对于老师的深厚感情可比之于父子。

但李贽却另执一说，他对此点评道："'子在，回何敢死！'谁人说得出。毕竟子在回又死了，何故？何故？"①弦外之音不言自明。

11.24 季子然[1]问："仲由、冉求可谓大臣与？"子曰："吾以子为异之问[2]，曾[3]由与求之问。所谓大臣者，以道事君，不可则止[4]。今由与求也，可谓具臣[5]矣。"

曰："然则从之[6]者与？"子曰："弑[7]父与君，亦不从也。"

【注释】

[1]季子然：当为季氏的同族人。

① (明)李贽：《四书评·论语》卷之六。

[2]吾以子为异之问：我以为您是问别人。以，以为、认为。子，对男子的尊称，相当于现代汉语的“您”。异，这里为“别人”“其他人”的意思。

[3]曾(zēng)：副词，用来加强语气，表示出乎意料，竟然、却。

[4]以道事君，不可则止：用仁义之道来服侍国君，如果行不通，就辞职不干。

[5]具臣：充数或不称职的大臣。

[6]之：代词，这里指季氏。

[7]弑(shì)：古代称子杀父、臣杀君为“弑”。

【品读】

在史家笔下，臣子们往往被分作“名臣”“大臣”“忠臣”“贤臣”“佞臣”等等，但孔子却独独提出“具臣”。依朱熹所言，孔子的“具臣”是相对于“以道事君，不可则止”的“大臣”而言的，是“备臣数而已”[①]。在孔子看来，所谓“大臣”，就是用仁义之道来服侍国君者，若君主不行仁道，宁可辞之而去；而“具臣”，也可以是能臣、治臣，很有才具，但他们没有政治理念，不能像孔子所说的“大臣”那样“以道事君，不可则止”，他们只是主子的附庸和政治工具。正像北宋刘敞《春秋意林》所解释的那样：“具臣者，其位下，其责薄，小从可也，大从罪也。”所以，当季子然问孔子仲由和冉求是否算是大臣时，孔子断然作了否定的回答。他说：“我以为你是问别人，竟是问由和求啊！所谓大臣，是‘以道事君，不可则止’者，如今的由和求只是‘具臣’而已。”这是因为仲由和冉求同为把持鲁国朝政、僭越礼制的季氏家臣，屈从、附和季氏，不能奋不顾身地去谏阻季氏祭泰山、伐颛臾；尤其是冉求还帮助季氏聚敛，征收田赋。但当季子然进一步问他们是否会一切顺从季氏时，孔子又肯定地说：杀父弑君之事，他们是不会随从的。

其实，孔子如此贬低他的两位弟子，应是另有所指。这一点，李贽一针见血地指出：“贬二子所以折季氏耳。”[②]孔子原来想通过贬子路、冉有而达到抨击季氏的目的。对此，清人懋庸的《论语稽》解释得更为透彻，我们不妨一录：

> 季氏歌《雍》舞佾，窃鲁政，直与其家混而为一。子然为其子弟，岂知鲁之尚有君哉？其以由、求为大臣，盖俨然视季之家为鲁之国矣。夫子显揭大臣之义以示之曰：“以道事君，不可则止。”而抑由、求以仅备臣数，正所以抑季氏也。乃子然误会其意，以为二子受吾豢养，将如鹰犬之从吾指使，吾将得其死力，中情叵测，流露口吻。故夫子又揭君父大义以折之，其维持纲常名教之意亦深切矣。

---

① (宋)朱熹：《论语集注·先进》。

② (明)李贽：《四书评·论语》卷之六。

11.25　子路使子羔为费宰[1]。子曰："贼夫人之子[2]。"

子路曰："有民人焉，有社稷[3]焉，何必读书，然后为学[4]？"

子曰："是故恶夫佞者[5]。"

【注释】

[1]子路使子羔为费宰：子路让子羔去做费地的长官。子路，当时是季氏的家臣，所以能推荐人做官。子羔，即高柴。费，地名，今山东费县西北，季氏的封邑。宰，这里指地方长官。

[2]贼夫人之子：害人子弟。贼，害。夫，那个人、别人。

[3]社稷(jì)：社，土地神。稷，谷神。古代诸侯国都及各地都设立社稷坛，分别由国君及各地方长官主祭，故社稷也就成为国家政权的象征。

[4]何必读书，然后为学：为什么一定要读书才算做学问呢？然后，才。为，认为、当作。

[5]是故恶(wù)夫佞者：所以厌恶那巧言善辩的人。是故，所以。恶，讨厌、厌恶。夫，那。佞者，能说会道、巧言谄媚的人。

【品读】

孔子的政治态度一向是入世的、积极的，他从不反对学生从政，而且还经常鼓励学生们去"仕"，"仕而优则学，学而优则仕"是孔子一向倡导的思想。但此次子路推荐子羔做费宰却遭到孔子的严厉指责，认为他是害人子弟。耿直的子路不解其意，辩白道："有民人焉，有社稷焉，何必读书，然后为学？"其实子路的话并没错，而且很有道理：读书是学习，治民、事神、从政也同样是学习。但使人不解的是，孔子听后非但不赞同，反而痛斥子路强词夺理。也难怪李贽就此认为"仲尼于子路每下毒手"①。对此，后世注家各执己见，莫衷一是。

何晏《论语集解》引包咸曰："子羔学未熟习而使为政，必累其身，所以为贼害也。"②

皇侃《论语义疏》引张凭曰："季氏不臣，由不能正，而使子羔为其邑宰。直道而事人，焉往不致弊；枉道而事人，不亦贼夫人之子乎？"

朱熹《论语集注·先进》曰："言子羔质美而未学，遽使治民，适以害之。……治民、事神，固学者事，然必学之已成，然后可仕以行其学。若初未尝学，而使之即仕以为学，其不至于慢神而虐民者几希矣。子路之言，非其本

---

① (明)李贽：《四书评·论语》卷之六。

② (魏)何晏等注，(宋)邢昺疏：《论语注疏·先进》，《十三经注疏》本。

意，但理屈词穷，而取辨于口以御人耳。故夫子不斥其非，而特恶其佞也。”

今人李泽厚先生之说则与上述诸说大相径庭，他指出：“因为孔子一贯重视实践，强调力行，书本知识次要。子路用这话塞孔子的口，以子之矛，刺子之盾。孔子似乎没话可说，只好如此回答，神态如见。”①

11.26 子路、曾皙[1]、冉有、公西华侍坐。

子曰：“以吾一日长乎尔，毋吾以也[2]。居则曰[3]：‘不吾知也[4]！’如或[5]知尔，则何以哉[6]？”

子路率尔[7]而对曰：“千乘之国，摄[8]乎大国之间，加之以师旅[9]，因之以饥馑[10]，由也为之[11]，比及[12]三年，可使有勇，且知方也[13]。”

夫子哂[14]之。

“求，尔何如[15]？”

对曰：“方六七十，如五六十[16]，求也为之，比及三年，可使足民。如其礼乐[17]，以俟[18]君子。”

“赤，尔何如？”

对曰：“非曰能之，愿学焉。宗庙之事[19]，如会同[20]，端章甫[21]，愿为小相[22]焉。”

“点，尔何如？”

鼓瑟希[23]，铿尔[24]，舍瑟而作[25]，对曰：“异乎三子者之撰[26]。”

子曰：“何伤乎[27]？亦[28]各言其志也。”

曰：“莫春[29]者，春服既成，冠者[30]五六人，童子[31]六七人，浴乎沂[32]，风乎舞雩[33]，咏而归[34]。”

夫子喟[35]然叹曰：“吾与[36]点也！”

三子者出，曾皙后。

曾皙曰：“夫三子者之言何如[37]？”

子曰：“亦各言其志也已矣[38]。”

曰：“夫子何哂由也？”

曰：“为国以礼，其言不让[39]，是故哂之。”

“唯求则非邦也与[40]？”

“安见方六七十如五六十而非邦也者[41]？”

“唯赤则非邦也与？”

“宗庙会同，非诸侯而何[42]？赤也为之小[43]，孰能为之大[44]？”

① 李泽厚：《论语今读》，第269～270页。

【注释】

[1]曾皙(xī):姓曾,名点,字子皙。曾参的父亲,也是孔子的弟子。

[2]以吾……毋吾以也:这句话历来有不同的解释,大意是:因为我比你们年纪都大些,不要以此介意我(受拘束)。以,因为。一日,一两天。乎,于、比。尔,你们。毋,同"无"。以,用。"毋吾以也"即"毋以吾也"的倒装。

[3]居则曰:(你们)平时总是说。居,闲居在家,这里指平时。则,就、总是。

[4]不吾知也:即"不知吾也"的倒装,意即"不理解(不知道)我呀"。

[5]或:不定代词,有人。

[6]则何以哉:那么你们打算做些什么事情呢?则,那么。何以,怎么办、做什么。

[7]率尔:轻率而急忙的样子,不假思索地。

[8]摄:夹。

[9]加之以师旅:再加上外有军队侵犯。加,加上。师旅,此处指来侵的军队。

[10]因之以饥馑(jǐn):继之国内又遭受自然灾荒。因之,继之、接着。饥馑,泛指荒年。饥,谷不熟。馑,菜不熟。

[11]由也为之:让我子路去治理。为,干、治理。也,句中语气词,表示语气的停顿,以引起下文。

[12]比及:等到了。

[13]可使有勇,且知方也:可使人民勇敢善战,并且懂得礼仪。知方,遵守道义,懂得礼仪。方,方向,即道义的方向。

[14]哂(shěn):笑。

[15]尔何如:你怎么样呢?何如,怎么样。

[16]方六七十,如五六十:方圆六七十里或者五六十里的小国家。方,方圆。如,或者。下文"如会同"的"如"同此。

[17]如其礼乐:至于礼乐教化。如,若、至于。

[18]俟(sì):等待。

[19]宗庙之事:指诸侯祭祀祖先的典礼活动。

[20]会同:此处指两国国君相见。会,指诸侯会盟。同,指诸侯共同参见天子。

[21]端章甫:端,古人用整幅布做的礼服,又叫"玄端"。章甫,一种礼帽。"端"和"章甫"这里都用作动词,即穿着礼服,戴着礼帽。

[22]小相:在祭祀或会盟时主持赞礼和司仪的人。愿为小相,只是公西赤的谦词。

[23]鼓瑟希:这里是说瑟的声音已近尾声。鼓,弹奏乐器。希,同"稀"。

[24]铿(kēng)尔:"铿"的一声,指结束时的最后一声。

[25]舍瑟而作:放下瑟站起身。舍,放弃、不要,这里为放下。作,起身。

[26]撰:才具,指三人所表述的才能志向。

[27]何伤乎:妨害什么呢?意思是"有什么关系呢"。伤,妨害。

[28]亦:副词,只是、不过是。

[29]莫春:指三月。莫,同"暮"。

[30]冠(guàn)者:成年人。古时,男子到了二十岁,需行冠礼,表示成年,所以用“冠者”称成年人。

[31]童子:未冠的少年。

[32]浴乎沂:在沂水里游泳。乎,介词,同“于”,在。沂,水名,发源于山东南部,流经江苏北部入海,这里的“沂”为沂水支流,在今山东曲阜南。

[33]风乎舞雩(yú):去舞雩台上吹吹风。风,用作动词,吹风、乘凉。舞雩,地名,是古时求雨的祭坛,在今山东曲阜东面。

[34]咏而归:唱着歌回来。咏,唱歌。

[35]喟(kuì):叹声、叹息。

[36]与:同意、赞同。

[37]夫三子者之言何如:这三位的说法如何?夫,这、那。

[38]亦各言其志也已矣:只不过是各自谈谈自己的志向而已。也已矣,句末语气词,相当于“罢了”“而已”。

[39]为国以礼,其言不让:治国要靠礼让,可仲由所言缺乏谦让精神。为国,治理国家。以,用、使用。让,谦让。

[40]唯求则非邦也与:[子路谈的固然是治理国家的大事,]难道冉有(冉求)说的就不是治国大事吗?唯,句首语气词,帮助判断。则,就。邦,国。

[41]安见方六七十如五六十而非邦也者:怎见得方圆六七十里或者五六十里的地方就不是国家呢?安见,怎见得。也者,复合语气词,表示疑问。

[42]非诸侯而何:不是诸侯的事情,是什么?这是说:那也是国家大事啊!

[43]赤也为之小:(如果)公西赤(公西华)只能给诸侯做小相。之,指诸侯。小,小相。

[44]孰能为之大:(那么)谁能做大相呢?

【品读】

本章是《论语》中最长的一章,也是一幅生动的师生论道图。通过这段师生对话,我们不仅能了解孔门四弟子的性格、志向,更能从中感悟到夫子晚年的那种不得志、不逢时的伤感之情。李贽对本章阐释道:“四子侍坐,英才济济,孔子勃然动当世之想。子路言之凿凿,夫子色喜,所以连问三子,其急于用世可知矣。点乃狂者,竟以目前对。夫子又动一念,曰:‘富强礼乐,反属空言,睹此春光,令人增感!’其用世之心,于此滋戚。所以喟然,非关‘与点’。点后三子而问,亦疑之也。及夫子说到‘为国’上,其不忘当世之心何如?乃犹以求、赤之为邦请也。夫子虽不直言所以,玩其答语,自是了然。何从来说此书者之瞶瞶也。特为拈出,想夫子亦含笑于杏坛之上矣。”[①]李氏把孔夫子的心理活动分析得淋漓尽致。

① (明)李贽:《四书评·论语》卷之六。

程树德《论语集释》引清代张履祥《备忘录》对本章别有一番解说。他说:“四子侍坐,固各言其志,然于治道亦有次第。祸乱勘定,而后可施政教,初时师旅饥馑,子路之使有勇知方,所以勘定祸乱也。乱之既定,则宜阜俗,冉有之足民,所以阜俗。俗之既阜,则宜继以教化,子华之宗庙会同,所以化民成俗也。化行俗美,民生和乐,熙熙然游于唐虞三代之世矣,曾皙之春风沂水,有其象矣。夫子志乎三代之矣,能不喟然兴叹!”程氏把四子的志向人为地理出一个次序来,使人感到牵强,但颇有意思。

宋代理学代表朱熹曾就孔子“与点”之“浴乎沂,风乎舞雩”阐发夫子之微言大义,对后学产生了巨大影响。朱氏《论语集注·先进》曰:“曾点之学,盖有以见夫人欲尽处,天理流行,随处充满,无少欠阙。故其动静之际,从容如此。而其言志,则又不过即其所居之位,乐其日用之常,初无舍己为人之意。而其胸次悠然,直与天地万物上下同流,各得其所之妙,隐然自见于言外。视三子之规模于事为末者,其气象不侔矣。故夫子叹息而深许之。”朱熹注文第一句是以己之意强加于先圣的,在孔子那里,我们找不出所谓“存天理,灭人欲”的意思。在朱氏的引申下,曾点的“浴乎沂,风乎舞雩”大有“胸次悠然,直与天地万物上下同流,各得其所之妙,隐然自见于言外”的“气象”,使儒术不自觉地披上了神不可测的外衣。

其实,孔子所叹、所言、所与的,并不像后世阐释家们说得那么玄妙深刻,正如李贽所说:“所以喟然,非关‘与点’。”①它只是孔子所追求的一种人生感受,是一种归于自然的天伦之乐。我们不妨闭目欣赏一下曾点所展示的快乐人生场面:在春意盎然的日子里,大人小孩一起换上春装,去野外同享阳光、东风、流水,陶醉于自然,陶醉于春光,悠然自得。这种和谐、安详、平素、简单的人生场景,不也正是儒家追寻的大同理想社会的场景吗?

当然,朱熹晚年也对自己这一解释后悔莫及。明人杨慎在《升庵全集·丹铅录》中说:“朱子易箦之前,悔不改沂浴注一章,留为后学病根。”

① (明)李贽:《四书评·论语》卷之六。

颜渊第十二

12.1　颜渊问仁。子曰："克己复礼为仁[1]，一日[2]克己复礼，天下归仁焉[3]。为仁由己，而由人乎哉！"

颜渊曰："请问其目[4]。"子曰："非礼勿视，非礼勿听，非礼勿言，非礼勿动。"

颜渊曰："回虽不敏[5]，请事斯语矣[6]。"

【注释】

[1]克己复礼为仁：克制自己，使自己的言行都符合礼的要求，这就是仁。克，克制、约束。复，合、重复，这里是"符合""一致"的意思。

[2]一日：有朝一日、一旦。

[3]天下归仁焉：普天下的老百姓都会向往、归附仁德。归，归附。

[4]请问其目：请问实行仁的具体条目。目，鱼网眼，与"纲"（网的总绳）相对，此处引申为具体的内容。

[5]不敏：迟钝、不聪明。

[6]请事斯语矣：请允许我照您说的这些去做。请，请求。事，从事、实行、照着去做。斯，这。

【品读】

本章可以分作两个层次：一是仁的基本含义；二是实现仁的方法或手段。

颜回向孔子问仁，孔子指出："克己复礼为仁。一日克己复礼，天下归仁焉。为仁由己，而由人乎哉！""克己复礼"一语在"批林批孔"时期曾被作为"倒行逆施"的总纲领而备受鞭挞，成为当时家喻户晓、妇孺皆知的名言。实际上，孔子所说的"克己复礼为仁"，就是要人们约束或克制自己，净化思想，使自己的一切言行都合于礼的规范准则，礼由此得以复归，则为达到仁的境界。正如何晏《论语集解》所说："克，约也；己，身也；复，反也。言能约身反礼,则为仁矣。"①梁皇侃《论语义疏》也说:"言若能自约俭己身,返反于礼中,则为仁也。一云:'身能使礼返反身中,则为仁矣。'"由此可见,求仁是一种自省即"克己"的过程,是一个思想修养的问题。"克己"是"复礼"的前提,只有"复礼"才能为仁。所以,求仁与否完全取决于自己,而不在于别人。

孔子倡导的这种"克己复礼为仁",旨在使统治者提高行仁的道德自觉性,要求统治者约束自己的行为,克制自己生活上的侈靡、政治上的僭越以及思想上的妄念等等,从而使自己完全走上正道。这种思想在物欲横流的社会无疑是一股清流,为后世发扬光大,对中国古代的士大夫阶层产生了很大的影响,被他们奉为圭臬。它在中国封建社会政治结构中一直起着缓和、调节的作用,成为中国古代政治生活中的一个重要特色。

颜渊又问如何实施仁,亦即何以做到"克己"。孔子答之以"四勿",即"非礼勿视,非礼勿听,非礼勿言,非礼勿动",实际上就是将人们的一言一行都纳入礼的规范中去,这与《庄子·天下》中关于儒家"以礼为行"的提法完全相合。

今天,我们如果抛开孔子所讲的礼的狭隘的外壳,充分研究与吸收"克己复礼"的积极的方法论和意义,重塑今日社会之"礼",以新的道德法律准则来约束、规范人们的行为,岂不是很好吗!

12.2 仲弓问仁。子曰:"出门如见大宾[1],使民如承大祭[2]。己所不欲,勿施于人[3]。在邦[4]无怨,在家无怨。"

仲弓曰:"雍[5]虽不敏,请事斯语矣。"

【注释】

[1]出门如见大宾:出门办事就像接待贵宾一样认真。大宾,贵宾。

[2]使民如承大祭:役使百姓就像承办重大祭礼一样谨慎、严肃。使,役使、驱使。承,接受、承办。

[3]己所不欲,勿施于人:自己不想要的,也不要强加给别人。施,加、施加。

[4]邦:诸侯统治的国家称为"邦",此处泛指国家、朝廷。

[5]雍:冉雍,即仲弓。

【品读】

这是孔子对仁的另一种解释。他在此强调的是仁的实践性,强调仁的实际作用是调整人与人之间的关系,是为了缓和各方面的冲突,使己、人、家、邦乃至整个社会归于和睦安宁。如果人人都按照孔子所说的待人处事

① (魏)何晏等注,(宋)邢昺疏:《论语注疏·颜渊》,《十三经注疏》本。

"如见大宾"时那样恭敬、认真，如果为政者都能做到役使百姓如同"承大祭"时那样谨慎、严肃，进而做到"己所不欲，勿施于人"，对人将心比心，推己及人，在家在邦都无怨气，天下怎能不"归仁焉"？

清人孙奇逢《四书近指》阐释道："圣人论仁，俱从应用处操存此心，出门使民以至人己家邦，处处与天下相操。人情物理上透不过，毕竟功夫有漏。六句非一片小心，是一片真心，能行于天下为仁。"

"己所不欲，勿施于人"，是孔子的恕道，也是仁的基本内涵，已相沿为富有特色的传统美德。从实质上看，它也是一种"克己复礼"的实践行为。

12.3　司马牛[1]问仁。子曰："仁者，其言也讱[2]。"

曰："其言也讱，斯[3]谓之仁已乎？"子曰："为之难，言之得无讱乎？"

【注释】

[1]司马牛：姓司马，名耕，字子牛，通称司马牛。孔子的弟子。

[2]讱(rèn)：言不易出，说话谨慎。

[3]斯：就、则。

【品读】

《史记·仲尼弟子列传》曾记载司马牛"多言而燥"，所以当他问仁时，孔子便对症下药，答之以"其言也讱"，教他说话谨慎。这与前者"非礼勿言"是一致的，也属于"克己复礼"的行为。司马牛好似觉得这个仁太简单了些，便又追问：言语谨慎就可以说是仁了吗？孔子并未正面回答他的问题，仍针对司马牛的弱点，强调言与行的一致，告诉他：做起来难，说起来能不谨慎吗？实际上，孔子的确把慎言作为仁的重要内容。他一向主张"刚、毅、木、讷，近仁"①。"木讷"与"言讱"是相通的，在后世遂成为评价人的重要标准，是忠厚老实的同义语。

12.4　司马牛问君子。子曰："君子不忧不惧。"

曰："不忧不惧，斯谓之君子已乎[1]？"子曰："内省不疚[2]，夫[3]何忧何惧？"

【注释】

[1]已乎：已，句末语气词，与"乎"连用，表示疑问。

[2]内省(xǐng)不疚：内心反省，无愧于心。内省，内心反省，自我检查。疚，内心痛

① 《论语·子路》。

苦、忧苦，这里指有愧于心。

[3]夫：语气词，无实意。

【品读】

孔子在本章中实际上表达了两层意思。第一层意思是外在的君子形象，指出君子即无忧无惧之人。但“不忧不惧”者甚多，未必都是君子。所以司马牛发出疑问，由此引发出孔子所表达的第二层意思，即君子的内涵——“内省不疚，夫何忧何惧”。这实际上是孔子在《论语·述而》中所讲到的“君子坦荡荡，小人常戚戚”。

12.5 司马牛忧曰：“人皆有兄弟，我独亡[1]。”子夏曰：“商[2]闻之矣：‘死生有命，富贵在天。’君子敬而无失[3]，与人恭而有礼，四海之内[4]皆兄弟也。君子何患乎无兄弟也？”

【注释】

[1]亡：同“无”，没有。

[2]商：即子夏。

[3]敬而无失：做事认真，不出差错。敬，严肃、慎重。失，差错。

[4]四海之内：古人认为中国四境都有海环绕，所以称中国为“四海之内”或“海内”。

【品读】

司马牛其实是有兄弟的。其兄长桓魋(向魋)为宋国司马，是凶顽不道之人，当年孔子路经宋国时曾被他围攻。其他几位兄弟也都与桓魋臭味相投，狼狈为奸，专横于宋国。司马牛与兄弟们不相谐，互不来往，故虽有兄弟，却与没有兄弟无异。因此，他为没有兄弟深感忧虑。实际上，司马牛之忧还有另一层难以启齿的原因：他预感向魋将发动叛乱，进而会株连自己。李贽在《四书评·论语》卷之六中说司马牛是“忧其(兄弟)将害己也”，不是没有道理的。

子夏根据孔子的教导来劝慰司马牛：“死生有命，富贵在天。”你没有兄弟是命定的，但只要做事认真，不出差错，为人恭顺有礼，那么，“四海之内皆兄弟也”。

子夏的这段话虽短，却包含了两条著名格言。一是“死生有命，富贵在天”。这句话对中国人产生了巨大的影响，至今仍是华人世界的口头禅。这里的“命”“天”，不少人不假思索地就冠之“命中注定”“上帝安排”等宿命论的解释，实则不然。李泽厚、匡亚明等学者都认为，这个“命”是偶然性，是时命。匡亚明先生指出：“(孔子)说是命决定的，但这个命不是人格化的有意志的上帝的命令，而是一种不可知的外在必然性，它以偶然机遇，不可抗拒地降临世间某一个人头上，即所谓时命。……命该如此的事，是无论什么人或什么神也改变不了的。”而孔子并不任命摆布，“孔子承认命，但一生与命抗争，决不向它屈服。这是为什么呢？孔子所说的命，不是命定论者所宣传的不可改变的绝对必然性，只是人类活动的外部界限。人能达到何种界限在事先是不知道的，只有尽了最大努力之后才能知道。未做任何努力而罢手只能叫作‘未尽人事’，不算知命、顺命。从这个意义说，孔子的命是事后的解释与自我安慰，绝不是行动的出发点”①。

李泽厚先生在《论语今读》中对孔子所说的“命”也作了深刻的分析和阐释。他说：“不要把‘命’与‘天命’完全混同起来。对个体对社会来说，都没有被‘天’规定好了的‘命运’（或称‘历史必然性’），只有难以预测的偶然性。它诚可畏惧，但不是对‘天命’或‘必然’性的屈从或退让。而事在人为，可和‘命运’搏斗，虽败犹荣。所谓‘谋事在人，成事在天’，‘尽人事以听天命’，‘知其不可而为之’等等，既强调人的主观努力，同时也尊重偶然性的存在，我认为这才是真正的儒学精神和对孔子‘畏天命’的真正解释。”②

二是“四海之内皆兄弟”。这句话经历代经学家的解释及发挥，也成为汉语中的一句名言。何晏《论语集解》引东汉包咸曰：“君子疏恶而友贤，九州之人皆可以礼亲。”③到宋代朱熹又进一步发挥道：“既安于命，又当修其在己者。故又言苟能持己以敬而不间断，接人以恭而有节文，则天下之人皆爱敬之如兄弟矣。”④看来，中国传统儒家思想中所提倡的“修己”“修身”是以他人为着眼点的。自我实现的意义，不仅仅是自我修养的成功，还包括他人的成功。“克己复礼为仁”，在仁起作用的地方，人类之爱也会得到实现，会生发出人道精神，实现人与人之间、人与外部世界之间的和谐相处，做到孔子所说的“四海之内皆兄弟”，进而达到理学家们所称道的“人与天地万物为一家”的境界。

12.6 子张问明。子曰：“浸润之谮[1]，肤受之愬[2]，不行焉[3]，可谓明也已矣。浸润之谮，肤受之愬，不行焉，可谓远[4]也已矣。”

【注释】

[1]浸润之谮（zèn）：像水一样一点一滴渗透进来的谗言，即连续不断地在暗中诬陷

① 匡亚明：《孔子评传》，第215～216、217页。

② 李泽厚：《论语今读》，第283页。

③ （魏）何晏等注，（宋）邢昺疏：《论语注疏·颜渊》，《十三经注疏》本。

④ （宋）朱熹：《论语集注·颜渊》。

人。浸润，把东西渍在水中。谮，说坏话诬陷别人。

[2]肤受之愬（sù）：好像肌肤所受疼痛那样的诬告，即直接的诽谤。愬，诉说，这里为诬告之义。

[3]不行焉：行不通、办不到。焉，语气词。

[4]远：有远见、料事深远。

【品读】

子张请教如何才能做到明智，孔子简单地答之以十一字："浸润之谮，肤受之愬，不行焉。"也就是说，无论什么谗言和诽谤，如果你都能辨其情伪，在你这里行不通，那你就可称得上是明智之人了。但要做到这点又谈何容易，因为谗言听多了，如水渐渍，如肤受尘一样，久而久之，就会以假为真。《韩非子·内储说上》曾记载这样一件事情：魏国大臣庞恭与魏太子一道到赵国邯郸做人质。临行前，庞恭忧心忡忡，他对魏王说："今一人言市有虎，王信之乎？"魏王说："不信。"又问："二人言市有虎，王信之乎？"魏王又说："不信。""三人言市有虎，王信之乎？"魏王说："寡人信之。"于是，庞恭就把自己的忧虑借机说了出来："夫市之无虎也明矣，然而三人言而成虎；今邯郸去魏也远于市，议臣者过于三人，愿王察之。"原来庞恭担心自己与太子去邯郸后会遭一些大臣的非议，他希望君王对他们的非议要加以明察，否则也会像"三人言市有虎"一样。后来果不出庞恭所料，庞恭从邯郸返回魏国，魏王果真听信谗言，不再任用他。

在中国古代历史上，君主是国家的主宰，但要依靠宰辅们治理国家，巩固统治；宰辅们则要依靠君主的信任和重用而安居其位，成就功业。君臣相辅相成。但是在中国古代政治中，君主对于臣下，尤其是对于那些德高望重或功成名就的大臣，总是有着一种本能的猜忌与不安。真正能信任臣下，君臣不相疑者，并不多见；尤其能做到"浸润之谮，肤受之愬，不行焉"者，更是寥寥。在中国古代政治中，君臣关系一般有两种情况：一种是信任忠臣贤相，成就太平盛世或清明政治；另一种则是听信奸臣、佞臣之谮之谤，排斥忠臣贤相，导致政治倾颓或国家败亡。值得注意的是，前一种情况实践起来难度要大许多，而后一种情况却往往"顺理成章"，这也是中国古代政治的一个重要特色。

正如清人刘宝楠所分析的那样："谗邪之所以并进者，由上多疑心。既已用贤人而行善政，如或谮之，则贤人退而善政还。夫执狐疑之心者，来谗贼之口；持不断之意者，开群枉之门。谗邪进则众贤退，群枉盛则正士消。"①

---

① （清）刘宝楠撰，高流水点校：《论语正义·颜渊》。

12.7 子贡问政。子曰:“足食,足兵[1],民信之[2]矣。”

子贡曰:“必不得已而去[3],于斯三者何先[4]?”曰:“去兵。”

子贡曰:“必不得已而去,于斯二者何先?”曰:“去食。自古皆有死,民无信不立[5]。”

【注释】

[1]足兵:军备充足。兵,兵器、武器,这里指军备。

[2]民信之:人民信任国家、政府。

[3]去:去掉。

[4]于斯三者何先:先去掉这三项中的哪一项? 斯,这。何先,哪一个为先,这里指先去掉哪一个。

[5]民无信不立:如果失去人民的信任,国家就难以存立。

【品读】

在孔子所开出的治国三要素中,“民信之”被置于至高无上、不可替代的地位,其次是“足食”,再次为“足兵”。这是孔子民本与民生思想的政治体现,它对春秋战国政治产生了深远的影响,代表了当时上层统治者中进步的政治思想。

秦国商鞅变法,制定了各项法令,为了取得民众的信任,派人在国都南门旁树立了一根三丈长的木头,明确宣布:谁能将此木搬移至北门,就给予十斤黄金作为奖赏。老百姓对此疑惑不信,没人敢搬动它。商鞅又把奖赏提至五十斤黄金。结果有人将木头从南门搬到北门,商鞅立即赏给他五十斤黄金,借此表示朝廷言而有信,遂取得了民众的信任,为变法运动奠定了良好的群众基础。

由此可见,民心向背能直接影响到一个国家的安危,“民无信不立”是政治变迁中的至理名言。

当然,如果想要一个国家强大,除得民心外,还须足食、足兵,要有丰富的物质基础,有强大的国防力量。

12.8 棘子成[1]曰:“君子质[2]而已矣,何以文为[3]?”子贡曰:“惜乎,夫子[4]之说君子也!驷不及舌[5]。文犹质也,质犹文也。虎豹之鞟[6]犹犬羊之鞟。”

【注释】

[1]棘子成:卫国大夫。

[2]质：朴实，质朴无华。与"文"相对。

[3]何以文为(wéi)：何必讲究文采呢？文，文采。为，句末语气词，表示反问或感叹。

[4]夫子：对老师或男子的尊称，这里指后者，即指棘子成。

[5]驷不及舌：四匹马拉的车子也追不上已经说出了的话，即"一言既出，驷马难追"。驷，四匹马拉一辆车子。舌，这里指说出的话。

[6]鞟(kuò)：去了毛的兽皮。

【品读】

棘子成认为，君子只要内在本质好就可以了，不必讲究外在的文采。子贡对他的这种偏见进行了反驳，认为"文犹质也，质犹文也"，文和质即形式与内容一样重要，并以"虎豹之鞟犹犬羊之鞟"为例，说明文和质、内容和形式相互依存、相互依赖的关系。

子贡与孔子虽然都强调文质一致，德才并重，但是孔子更强调文和质的协调，强调二者的适当配合。他指出："文质彬彬，然后君子。"①这一点，子贡并没有完全理解。正如朱熹所说："夫棘子成矫当时之弊，固失之过；而子贡矫子成之弊，又无本末轻重之差，胥失之矣。"②

12.9 哀公问于有若[1]曰："年饥，用不足[2]，如之何？"

有若对曰："盍彻乎[3]？"

曰："二[4]，吾犹不足，如之何其彻也？"

对曰："百姓足，君孰与不足[5]？百姓不足，君孰与足？"

【注释】

[1]有若：即子有，孔子的弟子。

[2]用不足：指国家的财用不足。

[3]盍(hé)彻乎：何不实行彻法呢？盍，何不。彻，周代的田税制度，十分抽一的税率，这里用作动词。

[4]二：指十分抽二的税率。

[5]百姓足，君孰与不足：百姓富足，您怎么会不富足呢？孰与，何如、怎么。

【品读】

子有是孔子晚年的得意弟子，他勤奋好学，强记好古，较深刻地掌握和继承了孔子的思想，加上他貌似孔子，以至子夏等在孔子死后要以他为"尸"。从本章来看，子有的治国安民思想与孔子是一脉相承的，我们从哀公

---

① 《论语·雍也》。

② (宋)朱熹：《论语集注·颜渊》。

与子有的论政中，不由得会联想到当年孔子反对季氏“用田赋”的情景。

据《左传》记载，鲁哀公后期，灾情不断。如哀公十二年（前483年）冬，有螽；十三年九月、十二月，有螽。且这一时期对外战争频繁，致使国家财政严重不足。所以，鲁哀公向有若问政时说：“年饥，用不足。”有若教之实行“彻”法。“彻”是周代的田赋制度，是井田制下向公田（籍田）征收的十一税制。但到春秋时期，随着生产力的发展与土地关系的变化，各国统治者相应地进行了税制改革。鲁国也于鲁宣公十五年（前594年）颁布了“初税亩”的法令。其具体规定是：在公田的十一之税以外，再按亩（百亩）征税于农夫的生活份地——私田。如杜预所云：“公田之法，十取其一。今又履其余亩，复十收其一。”即鲁国对农民征收的是两重税赋。鲁哀公所说的“二，吾犹不足”的“二”，指的正是这两重税赋。公田上收十一之税，私田上又收十一之税，二者加起来即为十分之二。子有让本来就感到国用不足的鲁哀公实行“彻”法，恢复周朝的十一之税，固然是出于民本与民生的本意，但他没有看到社会的变化、经济的发展这一事实，没有从变化与发展中去寻找新的解决经济问题的办法。所以，他的这种政治主张也同样具有相当的保守性和落后性。

不过，子有在本章中提出“百姓足，君孰与不足？百姓不足，君孰与足？”的著名论点，继承与发扬了孔子藏富于民的重民、民本思想。《说苑·理政》曾载：“鲁哀公问政于孔子，对曰：‘政有使民富。’哀公问：‘何谓也？’孔子曰：‘薄赋敛，则民富矣。’公曰：‘若是，则寡人贫。’孔子曰：‘《诗》云：恺悌君子，民之父母。未见其子富而父母贫者也。’”这与子有所云如出一辙。另外，孔子还说：“财聚则民散，财散则民聚。”“与其有聚敛之臣，宁有盗臣。”①主张“因民之所利而利之”，“择可劳而劳之”②；“节用而爱人，使民以时”③。从孔子到子有的这种以薄赋敛而使民富，进而使国家富裕、社会和谐的惠民政策，对中国古代的政治、经济思想产生了很大影响，具有较大的进步意义。

12.10 **子张问崇德辨惑[1]。子曰：“主忠信[2]，徙义[3]，崇德也。爱之欲其生，恶之欲其死，既欲其生，又欲其死，是惑也。‘诚不以富，亦祗以异。[4]’”**

【注释】

[1]崇德辨惑：提高品德，辨别是非。崇，崇尚、增长、提高。惑，迷惑，指不分是非。

---

① 《礼记·大学》。

② 《论语·尧曰》。

③ 《论语·学而》。

[2]主忠信：以忠诚信实为根本。主，用作动词，以……为根本，以……为主。

[3]徙义：向义靠拢，即唯义是从。徙，迁移。

[4]诚不以富，亦祇以异：这是《诗经·小雅·我行其野》的最后两句。意思是：你即使不是嫌贫爱富，也是喜新厌旧。表现了一个女子对丈夫喜新厌旧的愤怒。诚，连词，如果、果真。孔子在此引这句诗，很令人费解，故有人认为是错简所致。

【品读】

本章中孔子向子张解答了如何“崇德”和“辨惑”两个问题。

在孔子看来，“崇德”的关键有二：一是崇尚忠诚和信实；二是唯义是从，追求正义。孔子一贯主张君子必须“主忠信”，要“谨而信”“言而有信”“敬事而信”①，要“与人忠”②，等等。他对义讲得更多。在《述而》中，他恳切地说：“闻义不能徙，不善不能改，是吾忧也。”本章中的“徙义”就是对这一说法的正面诠释。

对于“惑”的问题，孔子讲得不够。由本章我们可以知道，在孔子看来，不以是非好坏为准，而凭主观意志，随爱憎为意，我所爱的人就希望他活着，我所恶的人就希望他死去。或者我所爱的人，忽然被我厌恶后，便希望他死去；我所厌恶的人，被我喜欢后，又希望他活着。这种爱恶无常、感情用事，即是迷惑。它既是人性的痼疾，也是人的一种愚蠢。辨析并摒弃迷惑的办法就是“崇德”，即加强个人的品德修养，将个人的爱、恶等行为纳入忠、信、义的规范中去。这是孔子对子张的教育，也是为我们今人留下的箴言。

对于孔子在本章最后所引《诗经》中的诗句，注释家们向有争议。朱熹《论语集注·颜渊》中即引有三说：一为“旧说：夫子引之，以明欲其生死者不能使之生死，如此诗所言，不足以致富而适足以取异也”，亦即此诗是印证前所言“既欲其生，又欲其死”之不可行也。一为程颐所说：“此错简，当在第十六篇‘齐景公有马千驷’之上，因此，下文亦有‘齐景公’字而误也。”一为杨氏曰：“堂堂乎张也，难与并为仁矣，则非诚善补过不蔽于私者，故告之如此。”这是说道德学问之修养是真正的财富，只要持之以恒，不见异思迁，必会富有道德学问。不过，李贽对此三说均不屑一顾，他评论道：“就在此处，有何不好。引来证其意耳，何必字字明白。宋儒解书，病在太明白。”③

12.11　齐景公[1]问政于孔子。孔子对曰：“君君，臣臣，父父，子子[2]。”

① 《论语·学而》。

② 《论语·子路》。

③ （明）李贽：《四书评·论语》卷之六。

公曰："善哉！信如[3]君不君，臣不臣，父不父，子不子，虽有粟，吾得而食诸[4]？"

【注释】

[1]齐景公：名杵臼(chǔ jiù)，春秋时期齐国国君，公元前547～前490年在位。

[2]君君，臣臣，父父，子子：第一个"君""臣""父""子"为名词，第二个"君""臣""父""子"为动词。意即做国君的要尽国君的职责，做臣下的要尽臣下的职责，做父亲的要尽父亲的职责，做儿子的要尽儿子的职责。

[3]信如：假如、假设。

[4]虽有粟，吾得而食诸：即使有粮食，我能吃得到吗？虽，连词，表示假设或让步关系。诸，相当于"之乎"。

【品读】

鲁昭公末年，孔子至齐国。齐景公向孔子请教有关国家政治的问题，孔子只是概要性地回答了"君君，臣臣，父父，子子"八个字，但这八个字却把国家政治的大纲都已举括在内了。其意思是：为君者，要尽君道；为臣者，要尽臣道；为父者，要尽父道；为子者，要尽子道。一国之内，无非君、臣、父、子四种人，若各尽其道，各负其责，各守其礼，天下岂不康乐太平吗？所以齐景公听后也十分赞同："善哉！"又深有感触地说道："信如君不君，臣不臣，父不父，子不子，虽有粟，吾得而食诸？"意思是说：如果做君的不尽君道，做臣的不尽臣道，做父的不尽父道，做子的不尽子道，如此下去，大家必争夺扰乱，到那时，虽有饭食，我还能吃得到吗？

实际上，孔子的回答是有针对性的。齐景公所说的"君不君，臣不臣，父不父，子不子"，是春秋末年各诸侯国普遍出现的政治现象。当时，各国国君大权旁落，卿大夫势力兴起，晋国的六卿、鲁国的"三桓"、郑国的"七穆"及齐国的国、高、崔、庆、田诸家，无不占有大量的土地，采用新的剥削方式，成为拥有大量财富的新兴贵族。如晋国的郤氏，其"富半公室，其家半三军"①，鲁国的季氏"富于周公"②，一时出现了"私肥于公""大夫皆富"的局面。经济地位的变化必然要求有一个大的政治变革。以大夫为代表的"私家"向以国君为代表的"公室"夺取政权已不可避免。

孔子赴齐前，鲁国的这种斗争已十分激烈。不甘心受"三桓"制约的鲁昭公于公元前517年联合郈孙氏向季孙氏发动进攻，结果"三桓"联合组织反击，杀了郈孙氏，鲁昭公被迫逃往齐、晋，季孙氏掌握了鲁国政权。孔子对此愤然无奈，遂来到齐国，希望得到齐景公的赏识与重用。但齐国的景况也令

---

① 《国语·晋语八》。

② 《论语·先进》。

孔子大失所望。当时的齐国也是政治腐败，“公室”势力日衰，代表新兴势力的田氏（即陈氏）家族，采取施恩授惠的手段，与“公室”展开争夺民众的斗争。田桓子对贫穷孤寡的国人“私与之粟”[1]，他的儿子田乞做齐景公的大夫后，更以“大斗出，小斗进”的方式向民众征收赋税或借贷，来笼络民心。果然，田氏“得齐众心”[2]，民众大量逃往田氏门下，“归之如流水”[3]，而重敛于民的“公室”却被抽空了。然而齐景公对此却麻木不仁。他贪图享乐，沉湎酒色，内宠又多，且欲废太子阳生而立少子舍，使得政治污浊不堪。田氏代齐之势已初露端倪。所以当齐景公问孔子如何治国时，孔子针对齐国情况，答以君臣父子各尽其道，以正人伦之常。可惜齐国的“公室”如西山落日，大势已去，更何况齐景公这样的君主呢！尽管齐景公也感叹“君不君，臣不臣，父不父，子不子”的局面，但他最终没有、也不可能采纳孔子的建议，去正君臣、父子之伦。朱子《论语集注·颜渊》总结道：“景公善孔子之言而不能用，其后果以继嗣不定，启陈氏弑君篡国之祸。”

公元前484年，齐景公死，田乞发动政变，打败了国、高、弦、晏四大贵族，拥立阳生为君，即齐悼公，自立为相，专齐政。

当然，孔子对“君君，臣臣，父父，子子”的倡导绝不是仅限于齐国，这是他一贯矢志不渝的政治主张。但是当时各国到处都是“君不君，臣不臣，父不父，子不子”“臣弑其君，子弑其父”的“非礼”景况，“滔滔者天下皆是也”[4]，孔子逆潮流而动，到处鼓噪兜售此说，要重整伦常秩序，以使君臣父子各安其位，遵守各自的名分，不越位，不僭礼，其结果不言而喻。

但是我们并不能因其理论不合时宜来否定或者衡量其理论的价值和意义。不可否认，孔子对于他那个时代的社会问题确有相当深刻的认识和理解，所以他的政见每每能切中时弊，瞄准要害。只是孔子所处的动荡不安、上下僭越的社会背景，使其政治理论的“不合时宜”性尤显突出。不过，孔子的这种“不合时宜”的主张到汉武帝时代却被定为一尊，影响中国社会两千年之久，其原因恐怕在于国家安定时期“君君，臣臣，父父，子子”之间统治秩序的重新建立和稳定，为君父者自然要祭起君臣父子之道这面旗帜。这恐怕是孔子所始料未及的。

① 《左传·昭公十年》。
② 《史记·田敬仲完世家》。
③ 《左传·昭公三年》。
④ 《论语·微子》。

12.12　子曰："片言可以折狱者[1]，其由也与[2]！"子路无宿诺[3]。

【注释】

[1]片言可以折狱者：以单方面的讼辞可以断案的人。片言，古人又称之为"单辞"，即诉讼双方中的一方言辞。片，单。

[2]其由也与：大概只有仲由吧！其，句中语气词，表示揣测。由，仲由，即子路。与，句末语气词，表示感叹。

[3]子路无宿诺：子路从不拖延所许的诺言。宿诺，久不履行的诺言。宿，久留。这句话与上句话之间的逻辑关系，目前尚无人解释清楚。有人认为此句应归为别章。

【品读】

按照常理，受理诉讼案件必须先听诉讼双方的讼词。子路何以只要听单方面的讼词就可断案呢？大概是由于子路平日性格急躁直爽，诚笃忠信，办事又"无宿诺"，所以，人们受他的感化，也以信待他，不敢在他面前说谎，他自然"片言可以折狱"了。

朱熹《论语集注·颜渊》曰："片言，半言。折，断也。子路忠信明决，故言出而人信服之，不待其辞之毕也。"此训"片言"为半句话，似不妥。何晏《论语集解》引孔安国曰："片，犹偏也。听讼必须两辞以定是非，偏信一言以折狱者，惟子路可。"照此解释，"片言"即一面之词，据子路的性格特征，比较妥帖。康有为《论语注·颜渊》对孔子赞语有些不以为然，他说："天下狱情至变伪，虽有圣者，不能不听两造之词，子路虽贤，无是理也。"

12.13　子曰："听讼吾犹人也[1]，必也使无讼乎[2]！"

【注释】

[1]听讼吾犹人也：审理诉讼案件，我同别人一样。听讼，审理诉讼案件。听，处理、判决。讼，诉讼。

[2]必也使无讼乎：(然而我的目标是)一定要使诉讼案件不发生才好啊！

【品读】

孔子在本章中所倡导的政治理念是教化为上，惩戒为次，这也就是王弼所阐释的"使无讼，化之在前"。这一理念被历代政治家们所信奉。辞讼多少、案狱有无向来是判定一个地方政绩的重要标志。因此，亲民官员们往往追求这种"无讼"的教化境界。如《后汉书·循吏传》载：刘矩为雍丘令，"以礼让化之，其无孝义者，皆感悟自革。民有争讼，矩常引之于前，提耳训告，以为忿恚可忍，县官不可入，使归更寻思。讼者感之，辄各罢去。其有路得遗者，皆推寻其主”。陈留郡考城人仇览为蒲亭亭长时也是“好行教化”，以德化民。一日，其辖内一寡妇向仇览状告其子陈元不孝。仇览分析道：“吾近日过舍，庐落整顿，耕耘以时。此非恶人，当是教化未及至耳。”又转而规劝寡妇：“母守寡养孤，苦身投老，奈何肆忿于一朝，欲致子以不义乎？”做母亲的听后“感悔，涕泣而去”。仇览于是亲自到陈元家，“与其母子同饮，因为陈人伦孝行，譬以祸福之言”，并且“与一卷《孝经》，使诵读之”。在他的教化下，“于是元遂修孝道，后成佳士”。这是通过教化感悟民众，以达到息讼的目的。当这种教化无能为力时，一些官员则往往闭门自责甚或引过辞职。如许荆为桂阳太守，郡中有兄弟二人争财，互不相让，双双讼于官府。许荆劝说无用，乃自我谴责道：“吾荷国重任，而教化不行，咎在太守。”并让部下上书陈述自己的失职，请求治罪。兄弟二人见状，十分后悔，乃“各求受罪”，撤销诉讼。

孔子所提倡的这种通过教化使人民化于德、齐于礼以至无讼的治政方针在中国古代社会中发挥了一些作用。如《汉书·龚遂传》记其在齐地推行德政，使“狱讼止息”。又《召信臣传》曰：“其化大行，郡中莫不耕稼力田，百姓归之，户口倍增，盗贼狱讼衰止。”《后汉书·童恢传》记载在他的教化下，“一境清静，牢狱连年无囚”。

孔子的“必也使无讼乎”贯穿中国社会两千多年，影响至深。

12.14　子张问政。子曰：“居之无倦[1]，行之以忠[2]。”

【注释】

[1]居之无倦：身居官位不要疲倦懈怠。居，指在工作岗位上。

[2]行之以忠：执行政令时要忠诚无贰。行，执行政令。

【品读】

刘宝楠《论语正义·颜渊》曰：“言为政之道，若居之于身，无懈倦；行之于民，必以忠信也。”

但朱熹《论语集注·颜渊》却认为：“子张少仁。无诚心爱民，则必倦而不尽心，故告之以此。”似涉牵强。

一个人要真正做到“居之无倦，行之以忠”是非常不容易的。自古以来，堪称典范者，如周公之“一沐三捉发，一饭三吐哺”，诸葛亮之“鞠躬尽瘁，死而后已”，每每让人肃然起敬，称颂不已。

12.15　子曰：“博学于文，约之以礼，亦可以弗畔矣夫！”[1]

【注释】

[1]此段重出，见《雍也》篇。

12.16　子曰："君子成人之美，不成人之恶[1]。小人反是[2]。"

【注释】

[1]恶：坏事。

[2]反是：与此相反。是，这。

【品读】

为人宽容豁达是孔子学说的一个重要方面，是仁的一种具体表现。与人为善，宽以待人，成人之美，从而创造和谐的人际关系，这是君子所为。如《大戴礼记·曾子立事》曰："君子己善，亦乐人之善也。己能，亦乐人之能也。君子不说人之过，成人之美。存往者，在来者，朝有过，夕改则与之；夕有过，朝改则与之。"意即君子推己及人，自己好，也希望别人好；自己快乐，也希望别人快乐；自己成功，也希望别人成功。而不愿看到别人受难遭殃，不愿看到别人走向邪道而不闻不问。这就是"君子成人之美，不成人之恶"。

当然，相对君子而言，小人则喜成人之恶而不成人之美。鲁迅《华盖集·并非闲话》一文中有一段对小人心态的极好描写，我们不妨引录于下：

> 近来有些人，凡是自己善于在暗中播弄鼓动的，一看见别人明白质直的言动，便往往反噬他是播弄和鼓动，是某党，是某系；正如偷汉的女人的丈夫，总愿意说世人全是王八，和他相同，他心里才觉舒畅。

看来，古今的小人都是一丘之貉，没有什么时代的分野。

12.17　季康子问政于孔子。孔子对曰："政者，正[1]也。子帅[2]以正，孰敢不正？"

【注释】

[1]正：正直、公正。

[2]帅：表率、率领、带头。

【品读】

季康子为季桓子之嗣，位上卿，专鲁国政，僭礼欺君，使鲁国"君不君，臣不臣"的政治局面日益严重，一向主张"君君，臣臣"的孔子对此十分不满。所以当季康子向他询问如何治理政事时，他便话中有话地说："政者，正也。子帅以正，孰敢不正？"亦即只有正己才能正人，为政者要起表率作用，自己行为正直端正，下面的百姓自然不会越轨。正如《孟子·离娄上》所说："君仁，莫不仁；君义，莫不义；君正，莫不正。一正君而国定矣。"

12.18 季康子患盗，问于孔子。孔子对曰："苟子之不欲[1]，虽赏之不窃[2]。"

【注释】

[1]苟子之不欲：如果你不贪财。苟，如果。子，您，指季康子。之，介词。欲，贪欲，指贪财。

[2]虽赏之不窃：即使奖励偷盗，也没人行盗。赏，奖励、鼓励。

【品读】

"盗贼"之多是春秋末年各国大患。由于统治者的横征暴敛使人民的生活几乎难以维持，所以起而为盗者比比皆是。所谓"盗"，有的是指"作乱"的下级贵族和平民(国人)，甚至还有奴隶；有的是指窃掠财物的"乱人"。他们往往成群结队，公然与统治者相对抗，令国君及执政者十分头痛。鲁季孙氏以"鲁多盗"，曾严词申斥司寇臧仲武，要他"将盗是务去"①，臧仲武束手无策。《汲冢琐语》曾记录这么一件事："鲁国多盗，季康治之，获一人焉。诘之曰：'汝何以盗？'对曰：'子大夫为政不能不盗，何以诘吾盗？'"这正好可以作孔子"苟子之不欲，虽赏之不窃"的注脚或说明。与孔子同时代的齐相晏婴也指出："积邪在于上，蓄怨藏于民。"②民反是由于官逼所致。孔子在这里仅用一句话就将季氏的政治面孔揭露无遗。

李贽对孔子此言十分欣赏，在"苟子之不欲"处，他点评曰"狠"，在句末他又评曰"老捕快"③。这既是讲孔子曾为鲁之司寇，深知盗贼之由来，更重要的是赞叹孔子能批亢捣虚，直逼季氏政治之要害。

12.19 季康子问政于孔子曰："如杀无道，以就有道[1]，何如？"孔子对曰："子为政，焉[2]用杀？子欲善而民善矣[3]。君子之德风，小人之德草[4]，草上之风，必偃[5]。"

【注释】

[1]如杀无道，以就有道：如果杀掉无道的人，亲近有道的人。有道，指有德行的人。

① 《左传·襄公十一年》。

② 《晏子春秋·内篇问上》。

③ (明)李贽：《四书评·论语》卷之六。

就，接近、靠近。

[2]焉：怎么、哪里。

[3]子欲善而民善矣：如果你想做好事，百姓也会跟着做好事。

[4]君子之德风，小人之德草：意思是说，为政者的德行好比是风，百姓的德行好比是草。君子，指当政者。小人，指平民百姓。

[5]草上之风，必偃(yǎn)：风吹到草上，草就倒向一边。意思是说，风向哪边吹，草就往哪边倒。偃，倒下。

【品读】

本章与上两章宗旨基本一致，仍是强调为政者须先正己。

孔子一向主张“道之以德，齐之以礼”的仁德政治，反对“道之以政，齐之以刑”的刑罚政治。认为前者的结果是导致“民免而无耻”，后者则“有耻且格”①，两种做法产生两种结果。所以他十分反对用“政”“刑”，尤其是“杀”的手段统治人民，因为这样一味地将民众置于严厉的约束及残暴的奴役之下，必然会导致阶级矛盾的尖锐化。这是孔子目睹了当时“役人”暴动、“民溃”事件、国人暴动等“盗贼”云涌的景况，看到了各国统治者为此制定了许多法律严刑，仍不能改变“上不能止”的结局，加以总结后而得出的结论。他认为，统治者是万民的仪范，是价值标准之源和风气之先。治理政治，无须杀人，“子欲善而民善”，君子之德如风，小人之德如草，德风所至，民众会如草一样侧伏效法。《尚书·泰誓上》也认为：“天佑下民，作之君，作之师，惟其克相上帝，宠绥四方。”这就是说，君师合一，君有师的责任。也正像孔子所说：“子帅以正，孰敢不正？”自己不正，何以正人？

12.20 子张问：“士何如斯可谓之达矣[1]？”子曰：“何哉，尔所谓达者[2]？”子张对曰：“在邦必闻[3]，在家[4]必闻。”子曰：“是闻也，非达也。夫达也者，质直而好义[5]，察言而观色，虑以下人[6]。在邦必达，在家必达。夫闻也者，色取仁而行违[7]，居之不疑[8]。在邦必闻，在家必闻。”

【注释】

[1]士何如斯可谓之达矣：士要怎样做才可以叫作通达呢？何如，如何、怎么样。斯，连词，就、才、则。达，通达事理。

[2]何哉，尔所谓达者：即“尔所谓达者，何哉”，意为：你所说的通达是什么意思？

[3]在邦必闻：在诸侯国中一定有名望。邦，诸侯所统治的地方。闻，声誉、名望、名气。

---

① 《论语·为政》。

[4]家：大夫所统治的地方。

[5]质直而好义：个人品质正直而爱好信义。

[6]虑以下人：时常想着对人谦恭有礼。虑，思想、思考。下人，甘心居人之下，这里指对人谦恭有礼。下，用作动词。

[7]色取仁而行违：表面上主张仁德而行动上却违背它。色，脸色、表情，这里指外表、表面。

[8]居之不疑：以仁人自居而毫不惭愧。居，处于。疑，犹豫、迟疑。

【品读】

子张问孔子，士怎样才称得上通达。孔子未马上作答，而是反问子张对通达的认识。子张认为：无论在邦国之中，还是在乡邑之内，都能有一定名望，便是通达。孔子听后对子张讲道：这只是知名，而不是通达。所谓通达，是品质正直而讲信义，善于理解他人的言论、观察他人的脸色，时常想着对人谦恭有礼，这种人在邦在邑都会通达。那些所谓有声望者，表面上主张仁德，以仁自居，实际行动上却不是那么回事，这种人在邦必闻，在家必闻，实际上是沽名钓誉的伪君子。这是鼓励子张要名实相副。朱熹认为，孔子此论乃针对子张为学务虚、务外的特点而发。他说："子张务外，夫子盖已知其发问之意，故反诘之，将以发其病而药之也。"①李贽对此段的评语也很有意思，其曰："剖析分明，子张当日浃背矣。"②

12.21 樊迟从游于舞雩[1]之下，曰："敢问崇德、修慝[2]、辨惑。"子曰："善哉问[3]！先事后得[4]，非崇德与？攻其恶[5]，无攻人之恶，非修慝与？一朝之忿[6]，忘其身，以及其亲[7]，非惑与？"

【注释】

[1]舞雩(yú)：地名。是古时人们祈天求雨的祭坛，位于今山东省曲阜市东南。

[2]修慝(tè)：改正邪恶。修，治理，这里为"改正"的意思。慝，邪恶、邪念。

[3]善哉问：问得好啊！

[4]先事后得：做事抢先，赏功居后。事，从事、做事情。得，获得、成功、利益。

[5]攻其恶(è)：一心检讨、批评他自己的错误。攻，指责、批评。其，代词，表第三人称领属关系，可译为"他(她、它)的"或"他(她、它)们的"。恶，不好、坏，此指过失、错误。

[6]一朝之忿(fèn)：一时的气愤。忿，气愤、愤怒。

[7]忘其身，以及其亲：不顾自身的名誉安危，以至于连累亲人。忘，舍弃、不顾。身，此指自身的安危等。及，推及、累及。

---

① (宋)朱熹：《论语集注·颜渊》。

② (明)李贽：《四书评·论语》卷之六。

【品读】

樊迟是一位好学善问的弟子,《论语》中有不少关于他因时因地求学求知的记录。这次是他随孔子在舞雩台下漫步,见机向孔子求教如何崇德、修慝、辨惑三个问题。孔子看来十分欣赏樊迟的好学,先肯定他"善哉问",亦即"问得好",然后以反诘的方式一一作答。孔子说:做事在前,奖掖居后,不就是提高品德(即"崇德")了吗?批评自己之过,而不攻击他人之短,不就是改正邪恶(即"修慝")了吗?因一时气愤便不顾自身安危,以至于累及亲人,这不是迷惑(即"惑")吗?从孔子的回答我们可看到,同是"崇德""辨惑"问题,孔子对子张的回答与樊迟的就不一样。因为"樊迟勇而志于学,质朴而狭隘,意其为人,必预事而计得,怒己而严人,忿而不思难者也"①,所以孔子有针对性地因材施教,循循善诱。

12.22　樊迟问仁。子曰:"爱人。"问知[1]。子曰:"知[2]人。"

樊迟未达[3]。子曰:"举直错诸枉[4],能使枉者直。"

樊迟退,见子夏,曰:"乡[5]也,吾见于夫子而问知,子曰:'举直错诸枉,能使枉者直。'何谓也?"

子夏曰:"富哉言乎[6]!舜有天下,选于众,举皋陶[7],不仁者远矣。汤[8]有天下,选于众,举伊尹[9],不仁者远矣。"

【注释】

[1]知:同"智",明智。

[2]知:动词,识别、通达。

[3]达:豁达、通晓、明白。

[4]举直错诸枉:把正直的人提拔出来列于邪恶的人之上。就是说,举用正直的人,屏避邪恶的人。"直"和"枉"相对。直,正直的人。枉,不直,指不正直的邪恶之人。错,同"措",放、搁置。诸,相当于"之于"。

[5]乡(xiàng):同"向",从前、过去。这里为"刚才"的意思。

[6]富哉言乎:即"言乎富哉"的倒装。意即:这话的内涵多么丰富啊!或者说:这话寓意深刻啊!富,丰富、完备、多而全。

[7]皋陶(gāo yáo):又作"咎繇"。传说是舜之臣,掌刑狱之事。

[8]汤:商代的开国君主。

[9]伊尹:商初大臣,名伊,尹是官名。传说他是奴隶出身,汤用为小臣,后任以国政,曾辅佐汤灭夏兴商,被称为"贤相"。

① (清)宦懋庸:《论语稽》,民国二年(1913年)维新印书馆刊本。

【品读】

在本章中，孔子回答了樊迟所问的“仁”“知”两个问题。在《论语》中，“仁”字出现凡109次，其含义极其广袤深奥，但最基本、最通常的意思则是此处答樊迟的“爱人”之意。“仁者爱人”是孔子伦理思想的核心，是儒家的基本道德原则，具有丰富的人道主义内容。孟子在此基础上阐发道：“仁者爱人，有礼者敬人。爱人者人恒爱之，敬人者人恒敬之。”①汉许慎说：“仁，亲也。”②毛泽东也说：“仁象现在说的‘亲爱团结’。”③郭沫若更说：“这种所谓仁道……也就是人的发现。”④

“知”，即“智”，智慧也。孔子在此处只解释为“知人”，显然没能够展示其丰富内涵，大概又是在因材施教吧？“中人以上，可以语上；中人以下，不可以语上也”，是他一贯的教育原则。不过，樊迟未解孔子之意。孔子于是又补充道：“举直错诸枉，能使枉者直。”亦即举用正直者，罢黜邪恶者，能使邪恶者变得正直。这是在讲，知人的目的在于用人，用人的关键在于选贤举才，即“举直错诸枉”。但樊迟仍百思不得其解，退下后便向子夏请教。子夏告诉他：这话寓意深刻啊！舜有了天下，在众人中挑选人才，把皋陶选拔出来，使不仁的人远离了；汤有了天下，在众人中挑选人才，把伊尹选拔出来，使不仁的人远离了。

不过，在现实中，历代君王尽管都知道举贤任能的重要性，但又未必都能做到知人知贤；很多君王都认为自己所用皆贤能之人，但实际上不乏奸佞无道无才之人，像虞舜、商汤那样拔皋陶、伊尹于众人之上的君主并不多见。主要原因在于不知人，不能辨别贤愚好恶。

孔子说：“君子道者三……仁者不忧，知者不惑，勇者不惧。”⑤又说：“唯仁者能好人，能恶人。”⑥看来，“仁”和“智”必须结合到一起，才能把握知人之道。

12.23 子贡问友。子曰：“忠告而善道[1]之，不可则止，毋[2]自辱焉。”

【注释】

[1]善道：善意地引导。道，同“导”。

① 《孟子·离娄下》。
② (汉)许慎撰，(唐)段玉裁注：《说文解字注》第八篇上，成都古籍书店1981年版，第387页。
③ 《毛泽东书信选集》，人民出版社1983年版，第147页。
④ 郭沫若：《十批判书》，东方出版社1996年版，第91页。
⑤ 《论语·宪问》。
⑥ 《论语·里仁》。

[2]毋(wú):副词,不要、别。

【品读】

孔子的这种交友之道值得今人玩味,它既有朋友间的友情与忠诚,又有各自的平等自主。真像李贽所说:“春华秋实两有之。”①《论语·里仁》中子游也曾说过:“事君数,斯辱矣;朋友数,斯疏矣。”这是说,对于君主的过错有必要加以劝告,但多次劝告无效而再劝告,自己就会蒙受侮辱了。对朋友也是如此。过分地要求或强劝,交情就会疏远。因此,对朋友也要把握分寸,适可而止。

12.24 曾子曰:“君子以文会友[1],以友辅[2]仁。”

【注释】

[1]以文会友:以文章学问结交朋友。文,指文章及有关《诗》《书》《礼》《乐》等方面的知识。

[2]辅:从旁帮助、辅助。

【品读】

这是曾子的交友之道。

宋邢昺疏曰:“言君子之人以文德会合朋友,朋友有相切磋琢磨之道,所以辅成己之仁德也。”②朱熹也说:“讲学以会友,则道益明;取善以辅仁,则德日进。”③

---

① (明)李贽:《四书评·论语》卷之六。

② (魏)何晏等注,(宋)邢昺疏:《论语注疏·颜渊》,《十三经注疏》本。

③ (宋)朱熹:《论语集注·颜渊》。

子路第十三

13.1　子路问政。子曰："先之，劳之[1]。"请益[2]。曰："无倦[3]。"

【注释】

[1]先之，劳之：先，率先、走在前面，这里有"以身作则"之义。之，代词，指老百姓。劳，这里为役使。劳之，使民劳作。

[2]益：增加。此处是子路请求孔子多讲一些。

[3]无倦：不要使之疲倦。

【品读】

对于"先之，劳之"，解释颇多。程树德认为这是讲"先民而任其劳也。天子亲耕，后亲蚕之类"①；刘宝楠认为这是讲"政贵身先行之"②；李泽厚也认为孔子在倡导"自己带头，大家努力"③。总之，"先之"均为表率之义。汉孔安国则解释为"先导之以德，使民信之，然后劳之。《易》曰：'说以使民，民忘其劳。'"④

细读前后文字，以前说较能达孔子原意。子路问的是为政之道，孔子答的是如何为政，"先之""劳之""无倦"三义并列，都应是对为政者的要求。对此，朱氏的解释比较全面。他说："凡民之行，以身先之，则不令而行。凡民之事，以身劳之，则虽勤不怨。"⑤

13.2　仲弓为季氏宰，问政。子曰："先有司[1]，赦小过，举贤才。"

曰："焉知贤才而举之？"子曰："举尔所知，尔所不知，人其舍诸[2]？"

【注释】

[1]先有司：要引导办理具体事务的下级官吏。先，引导、教导。有司，古代负责办理

① 程树德：《论语集释·子路》引《群经平议》。

② （清）刘宝楠撰，高流水点校：《论语正义·子路》。

③ 李泽厚：《论语今读》，第299页。

④ （魏）何晏等注，（宋）邢昺疏：《论语注疏·子路》，《十三经注疏》本。

⑤ （宋）朱熹：《论语集注·子路》引苏氏曰。

具体事务的官吏。

[2]人其舍诸：人们难道能舍弃他们吗？意即人们不会埋没他们。其，句中语气词，表示反问，难道、岂能。舍，舍弃。诸，即“之乎”，其中“之”为代词，指他们。

【品读】

仲弓，即冉雍，很受孔子器重。孔子说他“可使南面”[①]，认为他可做地方长官，后果然任季氏总管——宰，并以德行著称。现在他向孔子问政，孔子很干脆地告诉他：“先有司，赦小过，举贤才。”也就是要统治者招揽人才时，要不分贵贱，不计其短，择长而用。孔子所说的这种知人用人之道，为后世政治家所奉行。

历史上许多著名人物，如管仲、吴起、曹参、韩信、陈平、朱令石……他们有的出身贱微，有的社会名声不好，但这些人都有济世之才，一经录用，最终都能发挥自己的才能，都能“成就王业，声著千载”，可见古代一些政治家在用人问题上独具慧眼，知人善任。如三国曹操再三呼吁其部下要“举贤勿拘品行”“取士毋废偏短”[②]。唐代名相魏徵则明确提出了“因其才而取之，审其能以用之；用其所长，舍其所短”[③]的用人原则。明代宰辅张居正对人才的诠选更强调“立贤无方，唯才是用”，要求有司“用舍进退，一以功实为准，毋徒炫于虚名，毋尽拘于资格，毋遥之以毁誉，毋杂之以爱憎，毋以一事概其生平，毋以一眚掩其大节”[④]，“尽可随才任使，效一节之用”[⑤]。他们的这些用人原则与孔子的“赦小过，举贤才”如出一辙。

“赦小过，举贤才”，在中国历史上成为政治家们竞相标榜的用人之道，孔子在本章中提出的另一条原则“举尔所知”虽不是那么被标榜，但却成为中国古代选人、用人的一条主流，也对中国传统政治产生了重大影响。就用人制度而言，中国古代大致有三种途径：一为直接辟用，二为考试录用，三为乡举里选。因为后两种只是取得入仕资格或只能取得低级职位，所以直接辟用一直起着更为重要的作用。在直接辟用制下，也只能“举尔所知”，没有其他更好的选择，但“举尔所知”又只是有赖于当政者的贤明与眼界，明君、贤臣有可能做到“知人善任”，但也无法保障用人的公平与择优，无法保障“野无遗贤”。因此，孔子也只能用“尔所不知，人其舍诸”来解释，别无他策。但是，在“举尔所知”的主流中，更多的却是结党营私，上下依附，裙带政治不

---

① 《论语·雍也》。

② 《三国志·魏书·武帝纪》。

③ 《新唐书·魏徵传》。

④ 《张文忠公全集·陈六事疏》。

⑤ 《张文忠公全集·论时政疏》。

可避免。这成为中国传统政治的一大特色，也是孔子所始料未及的。

13.3 子路曰："卫君待子而为政[1]，子将奚先[2]？"

子曰："必也正名乎[3]！"子路曰："有是哉，子之迂也[4]！奚其正？"

子曰："野哉，由也[5]！君子于其所不知，盖阙如也[6]。名不正则言不顺，言不顺则事不成，事不成则礼乐不兴，礼乐不兴则刑罚不中[7]，刑罚不中则民无所错手足[8]。故君子名之必可言也，言之必可行也。君子于其言，无所苟而已矣[9]。"

【注释】

[1]卫君待子而为政：卫国国君等待您去治理朝政。卫君，指卫出公蒯辄。

[2]子将奚(xī)先：您打算先做什么？奚，什么。

[3]必也正名乎：一定要先正名分！正名，使名分正。"正"字为使动用法。名，名称、名分。孔子按照周礼的标准，要求社会上的人各从其类，各守其位，行事都要合乎他的名分。

[4]有是哉，子之迂(yū)也：即"子之迂也有是哉"。"子之迂也"是主语，"有是哉"是谓语。意思是说，您竟迂腐到了这种程度。迂，迂腐、不懂事理，这里指远离实际，不合时宜。

[5]野哉，由也：你真粗野啊，仲由！

[6]盖阙如也：大都采取存疑的态度。盖，句首语气词，有"大概"的意思，实际上表示肯定。阙如，指存疑，即阙而不论，存疑不言。阙，同"缺"。如，词尾。

[7]不中(zhòng)：指不得当。中，符合、适合。

[8]无所错手足：没有放手脚的地方，亦即不知如何是好。错，同"措"，放。

[9]君子于其言，无所苟而已矣：君子对于自己所说的话，处处马虎不得，即不能不严肃认真啊。于，对于。苟，马虎、随便、不严肃，与"敬"相对。

【品读】

此时孔子正在卫国，等待卫君的召用。率直的子路询问孔子：若被召用，首先要做什么？孔子毫不迟疑地回答说：要正名分。子路大概有感于卫国以至各国的纷纷扰扰，"君不君，臣不臣"已成潮流，遂反问道：您竟然如此迂腐，为何要正名呢？这一问，问出了孔子一番滔滔不绝的宏论。他对子路详尽地讲述了"正名"的重要性，诸如"言不顺""事不成""礼乐不兴""刑罚不中"直到"民无所错手足"。

孔子的"正名"是针对当时卫国政治的具体情况而提出的。当时的卫君蒯辄是卫灵公的孙子，是世子蒯聩之子。卫灵公死后，理应由蒯聩继承君位，但由于蒯聩不满于卫灵公宠姬南子的淫乱专政，曾欲杀南子，结果谋杀未遂，逃亡在外。灵公死后，南子欲立己生幼子郢，郢不敢当，乃由辄继位，是为卫出公。晋国闻灵公死，也护送蒯聩回国继位，蒯辄遂遣兵抵御，将其父拒之在外。这在孔子看来，不论是在“君臣”还是在“父子”名分上，都不合于礼，都不正。由此可以看出，孔子所说的“名”即是以周礼为根据而规定的人的身份、地位、等级和名分，“正名”即是对不按照自己的身份、地位行事的人与事进行纠正、整顿或批评。卫出公蒯辄的君位是不合乎“名”的，而孔子若要出仕卫国，首先必须正其“名”，即肯定卫出公辄的名分是合乎周礼的，否则，孔子就无法做他的臣僚了。

由此我们可以看到孔子思想的两面性：一方面，他是“克己复礼”的忠实实践者。他一贯主张的“正名”，旨在使人们都按照各自的等级、角色和规范行事，做到“君君，臣臣，父父，子子”。对于违反周礼的规范行事的人，尤其是臣对君的僭越都要进行口诛笔伐。比如，当季氏用天子的八佾舞举行仪式时，孔子十分愤慨：“八佾舞于庭，是可忍，孰不可忍也！”再如，三桓祭祖时用天子用的《雍》诗，孔子大加指责：“奚取于三家之堂？”①但是孔子的这种以周礼为依据的“正名”，在当时是行不通的，它可以说是一种落后保守的思想。到了新的封建等级制度确立后，孔子的这种“正名”思想反而经改造变通后被大加利用，成为正统政治思想中的重要组成部分。

另一方面，我们还要看到，孔子在周游列国、屡屡受阻后，“正名”复礼已退居其次，只要能有可遇之仕，他可以暂时不顾及其他，甚至可以将“正名”与复礼作为一种旗帜，授予非名非礼者，他对于名分不正的卫出公便是如此。他的“正名”，并不是要卫出公退位，迎回蒯聩，而是要以“正名”为由，为出公加上“礼制”之冕。因此，子路称孔子之“迂”，反被孔子斥为“野哉”，而且告诫他：君子对他所不知者大都要存疑勿问。真是良有以焉。

13.4 樊迟请学稼[1]。子曰：“吾不如老农。”请学为圃[2]。曰：“吾不如老圃。”

樊迟出。子曰：“小人哉，樊须[3]也！上好礼，则民莫敢不敬；上好义，则民莫敢不服；上好信，则民莫敢不用情[4]。夫如是，则四方之民襁负[5]其子而至矣，焉用稼？”

【注释】

[1]请学稼：请求学习耕田方面的知识。稼，耕种、种田。

[2]圃：种植蔬菜瓜果的园子，这里为种植蔬菜。下句的“圃”指种菜的人。

[3]樊须：即樊迟。孔子的弟子。

① 《论语·八佾》。

[4]莫敢不用情：没有谁敢不说真话。莫，没有谁。情，与“伪”相对，指真情实意，忠诚、衷心。

[5]襁(qiǎng)负：用布包着婴儿背着。襁，婴儿的被子。

【品读】

对于本章中的“稼”与“圃”，历代注家多无歧义。近人程树德《论语集释》却独辟蹊径，提出：“迟问稼圃，夫子则以‘上好礼’等词为教，何相针锋不相对，所答非所问。自古注以来，均不得其解。学稼之请，即欲习农家之书也。孔子告以止须用礼治则民自服，不必采用农家之说，如此一问一答，方可衔接。”这是说，樊迟请学稼为圃，并非要亲自学种田种菜，而是欲以农治国，孔子不以为然，故答之要以礼、义、信治国治民，不必习农家之道。

此说固然可以为贤者讳，避开了孔子对“稼”与“圃”的不屑，但并不妥当。当时是否有农家及农家之书尚未知晓，如何能有“农家之说”？而且，孔子的回答是“不如老农”“不如老圃”，与农家无涉。再者，孔子由此称樊迟“小人”，“小人”在当时为特指。《尚书·无逸》云：“知稼穑之难，则知小人之依。”《孟子·滕文公上》曰：“有大人之事，有小人之事。”清毛奇龄《四书誊言》说：“古凡习稼事者皆称小人。”若要习农家之书，孔子便不会指其为“小人”了。所以，就孔子与樊迟的对话本意来看，孔子的确反对他学稼、学圃。恐怕也正因为此，本章在20世纪70年代名噪一时，成为“批林批孔”运动中的重点靶子之一，孔子也因此被冠之以轻视劳动、轻视农民、轻视生产实践、代表奴隶主贵族立场的大帽子。

客观地说，批孔者批孔子轻视生产劳动，并非子虚乌有。孔子不仅反对弟子们学稼、学圃，而且自己也同样不屑为之。所以，他同时代的人才会说他“四体不勤，五谷不分”①。究其原因，并非他对“小人”的轻视或蔑视，而是在他看来，君子志于学，就是要“修身、齐家、治国、平天下”，要“学而优则仕”。他所说的“君子谋道不谋食”“学也，禄在其中矣”②，都是这个意思。从这个意义上讲，这是其教学内容与教学目的统一，有其合理性的一面；但这一理念又弥漫于整个中国传统社会，使“学而优则仕”成为士子们唯一的追求，稼圃以及诸般技艺都成为等而下之的范畴，这对中国历史的影响可以说又是“过”莫大焉。

13.5 子曰：“诵《诗》三百[1]，授之以政[2]，不达[3]；使于四方，不能专

① 《论语·微子》。

② 《论语·卫灵公》。

对[4]；虽多，亦奚以为[5]？”

【注释】

[1]诵《诗》三百：《诗》是中国最早的诗歌总集，后被儒家列为经典，故称《诗经》。其编成于春秋，共三百零五篇，据《史记》载，系孔子删定。此处“《诗》三百”是取其整数。

[2]授之以政：让他处理政务。授，授予、赋予。

[3]达：通，通达、通晓。这里意为会办事、胜任。

[4]专对：独自对答。指遇事出使，能交涉应对，随机应变。

[5]虽多，亦奚以为：《诗》读得虽多，又有何用？奚，疑问代词，犹“何”。以，用。为，语气词，表示反问或感叹。

【品读】

孔子提倡学以致用，强调学《诗》的目的是从政。看来，《诗经》当时不只是供陶冶性情、欣赏审美的文学作品，还是“齐家、治国”的政治教材。这也即《论语·阳货》中所讲：“诗，可以兴，可以观，可以群，可以怨；迩之事父，远之事君；多识于鸟兽草木之名。”春秋时期举行的各种典礼，诸如祭社稷、宗庙、各路神灵以及正式宴会，往往以《诗》来辅助礼仪的进行。《诗》中的《周颂》《鲁颂》等就是专门供祭典用的乐歌。一些政治家也往往引《诗》以陈述自己的观点，尤其是那些“使于四方者”，即诸侯会盟或者聘问时，往往以《诗》明志，借以表达各自的政治企图。孔子的弟子中，子贡是最善于外交活动的一位能人，他《诗》学得很好，曾被孔子大加赞赏，而且他能用于实践中。孔子的这种诗学观，对后世的士大夫尤其是政治家们影响很大。

康有为《论语注》对孔子的这种诗教阐发得十分透彻。他说：“《诗》，言国政，著风俗，本人情，该物理，长于风谕，故诵之者必达于政而能言也。……盖诗出辅轩之采，如今日之报。孔子选十五国之报精者，加以改制口说，以为功课书。故通其学者皆为政治家、言语家之才。”

13.6 子曰：“其身[1]正[2]，不令而行[3]；其身不正，虽令不从。”

【注释】

[1]身：自身，此处指自身的行为。

[2]正：端正、正派、正当。

[3]不令而行：就是不下命令，事情也行得通。令，下命令。行，指教化得以推行。

【品读】

孔子这里讲的还是“修身、齐家、治国、平天下”的道理。孔子一向强调为政者要以身作则，以道德自律，率先垂范。他常讲的“正人正己”“修己以安人”“子帅以正，孰敢不正”“子欲善而民善矣。君子之德风，小人之德草，草上之风，必偃”①以及本篇的“上好礼，则民莫敢不敬；上好义，则民莫敢不服；上好信，则民莫敢不用情”等等，都与本章同义，都是讲为政者的言行是百姓取法的榜样，其人格自然也应是道德的化身。正如宋人邢昺所疏：“上之人其身若正，不在教令，民自观化而行之；其身若不正，虽教令滋章，民亦不从也。”②强调统治者的人格力量与表率垂范作用，可以说是中国传统政治的又一特色。

13.7 子曰：“鲁、卫之政，兄弟[1]也。”

【注释】

[1]兄弟：鲁国是周公旦的封地，卫国是康叔的封地，周公旦和康叔是兄弟，并且当时鲁、卫相处和睦，如同兄弟，故称。

【品读】

鲁、卫两国，一为周公之后，一为康叔之后，是兄弟之邦，文化、政治多有相似之处。孔子生长在鲁国，承袭了周文化传统及周公遗政精神；周游列国的十四年间，多半又待在卫国，计十余年，对卫国也多有了解。所以，他所说的“鲁、卫之政，兄弟也”绝非泛泛而言，而是一种深切的感触。但感触者何？古来说法颇多。如《汉书·冯野王传》曰：“野王、立相代为太守，歌之曰：‘政如鲁、卫德化钧，周公、康叔犹二君。’”颜师古注曰：“周公、康叔，亲则兄弟，治国之政又相似。”这是歌颂鲁、卫两国之政者。朱熹《论语集注·子路》曰：“是时衰乱，政亦相似，故夫子叹之。”清代刘逢禄《论语述何》也说：“鲁之君臣不正，卫之父子不正，政本皆失，故发此叹。”这是感慨两国之失政者。其实，孔子发此感慨时，未必是哪种单一心情，他或许正在追缅鲁、卫两国先君之政，感叹他们是兄弟之邦；或许有感于他所处的鲁、卫两国之失政；也或许是两者兼而有之。从字义与孔子的言语习惯看，当以追缅为主。至于由此又引出多少感慨，恐怕只有孔子本人才能知道。

13.8 子谓[1]卫公子荆[2]：“善居室[3]。始有，曰：‘苟合[4]矣。’少有[5]，曰：‘苟完矣。’富有，曰：‘苟美矣。’”

① 《论语·颜渊》。

② （魏）何晏等注，（宋）邢昺疏：《论语注疏·子路》，《十三经注疏》本。

【注释】

[1]谓:谈论、评论。

[2]公子荆:卫国大夫,字南楚,卫献公的儿子,故称公子荆。

[3]善居室:善于管理家业。居室,这里是指积蓄家业,居家度日。

[4]苟合:差不多够了。苟,马虎、苟且,这里是"差不多"的意思。合,满、足。

[5]少有:稍微多一点。少,稍、略微。

【品读】

孔子称公子荆善于理家,刚刚有了点家产,便说差不多够了;稍增加了一些,又说差不多完备了;到其富足时,便说可以称得上完美了。本章名为赞公子荆,实则醉翁之意不在酒,孔子是借此讥讽卫君的贪婪荒淫。

13.9 子适[1]卫,冉有仆[2]。子曰:"庶矣哉[3]!"冉有曰:"既庶矣,又何加[4]焉?"曰:"富之。"曰:"既富矣,又何加焉?"曰:"教之。"

【注释】

[1]适:到……去。

[2]仆:驾车。

[3]庶矣哉:(卫国)人真多啊! 庶,众,此处指人多。

[4]何加:增添些什么? 意思是再办些什么事。

【品读】

本章是孔子入卫之时与弟子冉有在车上的问答。当孔子感叹卫国人口众多时,冉有便请教:人口已多,应当再做些什么? 孔子的回答是:使百姓富足。冉有又问:富足后又如何呢? 孔子的回答是:实行教化。在孔子看来,庶、富、教是治国三要素,也是依次实现的三个环节,缺一不可。这一思想确定了中国古代的治国大纲。

古代生产力低下,加上幅员辽阔,所以人口的多少一直是统治者关心的问题,人丁兴旺因而也就成为国家繁荣的一个首要标志。商鞅变法曾专门制定"徕山东之民"的措施,当时齐人也以临淄"三百闾,张袂成阴,挥汗成雨,比肩继踵"①的人口盛况而自豪。不过,在庶、富、教三者中,孔子最关心的还是富和教。富是教的物质基础,没有富民,教便无从谈起。此即孔子著名的"先富后教"主张。正如《孟子·梁惠王上》所说:"明君制民之产,必使

① 《晏子春秋·内篇杂下》。

仰足以事父母，俯足以畜妻子，乐岁终身饱，凶年免于死亡。然后驱而之善，故民之从之也轻。今也制民之产，仰不足以事父母，俯不足以畜妻子，乐岁终身苦，凶年不免于死亡。此惟救死而恐不赡，奚暇治礼义哉？"《管子·治国》云："凡治国之道，必先富民。"同书《牧民》亦云："仓廪实则知礼节，衣食足则知荣辱。"所以，孔子主张实行"节用而爱人，使民以时"①"择可劳而劳之""因民之所利而利之"②以及"薄赋敛则民富"③的惠民政策，旨在使民众生活富足起来。

当然，使民"富之"并不是孔子治国之道的最终目标。他与当时政治家的不同之处，就在于他在"富之"的基础上提出"教之"。在他的语录中，不乏其词，诸如"道之以德，齐之以礼"④，"善人教民七年，亦可以即戎矣"，"以不教民战，是谓弃之"⑤，等等。孔子的这些教化民众的为政思想对后世产生了很大影响。孟子在孔子"教之"学说的基础上进一步阐发，主张："设为庠序学校以教之：庠者，养也；校者，教也；序者，射也。……皆所以明人伦也。人伦明于上，小民亲于下。"⑥汉儒大师董仲舒更发挥为："南面而治天下，莫不以教化为大务。立太学以教于国，设庠序以化于道。渐民以仁，摩民以谊，节民以礼，故其刑罚甚轻，而禁不犯者，教化行而习俗美也。"⑦这样，以教为政、以德化民的思想一代一代地传承下来，直到宋明理学一味强调"大学之道，在明明德，在亲民，在止于至善"⑧，而将孔子的"庶之""富之"的前提丢弃不问，真是"一车问答，万古经纶"⑨。

13.10　子曰："苟有用我者[1]，期月[2]而已可也，三年有成[3]。"

【注释】

[1]苟有用我者：如果有人用我管理政事。苟，如果、假若。

[2]期(jī)月：周月，指一周年的十二个月。期，周(年、月)。

[3]有成：有成就、成功。

① 《论语·学而》。
② 《论语·尧曰》。
③ (汉)刘向：《说苑·理政》。
④ 《论语·为政》。
⑤ 《论语·子路》。
⑥ 《孟子·滕文公上》。
⑦ 《汉书·董仲舒传》。
⑧ 《礼记·大学》。
⑨ (明)李贽：《四书评·论语》卷之七。

【品读】

据《史记·孔子世家》记载，鲁哀公二年(前493年)，“(卫)灵公老，怠于政，不用孔子”。看到自己的政治理想又一次破灭，孔子无限感伤，不禁喟然长叹：“苟有用我者，期月而已可也，三年有成。”这是一种自我宣传、推销，抑或是一种无奈的呐喊？此后不久，孔子失望地带着他的弟子们离开了卫国。李泽厚先生对此章评论道：“看来孔老夫子并非谦谦君子，假作逊让者。有时仍作广告，自绍介，岂不同于今日之竞选政治？有人怀疑此章非孔子言。其实《论语》全书五百章，其中从思想到风格大有出入差异者甚多。不必出于孔子者，多矣。”①结合下条所言“善人为邦百年……”及“如有王者，必世而后仁”，李先生所言不妄。

其实，孔子的政治才华与作为，同时代的人并非没感受到。如孔子仕鲁与闻国政三月，齐人闻而惧之，认为“孔子为政必霸，霸则吾地近焉，我之为先并矣”。连鲁国的执政季桓子亦曾感叹道：“昔此国几兴矣，以吾获罪于孔子，故不兴也。”②陈、蔡之所以将孔子一行围困于野中，原因正如其大夫们所言：“孔子贤者，所刺讥皆中诸侯之疾。今者久留陈蔡之间，诸大夫所设行皆非仲尼之意。今楚，大国也，来聘孔子。孔子用于楚，则陈蔡用事大夫危矣。”③“于是乃相与发徒役围孔子于野。不得行，绝粮。”④

看来，孔子的贤达及其声望已得到社会的公认，但是各国执政非但无一用者，反而加以斥逐。何也？这在前面陈、蔡大夫们的评价中已有答案：“孔子贤者，所刺讥皆中诸侯之疾，今者久留陈蔡之间，诸大夫所设行皆非仲尼之意。”楚国令尹子西劝阻楚昭王任用孔子时也说：“今孔丘述三五之法，明周召之业，王若用之，则楚安得世世堂堂方数千里乎？夫文王在丰，武王在镐，百里之君卒王天下。今孔丘得据土壤，贤弟子为佐，非楚之福也。”⑤昭王乃止。由陈、蔡及楚诸国执政者们的分析中我们可以理解各国不用孔子的真正原因了。当权者的意志以及他所处的时代构成了孔子实现政治愿望的樊篱。

13.11 子曰：“‘善人为邦[1]百年，亦可以胜残去杀[2]矣。’诚哉是言也！”

① 李泽厚：《论语今读》，第309页。
② 《史记·孔子世家》。
③ 《史记·孔子世家》。
④ 《史记·孔子世家》。
⑤ 《史记·孔子世家》。

【注释】

[1]为邦：治理国家。为，治、治理。

[2]胜残去杀：战胜残暴，免除杀戮。这两句是引用古人的话。去，除去、舍弃。

【品读】

在孔子的概念中，善人的修养次于圣贤，所以要为邦百年才可以“胜残去杀”，这与下章“王者”比照来读便很明了。“胜残去杀”不是孔子的发明，这是自古以来的圣哲们都在追寻的理想境界，但在当时又只能是一个乌托邦境界。死刑的废除是社会文明发展到一定程度的结果，直到现在，世界上绝大多数国家还都存在死刑。孔子相信善人治国百年即可“胜残去杀”，的确过于理想化了。中国古代刑罚最轻的时代要数汉代的文、景时期，史载当时“黎民醇厚，几致刑措”，其实当时也远未达到“胜残去杀”的程度。

13.12　子曰：“如有王者，必世[1]而后仁。”

【注释】

[1]世：古代三十年为一世。

【品读】

此处“王者”指的是像尧、舜那样的圣王。即使王者，也至少需要三十年才能实现仁政。但为什么孔子认为王者要“必世而后仁”，而自己却可以“三年有成”呢？朱子引程子之言解释道：“‘三年有成’谓法度纪纲有成而化行也。渐民以仁，摩民以义，使之浃于肌肤，沦于骨髓，而礼乐可兴，所谓仁也。此非积久何以能致？”①对于“必世而后仁”，李贽解释道：“见当时国势、民风如此。”②可谓颇有见地，两解合读，应能明了孔子本意所在。

13.13　子曰：“苟正其身矣[1]，于从政乎何有[2]？不能正其身，如正人何[3]？”

【注释】

[1]苟正其身矣：如果（统治者）端正了自身的言行。苟，假若、如果。正身，指端正自身的言行举止。

[2]于从政乎何有：对执政（管理政事）还有什么难处呢？何有，即“有何”。

① （宋）朱熹：《论语集注·子路》。

② （明）李贽：《四书评·论语》卷之七。

[3]如正人何：即“如何正人”。

【品读】

在此，孔子又一次强调统治者正身、正己的表率作用。这与“其身正，不令而行；其身不正，虽令不从”“子帅以正，孰敢不正”“苟子之不欲，虽赏之不窃”等同义。孔子不厌其烦地强调执政者要以身作则，正人务先正己，意义深远。

13.14　冉子退朝[1]，子曰：“何晏也[2]？”对曰：“有政。”子曰：“其事也[3]。如有政，虽不吾以[4]，吾其与闻[5]之。”

【注释】

[1]冉子退朝：冉有从季府回来。冉子，即冉有，当时为鲁国大夫季氏的家臣。朝，官府的大堂，这里指季氏的办公处。

[2]何晏也：为什么回来得这么晚呢？晏，晚、迟。

[3]其事也：恐怕是一般性事务吧！其，副词，大概、或许。

[4]吾以：即“以吾”，用我。以，用。

[5]与闻：参与并知内情。

【品读】

此处“事”应译为“一般性、日常性事务”，“政”特指“国政大事”。朱熹《论语集注·子路》曰：“礼，大夫虽不治事，犹得与闻国政。”据《左传·哀公十一年》载，季氏欲征田赋，先派冉求去征求孔子意见，并说：“子为国老，待子而行。”可见孔子说“如有政，虽不吾以，吾其与闻之”，不是自诩之词。

13.15　定公[1]问：“一言而可以兴邦[2]，有诸[3]？”

孔子对曰：“言不可以若是，其几也[4]。人之言曰：‘为君难，为臣不易。’如知为君之难也，不几乎一言而兴邦乎？”

曰：“一言而丧邦[5]，有诸？”

孔子对曰：“言不可以若是，其几也。人之言曰：‘予无乐乎为君[6]，唯其言而莫予违也[7]。’如其善而莫之违也，不亦善乎？如不善而莫之违也，不几乎一言而丧邦乎？”

【注释】

[1]定公：公元前509～前495年在位。鲁国国君，名宋。

[2]一言而可以兴邦：一句话就可以使国家兴盛。一言，此处指“一句话”。兴邦，使国家振兴发达。

[3]有诸：有这样的事吗？诸，即“之乎”。

[4]言不可以若是，其几也：不可能有这样的话，但近乎这样的话是有的。几，将近、接近。

[5]丧邦：使国家丧失、沦亡。

[6]予无乐乎为君：即“予为君无乐乎”，意即我做君主没有什么快乐。为，做。

[7]唯其言而莫予违也：只是要求没人敢违抗我的话。“莫予违”即“莫违予”的倒装。莫，没人。

【品读】

鲁定公问孔子有无一言以兴邦者，孔子认为没有，但相近的话是有的，亦即人们所言“为君难，为臣不易”。如果知道了为君之难，这不近乎可以说是一言兴邦吗？对其中的道理，朱熹阐释道：“因此言而知为君之难，则必战战兢兢，临深履薄，而无一事之敢忽。然则此言也，岂不可以必期于兴邦乎？”①定公又问：有无一言丧邦者？孔子仍回答道：没有。但相近的话是有的，亦即人们所言：“予无乐乎为君，唯其言而莫予违也。”这是说：我做君主无他快乐，只是要求没人敢违抗我的话。这是相当一部分国君的心理，与孔子同时代的晋平公也曾感叹道：“莫乐为人君，惟其言而莫之违。”②对这种洋洋自得的人君之乐，孔子尖锐地指出：如果君之言正确而无人违背，固然很好；但如果其言不善而无人违抗，这不近乎“一言而丧邦”吗？

李泽厚先生对此“记”曰：“专制政治一人作主，万众齐喑，真是皇帝的金口玉牙，没人违抗。于是一言‘丧邦’者，大有人在。‘一句顶一万句’，便害死许多人也。定公原想走捷径，希望一句话就能解决问题。孔子却说，要知道做君王做臣下都不容易，这回答也只是一句话，很巧妙。一言丧邦的回答，亦然。”③

13.16 叶公[1]问政。子曰：“近者说[2]，远者来[3]。”

【注释】

[1]叶(shè)公：姓沈，名诸梁，字子高。楚国的大夫，封地在叶城(今河南叶县南)，故称叶公。

[2]近者说：使境内的人安居乐业(乐于受你的统治)。近者，此处指境内的人。说，同“悦”，高兴。

[3]远者来：使境外的人前来归附。远者，此处指境外的人。

---

① (宋)朱熹：《论语集注·子路》。

② 《韩非子·外储说上》。

③ 李泽厚：《论语今读》，第312页。

【品读】

叶公向孔子问政之事，在《韩非子·难篇》《墨子·耕柱》《左传·哀公六年》中都有类似记载。时间大概在鲁哀公五年(前490年)。此年孔子率弟子自陈国经过蔡国来到叶邑(今河南叶县南古叶城)，受到叶公的礼遇。叶公向孔子询问如何管理政事，孔子认为，为政的关键要获得民心，要做到近悦远来。刘宝楠《论语正义》对此阐释道："当施惠于近者，使之喜悦，则远者当慕化而来也。"后来，"近悦远来"演变为成语，千年沿用。

13.17 子夏为莒父宰[1]，问政。子曰："无欲速[2]，无见小利。欲速则不达[3]，见小利则大事不成。"

【注释】

[1]莒(jǔ)父宰：莒父，鲁国的城邑，在今山东莒县境内。宰，地方长官。

[2]无欲速：办事不要企图很快成功，即做事不要求速成。

[3]不达：指达不到目的。达，到达。

【品读】

子夏任莒父宰，向孔子请教政事。孔子告诫他不要急于求成，不要贪求小利，否则"欲速则不达"，"见小利则大事不成"。清代黄式三《论语后案》针对当时的实际情形作了令人信服的解释："莒父下邑，政久废弛，民亦多无望于上之安全尽善者。子夏急图改弦更张，或以规近，效期小康，则迫而致之，苟而安之矣。"

李贽对孔子此言给予高度评价，称之为"千古至言"①。

13.18 叶公语孔子曰："吾党[1]有直躬者[2]，其父攘[3]羊而子证[4]之。"孔子曰："吾党之直者异于是[5]：父为子隐，子为父隐，直在其中矣。"

【注释】

[1]党：古代乡里组织，此处译为"家乡"。

[2]直躬者：直躬，一说为人名，名躬，楚国叶人，以直著称，故称"直躬"；还有一说，是指行为正直的人。

[3]攘(rǎng)：偷、窃取。

[4]证：告、告发。

[5]是：这、此。

---

① (明)李贽：《四书评·论语》卷之七。

【品读】

这是叶公子高与孔子论“直”的一段对话。叶公子高认为：儿子揭发父亲的盗窃行为是“直躬”的表现。而孔子不以为然，认为这不符合人情，主张子女应扬父之善，不扬父之恶，要“父为子隐，子为父隐”，才称得上“直”。孔子这里将父慈子孝的伦理观念置于或者说超越于法律及其社会责任之上，代表了中国传统政治法律思想的一个重要走向。当然这并非孔子的一厢情愿，同时也缘于中国古代特殊的社会结构以及政治体制。中国自进入文明社会以来，就一直是一个建立在农业经济基础之上的，以父家长为中心的宗法制社会，尤其在中国早期社会构建中，宗法血缘关系占据着十分重要的地位，未能按地域重新划分其国民，而仍以宗法血缘关系为纽带构建各级社会组织。在这种情况下，其家国不分，君权与父权互为表里，君被视为国人之父，君民关系自然成为君父与子民的关系，君臣关系也被定格为父子关系。因而，社会角色关系也就难以明晰。当亲情与制度发生冲突时，便会引发出种种矛盾与对立。

孔子本人一直试图解决这一问题，他倡导的“君君，臣臣，父父，子子”便是一个基本模式。在此基础上又衍化出了所谓的“忠孝双全”，但这又是一个没能解决问题的模式。当忠与孝发生矛盾时，孔子还是主张孝先忠后，这在他与叶公子高的谈话中明显地表达出来。

西汉时代，随着“独尊儒术”的出现，统治者试图以法律的形式解决这一问题。到汉宣帝时代正式下诏，公布“首匿法”：“自今子首匿父母，妻匿夫，孙匿大父母，皆勿坐。其父母匿子，夫匿妻，大父母匿孙，罪诛死，皆上请廷尉以闻。”[①]不过，从内容来看，已不同于孔子的“父为子隐，子为父隐”。孔子强调的是父慈子孝，伦理感情是双向的、平等的，而汉代的规定则是单向的、不平等的，显然是汉代“三纲”——“君为臣纲，父为子纲，夫为妻纲”的缩本。这一点被后代历任统治者所继承，历代的法律规定中也都承认亲属相容隐的原则，严格制裁子孙告发祖父母、父母的行为，而且规定得越来越严格。如《唐律疏议》卷二十三曰：“诸告祖父母、父母者，绞。”《大清律例》更规定：“子告父，若父无罪，处子绞刑；若父有罪，子亦须笞一百，坐牢三年。”

当然，后儒与统治者倡导的这种“忠孝两全”方案仍难以解决亲情与制度的抵牾。所以《唐律疏议》上述条款下就补充说明道：“谓非缘坐之罪及谋叛以上而故告者。”因为犯这些罪的人“皆为不臣，故子孙告亦无罪”。这反映了统治者在忠与孝问题上难以抉择的两难心态。

---

① 《汉书·宣帝纪》。

13.19 樊迟问仁。子曰："居处恭[1]，执事敬[2]，与人忠[3]。虽之[4]夷狄[5]，不可弃也[6]。"

【注释】

[1]居处恭：平时行为举止谦恭有礼。居处，行为举止。

[2]执事敬：办事严肃认真。执事，做事情、主持工作。敬，严肃认真，不苟且。

[3]与人忠：待人忠心诚实。与，交往。

[4]之：往、到。

[5]夷狄：我国古代对东方和北方少数民族的泛称。

[6]不可弃也：也不能放弃。弃，抛弃、丢弃。

【品读】

樊迟上次问仁，孔子答之以"爱人"，是从仁的人本意义上来讲的；这次问仁，孔子答之以恭、敬、忠，是从修身方面讲的。一个人仅有爱人之心是不够的，他还应该克制、约束自己，使自己的行为符合礼的规定，这才叫仁，即所谓"克己复礼为仁"。这里，孔子对仁人君子有三方面的要求，即平素言行谦逊有礼，办事严肃认真，对人忠实诚信。这三项原则无论在何时何地都不要放弃。修身是实现仁的前提，也是仁的基础。修身的目的还是爱人。

13.20 子贡问曰："何如斯可谓之士矣[1]？"子曰："行己有耻[2]，使于四方，不辱君命[3]，可谓士矣。"

曰："敢问其次。"曰："宗族称孝焉，乡党称弟[4]焉。"

曰："敢问其次。"曰："言必信，行必果[5]，硁硁然[6]小人哉！抑亦[7]可以为次矣。"

曰："今之从政者何如？"子曰："噫！斗筲之人[8]，何足算也[9]！"

【注释】

[1]何如斯可谓之士矣：怎样才可以叫作士呢？何如，如何、怎样。斯，就、才、则。

[2]行己有耻：能以羞耻之心约束自己的行为。行己，自己立身行事。

[3]使于四方，不辱君命：出使国外，不玷辱、辜负君命。

[4]乡党称弟：乡党，这里指家乡、乡里。弟，同"悌"，指敬顺兄长。

[5]言必信，行必果：说话一定守信用，行为一定要兑现诺言。果，实现、完成。

[6]硁（kēng）硁然：浅薄而又固执的样子。

[7]抑亦：连词，表示轻微的转折，相当于"可是""不过"。

[8]斗筲（shāo）之人：指器度狭小、才识短浅的人。斗、筲均为古代容量单位。十升为一斗。筲为竹器，能容三升。

[9]何足算也：不值得一提！算，计算、数。

【品读】

一般来讲，古代的士是指读书人、有学问的人，即知识分子。但在孔子眼里，士可分为三类。

第一类是“行己有耻，使于四方，不辱君命”者。“行己有耻”，即以羞耻意识来约束自己的言谈举止。做到“行己有耻”，并非易事，但一旦做到，即是最高道德。因为“有耻则砥德砺行，顾惜名节，一切非礼非义之事，自羞而不为，惟乎有浼乎生平”①。那些一身学问但行为卑鄙甚至不知廉耻者，怎能称作“士”？但仅有高尚的道德还不行，还须有真才实学。文中说“使于四方，不辱君命”，这在当时是最大的学问。前文也说：“诵《诗》三百……使于四方，不能专对；虽多，亦奚以为？”所以在春秋战国时代，若能受之于命，使之诸国，应对交涉，纵横捭阖，乃是士之上矣，如子贡、张仪、苏秦、鲁仲连等等。这一类可谓德才兼备之士。

第二类是在本乡本土中以孝悌友好之德操闻名的人。这种士有德而无才，比前一类要逊色一等。

第三等是虽能做到“言必信，行必果”，但又浅薄固执者。他们只知道死守信用而不辨是非好恶，容易犯错误，所以被孔子称为“硁硁然小人”。当然，孔子所说的“小人”并不是指道德不好的人，而是指普通人。这种“小人”虽不及前二者，但比下文“今之从政者”还要高出许多。

本章的精华在子贡的最后一句：“今之从政者何如？”孔子不屑一顾地说：“噫！斗筲之人，何足算也！”朱子解“噫”为“心不平声”②，当是。李贽在“今之从政者何如”处批注道：“问得妙！”又在章后阐发道：“‘孝’、‘弟’都从‘有耻’得来。‘言必信，行必果’也，只为不肯‘无耻’。‘今之从政者’，只是一个无耻！”③

13.21 子曰：“不得中行而与之[1]，必也狂狷[2]乎！狂者进取，狷者有所不为也。”

【注释】

[1]不得中行而与之：找不到行为合乎中庸的人相交往。得，得到、获得。中行，中庸之道。不偏叫“中”，不变叫“庸”，儒家以中庸为最高的道德。与，交往、相交。

---

① （清）李中孚：《四书反身录》，浙江书局刊本。

② （宋）朱熹：《论语集注·子路》。

③ （明）李贽：《四书评·论语》卷之七。

[2]狂狷(juàn):狂妄激进与保守。狂者勇于进取,狷者守节无为,两者都偏于一面,泛指偏激。狷,坚守己志,不屈从于人。

【品读】

孔子为什么说"不得中行而与之,必也狂狷乎"?因为狂者能积极进取,是有志向者;狷者虽拘谨保守,有所不为,但有气节。这两种人虽有过与不及的缺点,但因其有志有节,还可互相裁抑之、激励之,进于中行之道。刘宝楠《论语正义》:"包曰:狂者进取于善道,狷者守节无为。欲得此二人者,以时多进退,取其恒一。"

13.22 子曰:"南人有言曰:'人而无恒,不可以作巫医。'善夫!'不恒其德,或承之羞[1]。'"

子曰:"不占[2]而已矣。"

【注释】

[1]这两句话引自《易经·恒卦·九三》的爻辞。前句意思为:一个人若无恒心,不可以做巫医。后句意思为:一个人若不恒守德操,可能要蒙受耻辱。或,或许、也许、可能。承,承受、蒙受。

[2]占:古代用龟甲或蓍(shī)草推算吉凶的一种迷信活动。

【品读】

李泽厚先生言:"这章难解,旧说甚多,姑译之而已。但中心意思在于强调恒心,坚持韧性精神,还是很明白的。"①巫医为什么要有恒者来做,大概是由于其地位较低而专业性的要求又高,没有恒心,难以胜任。如朱熹所言:"巫,所以交鬼神;医,所以寄生死。故虽贱役,而尤不可以无常。"②在当时,巫以祷神驱邪,医以药草疗疾,在乡间较为普遍。《逸周书·大聚》载:"乡之巫医,具百药,备疾灾。"尤其在荆楚地区更为盛行,所以,南国之人才会有这样的谣谚。

孔子为证明其论点,又引用了《易经》中的一段话:"不恒其德,或承之羞。"意思是说,不恒守德操,便可能会蒙受耻辱。最后,他自己又补充道:"不占而已矣。"这是说无恒者不必去占卜了,还是强调人贵有恒。

13.23 子曰:"君子和而不同,小人同而不和。"

① 李泽厚:《论语今读》,第318页。

② (宋)朱熹:《论语集注·子路》。

【品读】

先秦时期,“和”与“同”的区分是很清楚的。郑桓公曾问史伯:周幽王统治的最大弊端是什么?史伯答曰:“去和而取同。”他解释说,“和”就如同性质不同的金、木、水、火、土合在一起才能生出百物一样;而“同则不继”,只有其中一种就不能产生任何新东西[①],以此来比喻周幽王听不进不同意见,只愿听一种声音。结果导致东周的坍圮,这难道不是最大的弊端吗?

齐相晏子也曾对齐景公详尽地分析过“和”与“同”的区别。他说:“和”就像八音的和谐,一定要有高下、长短、徐疾各种不同的声调,才能使乐曲和谐;“同”则相反,如果琴瑟的音调都是一样的,那怎能听呢?就像烧汤,一定要拿水、醯、醢、盐、梅等来烹饪鱼肉,用柴来烧,厨师加以调和,“济(增加)其不济以泄(减少)其过”,使味道鲜美可口。而“同”则是单以水调剂水,不用其他佐料配合,结果毫无味道。他还以君臣为例,说明“和”是君臣看法的协调。“君所谓可,而有否焉,臣献其否以成其可;君所谓否,而有可焉,臣献其可以去其否。”“同”就不一样了:“君所谓可,据亦曰可;君所谓否,据亦曰否。”[②]实际上是君主一言堂,结果是使君主犯错误。

孔子丰富了“和”与“同”的概念,明确提出“君子和而不同,小人同而不和”。所以他要求学生“当仁,不让于师”[③],鼓励独立思考,不要盲目附和。他喜欢给别人提意见,也希望别人给自己提意见。颜回虽是孔子最得意的弟子,但他从不提不同意见,孔子对此很不满意,说:“回也,非助我也,于我言无所不说(悦)。”[④]对君主,孔子主张实行“勿欺也,而犯之”[⑤]的态度。犯,即向君主提意见。对个人修养,他认为“文质彬彬,然后君子”[⑥]。

李泽厚对此有一段富有哲理的阐释:“‘和’的前提是承认、赞成、允许彼此有差异、有区别、有分歧,然后使这些差异、区别、分歧调整、配置、处理到某种适当的地位、情况、结构中,于是各得其所,而后整体便有‘和’——和谐或发展。中国哲学一直强调‘和’,也即是强调‘度’,强调‘过犹不及’和‘中庸’,其道理是一致的,此即所谓‘吾道一以贯之’。这就是中国的辩证法(中庸、和、度、过犹不及)。”[⑦]

---

① 《国语·郑语》。
② 《左传·昭公二十年》。
③ 《论语·卫灵公》。
④ 《论语·先进》。
⑤ 《论语·宪问》。
⑥ 《论语·雍也》。
⑦ 李泽厚:《论语今读》,第319~320页。

13.24 子贡问曰："乡人皆好[1]之，何如？"子曰："未可也[2]。"

"乡人皆恶[3]之，何如？"子曰："未可也。不如乡人之善者好之，其不善者恶之。"

【注释】

[1]好（hào）：用作动词，赞扬、喜欢。

[2]未可也：不行、不可以。

[3]恶（wù）：厌恶、憎恨。

【品读】

杨伯峻《论语译注》对本章有一段言简意赅的解释。他说："如果一乡之人皆好之，便近乎所谓好好先生，孔、孟叫他为'乡愿'。因之孔子便说：'众好之，必察焉；众恶之，必察焉。'又说：'唯仁者能好人，能恶人。'这可以为'善者好之，不善者恶之'的解释。"①

而李泽厚《论语今读》则解释得发人深省："孔子并不喜欢'好好先生'和'乡愿'，但'好好先生'总是生活中的优胜者、幸运儿、富贵人，或高官厚禄，或平稳一生；古今皆然，随处都是，亦可叹也。"②

13.25 子曰："君子易事而难说也[1]。说之不以道，不说也。及其使人也[2]，器之[3]。小人难事而易说也。说之虽不以道，说也。及其使人也，求备焉。"

【注释】

[1]君子易事而难说也：在君子手下办事容易，而要讨得他喜欢却很难。易事，容易办事。说，同"悦"，使……高兴、取悦。

[2]及其使人也：而他使用人的时候。及，到。其，代词，他，指君子。

[3]器之：根据各人的才能而加以使用。器，用作动词，认为有才能。之，代词。

【品读】

孔子在这里又为君子与小人画了一幅动感图。他指出：君子容易共事，却难以取悦。不以正道取悦，他是不会欣赏的。但他用人时却能量才而用。小人难以共事，却易于取悦，即使不以正道取悦，他也会欣赏。但他用人时，却往往求全责备。

---

① 杨伯峻：《论语译注》，第140～141页。

② 李泽厚：《论语今读》，第320页。

李贽对此评曰："曲尽君子、小人性情。"①李泽厚"记"曰："两千年前的生活经验，犹栩栩如生于今日。"②

13.26 子曰："君子泰而不骄[1]，小人骄而不泰。"

【注释】

[1]泰而不骄：安详舒泰而不傲慢凌人。泰，安宁。骄，骄横、傲慢放纵。

【品读】

皇侃《论语义疏》曰："君子坦坦荡荡，心貌怡平，是泰而不为骄慢也。小人性好轻凌，而心恒戚戚，是骄而不泰也。"

君子、小人见识不同，胸襟不同，故仪态举止也不同。当然，一些故作姿态的小人也或许会貌似君子，但只能形似而难以神似，最终还是会还其本来面目。所以，钱穆《论语新解》指出："求不骄易，求能泰难。"

13.27 子曰："刚[1]、毅[2]、木[3]、讷[4]，近仁。"

【注释】

[1]刚：刚强、坚强。

[2]毅：果敢、坚毅。

[3]木：朴实、质朴。

[4]讷(nè)：说话迟钝，口齿不利。此指言语谨慎，寡言少语。

【品读】

孔子认为，一个人的行为表现若具备了刚强、果敢、朴实、谨言几个方面，就可以说基本具备了仁的气质。

康有为《论语注》对此阐发道："刚者无欲，毅者果敢，木者朴行，讷者谨言。四者皆能力行，与巧言令色相反者，故近仁。盖圣人爱质重之人，而恶浮华佻伪如此，盖华者不实也。《汉书》称周勃木强敦厚，尹齐木强少文。惟厚重质朴者，乃可任道。"

13.28 子路问曰："何如斯可谓之士矣？"子曰："切切偲偲[1]，怡怡如[2]也，可谓士矣。朋友切切偲偲，兄弟怡怡。"

---

① (明)李贽：《四书评·论语》卷之七。

② 李泽厚：《论语今读》，第321页。

【注释】

[1]切切偲(sī)偲:互相切磋,互相勉励。切切,相互敬重、切磋勉力的样子。偲偲,互相督促、勉力的样子。

[2]怡怡如:和顺、安详的样子。

【品读】

子路问"士"与前文子贡问"士"之答案不同。孔子答子贡曰:"行己有耻,使于四方,不辱君命,可谓士矣。"答子路则曰:"切切偲偲,怡怡如也,可谓士矣。"亦即朋友之间互相切磋勉力,兄弟之间亲切和顺。南怀瑾先生《论语别裁·子路》对此评论道:"这几句话看起来好像教条,反省起来,我们对朋友、对同事、对兄弟都能愉快相处,和蔼相亲,就不易办到,尤其对子路的个性正好下一针砭。"

孔子真能抓住时机因材施教。

13.29 子曰:"善人教民七年[1],亦可以即戎[2]矣。"

【注释】

[1]七年:不是实指,此指时间长久。

[2]即戎(róng):参军作战。即,走近,这里为从事。戎,打仗。

【品读】

由此看来,孔子虽然反对君主穷兵黩武,但在战争不可避免的情况下,还是主张以军旅之事教民,使之参战。

13.30 子曰:"以不教民战[1],是谓弃之[2]。"

【注释】

[1]以不教民战:让没有受过训练的百姓去作战。以,用、使用。不教民,此指未经过训练、培养的民众。

[2]是谓弃之:这就叫抛弃他们。是,这。之,代指"不教民"。

【品读】

孔子这里再次强调教民练兵习武、加强国防战备之必要。

宪问第十四

14.1　宪问耻。子曰："邦有道，谷[1]；邦无道，谷，耻也。"

"克、伐、怨、欲[2]不行焉，可以为仁矣？"子曰："可以为难矣[3]，仁则吾不知也。"

【注释】

[1]谷：谷物。古代以谷物为俸禄，故此指做官拿俸禄。

[2]克、伐、怨、欲：克，好胜。伐，夸耀、自夸。怨，怨恨、不满。欲，贪欲。

[3]可以为难矣：可以说是难得的了。

【品读】

孔子一向主张"天下有道则见，无道则隐"①，"道不行，乘桴浮于海"②，认为仁人志士要有气节，有操守，有作为。所以孔子回答原宪何以为耻这一问题时，便斩钉截铁地说："邦无道，谷，耻也。"当国家政治黑暗无道时，仍居高位，食俸禄，真可谓厚颜无耻。

孔子的教诲对原宪的影响很大，司马迁说他"读书怀独行君子之德，义不苟合当世"③。孔子死后，原宪不问功名利禄，退隐于民间，"亡在草泽中。子贡相卫，而结驷连骑，排藜藿入穷阎，过谢原宪。宪摄敝衣冠见子贡。子贡耻之，曰：'夫子岂病乎？'原宪曰：'吾闻之，无财者谓之贫，学道而不能行者谓之病。若宪，贫也，非病也。'子贡惭，不怿而去，终身耻其言之过也"④。

原宪还根据自己的体验询问孔子：一个人若克服了好胜、骄矜、怨恨、贪欲这些缺点，是不是就达到仁的境界了？孔子说：做到这些是难能可贵的，至于是否达到了仁的境界，我就不知道了。

---

① 《论语·泰伯》。

② 《论语·公冶长》。

③ 《史记·游侠列传》。

④ 《史记·仲尼弟子列传》。

实际上，孔子总是在强调“我欲仁，斯仁至矣”①，“刚、毅、木、讷近仁”②，意在指出仁德并不难求，鼓励人们克服自身缺点，提高自身道德修养。而这里孔子又对原宪所问仁回答得那么难以达到，主要是针对原宪本人而言的。孔子的目的是想让原宪将仁提高到更高的一个层面上。正如南怀瑾先生所云：“由此可知，孔子所称的仁，中国文化所标榜的仁的道体，就像道家、佛家所谓‘得道’那样，不可知、不可测，是非常高、不可思议的一个境界。”③

14.2 子曰：“士而怀居[1]，不足以[2]为[3]士矣。”

【注释】

[1]怀居：留恋安逸生活。怀，思念、怀恋。居，安居、家居。

[2]足以：值得、配得上。

[3]为：做、成为。

【品读】

孔子对士的要求一向很高。在《里仁》中，他曾指出：“士志于道，而耻恶衣恶食者，未足与议也。”在《子路》中又说：“行己有耻，使于四方，不辱君命，可谓士矣。”“切切偲偲，怡怡如也，可谓士矣。”在《卫灵公》中则进一步指出：“志士仁人，无求生以害仁，有杀身以成仁。”这里孔子所谓“士而怀居”便不足为士，主要是对士的情操而言，认为士应该以四海为家，以仁为己任，哪里需要就在哪里安家。正像曾子所云：“士不可以不弘毅，任重而道远。仁以为己任，不亦重乎？死而后已，不亦远乎？”④孔子对士——知识分子的这些要求，不是很值得我们今人自勉与借鉴吗？

14.3 子曰：“邦有道，危言危行[1]；邦无道，危行言孙[2]。”

【注释】

[1]危言危行：言行正直。危，正、端正。

[2]孙：同“逊”，谦逊、恭顺。

【品读】

孔子这里所讲的是人们处世的经验之谈：当天下太平、国家政治清明

① 《论语·述而》。

② 《论语·子路》。

③ 南怀瑾：《论语别裁》下册，第641页。

④ 《论语·泰伯》。

时，一个正人君子要言语正直，行为端正；而当国家政治黑暗、社会动荡不宁时，则要行为端正，言语谨慎谦逊。这一处世哲学，不能简单地视为圆滑、明哲保身。从历史上看，东汉之党锢之祸、北宋之元祐党祸、明朝之东林党祸等等，都是因“邦无道而言不逊”所致。所以，从古人“三缄其口”到国民党时期的“莫谈国事”，再到“文革”时期人们言行的空前统一，都是因为人们看穿了“祸从口出”的残酷性。清人懋庸的《论语稽》对此阐释得十分精到：“邦无道则当留有用之身匡济时变，故举动虽不可苟，而要不宜高谈以招祸也。”但无论国家有道还是无道，孔子都强调要保持行为正直，这是孔子之道的关键。

只是有两点疑问需要在此提出：其一，孔子津津乐道的这种乱世保身之道，与他的“无求生以害仁，有杀身以成仁”的仁人之道是完全相悖的。其二，孔子本人的实践行为也是“知其不可而为之”。这就告诉我们，孔子之言是因时因事因人而言，我们实在不必将其字字句句都看作不可改易的金科玉律，只需从中窥知孔子思想的一个侧面，也就幸甚，幸甚！

14.4 子曰：“有德者必有言，有言者不必有[1]德。仁者必有勇，勇者不必有仁。”

【注释】

[1]不必有：不一定有，未必有。

【品读】

德与言、仁与勇的辩证关系被孔子一言道出。就道德和言论而言，道德是第一位的，有道德的人一定会有精妙的言论，这是言行一致，是道德之外化；但有精辟言论的人未必都是有道德者，因为生活中难免有心口不一的奸佞之人。同样道理，仁人志士一定会无私无畏，见义勇为；而有勇力者未必有仁德，或许仅是匹夫之勇、血气方刚之辈者，也未可知。

14.5 南宫适[1]问于孔子曰：“羿善射[2]，奡荡舟[3]，俱不得其死然[4]。禹、稷躬稼而有天下[5]。”夫子不答。

南宫适出。子曰：“君子哉若人[6]！尚德哉若人！”

【注释】

[1]南宫适(kuò)：即子容。孔子的弟子。

[2]羿(yì)善射：相传羿是有穷国的君主，善于射箭，曾夺夏太康的王位，后被其臣寒浞(zhuó)所杀。

[3]奡(ào)荡舟:奡,人名,寒浞的儿子。相传能陆地行舟,善于水战,后被夏后少康所杀。

[4]俱不得其死然:都不得善终呀。俱,都。然,助词,表肯定语气,相当于“焉”。

[5]禹、稷(jì)躬稼而有天下:禹、稷亲自耕种却取得了天下。禹,为鲧之子,原为夏后氏部落领袖,奉舜命治理洪水。据后人记载,他领导人民疏通江河,兴修沟渠,发展农业。在治水十三年中,三过家门而不入,后以治水有功,被舜定为继承人。舜死后任部落联盟领袖。稷,相传是周族祖先,被尊为谷神,教民稼穑。

[6]君子哉若人:此人真君子呀!若,指示代词,此、这个。

【品读】

我们的祖先早在大约六千年以前,就逐渐超越狩猎和采集经济阶段,进入以种植经济为基本方式的农业社会。南宫适所说的“禹、稷躬稼而有天下”,而好勇善战的羿、奡“俱不得其死然”,是当时历史发展的必然趋势。古代部落酋长能够统治天下是其发展农业的结果,而靠硬弓骏马制驭诸部者纷纷败落。所以,古来便推崇“以农立国”。

南宫此说甚合孔子心意,因为孔子反对穷兵黩武,所以孔子虽不作回答,却对南宫适的尚德由衷地赞赏。如李贽所言:“‘夫子不答’,非有所忌讳者,契之深也。‘君子哉若人’,‘尚德哉若人’,赞不容口也。已从不答处酿之矣。”①

14.6 子曰:“君子而不仁者有矣夫,未有小人而仁者也。”

【品读】

刘宝楠《论语正义》对本章阐释道:“此章言仁道难备也。虽曰君子,犹未能备,而有时不仁也。若管仲九会诸侯,不以兵车,可谓仁矣,而镂簋朱纮、山节藻棁,是不仁也。小人性不及仁道,故未有仁者。”

君子也有不行仁的时候,可见达仁之难。即使孔子的弟子颜回也只是做到“三月不违仁”而已。不过,尽管“君子而不仁者有矣夫”,但君子与小人还是有着本质的不同:君子是“志于仁者”,“小人则性不及仁道”。在孔子看来,两者有着天然的分野,孔子曾说的“君子喻于义,小人喻于利”“唯上智与下愚不移”,都表达了他的这一观念。

14.7 子曰:“爱之[1],能勿劳乎[2]?忠焉[3],能勿诲[4]乎?”

① (明)李贽:《四书评·论语》卷之七。

【注释】

[1]之:代词,此处泛指"一个人"。

[2]能勿劳乎:能不让他勤劳(勤奋)吗?劳,勤奋、勤劳、劳苦。

[3]焉:代词,相当于"之"。

[4]诲:教诲。

【品读】

南怀瑾先生对本章阐发得非常切合实际:"这句话有关于教育,也有关于个人修养。真爱一个人,如爱自己的孩子,不能溺爱,太宠爱了就害了他。要使他'劳',这个'劳'并不一定使他去劳动,要使他知道人生的困苦艰难。前天一位富有的朋友,他有个孩子很好,很乖,他说预备将孩子送到南部一家工厂做工,我非常赞成。在我们看来,像他这样的家庭,无论怎样好的教育,生活环境是太舒服了,弄不好会害了这孩子的一生。教育和《孙子兵法》一样,'置之死地而后生',硬要想办法使他受苦,使他知道困苦艰难。以这种道理,能理解'爱之,能勿劳乎'这句话,也可以理解人生。其次,不管部下或朋友,即使对自己很忠实,但不要仅仅喜欢他的忠实,还要教育他、培育他。"①

14.8 子曰:"为命[1],裨谌草创之[2],世叔讨论之[3],行人子羽[4]修饰之,东里子产润色之[5]。"

【注释】

[1]为命:制定政策法令。为,做。令,国家的政策法令。

[2]裨谌(pí chén)草创之:裨谌,人名,郑国大夫。草创,起草。

[3]世叔讨论之:世叔,即子太叔,名游吉,郑国的大夫。子产死后,他继为郑国相。讨论,即提意见。讨,研究。论,评论。

[4]行人子羽:行人,外交官。子羽,姓公孙,名挥,郑国的大夫。

[5]东里子产润色之:东里,地名,郑国大夫子产居住的地方。润色,指修辞方面的加工。

【品读】

郑国是春秋初期的强国,一度称霸中原,至春秋中期逐渐走向衰落。子产执政(前 543~前 522 年)后,更新政治,实行改革,给郑国带来新的气象。孔子在本章中称述了子产处理外交文书的缜密做法,即先由裨谌起草,又由

① 南怀瑾:《论语别裁》下册,第 645~646 页。

世叔斟酌，再交子羽修饰，最后由子产润色。

《左传·襄公三十一年》中的一段记事可以作为孔子此言的注脚："子产之从政也，择能而使之：冯简子能断大事；子大叔美秀而文，公孙挥能知四国之为，而辨于其大夫之族姓、班位、贵贱、能否，而又善为辞令。裨谌能谋，谋于野则获，谋于邑则否。郑国将有诸侯之事，子产乃问四国之为于子羽，且使多为辞令；与裨谌乘以适野，使谋可否；而告冯简子使断之。事成，乃授子大叔使行之，以应对宾客，是以鲜有败事。"此处"四国"为各诸侯国，所谓"谋于邑则否"是托词，邑中人杂，难以保密，所以遇有大事，子羽、裨谌会乘车到野外讨论。

14.9　或问子产。子曰："惠人[1]也。"

问子西[2]，曰："彼哉！彼哉[3]！"

问管仲，曰："人也。夺伯氏骈邑三百[4]，饭疏食[5]，没齿[6]无怨言。"

【注释】

[1]惠人：指能对百姓施予恩惠的人。

[2]子西：人名，名申，字子西，楚国的令尹（相）。他辅佐楚昭王，政绩不佳。

[3]彼哉！彼哉：他呀！他呀！是当时人表示轻视的惯用语。

[4]夺伯氏骈（pián）邑三百：他剥夺了伯氏骈邑的三百户封地。伯氏，齐国大夫。骈邑，齐国的地名，曾是伯氏封地。

[5]饭疏食：吃粗食。饭，用作动词，吃。疏，粗。

[6]没齿：指死。

【品读】

子产、子西、管仲分别是春秋时期郑、楚、齐三国的执政者。子产，名公孙侨，又名公孙成子，字子美，为郑国贵族子国之子。郑简公二十三年（前543年），子产被委以执政，治理国政长达二十六年。在此期间，子产推行了一系列改革措施：整顿田地疆界和沟洫——发展农业生产；作丘赋——调整赋税结构；铸刑书——将法律条文铸在鼎上加以公布；不毁乡校——广开言路。这些改革政绩斐然，《史记》将其列入《循吏列传》，并赞扬道："为相一年，竖子不戏狎，斑白不提挈，童子不犁畔。二年，市不豫贾。三年，门不夜关，道不拾遗。四年，田器不归。五年，士无尺籍，丧期不令而治。"这些虽不无溢美之词，但确也反映了子产的卓著政绩和人们对他的敬仰。鲁昭公二十六年（前522年），子产因病去世，郑国上下闻讯，"耕者辍耒，妇人捐其佩玦"，丁壮号哭，老人悲啼，曰："子产去我死乎！民将安归？"孔子对春秋时代的当权者们敬佩者甚少，但对子产却从无微词，表示了极高的敬意。《史记·郑世家》载:“孔子尝过郑,与子产如兄弟云。及闻子产死,孔子为泣,曰:‘古之遗爱也!’”《论语·公冶长》论述了孔子对子产的由衷赞誉:“子谓子产:‘有君子之道四焉:其行己也恭,其事上也敬,其养民也惠,其使民也义。’”认为子产身上有古圣名臣之遗风。所以当有人问他子产是什么样的人时,他脱口而赞曰:“惠人也。”这些称颂出自对当时改革运动持怀疑、否定态度的孔子之口,实属不易。

对于楚国的执政者子西,孔子则答之以“彼哉!彼哉!”非常含蓄、暧昧,大有不足称道之意。朱熹为我们分析了个中原因:“子西,楚公子申,能逊楚国,立昭王,而改纪其政,亦贤大夫也。然不能革其僭王之号。昭王欲用孔子,又沮止之。其后卒召白公以致祸乱,则其为人可知矣。‘彼哉’者,外之之辞。”①子西执政期间,政绩平平,无足称道;他曾阻止昭公重用孔子,又不听叶公劝告,最后导致太子建之子白公胜发动兵变,自己也遭杀害。所以孔子对他不免有轻蔑之意。

管仲备受孔子推崇,孔子在《论语》中多处赞扬他,尤其对他“相桓公,九合诸侯,一匡天下”赞许有加,甚至说“微管仲,吾其被发左衽矣”②。这里,孔子又举例说明管仲是个了不起的人物:他剥夺了伯氏食邑三百户,没收为公,使伯氏过着粗茶淡饭、穷困潦倒的生活,但伯氏对此却心服口服,至死毫无怨言。对此,康有为《论语注》阐发道:“管仲真有存中国之功,令文明世不陷于野蛮,故虽夺人邑,而人不怨。言功业高深,可为一世之伟人也。孔子极重事功,累称管仲,极词赞叹。”

14.10 子曰:“贫而无怨难,富而无骄易。”

【品读】

孔子认为,一个人居贫难,居富易。对此,钱穆《论语新解》曰:“颜渊处贫,子贡居富。使颜渊处子贡之富则易,使子贡居颜渊之贫则难。”李泽厚先生的“记”十分有现实意义,不妨一读:“今日各种暴发户宜三诵之,因为也并不太容易做到。富者骄横使贫者更怨,于是乎斗争哲学起矣。”③

14.11 子曰:“孟公绰[1]为赵、魏老[2]则优[3],不可以为滕、薛[4]大夫。”

① (宋)朱熹:《论语集注·宪问》。

② 《论语·宪问》。

③ 李泽厚:《论语今读》,第330页。

【注释】

[1]孟公绰：鲁国大夫，性寡欲，为孔子所尊敬。

[2]老：古代大夫的家臣称"老"。

[3]优：充足、富裕，此处指才力有余。

[4]滕、薛：鲁国附近的小国。滕在今山东省滕州市。薛在滕州市东南。

【品读】

孟公绰是鲁国之贤者，为孔子所敬重。《史记·仲尼弟子列传》曾记曰："孔子之所严事，于周则老子；于卫，蘧伯玉；于齐，晏平仲；于楚，老莱子；于郑，子产；于鲁，孟公绰。"孔子在本章中认为，孟公绰为赵、魏家臣可游刃有余，但不可为滕、薛两国的大夫。赵、魏此时尚为晋国的卿大夫，故孔子有是言。朱熹认为，孔子之所以对孟公绰如此评价，是由于"大家势重，而无诸侯之事；家老望尊，而无官守之责。优，有余也。……滕、薛国小政繁，大夫位高责重，然则公绰盖廉静寡欲而短于才者也"①。从中我们可以看到孔子在用人识人上的客观与公正，更可以看到现代所谓知人善任原则的渊源所在。

14.12 子路问成人[1]。子曰："若臧武仲之知[2]，公绰之不欲，卞庄子[3]之勇，冉求之艺，文[4]之以礼乐，亦可以为成人矣。"曰："今之成人者何必然？见利思义，见危授命[5]，久要[6]不忘平生之言[7]，亦可以为成人矣。"

【注释】

[1]成人：完美的人。

[2]臧武仲之知：臧武仲，即臧孙纥，武是其谥号，鲁国大夫。他在齐国时，齐庄公给他封地，他料到齐庄公不能长久而设法拒绝。后来齐庄公被杀，他没有受到牵累，时人称其聪明。知：同"智"，明智、聪明。

[3]卞庄子：鲁国大夫，封地在卞邑（今山东泗水东）。相传他曾独身打虎，以勇著名。

[4]文：文饰、修饰。

[5]授命：献出生命。授，给予。

[6]要：同"约"，这里为贫穷的意思。

[7]平生之言：平素的诺言或抱负。平生，平日、平素。

【品读】

孔子曾对颜渊讲到成人的标准是通达天道，躬行仁义，整之以礼乐，亦即："成人之行，达乎情性之理，通乎物类之变，知幽明之故，睹游气之源。若此而可谓成人。既知天道，行躬以仁义，饬身以礼乐。夫仁义礼乐，成人之

① （宋）朱熹：《论语集注·宪问》。

行也。”①本章中子路问成人时，孔子的要求似乎低了一些，只是能像臧武仲之智、孟公绰之寡欲、卞庄子之勇武、冉求之才艺，再加之以礼乐修养，也就可以说是成人了。但未等子路领悟，他又降格以言，说：今之成人何必一定如此，只要能做到见利思义，见危而前，长处贫困也不忘平生之诺，也就可以说是成人了。

尽管孔子对成人一而再、再而三地降格以求，但到了明代李贽那儿还是感叹：“读此书后，方知我辈不成人！不成人！”②由此我们又可联想到历朝历代的名儒大雅们都在感叹的“民风不古”“江河日下”，究竟是三代以下真的今不如昔、世风陵衰，还是“信而好古”在作祟？是价值尺度的不同，还是社会发展的必然？

14.13　子问公叔文子[1]于公明贾[2]，曰：“信乎[3]，夫子[4]不言，不笑，不取乎？”

公明贾对曰：“以告者过也[5]。夫子时然后言[6]，人不厌其言；乐然后笑，人不厌其笑；义然后取，人不厌其取。”

子曰：“其然？岂其然乎[7]？”

【注释】

[1]公叔文子：名拔，历代说法不一，汉孔安国说他叫公孙拔，宋朱熹考证为公孙枝，清阮元校勘为公子发。谥号文，所以叫公叔文子。卫国大夫，卫献公之孙。

[2]公明贾：姓公明，名贾，卫国人。公叔文子的使臣。

[3]信乎：是真的吗？可信吗？

[4]夫子：此指公叔文子。

[5]以告者过也：这是告诉你的人传错了。以，此处作“乃”“此”解。

[6]夫子时然后言：他老先生是该说时才说。夫子，古代对男子的尊称。时，合乎时宜。

[7]其然？岂其然乎：是这样吗？难道真是这样吗？

【品读】

本章的关键在“其然？岂其然乎”。据《礼记·檀弓上》记道：“公叔文子升于瑕丘，蘧伯玉从。文子曰：‘乐哉斯丘也！死则我欲葬焉。’蘧伯玉曰：‘吾子乐之，则瑗请前。’”瑕丘非文子采邑，而为了欣赏这里的林泉美景，公叔文子遂兴起侵占的念头，被蘧伯玉巧言拒绝。所以孔子在这里向公明贾

---

① （汉）刘向：《说苑·辨物》。

② （明）李贽：《四书评·论语》卷之七。

表明自己的疑虑。孔子向公明贾询问公叔文子的情况，说：据说公孙夫子不言、不笑、不取，是真的吗？公孙贾答道：这是告者之过。公孙夫子当言时方言，所以人不厌其言；当笑时方笑，所以人不厌其笑；当取时方取，所以人不厌其取。对如此进退有度、举止有礼的形象，孔子作出“其然？岂其然乎”这样的感叹，实际上是孔子对其人其事的评价，但诠释者们莫衷一是。

朱熹认为：这是孔子质疑之词。他说：公孙贾所言公孙文子之言行，“非礼义充溢于中，得时措之宜者不能。文子虽贤，疑未及此。但君子与人为善，不欲正言其非也，故曰：‘其然？岂其然乎？’盖疑之也”①。李贽的看法恰恰相反，他说：“夫子是乐取之词，非猜疑之语。”②邢昺则将“其然”与“岂其然”分解，诠释为：“孔子闻贾之言，惊而美之也，美其得道，故曰其如是；又嫌不能悉然，故曰岂可尽能如此者乎？”③比照三家之说，当以邢昺之说为是。

……………………………………

14.14　子曰：“臧武仲以防求为后于鲁[1]，虽曰不要[2]君，吾不信也。”

【注释】

[1]以防求为后于鲁：防，鲁国地名，在今山东费县东北，臧武仲的封地。公元前550年，臧武仲因帮助季氏立少废长，得罪孟孙氏，逃往邻国，不久又回到防城，并派人向鲁君请求立臧氏子弟为大夫。以，凭借。后，后代，指臧氏子弟。

[2]要(yāo)：要挟。

【品读】

据《左传·襄公二十三年》，臧武仲回到防地后，派使者向鲁襄公卑辞请求道：“纥非能害也，知不足也。非敢私请，苟守先祀，无废二勋，敢不辟邑！”纥，即臧武仲；二勋，谓其先人文仲与宣叔，两人都曾有功于鲁；辟邑，即离开防邑。鲁君立其同父异母兄臧为为防邑大夫，武仲遂离开防邑至齐国。

对臧武仲此举，时人并无非议，但孔子却鲜明地指出：武仲以离开防邑为条件求鲁君为其立后，是以防邑要挟君主。所以，他说：“虽曰不要君，吾不信也。”实际情况的确如此。

……………………………………

14.15　子曰：“晋文公[1]谲而不正[2]；齐桓公[3]正而不谲。”

【注释】

[1]晋文公：姓姬，名重耳，晋国国君，春秋时著名霸主之一。公元前636～前628年在位。

---

① (宋)朱熹：《论语集注·宪问》。

② (明)李贽：《四书评·论语》卷之七。

③ (魏)何晏等注，(宋)邢昺疏：《论语注疏·宪问》，《十三经注疏》本。

[2]谲(jué)而不正：狡诈而不正派。谲，欺诈、诡诈、玩弄权术。

[3]齐桓公：姓姜，名小白，齐国国君，春秋时著名霸主之一。公元前685～前643年在位。

【品读】

晋文公与齐桓公都是春秋时代威震中原的霸主，但孔子对二人却毁誉迥异。原因何在？这得从历史谈起。

晋文公重耳因其父献公立幼子为嗣，并受其后母骊姬的迫害，流亡在外长达十九年，后被秦穆公护送回国即位。正因为他“在外十九年矣，而果得晋国。险阻艰难，备尝之矣；民之情伪，尽知之矣”①，所以，他懂得如何运用权术，排除异己，整顿内政，可谓老谋深算，这应当是孔子说他“谲而不正”的一个方面。更重要的一个方面是指他在城濮之战大胜楚军后，曾在践土(今河南荥阳东北)大会诸侯，并召周王至此。孔子认为此事不合周礼，有损周王室形象，所以在编订《春秋》时只书“天王狩于河阳”。郑玄注云：“仲尼曰：‘以臣召君，不可以训。’故书曰：‘天王狩于河阳。’是‘谲而不正’也。”②

而齐桓公则不然。桓公在位期间，任用管仲进行改革，国力富强，并以“尊王攘夷”相号召，帮助燕国打败北戎；营救邢、卫两国，制止了戎狄对中原的进攻。尤为可贵的是，齐桓公曾在僖公四年(前656年)率师伐楚，责问楚成王不向周天子进贡和周昭王南巡不归的问题，义正词严。他还出兵安定周王室的内乱，并多次大会诸侯，“一匡天下”，号召天下集于周王室旗帜之下，承认其正统地位。所以，孔子说齐桓公“正而不谲”。

14.16 子路曰：“桓公杀公子纠[1]，召忽死之[2]，管仲不死。”曰：“未仁乎？”子曰：“桓公九合诸侯[3]，不以兵车[4]，管仲之力也。如其仁[5]！如其仁！”

【注释】

[1]公子纠：齐襄公子，齐桓公兄。

[2]召忽死之：召忽，公子纠的谋士，公子纠被桓公杀死后，他自杀以殉。死之，为之死，即殉难。

[3]九合诸侯：齐桓公曾十一次会合诸侯，这里“九”指多次。

[4]不以兵车：不凭借武力。兵车，战车，这里指武力。

[5]如其仁：这就是他的仁。如，乃、就是。

---

① 《左传·僖公二十七年》。

② 《左传·僖公二十七年》。

【品读】

大国争霸是春秋史中的一条主线。古代曾有“五霸”之说，一般说法是：齐桓公、晋文公、秦穆公、宋襄公、楚庄王。有的学者认为宋襄公图霸而未霸，应为吴或越。尽管说法不一，但“五霸”中都以齐桓公、晋文公为首。孟子曾言：“晋之《乘》，楚之《梼杌》，鲁之《春秋》，一也。其事则齐桓、晋文。”[①]又说：“五霸，桓公为盛。”[②]可见齐桓公的霸业是春秋舞台上最重要的一幕。而成就齐桓公霸业者则是管仲。管仲，即管敬仲，名夷吾，字仲，颍上（即颍水之滨）人。据《史记·管晏列传》载，他少年时曾与鲍叔牙交好，叔牙知其贤能，十分敬重他。管仲生活贫困，与叔牙一同外出经商，待分利时，管仲总是欺侮叔牙，多分多拿，叔牙始终不与其计较，仍是善待他。后来鲍叔牙依属了公子小白，管仲也做了公子纠的臣子。齐襄公昏庸无道，为避祸害，鲍叔牙奉公子小白出奔莒国，管仲和召忽奉公子纠出奔鲁国。后襄公被杀，鲁送公子纠回国即位，莒也送小白启程回国谋取王位。途中，管仲率军在莒国通往齐国的道路上截击小白一行，两方遭遇后，管仲挽弓射向小白，小白应弦而下。公子纠等认为小白已死，君位非他莫属，便悠然启程。其实管仲之箭只是射中了小白的青铜衣带钩。小白等不顾一切地快马加鞭，日夜兼程，驰奔齐国，抢先登上王位，即桓公。桓公使鲁国杀了公子纠，把管、召二人送回齐国。召忽自杀以殉，管仲请坐囚车至齐。由于鲍叔牙的竭力保荐，管仲竟做了桓公的相，并被尊称为“仲父”。

子路认为，管仲既然辅佐公子纠，齐桓公杀了公子纠，召忽殉死，管仲理应殉死，可他却投向了公子纠的政敌和仇害者，可以说不忠不义，亦即“不仁”了。孔子却对管子作了积极的肯定，说“桓公九合诸侯，不以兵车，管仲之力也”。事实确是如此。管仲登上齐相之位后，以其卓越的政治才能，为桓公规划政事，实施一系列改革措施，使齐国内政井然有序，军事力量与经济实力大为增强，为齐桓公的霸业积蓄了雄厚的力量。虽然齐桓公“九合诸侯”有其强权政治的一面，但它从客观上制止了战争，平息了诸侯间的纷争，有利于社会发展。而使齐桓公执历次盟会之牛耳的人正是管仲。所以，孔子认为管仲“不以兵车”而成就霸业便是“爱人”的体现，是仁的表现。因此，他再三说：“如其仁！如其仁！”对孔子的这一说法，李贽诠释道：“‘不以兵车’，所全者大矣，非仁而何？子路以一身之死为仁，孔子以万民之生为仁，孰大孰小？”[③]

---

① 《孟子·离娄下》。

② 《孟子·告子下》。

③ （明）李贽：《四书评·论语》卷之七。

14.17 子贡曰："管仲非仁者与？桓公杀公子纠，不能死，又相[1]之。"子曰："管仲相桓公，霸诸侯，一匡天下[2]，民到于今受其赐[3]。微[4]管仲，吾其被发左衽[5]矣。岂若匹夫匹妇[6]之为谅[7]也，自经[8]于沟渎[9]而莫之知也[10]？"

【注释】

[1]相：辅佐。

[2]一匡天下：使天下走上正轨。匡，正、纠正。

[3]赐：恩赐，即实惠、好处。

[4]微：如果没有。

[5]被(pī)发左衽(rèn)：是当时北方少数民族的风俗习惯，这里是指中原被夷狄所占。被，同"披"。左衽，衣襟向左掩。衽，衣襟。

[6]匹夫匹妇：指庶人、百姓。

[7]谅：守信用。这里指固守小节小信。

[8]经：上吊、吊死。

[9]渎(dú)：小渠。

[10]而莫之知也：即"而莫知之也"，意思是却没有人知道。

【品读】

继子路之后，子贡也向孔子提出了关于管仲仁不仁的问题。孔子再次肯定了管仲的功绩，认为他是个有仁德的人。对此，钱穆《论语新解》阐发道："本章舍小节，论大功，孔子之意至显，宋儒嫌其偏袒功利，乃强言桓公是兄，子纠是弟，欲以轻减管仲不死之罪。不知孔子之意，尤有超乎君兄弟臣之上者。言仁道之易，孔子有我欲仁斯仁至之说。论仁道之大，则此章见其一例。要之孔门言仁，决不拒外功业而专指一心言，斯可知也。又按：前章以正许齐桓，此两章以仁许管仲，此皆孔子论仁论道大着眼处。自孟子始言仲尼之徒无道桓文之事者。又云：管仲，曾西之所不为。后儒多本孟子轻此两人，并《论语》此三章亦多置疑，此诚不可不辨。"①

在孔子看来，管子辅佐桓公成就霸业，一匡天下，百姓至今还享受着他的恩泽。如果没有管仲，中原恐怕要被夷狄所有，这是他的大节，是他的仁德所在，难道他也要像普通百姓那样，固守小节、自缢于山沟也无人知道吗？

将本章与上一章一并来读，我们可以看到钱穆先生所言之当。孔子之仁是天下万生之仁，是超乎礼制之上的至仁，而且仁的社会理想的实现直接

① 钱穆：《论语新解》，第344页。

与人民百姓的生命、生活息息相关，并发挥着重大的历史作用。这是孔子民生思想的精华所在。

14.18　公叔文子之臣大夫僎[1]与文子同升诸公[2]。子闻之，曰："可以为'文'矣。"

【注释】

[1]僎(xún)：人名。卫国大夫。原是公叔文子的家臣，由于公叔文子的推荐，升为大夫，做了大臣。

[2]同升诸公：僎由家臣升为大夫，与公叔文子同位参与政治。诸，于。公，公室，指诸侯国的政权。

【品读】

公叔文子，就是孔子向公孙贾询问的那位十分可人的卫国大夫。孔子对公叔文子能荐举自己的家臣僎与自己同列深表赞许。因为这在当时等级森严、世卿世禄制占统治地位的春秋时代是十分难得的。孔子认为可以给他"文"这个谥号。在中国古代社会，除了帝王后妃和规定级别的文武百官外，其他人只有建立了奇勋或有节义行为，才可能得谥，同时，谥号又是根据死者的生平事迹评定褒贬而给予的不同称号。若得到"文"的谥号是比较难的。据《谥法解》记载，能称"文"谥者须有下面的功德品行：(1)经天纬地。(2)道德博闻。(4)勤学好问。(4)慈惠爱民。(5)愍民惠礼。(6)赐民爵位。如历史上的唐太宗被谥为"文皇帝"，欧阳修被谥为"文忠公"，均是如此。

14.19　子言卫灵公之无道也。康子[1]曰："夫如是[2]，奚而不丧[3]？"孔子曰："仲叔圉治宾客，祝鮀治宗庙，王孙贾治军旅。夫如是，奚其丧？"

【注释】

[1]康子：即季康子。

[2]夫如是：既然如此。夫，句首语气词，以提示下文。

[3]奚而不丧：为什么不丧国(不垮台)呢？奚而，为何、怎么。

【品读】

孔子在外周游期间，居卫时间最久。卫灵公为政昏聩，荒淫无道，但对孔子倒十分优容，孔子也颇想在此成就自己的理想，但出于种种原因，始终未得到卫国国君的任用。孔子返鲁后，谈到卫灵公之无道，季康子似乎不能认同，便问：既然如此，卫国为何没有亡国呢？孔子向他分析了内在原因：有仲叔圉掌礼宾往来，祝鮀掌宗庙祭祀，王孙贾掌军旅之事，国家又如何会亡呢？

仲叔圉即孔文子，卫国大夫，孔子曾称赞他“敏而好学，不耻下问”①；祝鮀，字子鱼，卫国大夫，孔子认为他貌美而有辩才，曾说：“不有祝鮀之佞，而有宋朝之美，难乎免于今之世矣。”②王孙贾也是卫大夫，曾向孔子请教：“与其媚于奥，宁媚于灶，何谓也？”③孔子在这里强调的是贤人与贤人政治的重要性，如朱熹《论语集注》引尹氏言：“卫灵公之无道，宜丧也；而能用此三人，犹足以保其国。而况有道之君，能用天下之贤才者乎？”

14.20 子曰：“其言之不怍[1]，则为之也难。”

【注释】

[1]怍(zuò)：惭愧。

【品读】

夸夸其谈而大言不惭者，难以成事。

14.21 陈成子弑[1]简公。孔子沐浴[2]而朝，告于哀公曰：“陈恒弑其君，请讨之。”公曰：“告夫三子[3]。”

孔子曰：“以吾从大夫之后[4]，不敢不告也。君曰‘告夫三子’者！”

之[5]三子告，不可。孔子曰：“以吾从大夫之后，不敢不告也。”

【注释】

[1]弑：古代称子杀父、臣杀君为“弑”。

[2]沐浴：洗发洗身。古代称洗发为“沐”，洗身为“浴”。这时孔子已告退在家。“沐浴而朝”表示对朝见一事的重视。

[3]三子：指鲁国的季孙、仲孙、孟孙三家，他们在鲁国最有权势。

[4]以吾从大夫之后：因为我曾忝居大夫之列。以，由于、因为。

[5]之：到、去。

【品读】

陈成子，名完，又叫田成子(田恒)，是齐简公的上卿大夫。其祖先陈完原是陈国贵族。春秋初年，陈国发生内乱，公子完惧祸奔齐，被任命为工正，

---

① 《论语·公冶长》。

② 《论语·雍也》。

③ 《论语·八佾》。

改姓田。到陈成子时已是第八代了。田氏居齐，注意收买民心，实施了一系列厚施予民的措施，使民众“归之如流水”[①]，甚至“妪乎采芑，归乎田成子”[②]，就是说连采芑菜的老妇人也都心向田成子。而此时的齐简公却平庸无为，厚敛于民。在一次内乱爆发时，“简公与妇人饮檀台”，闻讯后仓皇逃往舒（今山东东平，古齐地），被陈恒所遣兵卒赶上。陈恒“恐简公复立而诛己，遂杀简公”[③]，立简公弟骜为齐平公，恒为相，这就是所谓的“陈恒弑其君”。

这件事使孔子特别气愤，虽然此时他在鲁国已无职爵，可以对此事充耳不闻，但他仍然如临大典一样，特地斋戒沐浴后去朝见鲁哀公。据《左传》载，孔子曾事先估计到：“陈恒弑其君，民之不与者半。以鲁之众加齐之半，可克也。”所以他一见鲁哀公就建议：“陈恒弑其君，请您出兵讨伐。”谁知哀公却不冷不淡地说：“您去告诉三桓吧。”孔子悻悻退出后，不无感慨地说：“因为我曾忝居大夫之列，不敢不告，国君却推辞我：去告诉三桓吧。”责任感很强的孔子并没有因此而退缩，他又去找三桓，结果三桓都不答应出兵。孔子又说：“我曾忝居大夫之列，不敢不告。”此事当然是不了了之。

对于孔子反复强调的“不敢不告”，李贽诠释出两层含义。他说：“‘以吾从大夫之后，不敢不告’，极有味，一则见得曾为臣子，值此君臣之变，如何坐视？一则见得吾无讨贼之柄，故来告耳。如有讨贼之柄，何必告也？”[④]不过，从孔子的心境看，还应有第三层含义，即孔子之“不敢不告”其实已不是过去的“知其不可而为之”，他已不希冀鲁国会讨伐，他之所以“不敢不告”，只是为了捍卫他所主张的君臣名分，同时也是为了捍卫他自己的“卫道士”形象。对于简公与恒子的为政优劣，他不是不知。但在名分上陈恒是臣，简公是君，陈恒只能忠于君，而不能反对君，更不能弑君。因此，我们今人对孔子的这种“卫道士”精神，要根据当时的历史大环境给予客观的评价。事实上，陈恒在其为相执政期间，齐国政治开始安定，经济实力也有较大提高，到公元前386年，陈恒后代田和取而代之，正式成为齐王，至战国时更成为七雄之一。

14.22 子路问事[1]君。子曰：“勿欺也，而犯[2]之。”

---

① 《左传·昭公三年》。

② 《史记·田敬仲完世家》。

③ 《史记·田敬仲完世家》。

④ （明）李贽：《四书评·论语》卷之七。

【注释】

[1]事:服侍、侍奉。

[2]犯:触犯、冒犯。这里引申为谏诤、规劝。

【品读】

对君主要忠,即"臣事君以忠"①。在忠君的前提下,孔子主张若君主有过错,臣应冒犯直谏。但臣下犯颜的结果却相去甚远。因此,孔子并非一味地主张对君主"犯之",他还主张"事君数,斯辱矣"②,甚至主张"危邦不入,乱邦不居。天下有道则见,无道则隐"③。遇上无道之君,完全不必冒死"犯之",而是要归隐山林,不必人人都去做比干式的忠臣。

14.23 子曰:"君子上达,小人下达。"

【品读】

何谓"上达""下达",各家解说不一。程树德《论语集释》引皇侃《义疏》曰:"上达者,达于仁义也。下达者,曾达于财利。"亦即义利也。这与孔子前述"君子喻于义,小人喻于利"④同义。明人焦竑《焦氏笔乘》曰:"问上达下达。曰:形而上者谓之道,形而下者谓之器,非二物也。……君子上达,故大道可受;小人下达,故小道可观。"此即指修养、追求而言。台湾学者南怀瑾解释为:"所谓'上达',以现在思想的习惯而言,就是比较形而上的、升华的;所谓'下达',就是比较现实的、卑下的。……'上达',也可解释为有高明的远见。'下达',便是比较浅近,只重于现实的低视。"⑤此谓小人与君子思想及眼界的区别。

14.24 子曰:"古之学者为己,今之学者为人。"

【品读】

孔子认为,古代人学习是为了提高自己本身,现代人学习则是为了给别人看。自古以来,士子们即把学问看成是"为己之学",是"践履之学",是"自家受用之学"。不过,孔子这里所说的"古之学者为己,今之学者为人",是对

① 《论语·八佾》。
② 《论语·里仁》。
③ 《论语·泰伯》。
④ 《论语·里仁》。
⑤ 南怀瑾:《论语别裁》下册,第670页。

那种以学问装点门面、欺世盗名者痛下针砭，而提倡一种以实现自我价值为目的的学风。《荀子·劝学》对此阐发道："君子之学也著乎心，布乎四体，形乎动静，端而言，蠕而动，一可以为法则。小人之学，入乎耳，出乎口。口耳之间则四寸耳，曷足以美七尺之躯哉?"

14.25 蘧伯玉[1]使[2]人于孔子，孔子与之坐而问焉，曰："夫子[3]何为?"对曰："夫子欲寡其过而未能也。"

使者出，子曰："使乎！使乎！"

【注释】

[1]蘧(qú)伯玉：名瑗，卫国大夫。孔子曾住在他家。

[2]使：动词，派、差遣。本章下面三个"使"字为名词，使者。

[3]夫子：对男子的尊称，此指蘧伯玉。

【品读】

孔子在卫国期间，曾居住在蘧伯玉家中，二人谈论十分投机。孔子回国后，蘧伯玉派人探望孔子。孔子问起蘧伯玉的情况，使者答之"夫子欲寡其过而未能也"。使者谦逊的言词备受孔子赞赏，连言：好使者啊！好使者啊！朱熹说："使者之言愈自卑约，而其主之贤益彰，亦可谓深知君子之心而善于辞令者矣，故夫子再言'使乎'以重美之。按庄周称'伯玉行年五十而知四十九年之非'，又曰：'伯玉行年六十而六十化。'"①

李泽厚先生由此感发道："这倒是孔子的真精神。'温良恭俭让'，从不以为自己是天才，是超人，掌握了绝对真理。个人如是，民族国家亦应如是。中华文化之所以源远流长，正是因为保持了这种不断努力、从不懈怠、永不自满的精神，即使在虚骄气盛、顽固自大的时刻，也总有勇士来批判自己。猛击国粹，毫不留情的鲁迅而以'民族魂'盖棺论定，便是这样。这与那些以为自己乃天才，别人皆蠢货，从而故作惊人语的时髦青年、冒牌学者，实大不相同。"②

14.26 子曰："不在其位，不谋其政[1]。"

曾子曰："君子思不出其位。"

① (宋)朱熹：《论语集注·宪问》。

② 李泽厚：《论语今读》，第341页。

【注释】

[1]此句重出,见《泰伯》篇。

【品读】

孔、曾二人的意思是一致的,都是要求人们考虑问题时不要超出自己的地位,不要逾越自己的职权范围,更不要背离自己的等级身份。

14.27 子曰:"君子耻[1]其言而[2]过其行。"

【注释】

[1]耻:以……为耻。

[2]而:助词,相当于"之"。

【品读】

孔子一贯主张言行一致,对人要"察其言而观其行",认为"其言之不怍,则为之也难"。一个人若夸夸其谈、大言不惭,那么做起来就难了。所以君子以言过其实为耻。李贽评曰:"'耻'字何等精神,'过'字何等力量!"①

14.28 子曰:"君子道[1]者三,我无能焉:仁者不忧,知[2]者不惑,勇者不惧。"子贡曰:"夫子自道[3]也。"

【注释】

[1]君子道:君子之道。

[2]知:同"智"。

[3]自道:自白、自我解剖。

【品读】

孔子在这里指出,智、勇和仁一样是君子之道的一个方面。智,即智慧、才能。孔子说:"仁者安仁,知者利仁。"②智者由于其聪慧、明智,认识到行仁的好处,他便行仁。这虽然与"仁者安仁"不能等同,但也是难能可贵的。智者明于事理,知人知言,通权达变,故能"不惑"。勇,即勇敢。孔子认为:"见义不为,无勇也。"③"君子有勇而无义为乱。"④在义的指导下的勇,是君子的

① (明)李贽:《四书评·论语》卷之七。

② 《论语·里仁》。

③ 《论语·为政》。

④ 《论语·阳货》。

美德。勇字在前，敢作敢当，故能“不惧”。而仁者乐天知命，内省自律，胸怀坦荡，无愁无虑，故能“不忧”。子贡认为，只有孔子做到了这些，所以他听后便说：“夫子自道也。”

14.29　子贡方[1]人。子曰：“赐[2]也贤乎哉？夫我则不暇[3]。”

【注释】

[1]方：同“谤”，指责别人的过失，说别人的短处。

[2]赐：即子贡。

[3]暇(xiá)：空闲。

【品读】

子贡喜议他人之短，在《史记·仲尼弟子列传》中也有记载：“子贡喜扬人之长，不能匿人之过。”对子贡的这一缺点，孔子很不以为然。他严厉地批评道：赐也，你做到贤明了吗？我就没有这种闲工夫。而且他也曾预言：“丘死之后，商也日益，赐也日损。商也好与己者处，赐也好说不如己者。”①并针对他这一为人特点，教导子贡：“事其大夫之贤者，友其士之仁者。”②有学者认为，子贡之所以如此，“可能与子贡经商的经历有关”③。当是。

李贽对此赞叹道：“好棒喝！”④不过，这一“棒喝”，“喝”出了后世多少唯唯诺诺的谦谦君子，却未能“喝”住终日人前人后论人长短的是非小人。

14.30　子曰：“不患[1]人之不己知[2]，患其[3]不能也。”

【注释】

[1]患：担心、忧虑。

[2]不己知：即“不知己”的倒装。不知道、不了解自己。

[3]其：指自己。

【品读】

钱穆《论语新解》曰：“《论语》有两章文字全同者，当是一章重出。有文字小异而章义全同者，当是孔子屡言之，而闻者各自为记也。如本章凡四

① (汉)刘向：《说苑·杂言》。

② 《论语·卫灵公》。

③ 杨朝明：《子贡在孔门弟子中的特殊地位》，载杨朝明、修建军主编《孔子与孔门弟子研究》，第450页。

④ (明)李贽：《四书评·论语》卷之七。

见，文各有异，是必孔子之丁宁反复而屡言常道之也。”①

孔子反复陈述此道理，意在勉励人们加强修养，勤于学问，本领在手，不怕别人不知、不用。明人王肯堂的《论语义府》说得好：“能不能在己，知不知在人。在人者非吾所能预，而在己者当自勉也。”

14.31 子曰：“不逆诈[1]，不亿[2]不信，抑亦[3]先觉者，是贤乎！”

【注释】

[1]不逆诈：不预先怀疑别人有欺诈行为。逆，预先。

[2]亿：同“臆”，猜测。

[3]抑亦：可是、然而。

【品读】

孔子在这里指出了贤者的两难选择：一方面，既要与人为善，待人以诚，“不逆诈，不亿不信”，亦即不预先怀疑他人欺诈，不猜度他人不诚信；另一方面，又要能及早觉察出他人的欺诈与不诚信。在孔子看来，这才是贤人的风格。

14.32 微生亩[1]谓孔子曰：“丘何为是[2]栖栖[3]者与？无乃为佞乎[4]？”孔子曰：“非敢为佞也，疾固[5]也。”

【注释】

[1]微生亩：姓微生，名亩，鲁国人。

[2]是：如此。

[3]栖(xī)栖：不安定、忙忙碌碌。

[4]无乃为佞乎：你岂不成了一个巧言巧语的人了吗？无乃……乎，表示反问语气，意思是“岂不是……吗”“难道不……吗”。佞，能说会道、巧言谄媚。

[5]疾固：疾，厌恶、憎恨。固，固执，指固执的人。

【品读】

微生亩事迹不详，仅见于《论语》本章中，从他对孔子所言，可以知道他是一位避世的高人。如朱熹所言：“亩名呼夫子而辞甚倨，盖有齿德而隐者。”②这里，微生亩对孔子说：你为何这样四处奔走呢？你岂不成了能言善道的说客了吗？孔子的回答是：我不敢做能言善道的说客，我痛恨那些固执

① 钱穆：《论语新解》，第354页。

② （宋）朱熹：《论语集注·宪问》。

的人。孔子所说的固执的人是指各国当政者，他们不屑于孔子所倡导的周礼的匡复，没有人肯给孔子一个机会，使他施展“三年有成”的抱负，所以孔子“疾固也”。需要注意的是，微生亩在这里是将孔子视为同道，对他进行善意的规劝，类似的人物如接舆、沮溺等，也都曾要孔子像他们一样退而归隐。但他们并不知道，尽管孔子常常声称“有道则见，无道则隐”，并曾发出要“乘桴浮于海”的感慨，但孔子始终不曾放弃“克己复礼”的追求。他的隐只是“隐居以待志”，是谋求通达得志的手段，在他这儿，从来没有真正的隐的念头。这一精神影响了中国古代士子们两千年之久。

14.33　子曰：“骥[1]不称[2]其力，称其德也。”

【注释】

[1]骥(jì)：骏马、好马。古代称善跑的马为“骥”。

[2]称(chēng)：称赞、赞美。

【品读】

本章若直译，应为：“骏马之所以被称赞，不是因其气力，而是因其品德。”其实，孔子在这儿是以马喻人，强调道德修养的重要性。朱熹《论语集注·宪问》引尹氏曰：“骥虽有力，其称在德。人有才而无德，则亦奚足哉？”

14.34　或曰：“以德报怨，何如？”子曰：“何以报德？以直[1]报怨，以德报德。”

【注释】

[1]直：正直、公平。

【品读】

“以德报怨”一词当始于老子。《老子》第六十三章言：“为无为，事无事，味无味。大小多少，报怨以德。”从本章看，孔子反对这一主张，他要“以直报怨，以德报德”。对此，朱熹《论语集注》解道：“于其所怨者，爱憎取舍，一以至公而无私，所谓直也。于其所德者，则必以德报之，不可忘也。”此说很合孔子原意。这儿的关键是“报”。从原始的血亲复仇始就有了以怨报怨；进入文明时代后，又有了《老子》“报怨以德”的倡导。孔子既反对以怨报怨，又反对以德报怨，主张“以直报怨”，这是一个历史性的进步。遗憾的是，他仍留下了“以德报德”的遗产，其实质与“以怨报怨”没有什么不同，都是着力于一个“报”字。何时能将“以德报德”也代之以“以直报德”，中国社会也就走出了传统的樊篱。

14.35 子曰："莫我知也夫[1]！"子贡曰："何为其莫知子也？"子曰："不怨天，不尤[2]人，下学而上达[3]。知我者其天乎！"

【注释】

[1]莫我知也夫：没有人能真正理解我呀！莫，没有谁。我知，即"知我"。也夫，句末语气词，表示感叹，相当于"啊""呀"。

[2]尤：指责、归罪。

[3]下学而上达：下学，学人事；上达，达天命。下学人事，人事有否有泰，故"不尤人"；上达天命，天命有穷有通，故"不怨天"。

【品读】

本章应结合其他历史文献的有关记载来读。据《史记·孔子世家》载："鲁哀公十四年春，狩大野。叔孙氏车子钼商获兽，以为不祥。仲尼视之，曰：'麟也。'取之。曰：'河不出图，洛不出书，吾已矣夫！'颜渊死，孔子曰：'天丧予！'及西狩见麟，曰：'吾道穷矣！'喟然叹曰：'莫知我夫！'子贡曰：'何为莫知子？'子曰：'不怨天，不尤人，下学而上达，知我者其天乎！'"在《春秋》《左传·哀公十四年》《孔子家语·辨物》等文献中也有类似记载。麒麟是中国古代传说中的一种动物，很多古书中都有描绘。综合说来，它形状似鹿，头上有角，全身有鳞甲，尾像牛尾。古人视之为仁兽、瑞兽，以它为圣王之嘉瑞和太平盛世之象征。此时为春秋季世，既无明王出，又不是太平盛世，而麒麟出现，孔子认为它出非其时，又被捕获而死，是极其不祥之兆。所以他无限伤感地说："麟也！胡为来哉？胡为来哉？"并"反袂拭面，涕泣沾襟"①，大呼："吾道穷矣。"不仅如此，据说孔子先是正在写《春秋》，至西狩获麟，乃"伤周道之不兴，感嘉瑞之不应"，遂"绝笔于'获麟'之一句"②，《春秋》至此而搁笔。

正如太史公所说："孔子循道弥久，温温无所试，莫能己用。"作为一个失意的政治家，自然会发出悲叹："知我者其天乎！"

不过，直至最后，他还是"不怨天，不尤人"，将自己的信念寄付于上苍，为自己的心路历程画上了悲凉的句号。

---

① 《孔子家语·辨物》。

② 《左传·哀公十四年》杜预注。

14.36 公伯寮[1]诉[2]子路于季孙。子服景伯[3]以告，曰："夫子固有惑志于公伯寮[4]，吾力犹能肆诸市朝[5]。"

子曰："道之将行也与，命也；道之将废也与，命也。公伯寮其如命何？"

【注释】

[1]公伯寮：字子周，又作"公伯缭""公伯僚"。鲁国人。

[2]诉：诉说、诉苦。这里指诋毁、诬谤。

[3]子服景伯：又作"子服伯子"。复姓子服，名何，字伯，谥号景。鲁国大夫。

[4]夫子固有惑志于公伯寮：季孙氏已被公伯寮所迷惑。固，本来、已经。夫子，这里指季孙氏。

[5]吾力犹能肆诸市朝：我的力量还能够将公伯寮陈尸于市。肆，古时处死刑后陈尸于市叫"肆"。诸，相当于"之于"。市朝，市场。

【品读】

本章反映了孔子正统的政治观。

堕三都失败后，孔子与季氏间原来所谓的"三月不违"的合作关系渐渐破裂，两者间的矛盾也日益显露。这时，公伯寮却向季氏诋毁子路。至于公伯寮讲了子路的什么坏话，季桓子又作何反应，史焉不详，《论语》也未提及。子路是孔子的得意门徒，也是孔子主张的忠实实践者，并且此时还是季桓子的家臣，所以对子路的诋毁无疑会涉及孔子，无疑是对孔子的诋毁。鲁大夫子服景伯闻知后对孔子说：季孙氏已被公伯寮所惑，但以我的力量能将他陈尸于市。孔子不肯，坦然地说：道之将行，是天命所定；道之将废，也是天命所定。公伯寮能将天命如何！不使用权术，而是相信道义与天命同在，这是孔子政治观的重要内容。

子服景伯是季孙同族，作为鲁大夫，参与国政颇多，《论语·子张》中还有他的记事，后世儒者有将其视为孔子弟子者。据朱彝尊《孔子弟子考》，汉代鲁峻石壁画孔子七十二弟子像中即有子服景伯。公伯寮，《史记·仲尼弟子列传》将其列为孔子弟子，但司马贞《索隐》引谯周曰："疑公伯寮是谗诉之人，孔子不责，而云：'其如命何。'非弟子之流也，今亦列在七十二贤之数，盖太史公误。"

14.37 子曰："贤者辟世[1]，其次辟地[2]，其次辟色[3]，其次辟言[4]。"

子曰："作者七人[5]矣。"

【注释】

[1]辟世：指逃避动荡的社会而隐居不仕。辟，同"避"，逃避、躲避。

[2]辟地：逃避是非之地到清静的地方去。

[3]辟色：躲避别人的脸色。

[4]辟言：避开难听的言语。

[5]作者七人：这样做的有七人。作者，即"为之作者"，这样做的人。七人，指伯夷、叔齐、虞仲、夷逸、朱张、柳下惠、少连。一说指长沮、桀溺、丈人、石门、荷蒉、仪封人、楚狂接舆。

【品读】

依朱熹之诠释，"辟世"为"天下无道而隐，若伯夷、太公是也"；"辟地"为"去乱国适治邦"；"辟色"为"礼貌衰而去"；"辟言"为"有违言而后去也"。朱子引程子语认为："四者虽以大小次第言之，然非有优劣也，所遇不同耳。"①作为贤者，"辟世"与"辟地""辟色""辟言"并无上下高低之分，但从所辟之内容来看，四者差别殊大："辟世"是隐者，而"辟地"只是"危邦不入，乱邦不居"，"辟色""辟言"则是择主而事之。孔子一生所做到的便是"辟地""辟色"与"辟言"，可能正因为此，程子才会宣称四者"非有优劣"，都是贤者所为。

值得一提的是，孔子尽管对这些无道之士的隐者抱有极大的同情，称他们为"贤者"，但与这些隐者的人生观及政治态度是截然不同的。孔子也有一些逃世的言论，如"道不行，乘桴浮于海"②，"天下有道则见，无道则隐"③，但这些都是他为寻找心理平衡而发出的不满。综观孔子一生，可知他基本始终保持一种积极的入世精神和匡世救俗的态度。

14.38 子路宿于石门[1]。晨门[2]曰："奚自[3]？"子路曰："自孔氏。"曰："是知其不可而为之者与？"

【注释】

[1]石门：地名，在今山东省济南市平阴县北。一说为鲁国都城曲阜外城的城门。

[2]晨门：掌管早晚开闭城门的人，即守门人。

[3]奚自：从哪里来？奚，何。

【品读】

"知其不可而为之者"是对孔子一生的绝妙写照。从石门晨门这位隐者口中说出这句话，恰恰表明孔子与消极遁世的隐者的人生观是格格不入的。

---

① （宋）朱熹：《论语集注·宪问》。

② 《论语·公冶长》。

③ 《论语·泰伯》。

然而，李贽从另一角度认为这位石门守门人“是圣人大知己，夫子自家亦说：‘天下有道，丘不与易也。’”①

14.39 子击磬[1]于卫。有荷蒉[2]而过孔氏之门者，曰：“有心哉，击磬乎！”既而[3]曰：“鄙哉，硁硁乎[4]！莫己知也，斯己而已矣[5]。深则厉，浅则揭[6]。”子曰：“果哉！末之难矣[7]。”

【注释】

[1]磬(qìng)：古代一种石或玉制的打击乐器，形状像曲尺。

[2]荷蒉(hè kuì)：荷，担、扛。蒉，草编的筐子。

[3]既而：不久、不一会儿。

[4]鄙哉，硁硁乎：这硁硁的磬声多么俗浅呀！硁硁，击磬的声音。

[5]莫己知也，斯己而已矣：没有人了解自己，自己知道就行了。“莫己知”，是“莫知己”的倒装。莫，没有谁。斯，句中语气词。己，动词，自己知道。已矣，罢了、行了。

[6]深则厉，浅则揭：厉，不脱衣服涉水。揭，提起衣服过河。这句话的意思是：水深就和衣而过，水浅就撩起衣服过河。这里以水深比喻社会非常黑暗，只得听之任之；水浅比喻黑暗的程度不深，还可以使自己不受沾染，不妨撩起衣裳，免得濡湿。

[7]果哉！末之难矣：说得好干脆呀！如果这样就没有什么困难了。果，果断、干脆、坚决。末，代词，表示没有什么。

【品读】

本章仍是在讲孔子“知其不可而为之”的信念。

卫国是孔子周游列国十几年中停留时间最长、去的次数最多的国家。孔子一而再、再而三地希望在这里“三年有成”，但最终还是郁郁不得志。可以说，希望的憧憬与幻灭的凄凉是他居卫时的突出感受。所以，荷蒉者听其磬声便知道孔子心事重重。看来，这位荷蒉者是一位隐居的高士。他先说：“这位击磬者有心思啊！”接着又说：“这硁硁之声实在俗浅，像是诉说无人能够知己，自己知道就行了。水深不妨和衣而过，水浅就撩衣而涉。”

“深则厉，浅则揭”，出自《诗经·邶风·匏有苦叶》。荷蒉者在这里是劝告孔子不要“知其不可而为之”，要随遇而安，最好归隐山林，韬光养晦。孔子当然不会苟同，答之以“果哉！末之难矣”。这就是孔子与隐者在价值取向上最大的不同。《孟子》中有一段轶事与之相类，两相对读，可以更确切地把握本章。《孟子·离娄上》记道：“有孺子歌曰：‘沧浪之水清兮，可以濯我缨！沧浪之水浊兮，可以濯我足！’孔子曰：‘小子听之，清斯濯缨，浊斯濯足

① (明)李贽：《四书评·论语》卷之七。

矣。自取之也。夫人必自侮，然后人侮之；家必自毁，而后人毁之；国必自伐，而后人伐之。”

14.40 子张曰：“《书》云：‘高宗谅阴[1]，三年不言。’何谓也？”子曰：“何必[2]高宗，古之人皆然。君薨[3]，百官总己[4]以听于冢宰[5]三年。”

【注释】

[1]高宗谅阴：高宗，商王武丁。谅阴，又作“谅闇”“亮阴”，为天子、诸侯居丧之称。一说为居丧之处，即凶庐。

[2]何必：何止、不仅仅是。

[3]薨(hōng)：死。古代称侯王死为“薨”。

[4]总己：管理自己分内的职事。总，理、统领。

[5]冢(zhǒng)宰：古代官名，又称“太宰”。负责总理全国政务，辅佐王者治理天下，相当于后来的宰相。

【品读】

子张所引“《书》云”，见于《尚书·无逸》，今本原文作：“其在高宗……乃或亮阴，三年不言。”谓武丁居丧期间，三年不发一言，不理政务。子张对此深表疑问，孔子很不以为然地说：何止高宗，古之人皆然。君主死后，文武百官各理自己的职事而听命于冢宰。《礼记·檀弓下》也有一段类似的记载，郑玄注云：“时人君无行三年之丧礼者，问有此与？怪之也。”①这样，孔子的回答便又具有了微言大义，可以看作是对当时不循三年丧礼的不满。

14.41 子曰：“上好礼，则民易使也。”

【品读】

孔子类似的言论颇多，如《论语·子路》所云“上好礼，则民莫敢不敬；上好信，则民莫敢不用情；上好义，则民莫敢不服”以及《礼记·缁衣》所记孔子云“上好仁则下之为仁争先人”等等，其宗旨都是在强调德治与教化，这与正人、正己，“修身、齐家、治国、平天下”等等都是一脉相通的。

14.42 子路问君子。子曰：“修己以敬[1]。”

曰：“如斯而已乎？”曰：“修己以安人[2]。”

① (汉)郑玄注，(唐)孔颖达等正义：《礼记正义·檀弓下》，《十三经注疏》本，中华书局1980年影印。

曰："如斯而已乎？"曰："修己以安百姓。修己以安百姓，尧舜其犹病诸[3]！"

【注释】

[1]修己以敬：修身养性，认真严肃地对待工作、生活。以，用来。

[2]安人：使亲友安乐。人，这里是狭义上的人，指亲族朋友。

[3]病诸：难以做到呀！病，难、为难，这里指难以做到。诸，相当于"之乎"，可译为"呀""啊"。

【品读】

孔子在这里给子路层层讲述君子之道，实际上仍是在阐发"修身、齐家、治国、平天下"的一贯之道。刘宝楠《论语正义》阐释道："修己者，修身也。以敬者，礼不敬也。安人者，齐家也。安百姓，则治国、平天下也。"所以，孔子最后又补充道："修己以安百姓，尧舜其犹病诸！"亦即尧舜也难以做到。对孔子的这一思想，孟子发挥得很透彻。《孟子·尽心》篇屡言"修身"。如："故士穷不失义，达不离道。穷不失义，故士得己焉；达不离道，故民不失望焉。古之人得志泽加于民，不得志修身见于世，穷则独善其身，达则兼善天下。""君子之守，修其身而天下平。"

需要说明的是，"修身"一词并不是孔子乃至儒家的发明。它最早见于《墨子》，其中专有《修身》一篇；《老子》第五十四章也有"修之于身，其德乃明"的言语；《管子》一书原来也有《修身》篇，可惜早已佚失。但是，将"修身"作为内在道德实践——以内在的道德修养来作为道的保证——"内圣外王"之路，是由孔子提出并由后继者来完善、发展的。这里，孔子提出了"修己"能"安人""安百姓"，已明显地透露出"修己"的最终目的是建立良好的社会秩序，达到"德治"。到了孔子以后的儒子们，则更明确地提出了"修其身而天下平"①，"知所以修身，则治所以治人；知所以治人，则知所以治天下国家矣"②。《大学》对"修身"则作了系统的总结："物格而后知至，知至而后意诚，意诚而后心正，心正而后身修，身修而后家齐，家齐而后国治，国治而后天下平。"儒家的"修—齐—治—平"这一"内圣外王"路线被明确地勾勒出来。而这一路线得以贯彻的起点或基础乃是修身。所以《大学》强调指出："自天子以至于庶人，壹是皆以修身为本。"

14.43 原壤夷俟[1]。子曰："幼而不孙弟[2]，长而无述[3]焉，老而不死，是为贼[4]。"以杖叩其胫[5]。

① 《孟子·尽心下》。

② 《礼记·中庸》。

【注释】

[1]原壤夷俟(sì):原壤,孔子的老朋友。夷,两腿叉开坐在地上,古代认为这是傲慢无礼的表现。俟,等待。

[2]孙弟:同"逊悌",谦逊、孝悌。

[3]无述:没有建立什么可被称述的功德。

[4]贼:害人。

[5]胫:小腿。

【品读】

本章备述孔子为友之道。

关于原壤,《礼记·檀弓下》记曰:"孔子之故人曰原壤,其母死,夫子助之沐椁。原壤登木曰:'久矣予之不托于音也。'歌曰:'狸首之班然,执女手之卷然。'夫子为弗闻也者而过之。从者曰:'子未可以已乎?'夫子曰:'丘闻之,亲者毋失其为亲也,故者毋失其为故也。'"由此段记事我们可知,原壤是孔子故交,又是一位愤世嫉俗的高士。其母死时,孔子送去椁木,但原壤却站在上面放声而歌。对这种违礼行为,孔子却视而不见,随行者不解。孔子说:不管怎么样,亲者不失其亲,故旧不失其故旧。这一方面是说原壤不管怎么做,都不会失其故旧;另一方面则是说,他对原壤什么时候都不失为故旧。

从《论语》本章记事,我们又可以看到孔子作为原壤诤友的一面。孔子一边用手杖敲打着他的小腿,一边直斥其道:"幼时不孝悌,成人后又一事无成,老而不死,真是贼害之人。"在春秋剧变时代,原壤之类的人物颇多,高士、狂士、隐士常常过往于孔子身边,但孔子对他们却敬而远之,这是不是体现了孔子在人际关系中也是以"亲者毋失其为亲也,故者毋失其为故也"为前提呢?也就是说,孔子对亲旧故交与对他人的标准、原则是不一样的。这实际上又构成了中国传统社会的一个重要特色。

14.44 阙党[1]童子[2]将命[3]。或问之曰:"益者与[4]?"子曰:"吾见其居于位[5]也,见其与先生并行[6]也。非求益者也,欲速成者也。"

【注释】

[1]阙党:地名,在今山东省曲阜市境内,是孔子的家乡。

[2]童子:未成年的人。

[3]将命:传命,传达宾主的话。

[4]益者与:(这个童子)是个求上进的人吗?益者,求上进的人。与,句末语助词,表示疑问。

[5]居于位:据当时礼节,童子应站在主人之北,面向南,不应有位,成人才有位。文

中童子居于成人位上，是一种无礼行为。

[6]与先生并行：按当时礼节，童子与长辈一起行走，应跟随在后，不能并行。

【品读】

从本章可以看出孔子对礼仪要求的细致。这位将命童子居坐于成人之位，又与长辈并行，便被孔子认定不是一个肯求上进者，只是一个急于求成者。这种长幼有序的理念在以后的历史传承中又成为重要的民俗习惯，达到了礼与俗的合一，并对传统社会心理与价值取向产生了重要作用。

卫灵公第十五

15.1 卫灵公问陈[1]于孔子。孔子对曰："俎豆之事[2]，则尝闻之矣；军旅之事，未之学也。"明日遂行。

【注释】

[1]陈：同"阵"，即战阵。

[2]俎(zǔ)豆之事：俎和豆都是古代宴客、朝聘、祭祀等用的礼器。俎本是用来陈置牲口的几，豆是用来盛干肉一类食物的器皿。此处"俎豆之事"代指礼仪方面的事。

【品读】

春秋时期，战争形式主要是车阵之战，军队的主干是贵族。所以，如何布阵、如何打仗是贵族必备的技艺。卫灵公向孔子询问布列战阵之法，讨教军事问题，孔子推辞自己不懂军事而予以拒绝，说："祭祀礼仪之事，我曾经知道；军旅之事，未曾学过。"这当然是托辞。其实孔子对军事还是比较谙熟的。季康子曾问善战的冉有，其军事才能从何而来，冉有回答："学之以孔子。"另外，当年卫国蒲城发生叛乱，卫灵公也曾请教过孔子，孔子分析当时形势后，主张用兵，只是卫灵公没有采纳罢了。这次卫灵公就军旅之事又求教于孔子，却被拒绝，个中原因，恐怕并非全像一些诠释家所言，是由于孔子反对战争，而应是孔子对卫灵公及卫国之政的失望。

至于"明日遂行"，又有其具体原因。据《史记·孔子世家》载，卫灵公请教孔子遭拒后，"明日，与孔子语，见蜚雁，仰视之，色不在孔子。孔子遂行"。看来，孔子此次离开卫国，是"辟地""辟色"兼而有之，并非因为卫灵公问到的军旅之事。

15.2 在陈绝粮[1]，从者病，莫能兴[2]。子路愠[3]见曰："君子亦有穷乎？"子曰："君子固[4]穷，小人穷斯滥[5]矣。"

【注释】

[1]在陈绝粮：孔子周游列国时，在从陈国去蔡国的途中，因故被陈人包围，绝粮七天。

[2]兴：起来。此处指行走。

[3]愠(yùn)：怨恨、生气。

[4]固：固守、安守。

[5]滥：过度、无节制。

【品读】

孔子困陈之事，《论语》中多所提及。据《史记·孔子世家》载，鲁哀公六年(前489年)，吴伐陈，楚兵往救，次于城父(今河南平顶山西北)。楚昭王听说孔子在陈、蔡之间，遂派人礼聘孔子。陈、蔡大夫恐孔子随楚使而去，不利于陈、蔡，便发兵将孔子一行围困于野中，结果出现了本章所云"在陈绝粮，从者病，莫能兴"的困窘局面。在这种情况下，孔子没有气馁，没有放弃他追求的理想，仍从容不迫、镇静自若，"讲诵弦歌不衰"，而弟子们却不理解孔子，不免牢骚满腹，情态各异。子路快言快语，责问孔子："君子亦有穷乎?"孔子告诉他：君子穷困，但能固守其志；小人穷困，便会为所欲为。在这里，孔子把他所遭遇到的困境与厄运看作是君子生命历程中的必然之事。面对困穷，能不能坚守节操，是区分君子和小人的标志，艰难困苦是一个人在仁义修养上得失成败的试金石。"君子固穷"，就是后来文人志士所信奉的"穷且益坚，不坠青云之志"①。如此逆境下，弟子们都做到了不失君子本色，精神意志得以升华。所以，返鲁之后，年迈的孔子还每每回忆起这段经历，感叹道："从我于陈、蔡者，皆不及门也。"②

15.3　子曰："赐也，女[1]以予为多学而识[2]之者与?"对曰："然，非与?"曰："非也，予一以贯之。"

【注释】

[1]女：同"汝"，你。

[2]识(zhì)：同"志"，记。

【品读】

在《里仁》篇中，孔子曾对曾子道："参乎，吾道一以贯之。"曾子曰："夫子之道，忠恕而已矣。"关于曾子所悟是否准确，诸家说法不一。这里，孔子又对子贡说：你以为我是多学而博识的吗？不是的，我是一以贯之。梁人皇侃认为就是指多学而识，宋人程颐认为是穷理，明人王阳明则认为是致良知，等等。但《史记·孔子世家》将此事系于孔子在陈绝粮之时，此时，子路

① 《论语·颜回》。

② 《论语·先进》。

"愠",孔子讲了"君子固穷"的一番道理,子贡"色作",孔子便讲了这个"一以贯之"的道理。如此看来,此处的"一以贯之"应当就是"始终如一"意,亦即孔子本人在此时所表现出的一如既往的"讲诵弦歌不衰"。

15.4 子曰:"由,知德者鲜[1]矣。"

【注释】

[1]鲜(xiǎn):少。

【品读】

本章可能也是孔子与弟子在陈绝粮时所言。朱熹认为:"自第一章至此,疑皆一时之言,此章盖为'愠见'发也。"①如此,则是孔子要以此诫励子路要知德。亦即如李贽所言:"唤醒也。"②

15.5 子曰:"无为而治[1]者,其舜也与?夫[2]何为哉?恭己正南面[3]而已矣。"

【注释】

[1]无为而治:一般儒者都以为舜能"所任得其人,故优游而自逸也"。赵岐《孟子注》也说:"言任官得其人,故无为而治。"

[2]夫:代词,指舜。

[3]南面:古代以坐北朝南为尊位,故天子诸侯见群臣,或卿大夫见僚属,皆南面而坐。这里指王位。

【品读】

孔子在这里提出,能够做到无为而治的只有虞舜,而舜的无为而治是"恭己正南面而已矣",亦即修身正己,然后垂拱而治。当然,虞舜能实现无为而治不仅仅是依靠修身正己,还得益于他的选贤任能。如《大戴礼记·主贤》云:"昔者舜左禹而右皋陶,不下席而天下治。"汉刘向《新序·杂事三》云:"故王者劳于求人,佚于得贤。舜举众贤在位,垂衣裳恭己,无为而天下治。"从这里我们又可以看出,孔子所说的无为而治与道家所倡导的无为而治具有本质的不同。《老子》第五十七章云:"我无为而民自化,我好静而民自正,我无事而民自富,我无欲而民自朴。"第二十九章云:"将欲取天下而为之,吾见其不得已。天下神器,不可为也。为者败之,执者失之。"第三章云:

① (宋)朱熹:《论语集注·卫灵公》。

② (明)李贽:《四书评·论语》卷之八。

"为无为,则无不治。"第四十八章云:"无为而无不为。取天下常以无事,及其有事,不足以取天下。"

最能体现道家无为而治思想的当属西汉前期。在经历秦末农民战争、楚汉战争之后,万物凋敝,生灵涂炭,针对这种状况,西汉初诸帝便采用道家的黄老思想,实行无为而治的方针,也就是通过减少或免除农民的赋税、徭役,尽量减少对农民生产与生活的干扰,从而使社会经济得以恢复。曹参继萧何为相后,整日饮酒作乐,无所事事。惠帝忧心忡忡,派人探问之,答曰:"高帝与萧何定天下,法令既明,今陛下垂拱,参等守职,遵而勿失,不亦可乎?"故时人称之曰:"萧何为法,颟若画一;曹参代之,守而勿失。载其清净,民以宁一。"①所以,道家的这种无为而治是通过统治者的"不为"而达到"无不为";而孔子所说的舜的无为而治则是通过虞舜这一类圣君明主的"恭己正南面"与贤臣名辅的有所作为而实现天下大治的。也就是说,孔子的"无为"是务实的,老子的"无为"是务虚的。儒道两家的命题虽然相同,但由于内容与实质有很大的不同,因而对中国社会的影响力也各不相同。

15.6 子张问行[1]。子曰:"言忠信,行笃敬,虽蛮貊[2]之邦,行矣。言不忠信,行不笃敬,虽州里[3],行乎哉?立则见其参于前[4]也,在舆则见其倚[5]于衡[6]也,夫然后行。"子张书诸绅[7]。

【注释】

[1]行:指将自己的思想主张付诸实践,使自己在社会上行得通。

[2]蛮貊(mò):我国古代统治阶级对南部和东北部少数民族带有污蔑性的称呼。

[3]州里:州和里是古代的居民组织。二千五百家为州(一说一万家),二十五家为里。此处指本乡本土、故里。

[4]参于前:显现于眼前。参,见、显。

[5]倚:斜靠在某物上。

[6]衡:车辕前的横木。

[7]书诸绅:把它们书写在衣带上。诸,相当于"之于"。绅,士大夫束在腰间的大带子。

【品读】

子张向孔子求教如何做才能使自己在社会上行得通。孔子说:言语忠诚信实,行为敦厚谨慎,即使到了偏僻的异乡他邦也行得通。如果言语欺诈无信,行为刻薄轻浮,即使在本乡本土也行不通。并且站立时就像见其"参

① 《史记·曹相国世家》。

与前”，在车中就像见其“倚于衡”，时时刻刻提醒自己不要忘记。好学深思的子张便将此言视为格言警句，书写在自己的衣带上，牢记终生。据《史记·仲尼弟子列传》，子张与孔子的这段问答，是在陈绝粮、极度困厄之时，“子张从在陈、蔡间，又将外行，故有此问”。此时此地，孔子一方面自己“讲诵弦歌不衰”；另一方面又一如既往地要求弟子们“一以贯之”。我们从中更能领会到“岁寒，然后知松柏之后凋”①的深远内涵。

15.7 子曰：“直哉，史鱼[1]！邦有道如矢[2]，邦无道如矢。君子哉，蘧伯玉！邦有道则仕，邦无道则可卷而怀之[3]。”

【注释】

[1]史鱼：又作“史鳍”。春秋时卫国大夫，以正直敢谏著名。

[2]矢：箭。此处借以形容正直不阿。

[3]卷而怀之：不参与政事，隐居不仕。卷，弯曲成圆筒形。怀，包藏。

【品读】

史鱼与蘧伯玉是两种不同类型的人物。史鱼被孔子称为“直哉”，谓其无论邦有道还是邦无道，他都如箭一般正直不曲，直到临死之际，还因不能使灵公任用蘧伯玉而耿耿于怀，命其子将尸体置于窗下，灵公被其感动，遂晋用蘧伯玉。孔子听说后感叹道：“古之列谏之者。死则已矣，未有若史鱼而尸谏，其感其君者也，不可谓直乎？”②

蘧伯玉虽然也是当时难得的贤大夫，但他的处世之道较之史鱼则显得“识世”“圆滑”了些。他历经卫献、殇、襄、灵四君，事君以礼，尽职尽责，但这只是“邦有道”时所为；当“邦无道”时，他便“卷而怀之”，被孔子称为“君子哉”。如《左传·襄公二十六年》载，卫大夫宁喜弑君，专国政，蘧伯玉不是奋不顾身，予以迎头痛击，而是从容离开卫国，避免卷入纷争。

孔子对上述二人都很欣赏，尤其是对后者，我们似乎能感受到他更偏爱一点。这恐怕不仅仅是因为孔、蘧二人交往密切，更重要的可能是因为蘧伯玉的处世哲学尤其是这种处乱世的哲学与孔子的“有道则见，无道则隐”息息相通。

15.8 子曰：“可与言而不与之言，失人[1]；不可与言而与之言，失言。

① 《论语·子罕》。

② 《孔子家语·困誓》。

知者不失人，亦不失言。”

【注释】

[1]失人：指错过人才，失去人才。

【品读】

怎样做到既不“失人”也不“失言”，关键是把握你所交往的人中谁是“可与言”者，谁是“不可与言”者。当然，这种看起来十分普通的智慧，真正做到却是难之又难。

15.9 子曰：“志士[1]仁人[2]，无求生以害[3]仁，有杀身以成仁。”

【注释】

[1]志士：有远大志向的人。

[2]仁人：言行、道德高尚的人。

[3]害：妨害、损害。

【品读】

孔子此言已成为千古不衰的民族箴言。“志士仁人，无求生以害仁，有杀身以成仁”，孔子将仁与生命价值直接联系在一起，成为生生不息的奋斗目标和追求，这既表明了仁的至高境界，更表明了志士仁人的浩然正气，实际上又带有了宗教色彩的殉道情结。数千年来，无数志士仁人以伯夷、叔齐、比干相标榜，以“杀身成仁”的精神相砥砺，演绎出了一幕幕气壮山河的英雄史诗。从司马迁所讲的“人固有一死，或重于泰山，或轻于鸿毛”①，到文天祥就义前写在衣带上的“孔曰成仁，孟曰取义，唯其义尽，所以仁至。读圣贤书，所学何事？而今而后，庶几无愧”②，再到近现代的志士仁人们为了正义事业赴汤蹈火，这一民族精神代代相传，不绝如缕。

15.10 子贡问为仁。子曰：“工欲善其事[1]，必先利其器[2]。居是邦也，事其大夫之贤者，友其士之仁者。”

【注释】

[1]工欲善其事：工匠想把他的活计做好。工，从事各种手工业技术的工匠。

[2]必先利其器：首先必须备有得心应手的工具。器，器具、工具。

① 《汉书·司马迁传》。

② 《宋史·文天祥传》。

【品读】

“工欲善其事，必先利其器”，应当是当时的谣谚，孔子借用过来，告诉子贡：要求仁为仁，首先要创造适宜的条件，要与所居国家中的贤大夫、仁人志士相友，以相互砥砺、切磋。孔子表面上是讲了择善而从、近朱者赤等一番道理，实际上是针对子贡的不足，有的放矢。如朱熹所言：“夫子尝谓子贡悦不若己者，故以是告之，欲其有所严惮切磋以成其德也。”①

15.11　颜渊问为邦。子曰：“行夏之时[1]，乘殷之辂[2]，服周之冕[3]，乐则《韶》、《舞》[4]，放郑声[5]，远佞人[6]。郑声淫，佞人殆[7]。”

【注释】

[1]行夏之时：实行夏历。时，季节、时节，这里指历法。夏历以建寅之月（正月）为岁首，便于农业生产。当时流行的还有殷历，以建丑（即夏十二月）为岁首；还有周历，以建子（即夏十一月）为岁首。当时夏历较受欢迎。我们现在用的农历，便是夏历。

[2]乘殷之辂（lù）：乘坐殷代的车子。辂，车。殷代的车子较周代的朴素些。

[3]服周之冕：戴周代的礼帽。孔子一贯主张礼服要华美，而周代的礼帽较前代华美。

[4]《韶》、《舞》：《韶》，相传是古代歌颂虞舜的一种乐舞。《舞》，即《武》，相传是歌颂周武王的一种乐舞。

[5]放郑声：排斥郑地的俗乐。放，驱逐，这里指“排斥”“舍弃”。郑声，古代郑地的俗乐，音调和雅乐不同，孔子把郑声与《诗经》中的刺淫之作《郑风》等篇相附会，故曰“郑声淫”。

[6]远佞人：疏远能说会道的小人。佞人，花言巧语、阿谀奉承的人。

[7]殆（dài）：危害、危险。

【品读】

看来，孔子是择善而从、应时而变的真正的政治家，并不像后世那些泥古不化、因循固守的腐儒，比之近代那些纠缠于“体用之争”的政治家们也要高明许多，只可惜生不逢时，怆然而去。至于后世，被塑成一尊一成不变、不可更易的偶像，更是大悖于孔子的本意。

15.12　子曰：“人无远虑，必有近忧。”

---

① （宋）朱熹：《论语集注·卫灵公》。

【品读】

对于本章，人人都认作是至理名言，但人人都有难以解决的近忧与远虑之争，从个人到国家都是如此。孔子一再讲的“无欲速，无见小利。欲速则不达，见小利则大事不成”①，可以与之对读。

15.13 子曰：“已矣乎！吾未见好德如好色者也。”

【品读】

此章与《子罕》中的一章重复，只是多出“已矣乎”三个感叹词。

孔子周游列国期间，多次居卫，卫灵公虽然颇礼遇孔子，但终不肯用之。据《史记·孔子世家》载：“灵公与夫人（南子）同车，宦者雍渠参乘，出，使孔子为次乘，招摇市过之。孔子曰：‘吾未见好德如好色者也。’于是丑之，去卫，过曹。”孔子这是感叹卫灵公对南子的宠幸要远过于对有德贤者的重视，实际上又是在“疾时薄于德、厚于色，故发此言也”②。

从人类文明的进化史看，道德属于理性的东西，是对人的自然本性的一种约束。所以，好德是人们超越自在的主观能动性，孔子所致力的就是通过修身求仁，实现道德的自在与自然的升华，这其实正是人类文明的终极目的。

15.14 子曰：“臧文仲[1]其窃位者与[2]？知柳下惠[3]之贤而不与立[4]也。”

【注释】

[1]臧文仲：鲁国大夫，历仕庄公、闵公、僖公、文公四朝。

[2]其窃位者与：大概是一位窃居官位的人吧！其，副词，表推测、估计，可译为“大概”“或许”。窃位，窃居官位，指占有官位而又不尽职尽责。

[3]柳下惠：即展禽，名获，字禽。食邑在柳下，谥惠，故此称之。春秋时鲁国大夫。以善于讲究贵族礼节、“坐怀不乱”著称。

[4]立：位也，古代“立”与“位”同字，此处指职位、官位。

【品读】

臧文仲历仕鲁国庄公、闵公、僖公、文公四朝，为大司空。对其为政，孔子多有抨击，曾指摘他“不仁者三，不知者三”。《左传·文公二年》记仲尼

① 《论语·子路》。

② 《史记·孔子世家》裴骃《集解》引何晏曰。

曰:“臧文仲,不仁者三,不知者三。下展禽,废六关,妾织蒲,三不仁者。作虚器,纵逆祀,祀爰居,三不知也。”看来,孔子把臧文仲之不肯重用柳下惠视为“三不仁”之首,表明他把能否选贤任能当作评价为政者的首要标准。

柳下惠曾任鲁国士师(掌刑狱),正直不阿,讲究礼仪,是一位公认的贤大夫。鲁僖公二十六年(前634年),齐攻鲁,他派人到齐劝说退兵。臧文仲身为鲁国重臣,知贤而不用,自然要被孔子斥责为“窃位”。不过,对孔子指摘臧文仲的其他内容,我们还应当区别分析。臧文仲之“废六关”,即“塞关、阳关之属。凡六关,所以禁绝末游,而废之”①,这有些类似于汉初实行的“开关梁,弛山泽之禁”②,有利于经济交流与工商业的发展。至于其“妾织蒲”,是指“家人贩席,言其与民争利”,这应属于正常经营,无可厚非。臧文仲之“作虚器”,是谓“居蔡,山节藻棁也”③,《公冶长》中孔子已有抨击,还有“纵逆祀,祀爰居”,都是违礼行为,属于愚昧之举,应当归于“不知”。

15.15 子曰:“躬自厚[1]而薄责于人[2],则远怨[3]矣。”

【注释】

[1]躬自厚:即“躬自厚责”。意思是说:多责备自己,严于律己。躬自,自己对自己。

[2]薄责于人:少责备别人,宽以待人。薄,与“厚”相对,少。

[3]远怨:避免怨恨或埋怨。

【品读】

西汉大儒董仲舒在《春秋繁露·仁义法》中的一段话可以作为孔子这句话的最好诠释:“以仁治人,义治我,躬自厚而薄责于外,此之谓也。……自责以备谓之明,责人以备谓之惑。”李泽厚先生在《论语今读》中也“记”曰:“《论语》中多有这种平淡而真确的生活格言,而为黑格尔嘲笑为不够哲学,殊不知这正是中国实用理性的精神所在。它必须体现在许多‘以实事程实功’的实践行为和日常生活中,而不求如何高妙抽象的思辨体系,因为那并不解决生活中具体问题和现实疑难。理论毕竟是灰色的,而生活之树常青。”④

① 《左传·文公二年》杜预注。

② 《史记·货殖列传》。

③ 《左传·文公二年》。

④ 李泽厚:《论语今读》,第364页。

15.16　子曰："不曰'如之何[1]，如之何'者，吾末如之何也已矣[2]。"

【注释】

[1]如之何：怎么办？指遇事能思考问题，动脑筋。

[2]吾末如之何也已矣：我也不知对他怎么办才好啊。末如之何，无可奈何，不知如何办。末，通"莫"。也已矣，复合语气词，相当于现代汉语的"呀""啊"。

【品读】

朱熹《论语集注》曰："'如之何'、'如之何'，熟思而审处之辞也。不如是而妄行，虽圣人亦无如之何矣。"看来，孔子这里讲的是未雨绸缪的道理，告诉人们凡事预则立，不预则废，切不可逞一时之勇，任意妄为。

15.17　子曰："群居终日[1]，言不及义[2]，好行小慧[3]，难矣哉[4]！"

【注释】

[1]群居终日：整日聚居在一起。居，坐、处。

[2]言不及义：言论不合于义理。及，涉及。

[3]好行小慧：喜欢卖弄小聪明。好，喜好。慧，聪明。

[4]难矣哉：这种人真难办(教导)！

【品读】

本章应与《阳货》中孔子所言"饱食终日，无所用心，难矣哉"对读。看来，春秋时代便有了这种浇薄士风。孟子则进一步指出："饱食暖衣，逸居而无教，则近于禽兽。"①明末顾炎武在《日知录》"南北学者之病"条中抨击当时士风曰："'饱食终日，无所用心'，难矣哉！今日北方之学者是也。'群居终日，言不及义，好行小慧'，难矣哉！今日南方之学者是也。"从孔子、孟子到顾炎武，两千多年间竟如此相通，实在令人瞠目，只是不知今日还能有几分余绪？

15.18　子曰："君子义以为质[1]，礼以行之，孙以出之[2]，信以成之。君子哉！"

【注释】

[1]义以为质：即"以义为质"的倒装，下句"礼以行之"同此。意思是说：以义为根本。

① 《孟子·滕文公上》。

质，根本、本质。

［2］孙（xùn）以出之：即“出之以孙”，以谦逊的语言来表达它（义）。孙，同“逊”，谦逊。出，表达。

【品读】

本章讲孔子对君子的全面要求，以下五章则分而述之。孔子这里对君子的要求可谓高之又高，可作为最高标准，实则难以达到，因为他超越了一般人性之常理。若做到，真可说是完人、圣人了。

15.19 子曰：“君子病[1]无能焉，不病人之不己知也。”

【注释】

［1］病：担心、忧虑。

【品读】

本章观点孔子曾反复阐述。如《学而》中所言：“人不知而不愠，不亦君子乎！”“不患人之不己知，患不知人也。”《里仁》中所言：“不患无位，患所以立；不患莫己知，求为可知也。”《宪问》中所言：“不患人不己知，患其不能也。”其立论的基点还是修身与内省，还是“内圣外王”的大道理。

15.20 子曰：“君子疾[1]没世[2]而名不称[3]焉。”

【注释】

［1］疾：厌恶、憎恨。

［2］没（mò）世：死亡、去世。

［3］称：称道、称颂。

【品读】

本章中“君子疾没世而名不称焉”之“名”，后世注家多释为名实之名。如朱熹《论语集注》引范氏曰：“君子学以为己，不求人知，然没世而名不称焉，则无为善之实可知矣。”

李泽厚先生对此言解释为：“君子憎恶这个黑暗世界，名称不符合实际。”①核之史实，此解似有不妥。据《史记·孔子世家》载：“子曰：‘弗乎弗乎，君子病没世而名不称焉。吾道不行矣，吾何以自见于后世哉？’乃因史记作《春秋》。”可见，孔子此言系有感而发，感于何？感于“吾道不行矣，吾

① 李泽厚：《论语今读》，第367页。

何以自见于后世哉?”

15.21　子曰:“君子求诸己[1],小人求诸人。”

【注释】

[1]求诸己:严格要求自己。求,要求。诸,相当于“之于”。

【品读】

这是在讲君子律己,小人律人,此话说得非常形象。小人往往责人不责己,正如《孟子·尽心下》所讲:“以其昏昏使人昭昭也。”

15.22　子曰:“君子矜[1]而不争,群而不党[2]。”

【注释】

[1]矜(jīn):慎重、矜持。

[2]群而不党:合群而不拉帮结派。党,由私人利害关系结成的集团、同伙,此处用作动词,指结党营私、拉帮结派。

【品读】

“矜而不争”“群而不党”是孔子给君子制定的道德修养原则。“矜而不争”是说矜持而不露锋芒;“群而不党”是说合群而不结党结派。从中国传统士大夫的演化史看,“矜而不争”代表了个人的修养,许多人能够做到,从汉之张良到唐之李泌再到明清时代的姚广孝、范文程等等,都可以视作“矜而不争”的代表人物。但是,“群而不党”则不是个人所能为,“群”是指志同道合者的群,在特定的历史时期,“群”与“党”难有一个天然的分野。为了道义,为了志同道合之“群”,或主动,或被动,多数人都难以摆脱“党”的干系。如东汉之党锢中人、明代之东林中人都不乏真正的君子,但他们都无法做到“群而不党”。其实,孔子所主张的“以直抱怨,以德报德”在实践中也往往成为结党的催化剂。

15.23　子曰:“君子不以[1]言举人,不以人废言[2]。”

【注释】

[1]以:凭、根据。

[2]不以人废言:不因为这个人不好就废弃他的好言论。废,废弃不用。

【品读】

李贽非常赞同孔子所主张的“君子不以言举人,不以人废言”,但他又认为："世俗之病，'不以言举人'易，'不以人废言'难。"①的确如此，贤如孔子，也只是在宰予身上悟出言与行的不统一。他说："始吾于人也，听其言而信其行；今吾于人也，听其言而观其行，于予与改是。"②但对于"不以人废言"则看不出他做到了多少。相反，他一贯主张"唯上智与下愚不移"，一直将君子与小人视作泾渭分明的两大群体，认定小人具有天然的种种弊端，那么在这一思维模式下，恐怕很难做到"不以人废言"。

15.24 子贡问曰："有一言而可以终身行之者乎[1]？"子曰："其'恕'[2]乎！己所不欲，勿施[3]于人。"

【注释】

[1]有一言而可以终身行之者乎：有没有可以终生奉行的一个字呢？一言，此处指一个字。

[2]恕：用自己的心推想别人的心，即"己所不欲，勿施于人"。

[3]施：强加。

【品读】

在《里仁》篇中，曾子悟出"夫子之道，忠恕而已矣"，本章中孔子又直接将"恕"视为可以"终身行之"的美德，并将其诠释为"己所不欲，勿施于人"。看来，"忠恕"的确是孔子一以贯之的人生准则，这是调谐人际关系、净化人生环境的至理名言，代表了人类最普遍、也是最美好的感受。《圣经·新约》中也有类似语言："你们愿意人怎样待你们，你们也要怎样对待人。"法国启蒙思想家伏尔泰将孔子这一箴言奉为座右铭。在1789年法国大革命的《人权宣言》、1791年的《法兰西共和国宪法》以及联合国的《世界人权宣言》中都郑重地引述了孔子"己所不欲，勿施于人"这一格言。在未来愈演愈烈的竞争中行进的人类文明，如果不能到两千五百年前的孔子那儿寻求智慧，其归宿将会使人不寒而栗。

15.25 子曰："吾之于人也，谁毁谁誉[1]？如有所誉者，其有所试矣[2]。斯民也[3]，三代[4]之所以直道而行[5]也。"

【注释】

[1]谁毁谁誉：即"毁谁誉谁"的倒装。意思为：诋毁过谁？赞誉过谁？

① (明)李贽：《四书评·论语》卷之八。

② 《论语·公冶长》。

[2]其有所试矣：一定是经过验证的。试，试验、试用，这里指“考验”“验证”。

[3]斯民也：此三字为强调语，前置。正常语序应为“斯三代民也”。

[4]三代：指夏、商、周。

[5]直道而行：按正道行事。朱熹《论语集注·卫灵公》注此章曰：“直道，无私曲也。”

【品读】

孔子在这里强调自己不轻言毁誉，如有毁誉，也一定是经过验证、有事实根据的。夏、商、周三代的人也正因为如此，才能够正道而行。文中“斯民也”前置以加重语气，起强调作用。朱熹《论语集注·卫灵公》认为“斯民者，今此之人也”，似不妥。

15.26 子曰：“吾犹及[1]史之阙文[2]也。有马者借人乘之，今亡矣夫！”

【注释】

[1]及：涉及、接触到，此指看到。

[2]史之阙文：史官阙疑不书或遗漏的文献。史，指史官。阙，缺漏。

【品读】

本章可明显地分作两层意思：一层意思是说我还能看到史书中阙而存疑之处，言外之意是说现在的史家却做不到。另一层意思是说有马者能借给他人骑乘，已是昔日故事，如今也没有了。两层意思合读，可以看出孔子是在感叹世风日下，人心不古。但也有注家认为，本章内容并不连贯，是错简所致。

15.27 子曰：“巧言乱德[1]。小不忍，则乱大谋[2]。”

【注释】

[1]乱德：败坏道德。乱，扰乱。

[2]大谋：此指大事。谋，计策、谋划。

【品读】

对于“巧言”者，孔子一直是深恶痛绝的。在《学而》中他就提出“巧言令色，鲜矣仁”，本章中又说花言巧语者扰乱德守。可见他对于自己所倡导的“讷于言而敏于行”①的执着。“小不忍，则乱大谋”是一则为政求道的箴言。孔子在大与小的关系问题上是一位真正的达者。他一贯反对匹夫之勇、匹

① 《论语·里仁》。

夫之仁，反对拘于小信小义，主张“君子贞而不谅”[1]。当子夏为莒父宰而向他请教为政之道时，孔子也是要他“无欲速，无见小利。欲速则不达，见小利则大事不成”[2]。这些都与“小不忍，则乱大谋”异曲同工。

回首中国政治史，我们不难发现，“小不忍，则乱大谋”可以说是至理名言，能做到者往往大谋可成，建功立业；反之，则会功败垂成，遗恨千古。秦末刘项之争便是一例。

秦末群雄竞起，刘邦与项羽有约：“先入关中者为王。”结果，刘邦率大军在西征途中势如破竹，率先进入咸阳。项羽紧随其后，也进兵关中，驻军灞上。当时刘、项力量悬殊。面对强有力的对手，刘邦不得不屏息于鸿门宴，对项羽说：“吾入关，秋毫无所敢取，籍吏民，封府库，待将军。所以守关者，备他盗也。日夜望将军到，岂敢反邪！”[3]将关中拱手让给项羽，而自己蜗居于蜀中为汉王。为了解除项羽的戒心，又烧绝通往关中的栈道，以示无东还意。“项王以此无西忧汉心，而发兵北击齐。”[4]刘邦在汉中积蓄力量，获得喘息机会，乃用萧何为相，韩信为大将军，又有张良、陈平为谋士，不久便还定关中。在以后的几年中，他以关中为根据地，与项羽逐鹿中原，最后大获全胜，一统天下。

15.28 子曰：“众恶之，必察焉；众好之，必察焉。”

【品读】

从众心理是传统思维方式的一大特点。人们往往认为，凡众人都喜欢的必然都好，众人厌恶的一定不好，因此也就有了“众口铄金，积毁销骨”之说。但在现实生活中，往往并非如此。孔子即敏锐地指出：凡是众人喜欢的与厌恶的都应认真考察，不能盲目从众。这其中蕴含了丰富的辩证法思想。人们的身份、地位与经历不同，因此对于任何人、任何事都是仁者见仁，智者见智，真正有了众口一词的情况，反而要认真看一下其背后的原委。这一思想，孔子在《子路》篇中已有阐述。当子贡问他“乡人皆好之，何如”与“乡人皆恶之，何如”时，孔子的答案都是“未可也”，明确指出“不如乡人之善者好之，其不善者恶之”。

① 《论语·卫灵公》。

② 《论语·子路》。

③ 《汉书·高帝纪上》。

④ 《史记·留侯世家》。

15.29 子曰："人能弘[1]道，非道弘人。"

【注释】

[1]弘：扩大、广大。

【品读】

对于本章中的人与道，诠释家们往往解为主体与客体的关系。朱熹即形象地解释道："道如扇，人如手，手能摇扇，扇如何摇手？"①李贽则解释为："道从人出，非有道而后人弘之也。犹仁义从舜出，非有仁义而后舜行之也。"②董仲舒从另一角度解释道："故治乱废兴在于己，非天降命不可得反，其所操持悖谬失其统也。"③但若细玩句意，则可以感到孔子在这里又是强调"志于道"的精神。也就是说，仁人君子的人生志趣是弘道，而不是要以此来激扬自己的声名，这与孔子在《宪问》中所说的"古之学者为己，今之学者为人"是一个道理。孔子提倡的为己之学，是指学习的目的是自我修养，而不是为了博取他人的赞赏；同样，道由人弘，但不可以道弘人。

15.30 子曰："过而不改，是谓过矣。"

【品读】

孔子一直追求至善至美的人生修养，但他又不是机械的唯美主义者。他不忌讳过失，也不排斥过失。他所主张的修身的立足点是过而能改，他强调"过则勿惮改"④、"君子不贰过，不迁怒"⑤，所以他才提出"过而不改，是谓过矣"。孔子此说被李贽连连赞赏道："放条宽路，大慈大悲。"⑥

15.31 子曰："吾尝[1]终日不食，终夜不寝，以思[2]，无益，不如学也。"

【注释】

[1]尝：曾经。

[2]以思：去思考。

---

① (宋)朱熹：《朱子语类·论语二十七》。

② (明)李贽：《四书评·论语》卷之八。

③ 《汉书·董仲舒传》。

④ 《论语·学而》。

⑤ 《论语·雍也》。

⑥ (明)李贽：《四书评·论语》卷之八。

【品读】

孔子在《学而》中说："学而不思则罔，思而不学则怠。"又说："吾尝终日思矣，不如须臾之学。"①看来孔子一贯倡导的是学与思的结合，而在二者的区别上，则强调先学后思，但这一点未成为中国传统文化的主流。李泽厚先生对此深刻反思道："'学'常指行为、实践，不脱离实践去空想，固然有好的方面，缺点则是使中国纯粹思辨太不发达，以至无真正哲学可言，亦一大损失。今天如何保持此传统优长而反省和匡正其缺失，需仔细探讨。"②

15.32 子曰："君子谋道[1]不谋食。耕也，馁[2]在其中矣。学也，禄[3]在其中矣。君子忧道不忧贫。"

【注释】

[1]谋道：指谋求学道、学业。

[2]馁（něi）：饥饿。

[3]禄：官吏的俸禄。

【品读】

孔子在本章中的论述有些自相矛盾。一方面，孔子勉励君子"谋道不谋食""忧道不忧贫"，鼓励人们学习，以求明道，安贫乐道；但另一方面又鼓吹"学也，禄在其中矣"，以物质利益吸引弟子学道。看来，孔子并不是单纯强调精神、标榜安贫乐道的清教徒，他对生计问题也同样在乎。只不过他不主张弟子们学农学圃以谋生，而是要他们"学而优则仕"，这就是后世所言："书中自有千钟粟，书中自有黄金屋，书中自有颜如玉。"这直接划定了中国古代士子们的人生追求。

15.33 子曰："知及之[1]，仁不能守[2]之，虽得之，必失之。知及之，仁能守之，不庄以莅[3]之，则民不敬。知及之，仁能守之，庄以莅之，动之不以礼，未善也。"

【注释】

[1]知及之：凭智慧得到官职。知，同"智"，才智。及，触及，此谓得到。之，代指官职。

[2]守：保持。

① 《大戴礼记·劝学》。

② 李泽厚：《论语今读》，第375页。

[3]莅(lì):到、临,从上监视、统治。

【品读】

仁是孔子倡导的最高道德伦理规范,而忠信、孝悌、恭敬、智勇、礼义等则是以仁为核心的道德规范体系中的组成部分。尽管如此,孔子仍认为仁并不能取代其他各项而独立存在,它们是一个和谐的整体,不可偏废。他指出:一个人凭其才智得到了官职,如果不能用仁德来保持它,即使得到了,也一定会失去。若凭才智得到了官职,也能用仁德来保持,但如果不用庄严认真的态度去治理政务,那么人民是不会尊重他的。若凭才智得到了官职,既能以仁德保持它,又能用庄严认真的态度去治理政务,但如果行动不合乎礼仪,也是不完善的。

清人黄式三《论语后案》曰:"此章言治民之道也。"当是。这实际上是孔子对当政者提出的治国安邦之要,故本章中"及之""守之""得之""失之"之"之",皆应指君位或官位。孔子指出治国治民要做到四点:一是才智,二是仁德,三是敬业,四是依礼行事。对今人来讲,此四点仍不无借鉴意义。

15.34 子曰:"君子不可小知[1]而可大受[2]也,小人不可大受而可小知也。"

【注释】

[1]小知:指做小事情。知,主持、办理。

[2]大受:指承担重任。受,接受、承受。

【品读】

孔子在本章中是讲知人善任、适才适用的道理。他强调:不可让君子做小事,而要让他们承担重任;不可让小人承担重任,而要让他们做小事情。《淮南子》中的一段论述可以作为其注脚。《淮南子·主术训》曰:"是故有大略者,不可责以捷巧;有小智者,不可任以大功。人有其才,物有其形,有任一而太重,或任百而尚轻。是故审毫厘之计者,必遗天下之大数;不失小物之选者,惑于大数之举。譬犹狸之不可使搏牛,虎不可使搏鼠也。"打开中国历史,我们可以清楚地看到,能否做到这一点是政治舞台上成功与失败的重要分水岭。

刘邦被封为汉王后,屈居蜀汉一隅。韩信来投,只被任命为低职的连敖,后在滕公的推荐下才被任为治粟都尉,但这些低职俗务都不是韩信所长,自然也不会有所建树。到韩信逃走、萧何将其追回后,在萧何的力主下,刘邦拜其为大将军,当一方之任。此后,韩信南征北战,为西汉王朝的建立立下了汗马功劳。西汉建立后，当刘邦问及自己能将兵多少时，韩信认为"陛下不过能将十万"，而自己则是"多多益善耳"，但他又清醒地指出："陛下不能将兵而善将将。"①这实际上是君臣各得其所，人尽其用，可以看作是对孔子本章之言的实践诠释。

15.35　子曰："民之于仁也，甚[1]于水火。水火，吾见蹈而死者矣，未见蹈[2]仁而死者也。"

【注释】

[1]甚：胜过、超过。

[2]蹈：踏、踩，此处指实行。

【品读】

李泽厚先生《论语今读》对此章"记"曰："此章疑有错漏，勉强译之而已。"

朱熹《论语集注》则曰："民之于水火，所赖以生，不可一日无。其于仁也亦然。但水火外物，而人在己，无水火不过害人之身，而不仁则失其心，是仁有甚于水火，而尤不可以一日无者也。况水火或有时而杀人，仁则未尝杀人，亦何惮而不为哉？"

实际上，孔子此章意在强调仁的重要性。在他看来，"民之于仁也，甚于水火"，亦即百姓对仁德的需要应比对水火的需求更迫切，但很少有人能将仁视为比水火还重要。对此，孔子感慨万千："水火，吾见蹈而死者矣，未见蹈仁而死者也。"难怪李贽说："末二语有无限感慨，竟作'仁甚水火'注脚，却不辜负此老一片婆心。"②

15.36　子曰："当仁，不让于师。"

【品读】

"当仁，不让于师"，这是横亘千古的宗师风范。无独有偶，与孔子同时代的古希腊哲学家亚里士多德也强调："吾爱吾师，吾更爱真理。"看来，在真理面前人人平等，古今中外是一致的。孔子在实践中也是这样要求学生的。

---

① 《史记·淮阴侯列传》。

② （明）李贽：《四书评·论语》卷之八。

颜回听他讲学从不提不同的意见，孔子便表示不满，说："回也，非助我者也，于吾言无所不说。"①

15.37 子曰："君子贞[1]而不谅[2]。"

【注释】

[1]贞：正。

[2]谅：诚信。

【品读】

就此章中的"贞"和"谅"二字，朱熹《论语集注》予以解释道：贞，谓"正而固也"，意即坚持真理，守志不移，刚正不阿。谅，谓"不择是非而必于信"，即不辨大是大非，拘泥于小信。

信是孔子所一贯倡导的原则。他曾说："人而无信，不知其可也。"②又说："自古皆有死，民无信不立。"③但他又同时指出，信是有条件的，"信近于义，言可复也"④，"言必信，行必果，硁硁然小人哉"⑤。这也就是孟子所说的"大人者，言不必信，行不必果，惟义所在"⑥。

在《论语》中，就有一位不拘小节、小信、"唯义所在"的君子仁人——管仲。孔子曾在《八佾》篇中指责管仲"邦君树塞门，管氏亦树塞门；邦君为两君之好，有反坫，管氏亦有反坫"，因为管仲与国君的设施一样，所以孔子骂他为"不知礼"。但另一方面，孔子又对他高度赞扬："桓公九合诸侯，不以兵车，管仲之力也。如其仁！如其仁！"又说："管仲相桓公，霸诸侯，一匡天下，民到于今受其赐。微管仲，吾其被发左衽矣。"⑦管仲辅助齐桓公富国强兵，以和平方式联合诸侯，尊崇周王室，抵御蛮夷，维护了中原的安定。孔子将管仲的这些功绩提高到"如其仁！如其仁"的高度，誉管仲为仁人，其他不足之处，孔子认为是小信、小节，是可原谅的。

在实践中，孔子本人也是一位不拘于小信、小义的人物。据《史记·孔子史家》，孔子被困于蒲时，蒲人谓孔子曰"苟毋适卫，吾出子"，意即只要孔子一行不到卫国去，就放了他们。孔子当场答应，并"与之盟"。哪知孔子一

① 《论语·先进》。

② 《论语·为政》。

③ 《论语·颜渊》。

④ 《论语·学而》。

⑤ 《论语·子路》。

⑥ 《孟子·离娄下》。

⑦ 《论语·宪问》。

出蒲城东门，便调转方向，径赴卫国。弟子子贡大惑不解，问道："盟可负邪？"孔子不以为然地说："要盟也，神不听。"要盟，即在要挟下订立的盟约。

不过，李贽对此章的诠释是："然则谅者必是硁硁小人。"又有不妥。孔子此言的本意是君子坚守正道而可以不拘守小信，并不是说君子都不必拘于小信。若"信近于义"，则无论大节、小信都应遵循，但若是为大节而需舍小信时，则可以"言不必信，行不必果"。

15.38 子曰："事君，敬其事而后其食[1]。"

【注释】

[1]后其食：即"后食其禄"。

【品读】

在春秋以前的世卿世禄时代，官位、俸禄都是承袭不变的，所以也就无所谓事与食的区别。而随着时代的变化，有了干禄、干仕的机会，也有了"学而优则仕""学也，禄在其中"的倡导，仕与禄成了谋生的手段。在这种情况下，关于禄与事的关系自然也就摆到了士子们的面前。孔子所强调的是先为国君效力，认真理政，然后再考虑俸禄；而韩非子则将君主与臣下的关系比作卖佣者和雇佣者的关系，认为："夫卖庸而播耕者，主人费家而美食，调布而求易钱者。非爱庸客也，曰：'如是，耕者且深，耨者熟耘也。'庸客致力而疾耘耕者，尽巧而正畦陌畦畤者，非爱主人也，曰：'如是，羹且美，钱布且易云也。'……皆挟自为心也。故人行事施予，以利之为心，则越人易和。"①两说都有道理。但后世却单单把孔子的主张不断放大，给中国传统政治思想与经济思想都打上了深深的烙印。

15.39 子曰："有教无类。"

【品读】

此"类"何指？历来有不同的解释。南朝梁人皇侃《论语义疏·卫灵公》说得好："人乃有贵贱，宜同资教，不可以其种类庶鄙而不教之也。教之则善，本无类也。"用今天的话讲，即教育对象没有贫富贵贱、国别地域等区别和限制，人人都享有平等的受教育机会。

这种"有教无类"、人人应该受教育的思想是孔子教育思想中最光辉

① 《韩非子·外储说左上》。

的一点。匡亚明先生高度赞扬道："'有教无类'是'汎爱众，而亲仁'的具体化，孔子从'仁'的观念出发，对一切可能施教的人只要'自行束修以上'，都不拒绝进行教育，使其享有均等的受教机会。……这在人类教育史上是一项很有革命意义的突破，至今值得称颂。"[①]所以，我们不能把孔子的"有教无类"仅仅视为一种措施或一种主张，它与孔子的整个思想体系尤其是仁学有着深切而不可分割的关系，其后隐藏着某种原始的民主平等思想与人道精神。

孔子还身体力行，在行动上实践了他的这种主张。他是中国历史上率先打破贵族垄断文化的局面、第一个开办私学的人。其弟子三千，来自四面八方，有贫有富，有贱有贵，有老有少，且以贫贱者居多。钱穆对此考证道："孔子弟子，多起微贱。颜子居陋巷，死者棺无椁。曾子耘瓜，其母亲织绩。闵子骞着芦衣，为父推车。仲弓父贱人。子贡货殖。子路食藜藿，负米，冠雄鸡，佩猳豚。有子为卒。原思居穷阎，敝衣冠。樊迟请学稼圃。公冶长在缧绁。子张鲁之鄙家。虽不尽信，要之可见。"[②]孔子甚至将被称为"梁之大盗"的颜涿聚也接纳为弟子，施以教育。对此，南郭惠子不禁发问："夫子之门何其杂也？"子贡答曰："君子正身以俟。欲来者不距（拒），欲去者不止。且夫良医之门多病人，檃栝之侧多枉木，是以杂也。"[③]

正是由于孔子开创了学术、文化平民化和普及教育的新道路，从此，一种新的、不以出身为标准而以道德学问为号召的士人阶层开始活跃于中国历史的舞台上，并越来越成为社会政治的主干力量，这恐怕是孔子的儒学在其后的社会中占据独尊正统地位的重要原因。

孔子一生教授学生，形成了一个庞大的士人集团。其死后，"七十子之徒散游诸侯，大者为师傅卿相，小者友教士大夫，或隐而不见。故子路居卫，子张居陈，澹台子羽居楚，子夏居西河，子贡终于齐。如田子方、段干木、吴起、禽滑釐之属，皆受业于子夏之伦，为王者师。……于威、宣之际，孟子、荀卿之列，咸遵夫子之业而润色之，以学显于当世"[④]。所谓的子张之儒、子思之儒、颜氏之儒、孟氏之儒、漆雕氏之儒、仲良氏之儒、孙氏之儒等等，纷纷登上政治舞台，儒家、道家、墨家、名家、纵横家、兵家、农家、阴阳家、法家等，前后登场，宣告一个新的独立的士阶层形成。可以说，士阶层的形成与孔子有密切的关系。

---

① 匡亚明：《孔子评传》，第278页。

② 钱穆：《孔子弟子通考》，见其《先秦诸子系年》，商务印书馆1936年版。

③ 《荀子·法行》。

④ 《史记·儒林列传》。

15.40 子曰："道不同，不相为谋。"

【品读】

此"道"字有多种解释。清代吴嘉宾《论语说》解释道："道者，志之所趋舍，如出处语默之类。"这是比较恰当的说法。在孔子看来，"道"是一个多元概念，有君子之道，也有小人之道；有智者之道，也有达者之道。孔子所追求的是志同道合，因此，他的弟子们跟随他所学习的就不仅仅是知识才艺，而是对道的领悟与追求。道是第一目标，亦即他所说的"志于道，据于德，依于仁，游于艺"①。这是其教育思想的一大特色。

15.41 子曰："辞达[1]而已矣。"

【注释】

[1]辞达：指写文章、讲话能把意思表达清楚。辞，言词、文辞。

【品读】

朱熹《论语集注》曰："辞取达意而止，不以富丽为工。"言简意赅，朴实无华，其实是语言表达的最基本要求，又是最高境界，但真正能做到者很少。

孔子此段文字可与《论语·雍也》中所言"质胜文则野，文胜质则史。文质彬彬，然后君子"相参照，以加深理解。

15.42 师冕[1]见，及阶[2]，子曰："阶也。"及席，子曰："席也。"皆坐，子告之曰："某在斯[3]，某在斯。"

师冕出，子张问曰："与师言之道与[4]？"子曰："然，固[5]相[6]师之道也。"

【注释】

[1]师冕：师，乐师。冕，乐师的名字。当时乐师一般为盲人。

[2]及阶：到了台阶边。及，至、到。

[3]某在斯：某某在此。

[4]与师言之道与：这是与乐师讲话的方式吗？句首"与"意为"和……"；句末"与"为句尾语气词，表示疑问。道，方式、方法。

[5]固：副词，表示肯定。

[6]相：帮助。

① 《论语·述而》。

【品读】

这是一幅活生生的彬彬君子图。从“仁者爱人”到“有教无类”，再到孔子一贯对瞽者、弱者的礼重，其实是息息相通的。这是孔子的“兼爱”，也可以看作是“人权”与“平等”思想的先声。

明人薛瑄《读书录》曰：“观圣人与师言，辞语从容，诚意恳至，真使人感慕于数千载之上。常人见贵人则知敬，见敌者则敬稍衰，于下人则慢之而已。圣人于上下人己之间，皆一诚敬之心。”

从历史上看，无论中外古今，圣贤、哲人们都有类似的经历。南怀瑾先生曾用释迦牟尼的一个故事诠释孔子，我们不妨照录如下：“释迦牟尼有一个弟子，眼睛看不见，但还是自己缝衣服，有一天他穿不起针线来，就在那里大声叫，要求同学帮忙他穿一下针线。但是他的同学，那一班罗汉们，都在打坐入定了，没人理他。释迦牟尼这位老师，就自己下来帮他穿好针线，交给他手上，教他怎样缝。这个同学一听到声音，才知道是释迦牟尼。他说，老师怎么亲自来？释迦牟尼说，这是我应该做的。而且马上对所有的弟子们上了一课说，人应该做的，就是这种事，为什么不肯帮助残废的人、穷苦的人？”①

① 南怀瑾：《论语别裁》下册，第746～747页。

季氏第十六

16.1 季氏[1]将伐颛臾[2]。冉有、季路[3]见于孔子曰:“季氏将有事于颛臾。”

孔子曰:“求!无乃尔是过与[4]?夫颛臾,昔者先王[5]以为东蒙主[6],且在邦域之中[7]矣,是社稷[8]之臣也。何以伐为[9]?”

冉有曰:“夫子欲之[10],吾二臣者皆不欲也。”

孔子曰:“求!周任[11]有言曰:‘陈力就列,不能者止[12]。’危而不持[13],颠而不扶[14],则将焉用彼相矣[15]?且尔言过矣。虎兕出于柙[16],龟玉毁于椟中[17],是谁之过与?”

冉有曰:“今夫颛臾,固[18]而近于费[19]。今不取,后世必为子孙忧。”

孔子曰:“求!君子疾夫舍曰欲之而必为之辞[20]。丘也闻有国有家[21]者,不患贫而患不均,不患寡[22]而患不安。盖均无贫[23],和无寡[24],安无倾[25]。夫如是,故远人不服,则修文德[26]以来[27]之,既来之,则安之[28]。今由与求也,相[29]夫子,远人不服,而不能来也;邦分崩离析[30],而不能守也;而谋动干戈[31]于邦内。吾恐季孙之忧,不在颛臾,而在萧墙之内[32]也。”

【注释】

[1]季氏:即季孙氏,鲁国最有权势的贵族。这里指季康子,名肥。

[2]将伐颛臾(zhuān yú):将要攻打颛臾。伐,攻打、讨伐。颛臾,小国,是鲁国的属国,故城在今山东费县西北。

[3]冉有、季路:冉有,即子有。季路,即子路。冉有和季路当时都是季康子的家臣。

[4]无乃尔是过与:即“无乃是尔过与”的倒装。这恐怕是你的过失吧?无乃,这里有“恐怕是”的意思。尔,你。是,代词,指上述季氏将伐颛臾事。过,过失、过错。与,语气词,表疑问。

[5]先王:指周之先王。

[6]以为东蒙主:让颛臾主祭东蒙山神。东蒙,即蒙山,在今山东蒙阴南二十公里,西南接费县界。主,主祭人。

[7]在邦域之中:指在鲁国疆域里边。

[8]社稷:古代帝王、诸侯所祭的土地神和谷神,以后成了国家的代称。这里指鲁国。

[9]何以伐为:为什么要攻伐它呢?何以,为什么。为,语气词,相当于"呢"。

[10]夫子欲之:是季康子要这么干的。之,代指伐颛臾。夫子,古代对男子的尊称,此处指季康子。

[11]周任:古代的一位史官。

[12]陈力就列,不能者止:要量力任职,如不能胜任就辞职。陈,陈列、摆出来。陈力,这里有"量力"的意思。就,趋向、靠近。列,位次、职位。就列,走上岗位,即担任职务。

[13]危而不持:如果(盲人)站不稳而你不去扶持他。危,不稳,这里指站不稳。持,把持、搀扶。

[14]颠而不扶:摔跤了而你又不去搀起来。颠,倒、跌。扶,搀着。

[15]则将焉用彼相(xiàng)矣:那么还要助手做什么呢?相,扶助盲人的人为相,这里引申为"助手",指子路、冉有。

[16]虎兕(sì)出于柙(xiá):老虎、犀牛跑出笼子。兕,独角犀牛。柙,关猛兽的笼子。

[17]龟玉毁于椟(dú)中:龟壳和玉器毁在匣中。龟、玉都是宝物。龟,龟板、龟壳,用来占卜。玉,指玉瑞和玉器,玉瑞用来表示爵位,玉器用于祭祀。椟,匣子。

[18]固:指城郭坚固。

[19]费:季氏的私邑,即今山东费县。

[20]君子疾夫舍曰欲之而必为之辞:君子厌恶那种想这样做却撇开不谈,而一定要为此做些别的说辞的态度。疾,痛恨。夫,代词,那种。舍,撇开。舍曰,不说、撇开不谈。辞,说辞、托辞。

[21]有国有家:国,指诸侯统治的政治区域。家,卿大夫统治的政治区域。

[22]寡:指人口少。

[23]均无贫:财富分配公平合理,上下各得其分,就没有贫穷。

[24]和无寡:上下和睦,人民都愿归附,就没有人口少的现象。

[25]安无倾:国家安定,就没有倾覆的危险。倾,倾覆、颠覆。

[26]修文德:修治礼教和道德。文,文教,此处指礼教。

[27]来:使……来归附,招徕。

[28]既来之,则安之:他们既然来归附,就要让他们安心居住下来。安,使……安定。孔子在这里提出了以德服人的主张,并谴责了非正义战争。

[29]相:辅助。

[30]分崩离析:局面混乱,四分五裂。

[31]干戈:这里代指军事。干,盾牌。戈,古代一种用来刺杀的长柄兵器。

[32]萧墙之内:此指季氏自己内部。萧墙,国君宫门内当门的小墙,又叫"屏"。

【品读】

本章是《论语》中的一个长篇。孔子的政治倾向与主张通过师生对话跃然纸上。

季氏所要征伐的颛臾,原是周武王分封时所建的国家,风姓,据说是伏羲氏的后代，其奉命主持东蒙山的祭祀，此时已臣属鲁国。由于颛臾紧邻季氏的食邑费邑，季氏对其早有觊觎之心，此时试图将颛臾强行兼并。冉有、子路告知此事后，孔子根据历史传统和宗法精神，申明颛臾不该被伐的原因，并向他们讲授了为臣、为政之道。

冉求当时为季氏家宰，很受信任。此前，他曾率军击败齐军，此次征颛臾，恐怕又要为帅，所以孔子撇开子路，只问冉求，责备他为何要伐颛臾。冉求先是为自己开脱，说这是季氏的要求，他和子路并无此意。但孔子依然不肯放过他，继续追究道：求！周任曾言，量力任职，不胜则止。对于季氏，你危而不持，颠而不扶，要你辅臣何用？况且你所言也并不正确，虎兕出于笼，龟玉毁于匣，这又是谁之过？听到这儿，冉有不再说自己并无此意，而是直接站在了季氏的立场上，说：如今颛臾城池坚固，且紧邻费邑，今不取，后世必为子孙忧。见冉有如此态度，孔子更是不满，他滔滔不绝地讲道：求！君子厌恶那种想做而一定要寻找托辞的人。我听说：有国有家者，不患贫而患不均，不患寡而患不安。均平便无贫，和顺便民众，安定便无倾覆之虞。这样，远人不服，则修礼教以招徕；既来之，则安之。如今子由与冉求辅佐季氏，远人不服，而不能招徕；邦国分崩离析，而不能保全，反而策划在邦内大动干戈。我担心季氏之忧，不在颛臾，而在萧墙之内也。

孔子这里的“不患寡而患不均，不患贫而患不安”对中国古代政治产生了深远的影响，可以说已成为中国传统政治思想的一个重要特色。它植根于中国古代分散的小农经济的深厚土壤中，无论是上层统治者，还是下层农民百姓，都对它有着浓厚的认同感。自汉以来的改革家们往往要在“均”字上做文章，从董仲舒“复井田”的建议到王莽“复井田”的实践，从北朝隋唐的均田制到王安石的“方田均税法”，都蕴含着这一理念。而历代历朝的农民起义也往往拉起“均”的旗帜，黄巢的“天补均平”与钟相、杨幺的“等贵贱，均贫富”以及太平天国的《天朝田亩制度》都是其典型代表。实际上，在社会生活中也是如此。中国古代社会的家产继承即一直是均而又均的诸子均分制，也体现着“不患寡而患不均”的原则。对孔子的这一主张，李泽厚先生认为：“这在远古氏族社会以至农业社会或不无道理，但从后世儒生的‘复井田’主张到新时代的‘一大二公’的实践，各种从分配着眼的农业社会主义和平均主义均假此语以行，造成的却只是灾难。”①

16.2 孔子曰：“天下有道，则礼乐征伐自天子出[1]；天下无道，则礼乐

① 李泽厚：《论语今读》，第385页。

征伐自诸侯出。自诸侯出，盖[2]十世希[3]不失[4]矣；自大夫出，五世希不失矣；陪臣[5]执国命[6]，三世希不失矣。天下有道，则政不在大夫。天下有道，则庶人不议[7]。"

【注释】

[1]礼乐征伐自天子出：制作礼乐制度和出兵征伐都由天子决定。

[2]盖：大概。

[3]希：同"稀"，少有。

[4]不失：指君统能继续传下去。

[5]陪臣：卿、大夫的家臣。

[6]执国命：掌握国家政权。

[7]不议：指不议论朝政。

【品读】

本章孔子所言显然是观察古史发展所获得的结论。在孔子看来，天下是"有道"还是"无道"，与礼有莫大的关系。若不遵守礼制，诸侯、大夫、陪臣都将祚命不长。所以，上上下下都应该循礼而动，都应充分认识到礼乐对维护宗法等级制度的重大作用。

杨伯峻先生对此章作了具体解释："'自天子出'，孔子认为尧、舜、禹、汤以及西周都是如此的；'天下无道'则自齐桓公以后，周天子已无发号施令的力量了。齐自桓公称霸，历孝公、昭公、懿公、惠公、顷公、灵公、庄公、景公、悼公、简公十公，至简公而为陈恒所杀，孔子亲身见之；晋自文公称霸，历襄公、灵公、成公、景公、厉公、平公、昭公、顷公九公，六卿专权，也是孔子所亲见的。所以说，'十世希不失'。鲁自季友专政，历文子、武子、平子、桓子而为阳虎所执，更是孔子所亲见的。所以说'五世希不失'。至于鲁季氏家臣南蒯、公山弗扰、阳虎之流都当身而败，不曾到过三世。当时各国家臣有专政的，孔子言'三世希不失'，盖宽言之。这也是历史演变的必然，愈近变动时代，权力再分配的斗争，一定愈加激烈。"①总之，这些都是孔子视野中的政治现实。

孔子虽然十分向往"天下有道"的局面，但他清楚地知道他所处的正是一个典型的"天下无道"的时代。所谓"天下有道，则礼乐征伐自天子出；天下无道，则礼乐征伐自诸侯出"，只是他对迷失的传统社会的一种缅怀。事实上，在孔子时代，礼乐征伐已完全失之天子乃至诸侯。如以礼乐而论，不但不复出自天子，并且也不再出自诸侯或大夫，而是已出自诸子百家了。孔

① 杨伯峻：《论语译注》，第175页。

子本人不就是一位手秉礼乐对乱臣贼子们口诛笔伐的斗士吗？而这一权力的实施也正是对“礼乐征伐自天子出”的反动。

16.3 孔子曰：“禄[1]之去公室[2]五世[3]矣，政逮[4]于大夫四世[5]矣，故夫三桓[6]之子孙微[7]矣。”

【注释】

[1]禄：爵禄，这里指政权。

[2]公室：指春秋战国时诸侯的家族，也用以指诸侯国的政权。这里特指鲁国国君。

[3]五世：即五代。自鲁公室丧失政权到孔子说这段话时，经历了五代。

[4]逮(dài)：到、及。

[5]四世：宣公死后，季文子逐东门氏，执掌国政。自此至孔子说这段话时已经历文子、武子、平子、桓子四代。

[6]三桓：指鲁国的三家大夫孟孙氏、叔孙氏、季孙氏，他们都是鲁桓公的后代，故称“三桓”。在鲁定公前，三家一直掌握鲁国大权。

[7]微：衰微。鲁定公时，出现“陪臣执国命”的局面，三桓势力一度衰弱。

【品读】

此章可视为前章的补充或接续。上章曰，礼乐征伐若是“自大夫出，五世希不失矣；陪臣执国命，三世希不失矣”，孔子此处又验之于鲁国，得出了本章中的这些感慨。

公元前609年，鲁文公死后，大夫东门遂(襄仲)杀嫡长子而立宣公，控制了朝政。宣公死后，大夫季孙氏、叔孙氏、孟孙氏又控制了朝政，因此，至孔子讲此话时，正经历了宣、成、襄、昭、定共五代。所以，孔子感叹“禄之去公室五世矣”。

在季孙氏、叔孙氏、孟孙氏这“三桓”中，以季孙氏势力最强，是鲁国国政的实际执掌者。季孙氏自宣公死后，季文子秉政，历季武子、季平子、季桓子，至孔子讲此话时，正是四代，因此他说“政逮于大夫四世矣”。

在大夫之下，又出现了像南蒯、阳虎等家臣专季氏的现象，即所谓的“陪臣执国命”。季孙氏在季文子、季武子两代势力最盛，但至季平子时便出现了衰颓之象。其敌手主要不是来自外部，而是来自内部，进一步说，不是来自徒有虚名的“公室”，而是来自掌握实权的家臣。正如孔子所言：“吾恐季氏之忧，不在颛臾，而在萧墙之内也。”果然，在定公五年(前505年)，季平子一死，就发生了家臣阳虎之乱，季桓子被囚禁了三年之久。虽然后来阳虎之乱被平息，但季氏也相当衰微，盛世难再。因此孔子曰：“夫三桓之子孙微矣。”

但是，我们的孔夫子对于当时礼乐征伐不出于天子、“公室”削弱等等传统社会主流文化陷入困境的现象统统都归之为“天下无道”或几个“乱臣贼子”所致，他没有、也不可能觉察到，这是一次空前的社会内部机制大调整，是一种文化转型与嬗变，是大势所趋，是一种历史进步。这是他的悲剧所在。

16.4 孔子曰：“益者三友[1]，损者三友[2]。友直[3]，友谅[4]，友多闻[5]，益矣。友便辟[6]，友善柔[7]，友便佞[8]，损矣。”

【注释】

[1]益者三友：有益的朋友有三种。

[2]损者三友：有害的朋友有三种。

[3]友直：同正直的人交朋友。友，用作动词，与……交朋友。直，正直，此指正直的人。

[4]谅：指诚信的人。

[5]多闻：指见多识广的人。

[6]便(pián)辟：逢迎谄媚、玩弄手腕的人。

[7]善柔：善于矫揉造作、当面恭维的人。

[8]便佞：花言巧语、阿谀逢迎之人。

【品读】

孔子在此是讲君子的择友之道。孔子一直注重人际环境的影响，倡导择善而友。他曾说：“与善人居，如入兰芷之室，久而不闻其香，则与之化矣。与恶人居，如入鲍鱼之肆，久而不闻其臭，亦与之化矣。故曰丹之所藏者赤，乌之所藏者黑。君子慎所藏。”①这实际上讲明了“近朱者赤，近墨者黑”的道理。人不可无友，但交友一定要慎重。“友直，友谅，友多闻”，是有助益的朋友。正如朱熹所言：“友直则闻其过，友谅则进于诚，友多闻则进于明。”②对那些便辟、善柔、便佞之小人，我们要避而远之。

16.5 孔子曰：“益者三乐，损者三乐。乐节礼乐[1]，乐道人之善，乐多贤友，益矣。乐骄乐[2]，乐佚游[3]，乐宴乐，损矣。”

【注释】

[1]乐(lè)节礼乐(yuè)：以礼乐节制自己为乐。乐，以……为乐。

① (汉)刘向：《说苑·杂言》。

② (宋)朱熹：《论语集注·季氏》。

[2]乐(lè)骄乐(lè):以骄奢淫逸、犬马声色为乐。前一个"乐",用作动词,以……为乐;后一个"乐",为名词,指声色。

[3]佚(yì)游:游手好闲。佚,同"逸",安闲、放荡、放纵。游,游乐、悠闲。

【品读】

不同的人生观,不同的人生追求,不同的生活经历,不同的时代,对什么是快乐和追求快乐的方式都会有不同的理解和选择。以礼乐节制自己为乐,以论别人的长处为乐,以多交贤友为乐,在孔子看来,这都是有益的快乐。以骄傲为乐,以闲游为乐,以宴饮为乐,这是有害的快乐。孟子也提出过他的君子三乐,即:"父母俱存,兄弟无故,一乐也;仰不愧于天,俯不怍于人,二乐也;得天下英才而育之,三乐也。"①将两位圣人的"三乐"对读,我们可以感受到他们所洋溢着的天然之乐与理性之乐;也可以读出,同是圣哲,其人生志趣的大同小异。这对于今天我们的人生追求,都不无教益。

16.6 孔子曰:"侍于君子有三愆[1]:言未及之而言谓之躁,言及之而不言谓之隐,未见颜色而言谓之瞽[2]。"

【注释】

[1]愆(qiān):过失。

[2]瞽(gǔ):盲人。

【品读】

孔子告诫弟子侍奉君子所容易犯的三种错误:君子还没说到时而你却先说,这是急躁;君子说到了而你还不说,这是隐瞒;不看君子脸色而贸然说话,这是盲目。先秦时期,君子主要指两种人物:一是指当政者或贵族,一是指才德出众的人。后者亦即孔子所说的"文质彬彬"者。这些君子在孔子看来应是"躬自厚而薄责于人"、谦虚和乐、"泰而不骄"、宽以待人的道德高尚者,在他们面前不应如此小心翼翼。因此,本章应是孔子教育弟子在当政者或尊者面前的言语方式,所以他才讲"侍于君子"。这实际上是孔子的侍君之术、侍尊之术。看来,即便大哉如孔子,对处世之道也要缜细把握,不得有丝毫闪失。人际玄奥,真是高深莫测。

16.7 孔子曰:"君子有三戒:少之时,血气[1]未定,戒之在色;及其壮也,血气方刚,戒之在斗;及其老也,血气既衰,戒之在得[2]。"

---

① 《孟子·尽心上》。

【注释】

[1]血气：即感情、精力。

[2]得：贪得，指贪图利禄、名誉、地位等。

【品读】

孔子将人的一生分为少、壮、老三个阶段，又根据其生理特征归纳出应戒除的三种不同欲念。汉代刘安《淮南子·诠言训》推衍为："凡人之性，少则猖狂，壮则暴强，老则好利。"南朝梁人皇侃《论语义疏》作了很好的阐释，我们不妨录来一读："君子自戒事有三，故云有三戒也。一戒也少，谓三十以前也，尔时血气犹自薄少，不可过欲，过欲则为自损，故戒之也。二戒也壮，谓三十以上也。礼，三十壮而为室，故不复戒色也，但年齿已壮，血气方刚，性力雄猛者无所与让，好为斗争，故戒之也。三戒也老，谓年五十以上也。年五十始衰，无复斗争之势，而戒之在得也。得，贪得也。老人好贪，故戒之也。"

16.8　孔子曰："君子有三畏：畏天命，畏大人，畏圣人之言。小人不知天命而不畏也，狎[1]大人，侮圣人之言。"

【注释】

[1]狎（xiá）：轻侮、亲近而不庄重。

【品读】

孔子所言"君子三畏"有其特定的内涵，并非如一些注释家所言是畏惧天命、大人与圣人之言。

在孔子一生中，天命一直是其终极精神支柱。他曾说："不知命，无以为君子也。"①并声称自己是"五十而知天命"②。他在感叹"莫我知也夫"后，即宣称："不怨天，不尤人，下学而上达。知我者其天乎！"③他被困于匡时，也是宣称："天之未丧斯文也，匡人其如予何？"④这样，"畏天命"之"畏"就应当是在"知天命"基础上的依托或寄托。

"大人"可以训为当政者，但这儿"畏大人"中的"大人"则不是大人本人。其实，孔子畏的是"大人"所代表的国家神器、宗庙社稷，就如同他"见冕者

① 《论语·尧曰》。

② 《论语·为政》。

③ 《论语·宪问》。

④ 《论语·子罕》。

……虽亵,必以貌”“式负版者”①一样,畏的并不是“冕者”与“负版者”本人。而且,这儿的“畏”更多的是敬重,其次才是畏惧。然而,也正是孔子这个所谓的“畏大人”决定了他在推行自己政治理想进程中的无能与无奈,“大人”的意志成了他实现其愿望的心理障碍。

“圣人之言”指的是尧、舜、文王、周公所传典籍训诰。孔子一贯主张要“祖述尧舜,宪章文武”②,既然要“克己复礼”,倡兴文物典章,自然要依圣人之言而行。所以,这儿的“畏”又可解为“依从”。

16.9 孔子曰:“生而知之者,上也;学而知之者,次也;困而学之[1],又其次也;困而不学,民斯为下矣[2]。”

【注释】

[1]困而学之:遇到困难再去学习。

[2]民斯为下矣:这种人是最下等的了。斯,就、则。

【品读】

孔子打破了贫富贵贱界限,仅以天赋资质和学习态度将人划分为五等,这在当时来说是一个革命。需要注意的是,孔子所说的“生而知之者”,历来存有争议。其实这个说法只是一种设定,孔子从未将这顶桂冠送给任何人,包括尧、舜、文、武,而且孔子本人也明确表示:“我非生而知之者,好古,敏以求之者也。”③他在这儿强调的是学习的意义与作用,所以他对于“学而知之者”与“困而学之”者都是认可的,对于“困而不学”者则斥之为“斯为下矣”。

16.10 孔子曰:“君子有九思:视思明,听思聪,色思温,貌思恭,言思忠,事思敬,疑思问,忿思难,见得思义。”

【品读】

孔子认为,作为一个君子,在求知、修身过程中要经常考虑九个方面的问题:观察问题时要考虑是否看明白了;了解问题时要考虑是否听清楚了;待人接物时要考虑脸色是否温和;处事时要考虑态度是否恭敬;说话时要考虑是否诚实;做事时要考虑是否认真;有疑问时要考虑是否该问;生气时要考虑是否有后患;有利可图时要考虑是否合乎义。

---

① 《论语·乡党》。

② 《礼记·中庸》。

③ 《论语·述而》。

孔子所言君子“九思”，当本自《尚书》。《尚书·洪范》记箕子对武王言为政之道，其中有“五事”之说，即“一曰貌，二曰言，三曰视，四曰听，五曰思。貌曰恭，言曰从，视曰明，听曰聪，思曰睿”。孔子在此基础上加以损益，形成更加全面的修身九要，再加上前面的“君子三戒”“君子三畏”以及“侍于君子有三愆”“益有三乐”，等等，君子的规范可谓层层叠加，不胜其多。后来，更有“经礼三百，曲礼三千”之多。但在几千年的传承中，这些繁缛的君子之道反倒成了培养无数伪君子的温床，这是不是也正应了孔子本人的那句名言——“过犹不及”？

16.11 孔子曰：“见善如不及[1]，见不善如探汤[2]。吾见其人矣，吾闻其语矣[3]。隐居以求其志[4]，行义以达其道[5]。吾闻其语矣，未见其人也。”

【注释】

[1]见善如不及：看见嘉言善行就怕赶不上一样努力追求。不及，赶不上。

[2]见不善如探汤：遇见恶言败行就像手伸进沸水一样迅速避开。

[3]吾见其人矣，吾闻其语矣：我见过这样的人，也听过这样的话。

[4]隐居以求其志：隐居以求得保全自己的志向。

[5]行义以达其道：以实行礼义来贯彻实践自己的主张。

【品读】

孔子的人生哲学充满了对尽善尽美的追求。在孔子看来，向善去恶者，他曾见其人，也曾闻其语，这些人能做到“见善如不及，见不善如探汤”。此言实际上又是他在《里仁》中所说的“见贤思齐焉，见不贤而内自省也”的另一诠释。但孔子在这里所感伤的是那些能够“隐居以求其志，行义以达其道”者，仅仅“闻其语矣，未见其人也”。对此，朱熹解释说：“真知善恶而诚好恶之，颜、曾、闵、冉之徒，盖能之矣。……求其志，守其所达之道也；达其道，行其所求之志也。盖惟伊尹、太公之流，可以当之。当时若颜子，亦庶乎此。然隐而未见，又不幸而早死，故夫子云然。”①而清人刘宝楠则有另一番见解：“隐居求志，行义达道，若伊尹耕莘，而乐尧舜之道；及汤三聘而行其君臣之义，以达其所守之道者也。春秋之末，贤人多隐，故长沮、桀溺、接舆、丈人皆洁己自高，不复求其所志。夫子‘未见’之叹，正缘于此。”②比照孔子志趣，后说更合其本意。这儿的“隐居以求其志，行义以达其道”，可以看作是他积极

① （宋）朱熹：《论语集注·季氏》。

② （清）刘宝楠撰，高流水点校：《论语正义·季氏》。

入世的人生态度的写照，也可以作为他所说的“天下有道则见，无道则隐”①的诠释。自此以后的隐士们，大率以此相标榜，都在追求“隐居以求其志”的最佳效果，在他们那儿，隐居成了沽名钓誉的手段。若孔子再生，恐怕就不会有“未见”之叹了，而是要“小子鸣鼓而攻之，可也”②。

16.12　齐景公有马千驷[1]，死之日，民无德而称焉[2]。伯夷、叔齐饿于首阳[3]之下，民到于今称之。其斯之谓与[4]？

【注释】

[1]千驷（sì）：即四千匹马。驷，古代谓同驾一辆车的四匹马为一驷。

[2]民无德而称焉：百姓找不到他可称颂的德行。

[3]首阳：首阳山，在今山西省运城县南。

[4]其斯之谓与：此句与上文不衔接，可能有缺漏。意思为：大概说的就是这个意思吧？其，语气词，表示揣测，大概、也许。斯，这。

【品读】

齐景公为春秋时齐国国君，名杵臼，公元前547～前490年在位。他是齐庄公的异母弟。齐大夫崔杼杀死庄公后，立他为君。在位期间，他大肆搜刮，庶民的生产物资被剥夺去三分之二；他还垄断工商业，抽取重税；同时又实行残酷的刑罚，许多人被他处以刖足之刑。齐人对他敢怒不敢言。他死后，尽管有马千驷，富夸天下，但由于没有德行，故百姓找不出其可称颂之处。

而伯夷、叔齐则相反。伯夷、叔齐为商末孤竹君的两个儿子，父亲死后，二人互让君位而出逃。周灭商后，他们耻食周粟，隐居于首阳山，最后饿死。伯夷、叔齐互敬互让，又有气节，虽被饿死，但至今仍被人称颂。

清人李中孚在其《四书反身录》中感慨道：“景公、夷齐，一则泯没无闻，一则垂芳无穷，公道自在人心，三代所以直道而行也。噫！一时之浮荣易过，千载之影样难移，是故君子贵知所以自立。”

16.13　陈亢[1]问于伯鱼[2]曰：“子亦有异闻[3]乎？”

对曰：“未也。尝独立[4]，鲤趋而过庭[5]。曰：‘学诗乎？’对曰：‘未也。’‘不学诗，无以言。’鲤退而学诗。他日，又独立，鲤趋而过庭。曰：‘学礼乎？’

① 《论语·泰伯》。

② 《论语·先进》。

对曰：'未也。''不学礼，无以立。'鲤退而学礼。闻斯二者[6]。"

陈亢退而喜曰："问一得三，闻诗，闻礼，又闻君子之远[7]其子也。"

【注释】

[1]陈亢：名亢，字子禽，又字子亢，陈人。孔子的弟子。

[2]伯鱼：名鲤，字伯鱼。孔子的儿子。

[3]异闻：指特别的、与众不同的教诲。

[4]尝独立：父亲曾独自一人站在那里。

[5]鲤趋而过庭：我快步走过庭院。鲤，伯鱼的谦称。古人对长者、尊者或同辈人往往自称名，以示尊敬。趋，快步走。庭，庭院、院子。

[6]闻斯二者：只听到这两点。

[7]远：疏远，这里指不偏爱。

【品读】

本章内涵颇丰。首先，我们从中可以读出孔子教育内容的重心在诗与礼。如他所言："不学诗，无以言。""不学礼，无以立。"宋人邢昺《论语注疏》说："以古者会同皆赋诗见意，若不学之，何以为言也？"春秋时代，无论是祭祀、典礼、宴会，还是诸侯会盟、聘问，都离不开诗，仅《左传》上记载各国君臣赋诗就多达二百五十一次之多。所以，当时的士大夫如果不能言诗，则"其犹正墙面而立也与"，寸步难行，无法立足，没有前途可言。如《左传·昭公十二年》记载："宋华定（宋国大夫）来聘，通嗣君也。享之，为赋《蓼萧》①，弗知，又不答赋。昭子②曰：'必亡！宴语之不怀，宠光之不宣，令德之不知，同福之不受，将何以在？'"华定以不能言《诗》，当场出丑，被人奚落。可见孔子勉励弟子学诗的一片苦心。对礼的倡导是孔子的一贯精神，前面已多有述及，此不再述。

其次，我们从中可以读出孔子对伯鱼的过庭之训。孔子集父爱、师教于一身，他更关注的是伯鱼的学业与修养。所以，他独立于庭中，当伯鱼有些紧张地匆匆而过时，他只问其"学诗乎"，而不问其他；当伯鱼退而学诗后，他又问其"学礼乎"，使伯鱼退而学礼。此后，"过庭之训"便成为父辈教诲子孙的代名词，同时也成为一种特定的家教文化现象。

再者，我们从中还可以读出子禽的聪睿。他本以为孔子可能会在学业上偏爱伯鱼，所以问"子亦有异闻乎"，即问伯鱼是否在孔子那儿得到不同的教诲，亦即"开小灶"。伯鱼的回答使他得到了"问一得三"的收获，即"闻诗，闻礼，又闻君子之远其子也"。

---

① 《诗经·小雅》中的一章。

② 指鲁国大夫叔孙婼。

16.14 邦君[1]之妻，君称之曰夫人，夫人自称曰小童；邦人[2]称之曰君夫人，称诸异邦曰寡小君[3]；异邦人称之亦曰君夫人。

【注释】

[1]邦君：诸侯国的国君。

[2]邦人：国人。

[3]称诸异邦曰寡小君：臣子对别国人谦称其君夫人为寡小君。寡，寡德之人，诸侯王的谦称。

【品读】

孔子曰："名不正则言不顺。"《礼记·曲礼下》中有一段话可以与之对读："天子之妃曰后，诸侯曰夫人，大夫曰孺人，士曰妇人，庶人曰妻。……夫人自称于天子，曰老妇；自称于诸侯，曰寡小君；自称于其君，曰小童。"孔子在这里只讲到了邦君之妻的称谓，看来是有感于诸侯们在称谓上自以为是，不守礼法，而要正其名分，并非泛泛而言。

阳货第十七

17.1　阳货欲见孔子[1]，孔子不见，归[2]孔子豚[3]。

孔子时其亡[4]也，而往拜之。

遇诸涂[5]。

谓孔子曰："来！予与尔言。"曰[6]："怀其宝而迷其邦[7]，可谓仁乎？"曰："不可。""好从事而亟失时[8]，可谓知[9]乎？"曰："不可。""日月逝矣，岁不我与[10]。"

孔子曰："诺，吾将仕矣[11]。"

【注释】

[1]阳货欲见孔子：阳货想拜见孔子。阳货，名虎，季氏家臣。见，拜见。

[2]归：同"馈"，赠送。

[3]豚(tún)：小猪。这里指煮熟了的小猪。

[4]孔子时其亡：孔子趁其不在时。时，伺、窥探。亡，不在。按当时礼俗，大夫赐送东西给士，如未能在家中当面接受，士应该去大夫家登门拜谢。阳货便利用这一礼俗，趁孔子不在家送一小猪去，打算让孔子回拜他，借此能见得着孔子，以便劝他出仕。孔子不愿与阳货见面，所以也趁他不在家时去回拜他。

[5]涂：同"途"。

[6]曰：这里的"曰"和下文的两个"曰"都是阳货自问自答。

[7]怀其宝而迷其邦：怀宝，比喻怀藏着才能。迷，乱。这是说孔子有政见不拿出来而听任鲁国迷乱。

[8]好(hào)从事而亟(qì)失时：喜欢参与政事而又屡次错过时机。好从事，指喜欢从事于政治。亟，屡次。时，时机。

[9]知：同"智"。

[10]岁不我与：时间是不等人的。岁，时间、光阴。与，等待。

[11]诺，吾将仕矣：好吧，我打算出仕了。诺，答应之声，可译为"好吧"。仕，指从政做官。

【品读】

孔子与阳虎早就交过手了。鲁昭公十七年(前535年)，季孙氏大宴群士，孔子当时十六七岁，刚刚丧母，认为自己是武士叔梁纥之子，理应赴会，但不料被季氏家臣阳货所阻，并当众呵斥道："季士飨士，非敢飨子也。"[①]这无疑是对孔子的巨大侮慢，可势单力薄的孔子只能默默地忍受下来，在众目睽睽下退了回去。

事隔三十年，即鲁定公五年（前505年），鲁国实际执政者季平子死，身为家臣的阳虎制服了嗣立的季桓子，掌握了鲁国国政，孔子说他是"陪臣执国命"。当时，孔子的声望已高，阳货很想使其出仕来提高、巩固自己的地位。但多次的邀请和求见都被孔子借故谢绝。于是阳虎便利用当时的礼俗，迫使孔子与之相见。孔子碍于礼制和阳虎的威势，便趁阳虎不在家时回谢，谁知偏巧在路上相遇。于是便出现了本章中有趣的一幕。

从文中的两次"曰：'不可'"到"日月逝矣，时不我与"止，都是阳虎的自问自答。直至"孔子曰"以下五个字才是孔子之言。对此，康有为《论语注》引苏轼曰："道逢阳货呼与言，心知其非口唯诺。以逊辞免，盖待权奸之法也。"李贽说得更是淋漓："阳货都是有意，孔子一味无心。所谓山鬼之伎俩有限，而老僧之伎俩无穷也。孟子谓：'亦瞰其亡也而往拜之。'是说孟子话，孔子哪得如此？孔子如此，不独貌似阳虎矣。"[②]

孔子虽然以答应出仕敷衍了阳货，但他还是坚守了自己的信念，最终没有出仕。如《史记·孔子世家》所记："陪臣执国政，是以鲁自大夫以下皆僭离于正道。故孔子不仕，退而修诗书礼乐，弟子弥众，至自远方，莫不受业焉。"

但仅仅几年后，在定公九年（前501年）阳虎企图削三桓而失败，逃亡齐国。在此期间，孔子应鲁定公之召出仕为中都宰，一年后又由中都宰升为司空、大司徒。

17.2 子曰："性相近也，习相远也。"

【品读】

这里的所谓"性"，是指人的天赋、本性、禀性；"习"，指后天的环境影响、习染。这句话的意思是说，人的本性是相近的，而人在道德、知识等方面的差异或不同是后天的成长环境及教育、学习的结果。

在孔子的这段话语中，我们可以看到两点：一是充满了对人的信心。在这里，人的天赋、禀性只被当作一种材质、一种可能，关键在于后天的发展、

---

① 《史记·孔子世家》。

② （明）李贽：《四书评·论语》卷之九。

后天的努力。只要肯努力、肯用心，就有成功的可能。古人的"人皆可以为尧舜""途之人可以为禹"，直到当代毛泽东的"六亿神州尽舜尧"，说的就是这种信心。二是人性的平等性。孔子的"性相近"，强调了人性的天然性、平等性，超越了阶级。这与后儒将人性分为善、恶或性三品，如汉儒董仲舒分为圣人之性、斗筲之性、中民之性，唐韩愈分为上、中、下三品等，有很大区别。根据这种"性相近"理论，孔子认为，每个人的本质都是一样的，都可以通过后天的教育接受良好的影响，成为有知识、有道德的人。所以，承认和强调社会环境对人的本质的影响，"是孔子对先秦哲学和心理学的重大贡献"，"这对运用教育手段来改变人、提高人的道德、知识水平，对于教育可以缩小以至基本消除人类社会人与人之间在道德、知识水平上的差距，是具有重大意义的"。①

17.3 子曰："唯上知与下愚[1]不移[2]。"

【注释】

[1]上知与下愚：知，同"智"。上知，上等的聪明人。下愚，下等的愚笨之人。

[2]移：改变。

【品读】

孔子在这里是兼以其知识与品质而言的，即与前面所言"生而知之者，上也""困而不学，民斯为下矣"②相一致。前者，孔子否认自己是这一类；后者，盖为"粪土之墙"之流吧。除了这两种人，其他人都可以受教育或通过接受教育得到改变。

17.4 子之武城[1]，闻弦歌之声。夫子莞尔而笑[2]，曰："割鸡焉用牛刀[3]？"

子游[4]对曰："昔者偃也闻诸夫子曰[5]：'君子学道则爱人，小人学道则易使也。'"

子曰："二三子！偃之言是也。前言戏之耳。"

【注释】

[1]子之武城：孔子到了武城。之，到、往。武城，鲁国一小城，有学者认为在今山东省济宁市嘉祥县。

① 匡亚明：《孔子评传》，第281页。

② 《论语·季氏》。

[2]莞(wǎn)尔而笑:微微一笑。莞尔,微笑的样子。

[3]割鸡焉用牛刀:杀鸡何必用宰牛之刀呢?割鸡,即杀鸡。焉,哪能、怎么。

[4]子游:孔子的弟子。此时任武城长官。

[5]昔者偃也闻诸夫子曰:以前我曾听老师说过。偃,子游自称己名。也,句中语气词,表示语气的停顿。诸,相当于"之于"。

【品读】

子游是孔子的高足,明于习礼,以"文学"著称,与子夏同列文科,而且名列第一。他二十多岁时就担任了鲁国的武城宰,实践并贯彻了孔子关于礼乐教化的主张。孔子去武城时,听到满城弦歌之声,不由得莞尔一笑,说了句"割鸡焉用牛刀"。圣人的这句话,不但使子游不解,而且也使众多解释家颇费了一番脑筋。何晏《论语集解》引孔安国说:"言治小何须用大道……戏以治小而用大道也。"以此句形容子游小题大做。皇侃《论语义疏》引缪播说:"子游宰小邑,能令民得其所,弦歌以乐也。惜其不得千乘之国,如牛刀割鸡,不尽其才也。"这是说孔子以此借喻子游治武城是大材小用。而朱熹、李贽则认为此乃孔子戏言。朱子说:"治有大小,而其治之必用礼乐,则其为道一也。但众人多不能用,而子游独行之。故夫子骤闻而深喜之,因反其言以戏之。而子游以正对,故复是其言,而自实其戏也。"①李贽也说:"'割鸡焉用牛刀',乃是夫子喜极,故反言之。不料子游不解,认真起来。夫子只说他'是',自家反招一个'戏'语,何等圆活。真个是时中圣人。吾辈从此亦得待板人之法。"②

17.5 公山弗扰以费畔[1],召,子欲往。

子路不说[2],曰:"末之也已[3],何必公山氏之之也[4]?"

子曰:"夫召我者,而岂徒[5]哉?如有用我者,吾其为东周[6]乎!"

【注释】

[1]公山弗扰以费畔:公山弗扰,一名"公山不狃",字子泄,季氏家臣。公元前502年,他伙同阳货在费城反叛季氏。以,助词,和某些方位词或时间词等连用,表示方位、时间,可译为"在""于"。费,季氏的食邑,在今山东费县。畔,同"叛",叛乱。

[2]说:同"悦"。

[3]末之也已:没有去处就算了。末,没有(什么地方)。之,去、往。已,止、罢了。

[4]何必公山氏之之也:即"何必之公山氏也"的倒装。前一个"之"为助词,起着倒置

① (宋)朱熹:《论语集注·阳货》。

② (明)李贽:《四书评·论语》卷之九。

宾语“公山氏”于动词“之”之前的作用；第二个“之”字是动词，有“去”“到”“往”的意思。

[5]徒：徒然、白白地。

[6]为东周：即建设一个东方的周王朝。意思是要在东方的鲁国复兴周代的礼乐制度。

【品读】

对公山弗扰召孔子之事，历来有不少学者怀疑其真伪，如赵翼《陔余丛考》、崔述《洙泗考信录》均认为不可信，属伪托。陈天祥《四书辨疑》则认为《论语》中的公山弗扰与《左传》《史记》中的公山不狃不是一人，而是两人，而且《左传·定公十二年》所述公山不狃据费反叛鲁国之事，非但未让孔子去，而且孔子正做司寇，命人将其击败。今人钱穆由句读出发，也对不狃召孔子一事作了解释：“要之不狃可以召孔子，而孔子实未往。”并论证了不狃之召孔子实在“以费畔”之前（定公七八年间）；“以费畔”乃此后三四年事（定公十二年）。[①] 上述诸说都有一定道理，但又都未提出任何新的证据，其立意也都是为尊者讳。因此，我们还是要回到《论语》中，去领悟孔子的真实感受。

孔子曾坚定地宣布过他的出仕原则：“危邦不入，乱邦不居。天下有道则见，无道则隐。邦有道，贫且贱焉，耻也；邦无道，富且贵焉，耻也。”[②]但真正实践起来就不是那么轻松的事了。强烈的政治抱负与出仕原则不时地发生着矛盾和冲撞。所以，当公山弗扰以费叛并召孔子前往时，孔子一度动心。对此，司马迁曾这样写道：“孔子循道弥久，温温无所试，莫能己用，曰：‘盖周文、武起丰镐而王，今费虽小，傥庶几乎！’”[③]看来，孔子既然将费比之为丰镐，就未把公山弗扰视作乱臣贼子，他想在那儿复兴周礼，成就文武之业。这实在带有过于浓重的理想主义色彩。果然，孔子刚有这种想法，便遭到子路的强烈反对。当然，孔子最终也没有成行。

公山弗扰以费叛，史籍言之凿凿，但孔子为何又将费比作文王之丰镐呢？我们必须从公山弗扰与季孙氏的关系讲起。公山弗扰与阳虎都是季氏家臣，阳虎居鲁都曲阜，公山弗扰则是季氏封邑费邑之宰。据《史记·孔子世家》记载：“定公八年，公山不狃不得意于季氏，因阳虎为乱……定公九年，阳虎不胜，奔于齐。是时孔子年五十。公山不狃以费叛季氏，使人召孔子。”又据《左传·定公九年》载，阳虎至齐后，自称其叛季氏是为了“张公室”，亦即为了恢复鲁国国君的势力，所以《史记》中记其“叛季氏”。这应当是孔子为其所动的真实原因。

---

① 参见钱穆：《先秦诸子系年考辨》，上海书店1992年版，第16页。

② 《论语·泰伯》。

③ 《史记·孔子世家》。

17.6　子张问仁于孔子。孔子曰："能行五者于天下，为仁矣。"

"请问之。"曰："恭，宽，信，敏，惠。恭则不侮，宽则得众，信则人任焉，敏则有功，惠则足以使人。"

【品读】

在孔子的道德规范体系中，仁是根本，是核心，仁与其他道德规范有着极密切的关系，其他道德规范可以说是仁的具体体现。孔子在答子张问仁时，提出了五项道德规范"恭、宽、信、敏、惠"，认为"能行五者于天下，为仁矣"。五条都做到了，实践了"爱人"的信条，也就达到了仁。

李泽厚《论语今读》指出："从《论语》全书看，子张是最热衷于政治的门徒之一，于是孔子答复他以'仁'的外王方面，与回答颜回、曾参者颇不相同，因材施教也。"从孔子后半段的阐发来看，的确是立足于从政：恭则不致受侮，宽则赢得众人，信则有人任用，敏则可获成功，惠则足以用人。讲的都是外王的道理，当然，也都是仁的具体体现。

17.7　佛肸[1]召，子欲往。

子路曰："昔者由也闻诸夫子曰：'亲于其身为不善者，君子不入也[2]。'佛肸以中牟[3]畔，子之往也[4]，如之何[5]？"

子曰："然，有是言也。不曰[6]坚乎，磨而不磷[7]？不曰白乎，涅而不缁[8]？吾岂匏瓜[9]也哉？焉能系[10]而不食？"

【注释】

[1]佛肸(bì xī)：晋国大夫赵氏的家臣。

[2]亲于其身为不善者，君子不入也：亲自做坏事的人那里，君子不去。亲于其身，"亲自"的意思。于，以。

[3]中牟(mù)：晋国地名，约在今河北邢台和邯郸之间。

[4]子之往也：即"子往之也"的倒装，意即：你却要前往。

[5]如之何：即"如何之"。怎么可以呢？如何说得过去呢？

[6]不曰：不是说。

[7]磨而不磷(lìn)：磨也磨不薄。磷，薄、损伤。

[8]涅而不缁(zī)：染也染不黑。涅，可做黑色染料的一种矿石，这里用作动词，"染"的意思。缁，黑。

[9]匏(páo)瓜：葫芦的一种，味苦不能食用。

[10]系(jì)：结、扣。

【品读】

对于佛肸召孔子事,《史记·孔子世家》记载道:“佛肸为中牟宰。赵简子攻范、中行,伐中牟。佛肸叛,使人召孔子。孔子欲往。”关于佛肸的身份,裴骃《集解》引孔安国曰:“晋大夫赵简子之邑宰。”当时,晋国与鲁国的政治形势相似,公室卑微,“政在家门”,政权为赵、范、中行、郤、魏、韩等强卿所把持,他们之间相互争夺,兼并不断,尤其是赵简子(赵鞅)所代表的赵氏最为强大,咄咄逼人,《史记·赵世家》说他“实专君权,奉邑侔于诸侯”。公元前490年,赵简子攻打范氏,佛肸趁机据中牟以叛,并派人请孔子前往。这一情况颇类似于公山不狃之召孔子。当时孔子正客居卫国。卫灵公时已年迈,荒淫无道,怠于政事,孔子无法申其志,常常感慨不已。史载:“灵公老,怠于政,不用孔子。孔子喟然叹曰:‘苟有用我者,期月而已,三年有成。’”①现在佛肸来召,对于求仕不遇而焦虑不已的孔子来说,自然是难得的机遇,使其禁不住跃跃欲试。

不过,孔子的想法又遭到子路的反对。子路说:“我曾听夫子言:直接做不善之事的人那里,君子不往。佛肸以中牟叛,您却要前往,这怎么可以呢?”孔子十分诚恳地解释道:“的确,我是这样说过。不是说坚硬的东西磨也磨不薄吗?不是说洁白的东西染也染不黑吗?我难道是匏瓜吗?怎能系而不食呢?”

“吾岂匏瓜也哉?焉能系而不食?”有两解:汉王充解为:“自比以匏瓜者,言人当仕而食禄,我非匏瓜系而不食。”②今人杨伯峻等解释为:“我难道是匏瓜吗?哪里能够只是被悬挂着而不给人吃食呢?”③不论哪种解释,我们都能强烈地感受到孔子急切的求仕致志之心,也能清楚地看到孔子“贞而不谅”④的达者胸襟。

17.8 子曰:“由也,女闻六言六蔽[1]矣乎?”对曰:“未也。”

“居[2]!吾语女。好仁不好学,其蔽也愚;好知不好学,其蔽也荡;好信不好学,其蔽也贼[3];好直不好学,其蔽也绞[4];好勇不好学,其蔽也乱;好刚不好学,其蔽也狂。”

【注释】

[1]六言六蔽:六言,即六字,指仁、知(同“智”)、信、直、勇、刚六种品德。六蔽,六种

① 《史记·孔子世家》。
② (汉)王充:《论衡·问孔》。
③ 杨柏峻:《论语译注》,第184页。
④ 《论语·卫灵公》。

弊端。蔽，指弊病。

[2]居：坐。

[3]贼：害。此处指被人坑害、欺骗。

[4]绞：说话尖刻，不近情理。

【品读】

子路的一个重要不足就是不够好学。他自己甚至说："何必读书，然后为学？"①孔子在此又是对其因材施教，告诫子路：仁、智、信、直、勇、刚六者皆为美德，但若不加强学习，以明其理，就会各有弊端：仁德会有愚昧之弊，睿智会有放任之弊，信诚会有轻信之弊，坦率会有尖刻之弊，勇武会有致祸之弊，刚强会有狂妄之弊。

17.9 子曰："小子[1]何莫学夫诗[2]？诗，可以兴，可以观，可以群，可以怨；迩[3]之事父，远之事君；多识于鸟兽草木之名。"

【注释】

[1]小子：年轻人，此指弟子们。

[2]何莫学夫(fú)诗：为何不学诗呢？何莫，何不、为什么不。夫，语气词，用于句中，起到一种缓冲语气的作用。

[3]迩(ěr)：近。

【品读】

孔子在前面已强调"不学诗，无以言"，这里对诗的作用作了更系统的总结。正如朱熹《论语集注·阳货》所言："学诗之法，此章尽之。"在他看来，读诗不仅可以激发志气、启发想象，可以提高观察力，可以养成合群的性情，可以抒发哀怨；甚至还可以运用诗中道理近侍父母，远奉君主，可以从中多认识自然界中的一些鸟兽草木。这种诗学观对后世知识界影响颇大。李泽厚先生说："'兴、观、群、怨'一直成为中国传统文艺批评的大原则。其中'兴'是指艺术的联想感发。'怨'则为后世各种哀伤怨恨之情找到了表达发泄的理论依据。但'温柔敦厚'、'怨而不怒'的儒家理论又严重约束了'怨'的真正发展，仍然是'发乎情止乎礼义'的节制，而绝不可能朝酒神精神方向展开。中国文艺少狂欢、少浪漫、少激情，一以平和中正为指归，是优点也是缺点。"②

---

① 《论语·先进》。

② 李泽厚：《论语今读》，第407页。

17.10　子谓伯鱼[1]曰："女为《周南》、《召南》矣乎[2]？人而不为《周南》、《召南》，其犹正墙面而立[3]也与[4]！"

【注释】

[1]伯鱼：孔子的儿子。

[2]女为《周南》、《召南》矣乎：你学习《周南》和《召南》了吗？女，同"汝"，你、你们。为，动词，做、学习、研究。《周南》《召南》，《诗经·国风》中的开头两篇。周南和召南是两个地域名称，周南大体上位于汉水流域东部，召南位于汉水流域西部。《周南》和《召南》是采自这两地的民歌。儒家认为这两地的歌是合乎礼义的。

[3]正墙面而立：正面朝向墙壁站立。指无法向前行走。

[4]也与：复合语气词，相当于现代汉语中的"啊""吧"。

【品读】

孔子为什么教育伯鱼学习《周南》《召南》呢？刘宝楠《论语正义》解释道："二南之诗，用于乡人，用于邦国，当时乡学未废，故夫子令伯鱼习之。依其义说，以循行之，故称为也。窃又意二南皆言夫妇之道为王化之始，故君子反身必先修诸己，而后可刑于寡妻，至于兄弟，以御于家邦。时或伯鱼授室，故夫子特举二南以训之与。""伯鱼授室"即伯鱼刚刚娶妻。刘宝楠认为伯鱼新婚，二南之中多夫妇之诗，而夫妇之道又是王化之始，所以，孔子在此要伯鱼学习《周南》与《召南》。当是。

17.11　子曰："礼云礼云[1]，玉帛云乎哉[2]？乐云乐云，钟鼓云乎哉？"

【注释】

[1]礼云礼云：礼呀礼呀。云，句末语助词，无实义，相当于现代汉语的"呀""啊"。

[2]玉帛云乎哉：只是指玉帛之类的礼器吗？玉帛，指举行礼仪时使用的玉器、丝帛等礼器。云乎哉，复合语助词，相当于"如此而已吗"。

【品读】

礼只是指玉帛之类的礼器吗？乐只是指钟鼓之类的乐器吗？面对春秋时代礼崩乐坏、礼乐文化已成空洞形式的现实，孔子痛心疾首，感慨无限，指出：礼乐绝非人们所理解的礼节仪式、唱歌鼓乐之类表面形式的东西，它有更为深层的文化内涵。正如他在《八佾》篇中所云："为礼不敬，临丧不哀，吾何以观之哉？""人而不仁，如礼何！人而不仁，如乐何！"东汉经学家郑玄解释了此章的微言大义："言礼非但崇此玉帛而已，所贵者，乃贵其安上治民。"道出礼的真正作用是"安上"和"治民"，讲的仍是外王的道理。

17.12 子曰："色厉而内荏[1]，譬诸小人，其犹穿窬之盗[2]也与！"

【注释】

[1]色厉而内荏(rěn)：外表严厉而内心怯懦。色，颜色、脸色，这里指外表。厉，严厉、严肃。荏，怯懦、软弱。

[2]穿窬(yú)之盗：挖洞、爬墙的小偷。穿，穿洞。窬，同"逾"，越过、越墙。

【品读】

孔子在这儿是指斥那些身居高位的伪君子。皇侃《论语义疏》曰："言其譬如小人为偷盗之时也。小人为盗，或穿人屋壁，或逾人垣墙，当此之时，外形恒欲进为取物，而心恒畏人，常怀退走之路，是形进心退，内外相乘，如色外矜正而内心柔佞者也。"将那些伪君子们比作穿窬之盗，可谓入木三分，本章被李贽评曰："照妖镜。"①

17.13 子曰："乡原[1]，德之贼[2]也。"

【注释】

[1]乡原(yuàn)：原，同"愿"，忠厚。乡愿，乡里人多数认为他忠厚，等于说"好好先生"。

[2]德之贼：德的败坏者。

【品读】

"乡愿"为何被孔子直斥为"德之贼"呢？汉徐幹《中论·考伪》曰："乡愿亦无杀人之罪，而仲尼恶之，何也？以其乱德也。"朱熹亦云："乡愿，乡人之愿者也。盖其同流合污以媚于世，故在乡人之中独以愿称，夫子以其似德非德，而反乱乎德，故以为德之贼而深恶之。详见《孟子》末篇。"②

那么《孟子》是怎么说的呢？《孟子·尽心下》曰："孔子曰：'过我门而不入我室、我不憾焉者，其惟乡原乎！乡原，德之贼也。'曰：'何如斯可谓之乡原矣？'曰：'何以是嘐嘐也？言不顾行，行不顾言，则曰古之人，古之人行何为踽踽凉凉，生斯世也，为斯世也善，斯可矣。阉然媚于世也者，是乡原也？'万子曰：'一乡皆称原人焉，无所往而不为原人，孔子以为德之贼，何哉。'……曰：'非之无举也，刺之无刺也，同乎流俗，合乎污世，居之似忠信，行之似廉洁，众皆悦之，自以为是，而不可与入尧舜之道，故曰德之贼也。'"

---

① (明)李贽：《四书评·论语》卷之九。

② (宋)朱熹：《论语集注·阳货》。

17.14 子曰："道听而途说[1]，德之弃也[2]。"

【注释】

[1]道听而途说：路上听到传闻，随后就在路上传播出去。指没有根据的传闻。后为成语"道听途说"。

[2]德之弃也：是对道德的背弃。

【品读】

《战国策》曾给我们讲述了两则道听途说之事。一则是《魏策二》所记"三人成虎"事："庞葱与太子质于邯郸，谓魏王曰：'今一人言市有虎，王信之乎？'王曰：'否。''二人言市有虎，王信之乎？'王曰：'寡人疑之矣。''三人言市有虎，王信之乎？'王曰：'寡人信之矣。'庞葱曰：'夫市之无虎明矣，然而三人言而成虎。今邯郸去大梁也远于市，而议臣过于三人矣。愿王察之矣。'"

另一则是《秦策二》所记"曾参杀人"事："昔者曾子处费，费人有与曾子同名族者而杀人。人告曾子母曰：'曾参杀人。'曾子之母曰：'吾子不杀人。'织自若。有顷焉，人又曰：'曾参杀人。'母尚织自若也。顷之，一人又告之曰：'曾参杀人。'其母惧，投杼逾墙而走。夫以曾参之贤，与母之信也，而三人疑之，则慈母不能信也。"

所以，康有为《论语注》怒斥这种道听途说者："若东涂西抹，但以哗众，则虽有所闻，亦非已有。在才为弃才，在德为弃德也。"李泽厚先生也针对今日现实中人指责道："所谓'对道德的扔弃'，谓无责任感也。今日道听西学之皮毛而大倡途说于国内，以各种'后'或'主义'相标榜者不亦多乎？"①

17.15 子曰："鄙夫可与事君也与哉[1]？其未得之也[2]，患得之[3]。既得之，患失之。苟患失之，无所不至矣[4]。"

【注释】

[1]鄙夫可与事君也与哉：怎么能与鄙夫一起为君主做事呢？鄙夫，这里指鄙陋浅薄、品德恶劣的人。

[2]其未得之也：他没得到职位时。其，他，代指鄙夫。

[3]患得之：应为"患不得之"，"不"字在古人抄写时被脱漏。汉以前的《论语》有"不"字。

[4]苟患失之，无所不至矣：假若担心失去职位，就会无所不为。苟，假若、如果。

① 李泽厚：《论语今读》，第410页。

【品读】

本章孔子所言是“患得患失”一词的来源，道出了鄙夫小人事君的特性。若将孔子所言不患得不患失的君子特性与之相对读，可以更准确地理解本章内涵。

《荀子·子道》记道：“子路问于孔子曰：‘君子亦有忧乎？’孔子曰：‘君子其未得也，则乐其意；既而得之，又乐其治。是以有终身之乐，无一日之忧。小人者，其未得也，则忧不得；既已得之，又恐失之。是以有终身之忧，无一日之乐也。’”不过，本章的关键在最末一句“苟患失之，无所不至矣”，今日之“患得患失”已无此意。对此句，朱熹解道：“小则吮痈舐痔，大则弑父与君，皆生于患失而已。胡氏曰：‘许昌靳裁之有言曰：士之品大概有三：志于道德者，功名不足以累其心；志于功名者，富贵不足以累其心；志于富贵而已者，则亦无所不至矣。’志于富贵，即孔子所谓鄙夫也。”这样，“无所不至”亦即无所不用其极，无任何自尊与志节可言，自然是鄙夫与小人。

17.16 子曰：“古者民有三疾[1]，今也或是之亡也[2]。古之狂也肆[3]，今之狂也荡[4]；古之矜[5]也廉[6]，今之矜也忿戾[7]；古之愚也直，今之愚也诈而已矣。”

【注释】

[1]疾：毛病、缺陷。

[2]今也或是之亡也：现在或许没有那个样子的毛病了。亡，同“无”。

[3]古之狂也肆：古时狂妄的人只是放肆一点。狂，狂妄，此指狂妄者。以下几句中的“矜”“愚”同此，分别指“矜者”“愚者”。肆，放肆。

[4]荡：放荡、放纵。

[5]矜：骄傲自满，此指傲慢者。

[6]廉：棱角、锋利。这里是指人的行为等不可触犯。

[7]忿戾（fèn lì）：愤怒、不讲理、凶恶蛮横。

【品读】

孔子在这里感叹世风日下。他说：古时百姓有三疾，如今或许已没有了。古时狂妄者只是有些放肆，今日狂妄者却是放荡不羁；古时傲慢者只是有些不可触犯，今日傲慢者却是凶恶蛮横；古时愚笨者还有些直率，今日愚笨者却一味欺诈。类似的今不如昔的感叹，我们在孔子那里常常听到。古今文化心理——人们的情感、意志、习惯、道德风尚——反差如此之大，使孔子焦虑不安，但又无可奈何。

实际上，自孔子时代之后，打开“二十四史”的每一章节，我们都能感受到今不如昔、世风陵替的感伤，直到近代社会仍是如此。鲁迅先生笔下的"九斤老太"便是一位民间感伤者。对于这种感伤，我们往往嗤之以鼻，斥之为泥古不化，很少去探讨这些感伤的内在情愫，更没有意识到这是对回归我们人类远古精神家园的一种渴望。

17.17 子曰："巧言令色，鲜矣仁[1]。"

【注释】

[1]此条重出，见《学而》篇。

17.18 子曰："恶紫之夺朱[1]也，恶郑声之乱雅乐[2]也，恶利口之覆邦家者[3]。"

【注释】

[1]恶(wù)紫之夺朱：我厌恶用紫色取代朱色。恶，厌恶。紫，用红、蓝二色混合而成的颜色。夺，强取、取代。朱，大红色，古代称之为"正色"。

[2]郑声之乱雅乐：郑声，即郑国的民间音乐。雅乐，周代用于郊庙朝会的正统音乐。郑声与雅乐音调不同。孔子在《卫灵公》篇里有"郑声淫"之语。

[3]利口之覆邦家者：以花言巧语颠覆国家的人。利口，巧嘴利舌，指花言巧语、能言善辩。邦家，指国家。

【品读】

《孟子·尽心下》记有一段孔子类似的谈话，其中讲到："恶似而非者：恶莠，恐其乱苗也；恶佞，恐其乱义也；恶利口，恐其乱信也；恶郑声，恐其乱乐也；恶紫，恐其乱朱也；恶乡原，恐其乱德也。"看来，"恶紫之夺朱"的关键在于"恐其乱朱也"。周代尚赤，以红色为正色，《周易乾凿度》曰："朱赤者，盛色也。"但至春秋时代，紫色渐在贵族中流行，至春秋末甚至成了国君的装饰。孔子反对以紫色代替朱红色，就是要维护周代制度。后来人们往往以"夺朱"代指以邪乱正现象。

同样，孔子之"恶郑声"也在于"郑声淫"，"恐其乱乐也"。其实，淫与不淫是从声上讲的，是把郑声与称之为"雅乐"的《韶》《武》等乐相对而言的。据匡亚明先生论证，淫，并不是指淫乱、淫奔，而"是从古乐与新乐的对比上讲的。……后人一般都把周之音乐称为雅乐。而郑卫之音则是一些通俗音乐，有广泛的群众性，这些音乐自然是不合雅乐的，一直受到雅乐的排斥而流行于民间。春秋后期，礼崩乐坏，郑卫之音蓬勃而起，并逐渐形成一股'新乐'的洪流,冲击荡涤着雅乐"①。《礼记·乐记》中记魏文侯对子夏曰:"吾端冕而听古乐,则唯恐卧;听郑卫之音,则不知倦。敢问古乐之如彼,何也?新乐之如此,何也?"子夏答曰:"今夫古乐……修身及家,平均天下,此古乐之发也。今夫新乐……奸声以滥,溺而不止……不以道古,此新乐之发也。"孔子最推崇《韶》乐,认为它"尽美矣,又尽善也"②,曾在齐闻《韶》乐,"三月不知肉味"③,所以,他对于"郑声之乱雅乐"现象十分厌恶。

"恶利口之覆邦家",是孔子到此为止对巧言利口者最严重的斥责。在此之前,孔子曾讲过"巧言令色,鲜矣仁"④,还讲过"巧言乱德"⑤。利口之所以会覆邦家,就是因为巧言利口会乱德乱信,混淆是非。如朱熹所言:"利口之入,以是为非,以非为是,以贤为不肖,以不肖为贤。人君苟悦而信之,则国家覆也不难矣。"⑥

17.19 子曰:"予欲无言[1]。"子贡曰:"子如不言,则小子[2]何述焉?"子曰:"天何言哉?四时行焉,百物生焉,天何言哉?"

【注释】

[1]予欲无言:我想不实行言教了。言,此处说的是言教。孔子用这句话表明他主张身教重于言教,启发学生在他的一举一动中学习、思考,在苍天大地的潜移默化中去体味人生的真谛。

[2]小子:子弟、晚辈,或子弟、晚辈的自称词。此为后一种意思。

【品读】

对于本章,注家颇多歧义。其根源在于诸家都想穷究孔子之"欲无言"的真实境界,这大可不必,也有违孔子本意。本章也属于只可意会不可言传之作,是孔子向弟子们打的禅谜,其内中因缘要由弟子们参悟。

另外,本章又属于孔子言语中难得的涉及天地自然的几则文字之一,可以与"子在川上曰:'逝者如斯夫,不舍昼夜'"对读。对此,李泽厚"记"曰:"重要的是,此章似可再次说明,中国之'太初有为'或'太初有道'(行走),不同于上帝说要有光就有光的'太初有字(言)'。正因为超越语言,万物及人并非被创造者,于是才可能天人同体,人事与天道才同一:它们同质('气')

① 匡亚明:《孔子评传》,第335页。
② 《论语·八佾》。
③ 《论语·述而》。
④ 《论语·学而》。
⑤ 《论语·卫灵公》。
⑥ (宋)朱熹:《论语集注·阳货》。

同德('生生不已'),不过异形而已。我之强调'天行健'与'人性善'乃同一渊源而相承续,从而情感('诚')乃最高境地。'天'非道德命令,'天'只是运行不息、生生不已之生命本身,由此'为'此'道'而有此'情'此'境'。""由天行运转,中国并无人生寂灭感或原始罪恶感,而多人生无常感,因之而重感伤、感叹和感慨,不希冀来世或超绝,而追求永恒于七情之正(人世情感)、天人之乐(天人交际之神秘经验)以及子孙世代绵延之不朽中。总之,'天行健',继之者善也,即人性。此种乐感意识来自假设,无超越的外力支持,所以更为悲苦,是以才有忧患意识、敬德修业、战战兢兢、内省不已,此即'依自不依他'(章太炎),与神人二分之基督教原罪传统不相同。"①

17.20　孺悲[1]欲见孔子,孔子辞以疾[2]。将命者[3]出户[4],取瑟[5]而歌,使之闻之。

【注释】

[1]孺悲:鲁国人。鲁哀公曾派他向孔子学习士丧礼。

[2]辞以疾:即"以疾辞",以生病为由推辞不见。

[3]将命者:传话的人。将,传达、传。

[4]户:门。古代门一扇称为户,两扇为门,这里泛指门。

[5]瑟(sè):弦乐器。通常是二十五弦,每弦有柱,柱可移动以定音。

【品读】

孺悲为鲁哀公的亲信。据《礼记・杂记下》载:"恤由之丧,哀公使孺悲之孔子学士丧礼。《士丧礼》于是乎书。"可见孺悲见孔子不止一次。但是,此次孺悲欲见孔子,孔子却推辞有病不见,又鼓瑟而歌,故意让孺悲知道他并非有病。孔子为什么这样做,其确切原因已无法查考。有的学者认为,按当时礼节,年轻人初见尊长一定要有人介绍,孺悲初见孔子没有介绍人,所以孔子故意不理他。有的学者引《孟子・告子下》的一段话"教亦多术矣,予不屑之教诲也者,是亦教诲之而已矣",认为这是一种特殊的教育方式。两说均不妥。孔子一贯强调"有教无类""诲人不倦",不会因一些小节而将其如此拒之门外。当如朱熹云:"当是时必有以得罪者,故辞以疾,而又使知其非疾,以警教之也。"不过,这一警教也实在过于严苛,就连李贽也不无怜悯地评曰:"这叫做圣人不会作病,孺悲回去,定要真病。"②

① 李泽厚:《论语今读》,第413页。

② (明)李贽:《四书评・论语》卷之九。

17.21 宰我[1]问："三年之丧，期已久矣[2]。君子三年不为礼，礼必坏；三年不为乐，乐必崩[3]。旧谷既没，新谷既升[4]，钻燧改火[5]，期[6]可已矣。"

子曰："食夫稻，衣夫锦[7]，于女安乎？"

曰："安。"

"女安，则为之！夫君子之居丧，食旨不甘[8]，闻乐不乐，居处[9]不安，故不为也。今女安，则为之！"

宰我出。子曰："予[10]之不仁也！子生三年，然后免于父母之怀[11]。夫三年之丧，天下之通丧[12]也。予也有三年之爱于其父母乎？"

【注释】

[1]宰我：孔子弟子。以利口善辩著称。

[2]期已久矣：期限太长了，时间太久了。期，规定的时日、期限。已，副词，甚、太。

[3]崩：败坏、毁坏。

[4]旧谷既没（mò），新谷既升：陈谷已经吃完，新谷已经上场。既，副词，已经。没，完了、尽了。升，登，这里指新谷上场。

[5]钻燧（suì）改火：钻火用的木头一年轮换了一遍。燧，古代取火的器具，即燧石，又称"火石"。古代用的是钻木取火的办法，被钻的木头，四季不同，春天用榆柳木，夏天用枣杏木，秋天用柞楢木，冬天用槐檀木。

[6]期（jī）：周（年、月），这里指一周年。

[7]食夫稻，衣夫锦：（父母死了不到三年）便吃着那白米饭，穿着那锦缎衣。

[8]食旨不甘：吃美味食物不觉香甜。旨，味美，这里指味美的食物。甘，味道好、香甜。

[9]居处：古代守丧须住在临时搭成的草房或草棚里。这里指平时住的房子。

[10]予：这个"予"与末句的"予"都指"宰予"。

[11]免于父母之怀：离开父母的怀抱。免，避开。

[12]通丧：通行的丧礼。

【品读】

宰予是孔门弟子中颇有特色的一位人物。《孟子·公孙丑上》说"宰我、子贡善为说辞"，并把宰我放在能言善辩的子贡之前。他曾因"昼寝"被孔子骂得抬不起头，说他是"粪土之墙不可圬""朽木不可雕"的人物。① 孔子还曾说："吾以言取人失之宰予。"今天他又问难质疑，公然反对"三年之丧"，建议改为周年，被孔子斥骂为不孝不仁。难怪李贽这么评论："宰我固不成话，老孔亦狠。著著都是杀著，宰我当日如何当得起？"又说："宰我可杀处，不在起

① 《论语·公冶长》。

初来‘问’，而在‘曰安’处。”[①]李贽看得很准。宰予问：三年之丧，时间太久。君子三年不习礼，礼必坏；三年不习乐，乐必崩。旧谷已尽，新谷上场；钻燧取火的各种木料也轮换了一遍，所以说服丧一年也可已矣。听到此处，孔子并未动怒，只是反问道：食米穿锦，你可安心？宰我坦然地说：安心！此时，孔子已十分不快，斥责道：你若心安，可以如此去做！君子服丧，食美食不以为美，听音乐不以为乐，居家也不以为安，所以不会那样做。如今你能心安，可以去做！宰我出去后，孔子仍然怒气未消，对其他弟子道：宰予不仁啊！儿女生下三年方能离开父母之怀。三年之丧，乃天下通丧，宰予难道未从父母那儿得到三年之爱吗？

宰予之言其实反映了当时的社会现实。在春秋时代“礼崩乐坏”的大潮中，三年守丧之礼也受到极大冲击，已很少有人坚持。所以，《论语·宪问》中只说“古之人皆然”。本章中，孔子以“子生三年，然后免于父母之怀”的角度，从报父母养育之恩出发，坚持行三年之丧，以扭转这种“礼崩乐坏”的混乱局面，但收效不大。

至汉代，居丧制度出现了礼、法合一的倾向。汉文帝时曾诏易丧期为三十六天，儒家服丧三年的主张被彻底修正。到了西汉后期，随着儒家地位的提高，又开始提倡三年之丧。至东汉时期，三年之丧在社会上已蔚然成风。尤其在元初中，邓太后下诏“长吏以下，不得亲行服者，不得典城选举”[②]，并将这一诏令列入《汉律》。从此，行三年丧便成为选举仕进的一种资格。久而久之，儒家的三年之丧制度终于又成为“天下之通丧”，一直沿袭到明清而不改。当然，实际操作起来也并非一概如此，许多王朝规定政府官员丁忧守期一年，可在任，亦可离职；对一些重要官员甚至令其持服，不得离任。所以这些不能守丧三年而被起用者被称为“夺情”。

李泽厚先生对孔子的这一主张给予很高的评价，认为“这是全书最关键一章”，指出：“孔子的贡献在于将外在礼制(规范)变为内在心理(情感)，此核心情感却非宗教性的‘畏’、‘敬’、‘庄’等等，而是以亲子关系为核心的‘孝—慈’。汉代将此思想制度化甚至法律化，便逐渐积淀而成深层文化心理结构。儒法互用和儒道互补却总以儒为主，即因以‘孝慈’为核心的情感心理始终为主之故。它得到了农业家庭小生产的社会根基的长久支持。”[③]

---

① (明)李贽：《四书评·论语》卷之九。

② 《后汉书·刘恺传》。

③ 李泽厚：《论语今读》，第415页。

17.22　子曰："饱食终日，无所用心[1]，难矣哉！不有博弈[2]者乎？为之，犹贤乎已[3]。"

【注释】

[1]无所用心：对什么事情都不动脑筋、不关心。

[2]博弈(yì)：这里泛指下棋。博，六博，古代一种赌输赢的、与棋相仿的游戏，要先掷采(即骰子)，而后行棋。弈，即围棋。

[3]犹贤乎已：也比无所事事强。犹，还、也。贤，胜过、甚于。已，止，指什么也不干。

【品读】

有这么两种人，孔子认为"难矣哉"——难有成就，当然也难教诲。一种是在《论语·卫灵公》中所言"群居终日，言不及义，好行小慧"的人；一种则是本章所言"饱食终日，无所用心"的人。程树德《论语集释》引《焦氏笔乘》，说，前者"难矣哉"是"用其心于不善"，后者"难矣哉"是"置心于无用"，两者真是"同归于难"矣。

诚然，终日闲聚无聊，不谈正事，却喜欢玩弄小聪明，说三道四，道听途说，当然是害人害己，无益于社会；而饱食终日，无所事事，无所用心，同样是社会的赘瘤，是人间寄生虫。还不如闲来对弈，远胜于无所事事。

17.23　子路曰："君子尚[1]勇乎？"子曰："君子义以为上[2]。君子有勇而无义为乱，小人有勇而无义为盗。"

【注释】

[1]尚：推崇、尊重、崇尚。

[2]义以为上：即"以义为上"，以义为高尚。上，通"尚"，崇尚、高尚。

【品读】

有不少注家认为，此章是子路初见孔子时的问答，当是。《史记·仲尼弟子列传》对子路初见孔子记道："子路性鄙，好勇力，志伉直，冠雄鸡，佩豭豚，陵暴孔子。孔子设礼稍诱子路，子路后儒服委质，因门人请为弟子。"《孔子家语·子路初见》也载："子路见孔子，子曰：'汝何好乐？'对曰：'好长剑！'孔子曰：'吾非此之问也，徒谓以子之所能，而加之以学问，岂可及乎？'"从这些记载来看，本章对话的确发生在子路初见孔子之时。

孔子认为，勇是一种美德，但如果是无义之勇，那便不是美德，而是恶德了。即便是君子，也会恃勇作乱；而小人则更会铤而走险，为非作歹，沦为盗贼。子路是一位尚勇之人，孔子借子路之问来教育他用义来统率勇，来节制勇。子路也果然未负孔子之教诲，实现了义与勇的统一。

17.24　子贡曰："君子亦有恶[1]乎？"子曰："有恶：恶称[2]人之恶[3]者，恶居下流[4]而讪[5]上者，恶勇而无礼者，恶果敢而窒[6]者。"曰："赐也亦有恶乎？""恶徼[7]以为知者，恶不孙[8]以为勇者，恶讦[9]以为直者。"

【注释】

[1]恶(wù)：厌恶、憎恨。

[2]称：声言、声称，这里为张扬、宣扬。

[3]恶(è)：坏处、不好。

[4]居下流：居于低层或地位低微的人。据晚唐以前的《论语》版本无"流"字，则应为衍文。

[5]讪(shān)：诽谤、诋毁。

[6]窒(zhì)：阻塞、不通。这里引喻为顽固不化、不通事理的人。

[7]徼(jiāo)：抄袭。

[8]孙(xùn)：通"逊"，恭顺、谦逊。

[9]讦(jié)：攻击或揭发别人的短处。

【品读】

孔子在《里仁》中已明确指出："唯仁者能爱人，能恶人。"师生二人在这里又一唱一和，列出七种可憎之人：一是喜欢张扬别人坏事的人；二是居下列而诽谤上位的人；三是勇敢而无礼的人；四是果敢而不通事理的人；五是抄袭他人东西来冒称聪明的人；六是把毫不谦逊当做勇敢的人；七是把揭人之短当作直率的人。

"君子亦有恶"，充分说明"仁者爱人"并不是无原则的爱，说明仁中包含着"爱"与"恶"这对相反的情愫。"能爱人，能恶人"，才是孔圣人的真正面目。

17.25　子曰："唯女子与小人为难养[1]也，近之则不孙[2]，远之则怨。"

【注释】

[1]养：生养、教育，这里指共处。

[2]不孙(xùn)：无礼、不恭顺、不谦逊。孙，同"逊"。

【品读】

李泽厚先生对此章解释道："这章最为现代妇女所诟病。好些人写文章来批评，好些人写文章来辩说，其实都不必要。相反，我认为这句话相当准确地描述了妇女性格的某些特征。对她们亲密，她们有时就过分随便，任意笑骂打闹。而稍一疏远，便埋怨不已。这种心理性格特征本身并无所谓好坏，只是由性别差异产生的不同而已；应说它是心理学的某种事实，并不必含褒贬含义。"①

"五四"以来，学界总是把中国妇女受压迫、受歧视的渊薮归之于孔子，其实真是冤哉！在孔子时代乃至以后的秦汉隋唐，除传统社会本身导致的妇女地位低于男子的总趋势外，孔学即早期儒学对妇女并无过多的制约与压抑，实际生活中妇女的地位相对而言并不太低。如妇女可以参加各种社会活动，尤其是节庆娱乐活动；可以自由出入市场、经商；更要从事田间农作、采桑，甚至有时还要从事临时的徭役、运输、守备、追捕盗贼等。所谓"男女亟聚会"②、"裨贩夫妇""肆人之男女"③、"丁女转输"④、"女子乘亭鄣"⑤、"部落鼓鸣，男女遮迣"⑥等，这类记载不绝于史。在婚姻关系上，无论是婚姻的结合还是解除，都比较自由平等，离婚改嫁、夫死再嫁都比较随意，并被认为是理所当然之事。其事例在汉代举不胜举。如东汉末文学家蔡文姬先适河东卫仲道，后侍于南匈奴左贤王，最后嫁于董祀为妻。其屡次改嫁，非但没有遭到时人非议，反而传为佳话，被载入《后汉书·列女传》。东汉光武帝的姐姐湖阳公主新寡，光武帝积极地帮她再嫁；西汉丞相陈平妻也曾是"五嫁而夫辄死"⑦的寡妇。

真正使中国妇女陷于"三从四德"、以夫为天这种境遇的是宋明理学，而这些与先秦的孔子并无直接关联。

17.26　子曰："年四十而见恶[1]者，其终[2]也已[3]。"

【注释】

[1]见恶（wù）：被人厌恶。见，被。恶，讨厌、厌恶。

[2]终：终生、一辈子。

[3]已：止、完了。

---

① 李泽厚：《论语今读》，第418页。

② 《汉书·地理志下》。

③ （汉）张衡：《西京赋》。

④ 《史记·平津侯主父列传》。

⑤ 《汉书·贾捐之传》。

⑥ 《汉书·鲍宣传》。

⑦ 《史记·陈丞相世家》。

【品读】

孔子曰："四十而不惑。"人到四十，道德、学问都应有所成就，各方面也都应趋于成熟，但若此时还见恶于人，无善德、善行可称，其后半生也就不过如此了。

微子第十八

18.1　微子去之[1]，箕子为之奴[2]，比干谏而死[3]。孔子曰："殷有三仁焉。"

【注释】

[1]微子去之：微子，名启（一作"开"），殷纣王的庶兄。封于微（今山东梁山西北）。因见商代将亡，数谏纣王，王不听，遂出走。周灭商后，封他于宋。去，离开。之，代词，他，指纣王。

[2]箕子为之奴：箕子，名胥馀，纣王的叔叔，官太师。封于箕（今山西太谷东北）。他曾劝谏纣王，纣王不听，把他囚禁，并降为奴隶。周武王灭商后将其释放。

[3]比干谏而死：比干，纣王的叔叔，相传因屡次劝谏纣王，被剖心而死。

【品读】

在商王朝国君纣（一作"受"，亦称帝辛）统治时期，他对外诉诸武力，征战不已，降服了东夷等部落，损耗了大量的人力、物力；对内重征赋税，统治暴虐；纣本人又不理政事，听信奸佞，沉湎酒色。其叔箕子、比干及兄微子等不忍见纣王的暴淫无道及国家社稷的危亡，挺身而出，屡屡劝谏，结果都惨遭迫害。微子、箕子、比干三位都是殷朝的忠臣，孔子称之为"三仁"。对此，何晏《论语集解》曰："仁者爱人。三人行异而同称仁，以其俱在安乱治民。"①

18.2　柳下惠为士师[1]，三黜[2]。人曰："子未可以去乎[3]？"曰："直道而事人[4]，焉往[5]而不三黜？枉[6]道而事人，何必去父母之邦[7]？"

【注释】

[1]柳下惠为士师：柳下惠做执掌刑狱的士师。柳下惠，春秋时鲁国大夫，任士师，以善于讲究贵族礼节著称。士师，官名，掌管刑狱。

[2]三黜（chù）：多次被罢免。三，表示多次。黜，罢免。

[3]子未可以去乎：你不可以离开这里吗？未，副词，表示否定，相当于"不"。去，离开。

① （魏）何晏等注，（宋）邢昺疏：《论语注疏·微子》，《十三经注疏》本。

[4]直道而事人：正直地为君主效劳。直道，正直、正当。

[5]焉往：即“往焉”的倒装，意即“到哪里”。

[6]枉：枉曲、不正直。

[7]父母之邦：指本国。

【品读】

柳下惠在春秋战国时代知名度颇高，对于这位早于孔子百年左右的贤士，孔、孟都给予了高度评价。在本篇中，孔子曾将其与伯夷、叔齐等人并列，称其“降志辱身矣，言中伦，行中虑，其斯而已矣”。《孟子·公孙丑上》称：“柳下惠，不羞污君，不卑小官，进不隐贤，必以其道。”本章又记叙了柳下惠屡被罢黜，人们劝其离去时，他说：“以正直而事君，到哪里能不被多次罢黜？以邪道事君主，何必远离本国呢？”这一理念与孔子并不相同。孔子倡导的是邦有道则仕，无道则隐，危邦不入，乱邦不居。因此，当鲁君不能用他时，他便带弟子远走他邦。当然，远离父母之邦并非他的初衷。《孟子·尽心下》记孟子曰：“孔子之去鲁，曰：‘迟迟吾行也，去父母国之道也。’”但他毕竟“去”了。孔子之“去”与柳下惠之“不去”，实际上反映了二人对现实世界的不同认知。柳下惠实际上是将世界看作“天下滔滔皆是也”，与沮、溺一类的高士一致。所以，孔子在下面将他归之于隐逸一类；而孔子则是“无可无不可”。正如《孟子·公孙丑上》中孟子所说：“可以仕则仕，可以止则止，可以久则久，可以速则速：孔子也。”这在下面就要谈到。

18.3　齐景公[1]待孔子曰[2]：“若季氏，则吾不能[3]；以季、孟之间待之[4]。”曰：“吾老矣，不能用也。”孔子行。

【注释】

[1]齐景公：齐国国君。公元前547～前490年在位。

[2]待孔子曰：在讲到对待孔子的礼节时说。

[3]若季氏，则吾不能：像鲁君对待季氏那样（对待孔子），那我做不到。

[4]以季、孟之间待之：我用次于季氏、高于孟氏的待遇对待他。季、孟即“三桓”中的季孙氏、孟孙氏。其中“季”，指季孙氏，位在上卿，在三家中势力最大，掌控着国家的实权。孟孙氏位居下卿，势力稍弱。

【品读】

公元前517年（鲁昭公二十六年），鲁国发生内乱，三桓驱逐昭公，昭公奔齐。国内政治局势动荡不宁，使孔子感到无所适从，难以酬志，遂离开鲁国，前往齐国，欲求得齐景公的赏识与重用。本章所记即孔子在齐时事。对于孔子之适齐，《史记·孔子世家》有详细记载，我们不妨引述如下：

鲁乱。孔子适齐，为高昭子家臣，欲以通乎景公。与齐太师语乐，闻《韶》音，学之，三月不知肉味，齐人称之。

景公问政孔子，孔子曰："君君，臣臣，父父，子子。"景公曰："善哉！信如君不君，臣不臣，父不父，子不子，虽有粟，吾岂得而食诸！"他日又复问政于孔子，孔子曰："政在节财。"景公说，将欲以尼溪田封孔子。晏婴进曰："夫儒者滑稽而不可轨法；倨傲自顺，不可以为下；崇丧遂哀，破产厚葬，不可以为俗；游说乞贷，不可以为国。自大贤之息，周室既衰，礼乐缺有间。今孔子盛容饰，繁登降之礼，趋详之节，累世不能殚其学，当年不能究其礼。君欲用之以移齐俗，非所以先细民也。"后景公敬见孔子，不问其礼。异日，景公止孔子曰："奉子以季氏，吾不能。"以季、孟之间待之。齐大夫欲害孔子，孔子闻之。景公曰："吾老矣，弗能用也。"孔子遂行，反乎鲁。

看来，齐景公之不能用孔子，主要是晏子的反对，至于要加害孔子的齐大夫为谁，已无从查考。不过，从《史记》的这段记载，我们可以清楚地知道齐景公为什么只能"以季、孟之间待之"，也可以知道孔子为什么要离开齐国。我们还能看出，这次齐国之行，实际上是孔子以后周游列国惶惶然、"累累若丧家之狗"悲剧的预演。

18.4 齐人归[1]女乐[2]，季桓子[3]受之，三日不朝，孔子行。

【注释】

[1]归：同"馈"，赠送。

[2]女乐：歌伎舞女。

[3]季桓子：即季孙斯，鲁国的上卿，为季康子的父亲。

【品读】

有关此事的详细记载，又见《史记·孔子世家》，其记曰：

(孔子)由大司寇行摄相事……齐人闻而惧，曰："孔子为政必霸，霸则吾地近焉，我之为先并矣。盍致地焉？"黎钼曰："请先尝沮之；沮之而不可则致地，庸迟乎！"于是选齐国中女子好者八十人，皆衣文衣而舞《康乐》，文马三十驷，遗鲁君。陈女乐文马于鲁城南高门外。季桓子微服往观再三，将受，乃语鲁君为周道游，往观终日，怠于政事。子路曰："夫子可以行矣。"孔子曰："鲁今且郊，如致膰乎大夫，则吾犹可以止。"桓子卒受齐女乐，三日不听政；郊，又不致膰俎于大夫。孔子遂行。

鲁定公十年(前500年)，孔子被擢升为大司寇，掌司法刑狱，与三卿(司徒、司马、司空)并列,位上卿。不久,又“由大司寇行摄相事”,“与闻国政”,即可以代理季桓子处理国事,并参与国家大事的讨论,孔子成为鲁定公、季桓子之下的第三号人物,而且深得鲁定公与季桓子的赞赏与信任,君臣上下之间配合默契,合作得很融洽。据《公羊传·定公十年》记载:“孔子行乎季孙,三月不违。”

孔子在鲁国的治绩引起邻国齐国的不安。于是,齐国便设计使鲁国君臣沉湎于声色犬马之中,怠于政事,疏远孔子。结果,季桓子不顾孔子的再三反对,中了齐国之计。从此,他们终日观乐赏舞,不理政事。孔子忍无可忍,愤然弃官而去。在离开鲁国前,他慷慨悲歌:“彼妇之口,可以出走;彼妇之谒,可以死败。盖优哉游哉,维以卒岁!”①

李贽对此章点评道:“子在齐闻《韶》,‘三月不知肉味’;‘齐人归女乐’,三日不知孔子。”②颇富讽刺意味。

18.5 楚狂接舆[1]歌而过孔子[2]曰:“凤兮[3],凤兮,何德之衰[4]?往者不可谏[5],来者犹可追[6]。已而[7],已而,今之从政者殆而[8]!”

孔子下[9],欲与之言。趋而避之[10],不得与之言。

【注释】

[1]接舆:楚国隐士。学界对此人争议颇多。

[2]歌而过孔子:一边唱着,一边走过孔子的旁边。

[3]凤兮:凤鸟啊!凤,即凤凰,传说是一种灵鸟,只有在有道之世才出现。这里用“凤”比喻孔子。兮,语气词,多见于诗歌韵文,用在句末和句中,相当于“啊”。

[4]何德之衰:为什么德行这么衰微呢?这是讥讽孔子不能隐退,而在无道之世奔走游说。

[5]往者不可谏:过去的已不能挽回。谏,谏止,这里可译为“挽回”。

[6]来者犹可追:未来的事还来得及做。暗指孔子现在隐退还来得及。

[7]已而:算了吧。而,助词,表示语气,相当于“吧”。

[8]今之从政者殆而:当今的统治者太危险了,无可救治。在这里,接舆认为当时统治者腐败,无可挽回,故劝孔子隐居,不要与他们合作。殆,危险。而,助词,表示语气,相当于“啊”“吧”。

[9]孔子下:孔子下车。

[10]趋而避之:接舆赶快走开以回避孔子。趋,跑、快走。

---

① 《史记·孔子世家》。

② (明)李贽:《四书评·论语》卷之九。

【品读】

关于接舆其人，其姓名及生卒年均不详。有人认为“接舆”并非人名字。如曹之升《四书摭言余说》云：“《论语》所载隐士皆以其事名之。门者谓之‘晨门’，杖者谓之‘丈人’，津者谓之‘沮’、‘溺’，接孔子之舆者谓之‘接舆’，非名亦非字也。”有人认为“接舆”是人之字。如皇甫谧《高士传》言其“姓陆，名通，字接舆，楚之贤人隐者。与孔子同时而佯狂不仕，常以躬耕为务。楚王知其贤，聘以黄金百镒，车驷二乘，并不受。于是夫负妻载，以游山海，莫知所终”。也有人认为，他是楚国的贤士，为了避世，他披发佯狂，所以称为“楚狂”。

对于孔子在楚国被接舆歌讽之事，《庄子·人间世》也记道：“孔子适楚，楚狂接舆游其门曰：‘凤兮凤兮，何如德之衰也！来世不可待，往世不可追也。天下有道，圣人成焉；天下无道，圣人生焉。方今之时，仅免刑焉。福轻乎羽，莫之知载；祸重乎地，莫之知避。已乎已乎，临人以德！殆乎殆乎，画地而趋！迷阳迷阳，无伤吾行！吾行郤曲，无伤吾足！’”将这段记载与本章对读，我们可以看到，“何德之衰”，亦即“何如德之衰也”，这是说孔子即使如凤，对于道德之衰颓也无可奈何，同样，对这个社会也无济于事。

“往者不可谏”，亦即“往世不可追也”。“来者犹可追”，《庄子》作“来世不可待”，似乎后者更合接舆原意。“已而，已而，今之从政者殆而”，《庄子》所引接舆之语却是长长的一段，讲到天下有道与天下无道，都是圣人可为之世。但“方今之时”只可追求免于刑戮，隐居山林，不是可为之世。这与“今之从政者殆而”正相对应，明确地告诉孔子：如果从政，实在太危险了。《论语》所记到此为止。《庄子》所引，还有一段接舆的自白：“迷阳迷阳，无伤吾行！吾行郤曲，无伤吾足！”据王夫之解释，“迷阳，野草也。郤曲，畏缩貌”[①]。意思是说，野草丛中不会损我行止；畏缩而行，不会伤我足迹。明确表示要远离社会，隐居山林。对这一价值取向，《庄子·人间世》解释得十分清楚：“桂可食，故伐之；漆可用，故割之。人皆知有用之用，而莫知无用之用也。”但他不知道，孔子恰恰是知其不可为而为之，是“莫知无用之用”的强者。读读他所说的“君子疾没世而名不称焉”[②]，“吾岂匏瓜也哉，焉能系而不食”[③]，我们便知道，他是宁肯在“滔滔者天下皆是”的“礼崩乐坏”的社会中“累累若丧家之狗”，也绝不会不负责任地逃离社会的。

---

① （清）王夫之：《庄子解·人间世》。

② 《论语·卫灵公》。

③ 《论语·阳货》。

18.6 长沮、桀溺耦而耕[1]，孔子过之，使子路问津[2]焉。

长沮曰："夫执舆者为谁[3]？"

子路曰："为孔丘。"

曰："是鲁孔丘与？"

曰："是也。"

曰："是[4]知津矣[5]。"

问于桀溺。

桀溺曰："子为谁？"

曰："为仲由。"

曰："是鲁孔丘之徒与？"

对曰："然。"

曰："滔滔者天下皆是也[6]，而谁以易之[7]？且而与其从辟人之士[8]也，岂若从辟世之士[9]哉？"耰而不辍[10]。

子路行以告[11]。

夫子怃然[12]曰："鸟兽不可与同群[13]，吾非斯人之徒与而谁与[14]？天下有道，丘不与易也[15]。"

【注释】

[1]长沮(jù)、桀溺(jié nì)耦(ǒu)而耕：长沮、桀溺，是当时的两位隐士，可能不是这两个人的真实姓名。耦，是古代的一种耕作方法，即两人各执一耜(sì)犁，同耕一尺宽的地(两耜合耕，耕出之地的宽度，恰为一尺)。但从下文所说的"耰而不辍"来看，这里的耦耕未必是指用两人执耜的耕作方法耕作，而是指两人在一起并肩耕作。

[2]问津：打听渡口。津，渡口。

[3]夫执舆者为谁：那个驾车的是谁？夫，那、那个。执舆，即执辔(pèi)，拉着缰绳。此事本应子路做，因子路已下车，所以孔子代为驾驭。

[4]是：三句中的"是"都是代词，当"这个人"讲。是也，这里有"是这个人"的意思。

[5]知津矣：此句话讥讽孔子周游列国，应该熟悉道路。

[6]滔滔者天下皆是也：洪水弥漫，天下都是这样。比喻社会纷乱。因问渡口，故借水作比喻。滔滔，大水弥漫貌。

[7]而谁以易之："而以谁易之"的倒装。你们和谁去改变它呢？而，你、你们。以，与。易，改变。

[8]且而与其从辟人之士：而且你与其跟随(孔子那种)逃避坏人的人。且，连词，有"再说""而且"的意思。而，你，指子路。"与其"，与下句的"岂若"相呼应，即"与其……不如"。辟人之士，指躲避坏人(无道君主)的孔子。辟，同"避"，躲避、逃避。

[9]辟世之士：躲避乱世的人，是桀溺自指。

[10]耰(yōu)而不辍(chuò):仍不停地耕作。耰,农具名,形如大木榔头,用来捣碎土块,平整土地。这里说的是播种后用耰来平土,掩盖种子。辍,停止。

[11]子路行以告:子路回来把这话告诉了孔子。

[12]怃(wǔ)然:发愣失望的样子。

[13]鸟兽不可与同群:即"不可与鸟兽同群",这里孔子是说不能隐居山林,必须在社会中生活。

[14]吾非斯人之徒与而谁与:我们不是世上人群的一分子,又是谁呢? 斯,这。徒,徒众。斯人之徒,指世上人群。

[15]天下有道,丘不与易也:如果天下有道,我就不参与改革社会了。与,参与。易,更改。

【品读】

两种不同的人生观,两种不同的处世态度,在这里表现出来。

长沮、桀溺一类的隐士,隐居的目的是避世。面对"滔滔者天下皆是"的局面,他们知其不可为而逃之、避之,同上述接舆一样,只是为了"无伤吾行""无伤吾足",这与孔子曾经讲的"隐居以求志"是不同的。孔子所倡导的是天下有道则行,无道则隐,隐的目的是避开无道之君,不食"污君之禄",但在总的意向上并不愿抛弃政治上的君臣之道与人世间的长幼尊卑之序。在这儿,孔子针锋相对地明确表示:"我们不可隐居而与鸟兽同群,如果不与世人共处,而又与谁共处呢? 若天下有道,我也可以不参与对社会的变革。"这种入世的热情与强烈的历史使命感、责任感贯穿孔子一生,也是儒家文化的一条主线。所以,有学者这样评论道:"孔子正是在注定要与'人'、与他的同类打交道的信念鼓舞和激励下'知其不可而为之'的,他无疑判了自己终生精神流放的'伟大的罪',这'罪'是他精神生命中的一柄双刃剑:使他'无家可归'而'累累若丧家之狗',而又成就了他圣人的伟名。"①

战国末期,屈原遭忌害而被放逐江湘,他与隐者"渔父"相遇,也有一段对话,不过,这位"渔父"所言与长沮、桀溺所言,志趣迥异,但我们可以从中看到隐者的另一面。屈原《渔父》曰:

> 屈原既放,游于江潭,行吟泽畔,颜色憔悴,形容枯槁。渔父见而问之曰:"子非三闾大夫与? 何故至于斯?"屈原曰:"举世皆浊我独清,众人皆醉我独醒,是以见放。"渔父曰:"圣人不凝滞于物,而能与世推移。世人皆浊,何不淈其泥而扬其波? 众人皆醉,何不餔其糟而歠其釃也? 何故深思高举,自令放为?"……(渔父)歌曰:"沧浪之水清兮,可以濯吾

---

① 林存光:《历史上的孔子形象——政治与文化语境下的孔子和儒学》,齐鲁书社 2004 年版,第 52 页。

缨。沧浪之水浊兮，可以濯吾足。”

“渔父”这里是劝告屈原在政治黑暗、一世皆浊的社会中不要清高傲世，而要随波逐流，明哲保身。这一态度与长沮、桀溺实质上又是息息相通的。

18.7 子路从而后[1]，遇丈人[2]，以杖荷蓧[3]。

子路问曰：“子见夫子乎？”

丈人曰：“四体不勤，五谷不分，孰为夫子[4]？”植[5]其杖而芸[6]。

子路拱而立[7]。

止子路宿[8]，杀鸡为黍而食之[9]，见其二子焉[10]。

明日，子路行以告。

子曰：“隐者也。”使子路反[11]见之，至，则行矣[12]。子路曰：“不仕无义[13]。长幼之节[14]，不可废也；君臣之义，如之何其废之[15]？欲洁其身而乱大伦[16]。君子之仕也，行其义也。道之不行，已知之矣。”

【注释】

[1]子路从而后：子路跟随孔子落在了后面。

[2]丈人：老人。

[3]以杖荷蓧(diào)：用拐杖挑着蓧。杖，手杖、拐杖。荷，扛、肩挑着。蓧，古代锄草工具。

[4]孰为夫子：怎么能是老师呢？孰，疑问代词，怎么。

[5]植：竖立，这里指插。

[6]芸：同“耘”，除草。

[7]拱而立：拱着手站在那里。拱，拱手，两手相合胸前，表示恭敬或无所事事。

[8]止子路宿：老人留子路在他家住宿。止，留。

[9]杀鸡为黍(shǔ)而食(sì)之：杀鸡、做黄米饭给他吃。为，做。黍，即黍子。碾成的米叫黏黄米，这里指黄米。食，给吃、提供饭食。

[10]见其二子焉：使二子拜见子路。见，使……见。焉，句末语气词。

[11]反：同“返”。

[12]至，则行矣：子路到了老人家时，老人却已经走了。

[13]不仕无义：不出来做官是不义的行为。

[14]长幼之节：老少长幼之间的礼节。

[15]如之何其废之：怎么就能废弃呢？如之何，怎么。

[16]大伦：指君臣关系。

【品读】

周游途中，不断受挫，恰恰又不断遇到隐者。好像每当此时，孔子总要急于表白自己的心迹。对子路遇到的这位荷蓧老人，从其指斥自己“四体不勤，五谷不分”，孔子便断定其为隐者，并派子路再见此人，向他解释自己求仕的内衷：长幼之节不可废，君臣之义又怎么能废呢？怎能洁身自好而乱大伦呢？所以，不仕无义。君子之仕是为行君臣之义。至于“道之不行，已知之矣”。从这种表白中，我们似乎能感到孔子内心深处那种强烈的冲撞与无奈，他非常需要他人的理解与支持。而孔子在隐者那里却备受冷遇、讥讽和奚落，如：石门晨门戏称孔子是“知其不可而为之者”①；微生亩讥笑孔子为“佞”②；接舆则“避之”，不屑与孔子言；桀溺则说“且而与其从辟人之士也，岂若从辟世之士哉”，对他进行责备；荷蓧丈人更是斥之以“四体不勤，五谷不分”，竭尽挖苦之能事。关键是他们与孔子的人生立场及价值取向有很大差异，不可能认同之。颜回之所以被老师再三称道，一个重要的原因就是他充当了这一角色。他曾对孔子说：“夫子之道至大，故天下莫能容。虽然，夫子推而行之，不容何病，不容然后见君子！夫道之不修也，是吾丑也。夫道既已大修而不用，是有国者之丑也。不容何病，不容然后见君子！”③

天下不容怕什么？天下不容，于孔子无损；天下不容，正显出君子本色！

18.8　逸民[1]：伯夷、叔齐、虞仲、夷逸、朱张、柳下惠、少连。子曰：“不降其志，不辱其身，伯夷、叔齐与！”谓：“柳下惠、少连，降志辱身矣，言中伦[2]，行中虑[3]，其斯而已矣。”谓：“虞仲、夷逸，隐居放言[4]，身中清[5]，废中权[6]。我则异于是[7]，无可无不可[8]。”

【注释】

[1]逸民：指避世隐居的人才。

[2]言中伦：言语合乎道德伦理规范。中，合于、适合。

[3]行中虑：做事经过考虑。行，行为、做事。

[4]隐居放言：避世隐居，不议世事。放言，放弃言论，指不议论世事。

[5]身中清：处在乱世，保持自身清白，即能洁身自爱。

[6]废中权：废弃官位，而能权变自守。

[7]异于是：与这些人不同。是，指示代词，此、这，指以上所说逸民。

[8]无可无不可：没有什么可以，也没有什么不可以，亦即不拘成见。

【品读】

在孔子所列的七位遗民中，伯夷、叔齐、柳下惠在《公冶长》《卫灵公》《季氏》中曾提及。至于虞仲，又称仲雍、吴仲，为周太王次子、太伯之弟。因太

① 《论语·宪问》。

② 《论语·宪问》。

③ 《史记·孔子世家》。

王欲立幼子季历，他与太伯同避江南，共建吴国，太伯为国君，后由他继位。夷逸，据战国人尸佼《尸子》载："夷逸隐居不仕，轻世肆志，或劝之，笑曰：'吾譬则牛也。宁服轭以耕于野，岂忍被绣入庙而为牺？"朱张，字子张，隐逸不仕，其行踪史焉不详。少连，在《礼记·杂记下》有载，其为东夷人，以居丧守孝闻名。

孔子将几位知名逸民分作三类：一类是不抑志节，不辱没身份者，如伯夷、叔齐；一类是降志辱身者，如柳下惠、少连，但他们能做到言语合乎伦理，行为经过思虑；一类是隐居直言者，如虞仲、夷逸，他们自身清白，适时地离开仕途。最后，孔子声称："我则异于是，无可无不可。"也就是说，自己的言行举止、进退舒卷与逸民大相径庭，决不会固执、偏守一方，而是因时、因世而定。亦即像孟子所云："可以仕则仕，可以止则止，可以久则久，可以速则速。"①看来，孔子并不是泥古不化、固执己见者。"无可无不可"充分表明他是一位达者，难怪孟子称他为"圣之时者也"②。

18.9 太师挚[1]适[2]齐，亚饭干适楚，三饭缭适蔡，四饭缺[3]适秦，鼓方叔[4]入于河[5]，播鼗武[6]入于汉[7]，少师阳、击磬襄[8]入于海[9]。

【注释】

[1]太师挚(zhì)：可能是鲁国乐官师挚。

[2]适：往、到。

[3]亚饭干、三饭缭、四饭缺：亚饭干，乐师，名干。古代天子诸侯要以音乐佐食，故亚饭是第二次吃饭时的乐师。"三饭缭"是第三次吃饭时的乐师，名缭。"四饭缺"是第四次吃饭时的乐师，名缺。

[4]鼓方叔：击鼓的乐师，名方叔。

[5]入于河：入居黄河之滨。河，黄河。此处指黄河之滨。

[6]播鼗(táo)武：摇鼗鼓的乐师，名武。鼗，小鼓两旁系小槌，摇柄即响，犹今之拨浪鼓。

[7]汉：汉水，此指汉水流域。

[8]少师阳、击磬(qìng)襄：少师阳，乐师，名阳。击磬襄，击磬的乐师，名襄。磬，古代一种石制或玉制的敲击乐器，形如弯尺。

[9]海：此指海滨。

【品读】

鲁国原为礼乐之邦，乐师云集，乐制齐备。现在"礼崩乐坏"，国运衰败，鲁国国君及执政者沉湎于齐国歌伎舞女们的声乐中。故乐师们纷纷出走，

---

① 《孟子·公孙丑上》。

② 《孟子·万章下》。

流落四方。李贽对此评曰："平平叙去，而有无限感慨，文品亦高古。"①

18.10 周公[1]谓鲁公[2]曰："君子不施其亲[3]，不使大臣怨乎不以[4]。故旧无大故，则不弃也[5]。无求备于一人[6]！"

【注释】

[1]周公：西周初年的政治家。姬姓，名旦，亦称叔旦。周文王之子，武王弟。因采邑在周(今陕西岐山北)，故称周公。他曾襄助武王灭商，武王死后，成王年幼，由其摄政。他出师东征，平定反叛；又大规模实行分封。相传他制礼作乐，建立典章制度，主张"明德慎罚"。他是孔子心目中的圣人。

[2]鲁公：指周公的长子伯禽，亦称禽父。武王灭商后，伯禽代父就封于鲁，建都于曲阜，实为鲁国开国之君，号称鲁公。

[3]不施其亲：不怠慢疏远自己的亲戚。施，同"弛"，有的本子即作"弛"，放松，引申为怠慢疏远。

[4]怨乎不以：埋怨不信用他们。乎，助词，用于句中表示停顿。以，用。

[5]故旧无大故，则不弃也：老臣旧友若无大的过失，就不要冷落抛弃他们。故旧，指旧友、老臣。故，事故，指过失。

[6]无求备于一人：不要对人求全责备。

【品读】

此为周公旦告诫其子伯禽治国之道。唐人韩愈《论语笔解》解释道："周公戒伯禽多矣，仲尼独举此，讽哀公不亲信贤人尔。'施'当为'弛'，言不弛慢所亲近贤人，如此则大臣无所施矣。"

18.11 周有八士[1]：伯达、伯适、仲突、仲忽、叔夜、叔夏、季随、季騧。

【注释】

[1]八士：这八士生平都不详。季騧的"騧"读 guā，伯适的"适"读 kuò。

【品读】

朱熹《论语集注·微子》曰："或曰'成王时人'，或曰'宣王时人'，盖一母四乳而生八子也，然不可考矣。"钱穆《论语新解》云："盖维持世道者在人，世衰而思人益切也。"②

① (明)李贽：《四书评·论语》卷之九。

② 钱穆：《论语新解》，第451页。

子张第十九

19.1　子张曰："士见危致命[1]，见得思义[2]，祭思敬，丧思哀，其可已矣[3]。"

【注释】

[1]士见危致命：士遇到危难能豁出生命。致，尽、极。

[2]见得思义：遇到利得能反省是否合乎义，即考虑该不该得。思，反省、考虑。

[3]其可已矣：这样也就可以了。已，句末语气词，与"矣"合用，起到加重语气的作用。

【品读】

虽说"其可已矣"，但真正做到谈何容易！子张在此将孔子平日教诲加以归纳，得出他心目中的士应遵循的四条准则。"见危致命"与"见得思义"当本于子路问成人时孔子所答："今之成人者何必然？见利思义，见危授命，久要不忘平生之言，亦可以为成人矣。"①"祭思敬"与"丧思哀"也是孔子一贯的主张。如《八佾》所记："祭如在，祭神如神在。子曰：'吾不与祭，如不祭。'""子曰：'居上不宽，为礼不敬，临丧不哀，吾何以观之哉？'"都明确表达了这些主张。不过，与孔子原语原意相比较，子张所言似乎少了些什么。

19.2　子张曰："执德不弘[1]，信道不笃[2]，焉能为有？焉能为亡[3]？"

【注释】

[1]弘：扩大、光大。

[2]笃：忠诚、坚定。

[3]焉能为有？焉能为亡：(这样的人)不是有他不为多，没他也不为少吗？有，与"无"相对，后句"亡"即"无"。

【品读】

一个人仅仅履行仁德、信奉善道还不够，还要能够弘扬光大，能够笃信

① 《论语·宪问》。

不移。如果持有仁德而不加以弘扬，信奉善道而不够坚定，那么这种人于世无补，可有可无，无足轻重。正如清人李中孚《四书反身录》中所阐释的："若不弘不毅，则至道不凝，碌碌一生，无补于世。世有此人，如九牛增一毛，不见其益；世无此人，如九牛去一毛，不见其损，何足为轻重乎？"曾子的"士不可以不弘毅，任重而道远。仁以为己任，不亦重乎？死而后已，不亦远乎？"可以与子张所言互为阐释。

19.3　子夏之门人[1]问交[2]于子张。子张曰："子夏云何[3]？"

对曰："子夏曰：'可者与之[4]，其不可者拒之。'"

子张曰："异乎吾所闻：君子尊贤而容众[5]，嘉善而矜不能[6]。我之大贤与，于人何所不容[7]？我之不贤与，人将拒我，如之何其拒人也？"

【注释】

[1]门人：学生、门徒。

[2]问交：询问、请教交人之道，即如何与人打交道。交，交往、相交。

[3]子夏云何：子夏如何说的？

[4]可者与之：可交者就同他友好交往。与，结交、交往。

[5]尊贤而容众：尊重贤人，又容纳普通人。

[6]嘉善而矜不能：赞扬好人善事，又怜惜能力不足的人。矜，怜惜、同情。

[7]我之大贤与，于人何所不容：我若是大贤，对他人有什么不能容的呢？与，句末语助词，表示感叹。

【品读】

子夏之弟子向子张请教交友之道，子张先问子夏如何说，门人转述子夏之言道：可交者交之，不可交者拒之。显然，子夏主张交友要慎重而有所选择，这与孔子所言"无友不如己者"①"道不同，不相为谋"②相通。但子夏却忘了孔子还说过"三人行，必有我师焉。择其善者而从之，其不善者而改之"③。子张则说，这不同于我所听到的。他主张"尊贤而容众，嘉善而矜不能"，广泛地结交朋友，大有"四海之内皆兄弟"的味道。

对子夏与子张二人主张的异同，朱熹《论语集注・子张》评论道："子夏之言迫狭，子张讥之，是也。但其所言亦有过高之弊，盖大贤虽无所不容，然大故亦所当绝；不贤固不可以拒人，然损友亦所当远。学者不可不察。"

---

① 《论语・学而》。

② 《论语・卫灵公》。

③ 《论语・述而》。

李泽厚也根据两人的具体情况分析道："子夏更近曾子，更重个体修养，见恶如探汤，唯恐避之不及，所以拒交'不可交'者；子张搞政治，当然必需交结各种不同的人，包括'不可交'的坏人在内。"①

……………………………………

19.4 子夏曰："虽小道[1]，必有可观者[2]焉，致远恐泥[3]，是以[4]君子不为也。"

【注释】

[1]小道：指一般技能与技巧。与"大道"相对。

[2]可观者：可取之处。

[3]致远恐泥(nì)：它对致力于远大目标恐怕会有所妨害。泥，拘执、阻碍、难行。

[4]是以：因此、所以。

【品读】

子夏讲的是君子之道。依孔子所言，君子的人生追求是"修己以敬""修己以安人""修己以安百姓"②，所以他强调"君子不器"③，不必陷于一才一艺的"小道"。对此，孔子在《卫灵公》中讲得更清楚："君子谋道不谋食。耕也，馁在其中矣。学也，禄在其中矣。"

……………………………………

19.5 子夏曰："日知其所亡[1]，月无忘其所能[2]，可谓好学也已矣。"

【注释】

[1]亡：无，此指不知道、不了解的知识。

[2]能：指已掌握、了解的知识。

【品读】

子夏说：每天能学到新知识，每月能不忘已学过的知识，这就是好学了。这既讲了"学而时习之""温故而知新"的道理，又贯穿了"学而不厌""不知老之将至"的精神，其实是子夏的求学心得。李贽评曰："经历语。"④

……………………………………

19.6 子夏曰："博学[1]而笃志[2]，切问[3]而近思[4]，仁在其中矣。"

---

① 李泽厚：《论语今读》，第432页。

② 《论语·宪问》。

③ 《论语·为政》。

④ (明)李贽：《四书评·论语》卷之十。

【注释】

[1]博学：指广泛深入地学习、掌握知识。

[2]笃志：坚定自己的志向、信念。笃，坚定。

[3]切问：恳切地请教，提出问题。

[4]近思：思考现实问题。

【品读】

在子夏这里，“博学”“笃志”“切问”“近思”也被纳入“仁”的范围。朱熹在《论语集注》中曾为之辩解道：“四者皆学问思辨之事耳，未及乎力行而为仁也。然从事于此，则心不外驰，而所存自熟，故曰‘仁在其中矣’。”

19.7 子夏曰：“百工[1]居肆[2]以成其事，君子学以致其道[3]。”

【注释】

[1]百工：指各行各业的工匠。

[2]肆：作坊。

[3]学以致其道：通过学习获得做人、做事、做学问的道理。致，达到、获得。

【品读】

皇侃《论语义疏》曰：“言百工由日日居其常业之处，则其业乃成也。……君子由学以至于道，如工居肆以成事也。”这还是讲学习对于君子的意义。

19.8 子夏曰：“小人之过也必文[1]。”

【注释】

[1]小人之过也必文：小人对过错总是加以掩饰。过也必文，即“文过饰非”。用漂亮的言词掩饰过失和错误。过，错误、过失。文，文饰、掩饰。

【品读】

孔子曰：“过则勿惮改。”①金无足赤，人无完人，孰能无过？关键在于能否改过，“过而不改，是谓过矣”②。依子夏之言，小人不仅“过而不改”，而且还“过也必文”。李贽对此评点道：“点破千古小人情状。今人倘有文过之

① 《论语·学而》。

② 《论语·卫灵公》。

念，这念便是小人了。”①

19.9 子夏曰：“君子有三变：望之俨然[1]，即之也温[2]，听其言也厉[3]。”

【注释】

[1]望之俨（yǎn）然：一眼望去，感到他庄重可畏。俨然，庄重的样子。

[2]即之也温：与之接近觉得他温和可亲。即，接近、靠近。

[3]听其言也厉：听他讲话又觉得他严肃可敬。厉，严肃、严厉。

【品读】

一幅君子素描。

19.10 子夏曰：“君子信而后劳其民[1]；未信，则以为厉己也[2]。信而后谏[3]；未信，则以为谤[4]己也。”

【注释】

[1]君子信而后劳其民：君子要得到百姓的信任后才去役使他们。信，使…信服、信任。劳，劳作、役使。

[2]则以为厉己也：就会以为在虐待他们。厉，残害、虐待。

[3]谏：用言语规劝君主或尊长改正错误，此处指君主。

[4]谤：诽谤、诬蔑，恶意地攻击别人。

【品读】

子夏所说来自于孔子之教。孔子说过，作为君子，必须“主忠信”，“敬事而信”②，“言而有信”③，才能得到别人的信任和任用——“信则人任焉”④；如果“上好信，则民莫敢不用情”⑤。因此，信是人际交往的根本，也是治国治民及仕进之道。为政者必先取信于民，然后方可“劳其民”，进谏君主也必须“信而后谏”，否则民会有“厉己”之虞，君会有“谤己”之虞，会对民、对国、对君、对己产生不利作用。

北宋人张乖崖，真宗时任知益州，恩威并重，颇得民心。后再知益州，他向谋客李畋询问道：“外间百姓颇相信服否？”李畋言：“相公初镇，民已服矣，

① （明）李贽：《四书评·论语》卷之十。

② 《论语·学而》。

③ 《论语·学而》子夏语。

④ 《论语·阳货》。

⑤ 《论语·子路》。

何待今日?”张乖崖言:“不然。人情难服,前未,今次或恐,然只这‘信’字,五年方做得成。”①在以后的任期中,他爱民如子,用民以时,境内大治。任期满,民众苦苦留之。

在现代社会,“信”的作用更为重要。工业社会构筑了经济信用,信息时代必将造就人际间的整体信用,“信”将成为未来社会的立国之本、立人之本,孔子所认为的“人而无信,不知其可也”②会成为人人信奉的戒律。

19.11 子夏曰:“大德不逾闲[1],小德出入可也[2]。”

【注释】

[1]大德不逾闲:在大节上不能超越界限。大德,指大节,大的操守德行。逾,越过、超过。闲,栅栏,养马的圈,这里喻为界限。

[2]小德出入可也:在小节上有些出入是可以的。小德,小节、生活细节。

【品读】

子夏此言应当是对“君子贞而不谅”③的阐释。他强调的是大节,对人、对事要从大处落墨,不要求全责备。孔子之评判管仲,刘邦之用陈平,都体现了这一精神。

秦末时,陈平改投刘邦。刘邦对他十分宠信,任他为护军。可部属们却纷纷来诉说陈平不轨之事:“臣闻(陈)平居家时,盗其嫂;事魏不容,亡归楚;归楚不中,又亡归汉。今日大王尊官之,令护军。臣闻平受诸将金,金多者得善处,金少者得恶处。平,反覆乱臣也。”刘邦心疑,召问推荐陈平的魏无知,不料,魏无知对陈平的“劣迹”供认不讳,说:“臣所言者,能也;陛下所问者,行也。……楚汉相距,臣进奇谋之士,顾其计诚足以利国家不耳。且盗嫂受金又何足疑乎?”④刘邦听后大快,于是厚赏陈平,并任其为护军中尉,众将领不敢再言。刘邦不拘小节,以才取人,陈平也全心全意辅佐刘邦。他多次出奇计,克敌制胜,为汉王朝的建立立下了汗马功劳。后又被封侯,升至丞相。

19.12 子游曰:“子夏之门人小子[1],当洒扫应对进退则可矣[2],抑末

① (宋)叶梦得撰,(宋)宇文绍奕考异,侯忠义点校:《石林燕语》卷十,中华书局1984年版,第146页。

② 《论语·为政》。

③ 《论语·卫灵公》。

④ 《史记·陈丞相世家》。

也[3]。本[4]之则无，如之何[5]？”

子夏闻之，曰：“噫[6]！言游过矣[7]！君子之道，孰[8]先传焉，孰后倦[9]焉，譬诸草木，区以别矣[10]。君子之道，焉可诬[11]也？有始有卒者，其惟圣人乎[12]！”

【注释】

[1]门人小子：即弟子、门徒、晚辈。

[2]当洒扫应对进退则可矣：做些洒水、扫地和迎送宾客的事情是可以的。当，担当、掌管。洒扫，洒水、扫地之类的清洁工作。应对，应声答对，指服侍长辈和接待宾客。进退，接朋待客的礼仪、礼节。

[3]抑末也：不过都是些末节小事罢了！抑，连词，表示轻微的转折。可译为“不过”“可是”。末，树梢，此喻琐碎小事。

[4]本：树根。古代常以本末比喻事物的原委、始终，表示事物的主次、先后。儒家以礼乐为本，所以此处“本”为根本，指礼乐。

[5]如之何：怎么可以呢？

[6]噫：叹词，相当于“咳”。

[7]言游过矣：言游错了。言游，即子游。

[8]孰：哪一个、哪一项、哪一方面。

[9]倦：可能为“传”字之误。

[10]譬诸草木，区以别矣：就像草木一样，其成长次序是有区别的。

[11]诬：歪曲。

[12]有始有卒者，其惟圣人乎：按照次序有始有终地教授学生的，大概只有圣人吧！卒，终。其，语气词，表示推测。惟，只有。

【品读】

朱熹对此章有一番注释。他说：“子游讥子夏弟子：于威仪容节之间则可矣，然此小学之末耳，推其本如《大学》‘正心’、‘诚意’之事，则无有。……区，犹类也。言君子之道，非以其末为先而传之，非以其本为后而倦教。但学者所至，自有浅深，如草木之有大小，其类固有别矣。若不量其浅深，不问其生熟，而概以高且远者强而语之，则是诬之而已，君子之道，岂可如此？若夫始终本末一以贯之，则惟圣人为然，岂可责之门人小子乎？”①显而易见，朱氏是站在子夏方面对子游进行驳斥的。

元人许谦《读四书丛说》的态度倒比较折中。他说：“读此章者颇易失旨，但见‘言游过矣’四字，便谓子游之全非。盖子游但言门人虽知洒扫之末，不即举《大学》之本以教之；子夏则言教之当有序。子游未尝讥子夏教洒

① （宋）朱熹：《论语集注·子张》。

扫之非，而子夏亦未尝言不教以《大学》也。”

子游与子夏同属孔门文学科的高足，两人均对后世儒学产生很大影响。《荀子·非十二子》将其二人列在一起，鄙斥为“贱儒”；但《孟子·公孙丑上》又称赞二人“皆有圣人之一体”。孔子殁后，子夏到魏国西河地区收徒讲学，颇具影响，被时人誉为“西河孔子”。因此，魏文侯也向他咨询国政，待以师礼。子游治学也很有成效，其后学在战国曾形成一个较大的学派。据郭沫若考证，“《礼记·礼运》一篇，毫无疑问，便是子游氏之儒的主要经典”[1]。

子游与子夏的治学既然都卓有成效，势均力敌，那么二人之争也在所难免。不过，此事发生在孔子门下的七十二贤者之间，总使人感到不无遗憾。

19.13 子夏曰：“仕而优则学，学而优则仕。”

【品读】

对于子夏此言，后人多关注“学而优则仕”之句，对于“仕而优则学”则少有人加以阐释。其实，这是不可分割的一段完整意蕴。自春秋以来，随着贵族世袭制度的消解，学与仕便成为一个互为依存的整体。就“仕”而言，“学”为器，“仕”为用。士子的最高理想就是“修身、齐家、治国、平天下”，而“学”则是实现这一理想的基本手段，故云“学而优则仕”。就“学”而言，“仕”为器，“学”为用。在孔子看来，“修、齐、治、平”并非士子的全部人生价值所在，人格的修养与精神的追求同样是人生价值的最高体现。“三省吾身”“仁者乐山，智者乐水”及忠、恕、信、中庸等等，都是“学”的结晶。因此，“仕而优则学”就是题内之义。后世士子的儒道合成性格盖由此而来。

“学而优则仕”在“文革”期间被批得一塌糊涂，它被直译为“读书做官论”，为时人所不齿。它在中国传统社会架构中的意义完全被抹杀了。

李泽厚先生对此正本清源，指出：“‘学而优则仕’是中国传统社会知识分子的人生道路，所以‘士’和‘大夫’(有官职)总连在一起。它是世界文化史上一个重要现象。一方面最早建立了系统的文官政治构架，使行政、教育相连接，社会获得知识者作为主要支柱的撑持。另方面使知识分子个体的人生价值、终极关怀被导入‘济世救民’、‘同胞物与’的方向，而求在尘世建立‘天国’(不管是‘复三代之盛’也好，‘通三统张三世’也好)。这一方面造成中国式的政教合一和泛道德主义，同时也避免了诸多宗教信仰的冲突纠纷。”[2]

---

① 郭沫若：《十批判书》，第133页。

② 李泽厚：《论语今读》，第438页。

19.14 子游曰："丧[1]致[2]乎哀而止[3]。"

【注释】

[1]丧：指服丧、办丧事。

[2]致：传达，表达。

[3]止：停止，这里指"足够""可以了"。

【品读】

孔子对"为礼不敬，临丧不哀"曾表示极大的愤慨："吾何以观之哉！"不过，他同时又主张："礼，与其奢也，宁俭。丧，与其易也，宁戚。"①反对追求形式，做表面文章。子游提倡治丧尽哀务实，不讲排场，可谓得孔子本意。

尽管如此，通观中国历史，厚葬之风盛行不衰，上至皇帝贵族，下至黎民百姓，都十分重视治丧之事，而且"世以厚葬为德，薄终为鄙，至于富者奢僭，贫者单财，法令不能禁，礼义不能止"②。丧礼已经失去"致乎哀"的原意而发生了异化，成为标榜与攀比的手段。

19.15 子游曰："吾友张[1]也为难能[2]也，然而未仁。"

【注释】

[1]张：即子张，姓颛孙，名师。孔子的弟子。

[2]难能：难得。

【品读】

子张是孔门弟子中之佼佼者。他好学深思，喜欢与孔子讨论问题。孔子死后，"子张居陈"，逐渐发展成为一个独具特色且阵容庞大的儒学派系。《韩非子·显学》载儒家八派，将"子张氏之儒"列其首位；《孟子·公孙丑上》誉其"得圣人之一体"；东汉武梁祠画像石中有孔子见老子图，其中随行弟子甚众，而注名者唯有子张、子贡、子路数人；三国时代他更被人称为有"亚圣之德"③。由此可见其影响之大。

然而其同门子游却说他"未仁"。究其原因，大概有二：一是如康有为《论语注》所说，此章乃是曾子学派传人所记诵，因为子张讲求"闻""达"之道，志在从政干禄，为学目的与曾子、颜回等人的"存仁""修身"不同，故说他

① 《论语·八佾》。

② 《后汉书·光武帝纪下》。

③ 《三国志·吴书·诸葛恪传》。

"未仁"。二是子张本人的性格比较褊狭、激进,不务实,孔子给他的评语也是"辟"。正如朱熹所云:"子张行过高,而少诚实恻怛之意。"①所以,较之孔子所说的"仁者爱人""己所不欲,勿施于人",子游说他"未仁"。

19.16 曾子曰:"堂堂[1]乎张也,难与并[2]为仁也。"

【注释】

[1]堂堂:仪容庄严大方,外表很有派头的样子。

[2]并:一起、共同。

【品读】

子张才貌双全,却为曾子所不满,认为很难与他一同进入仁人君子的境界。对此,注家或站在子张一边为其"鸣冤"辩白,如康有为等;或助曾子为之"摇旗呐喊",如郑玄、皇侃等。而王闿运《论语训》、程树德《论语集释》则认为,此章中曾子非贬斥子张,而是赞美子张,"言子张仁不可及也,难与并,不能比也"。

将本章与曾子一派对子张的一贯评价结合来读,不难发现,曾子此处对子张是贬而非褒。其中原因,朱熹讲得很清楚:"堂堂,容盛之貌。言其务外自高,不可辅而为仁,亦不能有以辅人之仁也。范氏曰:'子张外有余而内不足,故门人皆不与其为仁。'子曰:刚、毅、木、讷,近仁。宁外不足而内有余,庶可以为仁矣。"②这样,本章就应当理解为:虽然子张仪表堂堂,但难以与他共同志于仁。

19.17 曾子曰:"吾闻诸夫子[1]:人未有自致[2]者也,必也亲丧[3]乎!"

【注释】

[1]吾闻诸夫子:我听老师说过。诸,相当于"之于"。夫子,古代对男子的尊称。孔子弟子对孔子也尊称为"夫子"。

[2]自致:指感情自发地全部流露出来。致,极、尽。

[3]亲丧:指父母死亡。

【品读】

曾子认为,人的感情在平日受礼仪的节制,难以自然尽情地表露,而只有在父母去世的时候才难以控制,才会不顾一切地表达出来。看来,矜持与含蓄这一国人传统人格特点至少可以上溯到孔子时代。

① (宋)朱熹:《论语集注·子张》。

② (宋)朱熹:《论语集注·子张》。

19.18　曾子曰："吾闻诸夫子：孟庄子[1]之孝也，其他可能也，其不改父之臣与父之政，是难能也。"

【注释】

[1]孟庄子(前？～前550年)：鲁国大夫，即孟孙速，其父是孟孙蔑(孟献子)。

【品读】

在这里，曾子转述孔子对孟庄子的孝行的评价：孟庄子的孝行，其他一般人也可能做得到，但他继承父位后，不改换父时的旧臣和政策，这是常人难以做到的。孔子曾说："父在观其志，父没观其行，三年无改于父之道，可谓孝矣。"①曾子在此又转述孔子对孟庄子的评价，称孟庄子"不改父之臣与父之政，是难能也"。朱熹对此诠释道："孟庄子，鲁大夫，名速。其父献子，名蔑。献子有贤德，而庄子能用其臣，守其政，故其他孝行虽有可称，而皆不若此事之为难。"②

看来，在孔子的意识中，孝分为两个层次：一个层次是人伦之孝。如孔子在《为政》中所言："生，事之以礼；死，葬之以礼，祭之以礼。""有事，弟子服其劳；有酒食，先生馔，曾是以为孝乎！"均为此类。另一个层次是"守道"之孝。这重在父祖身后对父之道的遵循，孔子所主张的"三年无改于父之道"以及本章中对孟庄子的评价都是此类，但这种孝已超出了人伦私德的范畴，而是上升到了更高的层面，实际上成为他所倡行的"克己复礼"的重要内容，纳入了政治道德与社会公德的范畴。

19.19　孟氏使阳肤[1]为士师[2]。问于曾子，曾子曰："上失其道[3]，民散久矣[4]。如得其情[5]，则哀矜而勿喜[6]！"

【注释】

[1]阳肤：相传可能是孔子的弟子。

[2]士师：官名，掌管刑狱。

[3]上失其道：当政者不按正道行事。

[4]民散久矣：人民离心离德为时很久了。散，分散、涣散。

[5]如得其情：你若能审理出他们犯罪的真实情况。情，真实的情况，这里指犯罪的真情。

① 《论语·学而》。

② (宋)朱熹：《论语集注·子张》。

[6]则哀矜(jīn)而勿喜:就应该怜悯他们,而不要居功自喜。哀矜,哀怜。矜,哀怜、同情。

【品读】

程树德《论语集释》引《集解》马(融)曰:"民之离散,为轻漂犯法,乃上之所为,非民之过。当哀矜之,勿自喜能得其情也。"

曾子这段话可以说是孔子的"上好礼,则民易使也"①的翻版。他站在平民百姓的立场上,认为百姓犯法与统治者"失其道"有关。告诫阳肤要体谅民情,不要以能破案判决而自鸣得意,居功自喜。

....

19.20 子贡曰:"纣[1]之不善,不如是之甚也[2]。是以君子恶居下流[3],天下之恶皆归焉[4]。"

【注释】

[1]纣:一作"受",又称帝辛,商代最后的君主。他曾征服东夷,获得大量俘虏,又杀死比干、梅伯,囚禁周文王,暴虐无道。后周武王联合西南各族向商进攻,在牧野(今河南淇县西南)之战中,他因"前徒倒戈",兵败自焚。

[2]不如是之甚也:不像传说得那么严重。甚,严重、厉害。

[3]是以君子恶(wù)居下流:所以君子憎恶处于为众恶所归的地方。是以,因此。恶,厌恶、憎恶。下流,河的下游,此处比喻品行卑污,为众恶所归之处。

[4]天下之恶(è)皆归焉:天下的一切坏事都会归结于他一人。恶,坏、罪过。

【品读】

《列子·杨朱》所言:"天下之美,归之舜、禹、周、孔;天下之恶,归之桀、纣。"是对本章最好的诠释。

《列子》还举周公之例说明道:"武王既终,成王幼弱,周公摄天子之政,邵公不悦,四国流言。居东三年,诛兄放弟,仅免其身,戚戚然,以至于死:此天人之危惧者也。"它还认为:"桀藉累世之资,居南面之尊,智足以距群下,威足以震海内。"纣也是如此,"亦藉累世之资,居南面之尊,威无不行,志无不从"。其实,纣天资聪明,能言善辩,有勇有谋,行动敏捷,材力过人。所以,子贡所言"纣之不善,不如是之甚也。是以君子恶居下流,天下之恶皆归焉",实在发人深省。居上流,天下之美皆归焉;居下流,天下之恶皆归焉。这是自先秦以来一以贯之的传统社会心态。

翻开中国历史,我们不难看到,像萧何、诸葛亮、包拯、文天祥等人因功名而被人们不断神化、美化,将许多本不属于他们的美名功绩都集于他们身

① 《论语·宪问》。

上。如诸葛亮在中国可谓家喻户晓，妇孺皆知，几乎成为智慧的代名词，简直是无懈可击。其实，历史上真正的诸葛亮并非像小说戏曲里的那么完美无瑕。《三国志》的作者陈寿生于蜀汉，对诸葛亮非常尊敬、崇拜，曾讴歌道："诸葛亮之为相国也，抚百姓，示仪轨，约官职，从权制，开诚心，布公道……可谓识治之良才，管（仲）、萧（何）之亚匹矣。"但他又同时指出，诸葛亮不长于将略："然亮才，于治戎为长，奇谋为短，理民之干，优于将略。""连年动众，未能成功，盖应变将略，非其所长欤！"①这可以说是对诸葛亮最合实际、最公允的评价。就连司马懿这位诸葛亮的老对手在称赞诸葛亮为"天下奇才"的同时，也批评他"志大而不见机，多谋而少决，好兵而无权（变）"②。但随着历代的传颂，诸葛亮在人们的口碑中成为忠贞的典型、智慧的化身，致使"天下之美皆归焉"。如"草船借箭"之事，本是唐人张巡所为，结果被附会到诸葛亮身上而脍炙人口，借以说明诸葛亮的神奇智谋。

同样，被人们斥为暴君的秦始皇与隋炀帝则可以说是"天下之恶皆归焉"的典型。自汉以来，秦始皇便成为无道暴君的代表人物，不独其统一华夏、创立一统帝国遭到忽视，其修长城、筑驰道成为有百害无一利的暴行，而且一些本不属他的斑斑劣迹也被强行加上，如"孟姜女哭长城"，本是哭的齐长城，控诉的是齐国暴政，结果被移到了秦始皇之身。隋炀帝也是如此，不仅他杀父逼兄成为千古罪人，连他开运河、修长城也成为十恶不赦的暴政。但唐太宗李世民同样杀兄杀弟，逼父退位，却依然享有万世英名，一个又一个美誉被层层累加。

正因为如此，子贡特别强调"君子恶居下流"，但列子却得出了恰恰相反的启示。他认为，舜、禹、周、孔与桀、纣是殊途同归，"彼四圣虽美之所归，苦以至终，同归于死矣。彼二凶虽恶之所归，乐以至终，亦同归于死矣"③。这又是纵贯中国历史的两种文化价值的冲突。

……………………………………

19.21 子贡曰："君子之过也，如日月之食[1]焉：过也，人皆见之；更[2]也，人皆仰[3]之。"

【注释】

[1]日月之食：即日食和月食。

[2]更：改正。

① 《三国志·蜀书·诸葛亮传》。

② 《晋书·宣帝纪》。

③ 《列子·杨朱》。

[3]仰:仰视、敬慕。

【品读】

将君子之过比喻为“日月之食”,相当深刻,十分恰当。日食、月食是天空正常现象中的异常现象,它们出现得次数少,且仅为短暂一瞬间,但天下的人们都能看得见;日食、月食转眼即逝,光明恢复,太阳依然光芒四射,明月依然光华皎洁,又为人们所景仰。君子并非完人,也会犯错,但有过不隐,闻过则喜,知过必改。这丝毫不会损伤君子的形象,人们依旧会尊敬他、爱戴他。正像皇侃《义疏》所说:“日月之蚀,改暗更明,则天下皆并瞻仰。君子之德,亦不以先过为累也。”这与前面子夏所说“小人之过也必文”形成鲜明比照。

19.22 卫公孙朝[1]问于子贡曰:“仲尼焉学[2]?”子贡曰:“文武[3]之道,未坠于地[4],在人[5]。贤者识其大者[6],不贤者识其小者[7],莫不有文武之道焉。夫子焉不学?而亦何常师之有[8]?”

【注释】

[1]公孙朝:卫国大夫。

[2]焉学:从哪里学的。焉,疑问代词,哪里。

[3]文武:指周文王、周武王。

[4]坠于地:指失传。坠,落下。

[5]在人:在人间、在人们之中,是说人们还有能记得起的。

[6]识(zhì)其大者:记住其中根本的东西。识,记住、记忆。其,指文武之道。其大者,其中之大者,指根本的东西。

[7]小者:指末节、无关紧要的东西。

[8]而亦何常师之有:又何必要有固定的老师呢?

【品读】

本章及以下三章均记子贡对孔子的体认。本章中,子贡认为,文武之道并未消殒,而是存续于众贤与不贤之间,所以,孔子之治学就是无处不学,学无常师。刘宝楠《论语正义》说:“书传言夫子问礼老聃,访乐长弘,问官郯子,学琴师襄,其人苟有善言善行足取,皆为我师。此所以为集大成也与!”

孔子一向提倡“好学”,“学而不厌”,认为“三人行必有我师焉”,要“不耻下问”。他一生向人学,向事学,向书本学,这就是他博大精深的原因所在,子贡此言,可谓得孔子真谛。

19.23 叔孙武叔[1]语大夫于朝曰："子贡贤于仲尼[2]。"

子服景伯[3]以告子贡[4]。

子贡曰："譬之宫墙[5]，赐之墙也及肩[6]，窥见室家之好。夫子之墙数仞[7]，不得其门而入，不见宗庙之美、百官之富[8]。得其门者或寡矣[9]。夫子[10]之云，不亦宜乎[11]！"

【注释】

[1]叔孙武叔：名州仇，鲁国大夫，"三桓"之一。

[2]子贡贤于仲尼：子贡的才德比仲尼还强。贤于，比……还贤。于，介词，表示比较，相当于"比"。

[3]子服景伯：名何，鲁国大夫。

[4]以告子贡：将此话告诉了子贡。

[5]譬之宫墙：拿围墙来作比喻。宫，房屋、住宅。

[6]赐之墙也及肩：我家的围墙只有人肩膀那么高。赐，子贡的名字。古代对尊者、长者要自称名。及，到、至。

[7]仞(rèn)：长度单位，古代以七尺或八尺为一仞。

[8]宗庙之美、百官之富：宗庙的华美、府第的富有。官，这里指房舍。

[9]得其门者或寡矣：能够找到门进去的人大概很少吧。此句比喻能真正了解孔子的人不多。或，或许、大概、也许。

[10]夫子：指叔孙武叔。

[11]不亦宜乎：不也是很自然的嘛！宜，合乎情理、合适、应该。

【品读】

子服景伯，已见《宪问》，此人常将朝中有关情况告知孔子及弟子们，李贽认为他是"专学是非"①，不妥。他实际是孔门的一位积极的维护者，因此，当他听叔孙武叔告诉其他大夫们"子贡贤于仲尼"时，便将此言转告子贡。子贡当即以家室围墙作譬，指出："我家之墙仅有人肩那么高，人们自然能看到家室之美好；而夫子之墙数仞，找不到门户入内，就无法看到宗庙之美、百官之富。而且能找到其门径进去者太少了。"叔孙武叔所说，不也很自然吗？此后，夫子之墙由"数仞"而推崇为"万仞"，"万仞宫墙"成为对孔子博大精深的文化思想的最佳概括。

元人陈栎在《四书发明》中对此章总结道："贤人之道卑浅易见，圣人之道高深难知，此子贡以墙室取譬之意也。"为什么会出现"子贡贤于仲尼"之

① (明)李贽：《四书评·论语》卷之十。

说？刘宝楠《论语正义》认为："夫子殁后，诸子切劘砥砺以成其学，故当时以有若似圣人，子夏疑夫子，而叔孙武叔、陈子禽以子贡贤于仲尼，可见子贡晚年进德修业之功，几乎超贤入圣。"

子贡在《论语》中出现次数最多，且多载他与孔子讨论问题的场面。子贡反应敏捷，娴于辞令，擅长外交，孔子称他为"瑚琏"之器，对他的器重仅次于颜回。孔子死后，其他弟子"三年心丧毕，相诀而去"，子贡则又守墓三年，"庐于冢上凡六年"，师生之情胜过父子。子贡在当时即以其出众的贤能而闻名于世。他曾在鲁、卫做官，参与各种政治活动。聘问各国诸侯时，"所至，国君无不分庭与之抗礼"[①]。据说，齐拟侵鲁，子贡利用他的外交才能，游说吴、越、晋诸国，使之互相牵制。对此，司马迁赞扬道："子贡一出，存鲁，乱齐，破吴，强晋而霸越；子贡一使，使势相破，十年之中，五国各有变。"[②]楚昭王也认为，楚国的外交官无一能与子贡相比匹。子贡还善于经商，家累千金，是春秋时期著名富商。孔子曾说他："赐不受命，而货殖焉，亿则屡中。"[③]对于子贡的杰出才能，孔子不但了解，而且还大加赞赏。孔子说："赐也达，于从政何有？"[④]甚至说："赐之敏也贤于丘。"[⑤]

但子贡却不因此而张扬夸矜，炫耀自己；更不允许他人对孔子妄加贬抑，每有这一情况出现，他都坚决地予以辩驳，维护老师的声望和地位。正如西汉史学家司马迁所说："使孔子名布扬于天下者，子贡先后之也。"[⑥]清人崔述在其《洙泗考信录》中也说："子贡之推崇孔子至矣，则孔子之道所以昌明于世者，大率由于子贡。"也就是说，孔子名扬天下与子贡人前人后对他的维护有很大关系。不仅如此，子贡还凭借他雄厚的经济实力，资助孔子及弟子周游列国，竭力捍卫和传播孔子学说，维护孔子形象。而且由于子贡入于孔子门下，也促使当时许多向学之士聚集到孔子周围。就像孔子所说："自吾得赐(子贡)也，远方之士日至。"[⑦]所以说，子贡在弘扬孔子学说、树立孔子形象的过程中，起到了很大的作用。这也难怪李泽厚先生对他大加赞誉："我总以为子贡是《论语》中最可爱的人物，不像宰我那么贫嘴，不像樊迟那样迟钝，不像颜回、曾参那么谨小慎微，兢兢业业，不像子张、子夏那么热衷

---

① 《史记·货殖列传》。
② 《史记·仲尼弟子列传》。
③ 《论语·先进》。
④ 《论语·雍也》。
⑤ (汉)刘向:《说苑·杂言》。
⑥ 《史记·货殖列传》。
⑦ 《孔丛子·论书》。

政治，虚有其表，也不像子路那么一味地逞强好胜。宋明理学则几乎绝口不谈子贡。”①

19.24　叔孙武叔毁仲尼。子贡曰：“无以为也[1]！仲尼不可毁也。他人之贤者，丘陵也，犹可逾[2]也；仲尼，日月也，无得而逾焉。人虽欲自绝[3]，其何伤于日月乎？多见其不知量也[4]。”

【注释】

[1]无以为也：没什么用。

[2]逾(yú)：越过、跳过、超越。

[3]人虽欲自绝：有人虽然想自绝于日月。自绝，自己决定脱离、断绝某种关系或事情。绝，断绝。

[4]多见其不知量也：只不过表明他不自量力罢了。多，副词，只、仅仅。也，句末语气词，罢了、而已。

【品读】

这位叔孙武叔不知为什么对孔子这么有成见，在上一章中，“本欲借仲尼以奉承子贡，反为子贡所鄙。倘令闻‘不亦宜乎’之语，不愧汗浃背也乎？呜呼！小人之自取贱也如此！”②这儿，他又直接诋毁孔子，子贡毫不客气地予以驳斥，指斥他是要自绝于日月，却无伤于日月之光辉，只能表明他的不自量力。在孔子学说不被人们普遍接受，孔子本人也常遭人误解、诽谤甚至攻击时，子贡总是挺身而出，维护孔子的形象，以自己对孔子的认识和理解，阐述孔子的思想主张与政治学说。

子贡对老师的忠诚和爱戴，对老师名望、地位的捍卫和宣扬，是一以贯之的，他与齐景公之间也有一段类似的对话，可资一证。《韩诗外传》卷八记道：

> 齐景公谓子贡曰：“先生何师？”对曰：“鲁仲尼。”曰：“仲尼贤乎？”曰：“圣人也，岂直贤哉！”景公嘻然而笑曰：“其圣何如？”子贡曰：“不知也。”景公悖然作色曰：“始言圣人，今言不知，何也？”子贡曰：“臣终身戴天，不知天之高也；终身践地，不知地之厚也。若臣之事仲尼，譬犹渴操壶杓，就江海而饮之，腹满而去，又安知江海之深乎？”景公曰：“先生之誉得无太甚乎？”子贡曰：“臣赐何敢甚言，尚虑不及耳。臣誉仲尼，譬犹两手捧土而附泰山，其无益亦明矣；使臣不誉仲尼，譬犹两手把泰山，其无损亦明矣！”景公曰：“善。”

① 李泽厚：《论语今读》，第445页。

② （明）李贽：《四书评·论语》卷之十。

当然，子贡对老师的认识、了解及崇敬有一个渐进的过程。东汉王充《论衡·讲瑞》记载："(子贡)事孔子一年，自谓过孔子；二年，自谓与孔子同；三年，自知不及孔子。"也就是说，子贡最初对孔子并不佩服，但随着对孔子了解与认识的加深，逐渐地感受到孔子学说的博大精深及孔子人格的魅力，加上他过人的聪颖、悟性，使他很快成为孔门中出类拔萃的人。后来的子贡可以说已窥得了孔子学说的真谛。后人称他为孔门嫡系门生的"十哲之一"，确非偶然。

19.25 陈子禽[1]谓子贡曰："子为恭也[2]，仲尼岂贤于子乎？"

子贡曰："君子一言以为知[3]，一言以为不知，言不可不慎也。夫子之不可及也，犹天之不可阶而升[4]也。夫子之得邦家者[5]，所谓立之斯立，道[6]之斯行，绥[7]之斯来，动之斯和。其生也荣，其死也哀。如之何其可及也？"

【注释】

[1]陈子禽：姓陈，名元，字子禽，又字子亢 。孔子弟子。

[2]子为恭也：你是谦恭吧。为，是。

[3]君子一言以为知：君子说一句话可表现出他的智慧。以为，被人认为，即表明、表现出。知，同"智"，聪明、智慧。

[4]犹天之不可阶而升：就像天不能搭个阶梯攀上去一样。阶，梯子，此处用作动词，意为用梯子、搭梯子。

[5]得邦家者：指当上诸侯或卿大夫。邦，古代诸侯的封国。家，古代卿大夫的统治区域。

[6]道：同"导"。

[7]绥(suí)：安、安抚。

【品读】

看来，子禽这位年少弟子对孔门之学一直未能入乎其门。在《学而》中，他曾问子贡："夫子至于是邦也，必闻其政，求之与？抑与之与？"如今，又认为：子贡已很谦恭了，难道还不如仲尼之贤？子贡听后，先严肃地指明子禽的无知，告诉他君子一言可知其智，一言可知其不智，所以，言不可不慎。接着，又说明孔子之不可及，就如同不能树梯而登天一样。他若主政，要百姓立于礼，百姓就会立于礼；要引导百姓，百姓就会随行；要安抚百姓，百姓就会归顺；要发动百姓，百姓就会响应。他生得荣耀，死令人哀，"如何其可及也"我怎么能比得上？

通观以上诸章，可以看到，在不遗余力的反击中，在自谦的说明与推崇中，子贡将老师的地位一次又一次地维护和提升了上去。"赐之墙也及肩，窥见室家之好。夫子之墙数仞，不得其门而入，不见宗庙之美、百官之富”；“他人之贤者，丘陵也，犹可逾也；仲尼，日月也，无得而逾焉”；“夫子之不可及也，犹天之不可阶而升也。……其生也荣，其死也哀。如之何其可及也？”无怪乎司马迁说：“使孔子名布扬于天下者，子贡先后之也。”[①]

① 《史记·货殖列传》。

尧曰第二十

20.1　尧曰："咨[1]！尔舜！天之历数[2]在尔躬[3]，允执[4]其中[5]。四海困穷，天禄[6]永终。"

舜亦以命禹。

曰："予小子履[7]敢用玄牡[8]，敢昭告于皇皇[9]后帝[10]：有罪不敢赦。帝臣不蔽[11]，简[12]在帝心。朕躬[13]有罪，无以万方[14]；万方有罪，罪在朕躬。"

周有大赉[15]，善人是富。"虽有周亲[16]，不如仁人。百姓[17]有过，在予一人。"

谨权量[18]，审法度[19]，修废官[20]，四方之政行焉。兴灭国，继绝世[21]，举逸民[22]，天下之民归心焉。

所重：民、食、丧、祭。

宽则得众，信则民任焉，敏[23]则有功，公则说[24]。

【注释】

[1]咨：同"啧(zé)""啊"，感叹词，表示赞美。

[2]天之历数：古人认为日月星辰按照一定的顺序运转，人间帝王也是如此，二者是统一的。此处"天之历数"指上天的使命、天命。

[3]在尔躬：已落在你身上。尔，你。躬，自身。

[4]允执：好好地把握。允，真诚、恰当。执，把握、坚持。

[5]中：中正、中庸，即适中。

[6]天禄：指上天赐予的禄位。

[7]予小子履：予，我。履，商汤的名字。小子，自称的谦词。作为天子，他自认为是上天之子，所以在祭天等场合下，要自称"予小子"。

[8]敢用玄牡：冒昧地进献上黑色公牛。敢，谦词，冒昧。玄牡，玄，黑色。牡，公牛。夏尚黑，汤建商后，最初也沿用夏礼。

[9]皇皇：堂皇、盛大、鲜明的样子。

[10]后帝：天帝。

[11]帝臣不蔽：天帝的臣仆(夏桀)的罪恶我也不敢隐瞒。帝臣，此指夏末君主夏桀。蔽，隐藏、隐瞒。

[12]简：阅，此处是知晓、明察的意思。

[13]朕(zhèn)躬:我本人。朕,第一人称代词,我、我的。自秦始皇起,专用为皇帝自称。

[14]无以万方:不要牵连天下百姓。以,连及。万方,指各方百姓。

[15]赉(lài):赏赐。

[16]周亲:指周王同姓宗亲。

[17]百姓:上古时一般民众无姓,这儿的"百姓"特指受封的贵族。

[18]谨权量:严格审定度量衡。谨,谨慎,引申为严格。权,秤、秤锤等称量物体重量的器具,也是铢、两、斤、钧、石等重量单位的总称。量,量器,如升、斗、斛等。权量,权衡轻重容量的标准。

[19]审法度:审定礼乐制度。审,审核、审查。法度,指礼乐制度。一说指衡量长度的标准。

[20]修废官:恢复已废缺的官职。修,修复、整顿、配置。废官,指已废缺的官职。

[21]兴灭国,继绝世:复兴被灭亡的国家,延续已断绝世系的贵族(氏族或宗族)。

[22]逸民:指隐逸散亡在民间的人才。

[23]敏:勤敏。

[24]公则说:公正就会使人高兴。公,公正、公平。说,同"悦"。

【品读】

此章前后文字不相衔接,又多记远古之事,故自宋以来注家众说纷纭,莫衷一是。如程树德《论语集释》引《四书辨疑》云:"自'尧曰'至'公则说',语皆零杂而无伦序,又无主名,不知果谁所言。古今解者终不见皎然明白可通之说。东坡云此章杂取《大禹谟》、《汤诰》、《泰誓》、《武成》之文,颠倒失次,不可复考。"而程氏本人则认为《尧曰》一章是《论语》全书后序,古人序文常在篇末。

钱穆《论语新解》又以为:"《论语》编集孔子言行,至《微子》已讫。《子张篇》记门弟子之言,而以子贡之称道孔子四章殿其后,《论语》之书,可谓至此已竟。本篇历叙尧舜禹汤武王所治天下之大端,而又以孔子之言继之,自谨权量,审法度以下,汉儒即以为是孔子之言,陈后王之法,因说此篇乃《论语》之后序,犹孟子之书亦以历叙尧舜汤文孔子之相承作全书之后序也。然此章全不著子曰二字,是否孔子语,尚不可知……下论《尧曰篇》乃仿上论《乡党篇》之例而为之也。"①

南怀瑾也指出:"《尧曰》这一篇,孔子的话仅在最后一点点,而其余完全是讲中国历史文化的精神。应该说这一篇是历史的书,或者归附到五经之一的《尚书》中去,这是讲尧舜之间的历史。……好像同孔子乃至孔子的弟

① 钱穆:《论语新解》,第476~477页。

子门人都没有关系，只是记载了上古历史的资料，写的和前面十九篇完全不同，实际上是表示孔子的思想，延续中国上古的传统文化，就是从这些地方来的，因此下半篇就提出来孔子的思想。"①

各家所言，不一而足。我们今人读《论语》，重在领会其精神实质，不必过于究其孰言孰作。无论怎样，本章通过记叙尧至周的历史，体现了孔子"天下为公"的大同社会的政治理想，这一点，是各家公认的。

为了便于理解，可将本章分为四节：

第一节：自"尧曰"至"舜亦以命禹"。叙述了唐尧向虞舜、虞舜向夏禹禅让帝位的致辞。其大意如下：

尧说："啊！你，舜呀！你是天命所归，要真诚认真地把握适中。如果天下陷于穷困，上天赐给你的地位也就永远结束了。"

舜也这样告诫禹。

第二节：自"曰"至"罪在朕躬"。讲述了商王汤伐桀后祭天的祷辞。大意为：

(商汤)说："我小子履冒昧地进献上黑色公牛，冒昧地向伟大的天帝祷告：'有罪者我不敢擅自赦免，天帝的臣仆(夏桀)之罪，我也不敢隐瞒，帝心明察。我自身有罪，请不要责怪天下百姓，天下百姓有罪，罪在我一人。'"

第三节：自"周有大赉"至"在予一人"。是周武王伐纣后巡视汇集其麾下的各方诸侯时的誓词。其内容大意为：

周朝大肆封赏，使善人富贵。(武王也向天祷告说：)"虽有同姓宗亲，不如有仁德之人。百姓犯有罪过，都是我一人之罪。"

第四节：自"谨权量"至"公则说"。为孔子对西周的一些施政措施的评价。其大概意思是：

(孔子说：)严格审定度量衡，审定礼乐制度，配置废缺的官职，政令便可通行四方。复兴灭亡了的国家，接续断绝了的贵族世系，举用隐逸散亡在民间的人才，天下的百姓就会诚心归顺。

所重视的应是：民众、食粮、丧葬、祭祀。

宽容就会得到众人的拥护，诚信就会使民众为你尽力，勤勉就能成就功业，公正就会使人高兴。

20.2　子张问于孔子曰："何如斯可以从政矣[1]？"

子曰："尊五美[2]，屏四恶[3]，斯可以从政矣。"

① 南怀瑾：《论语别裁》下册，第895、914页。

子张曰："何谓五美？"

子曰："君子惠而不费[4]，劳而不怨[5]，欲而不贪[6]，泰而不骄[7]，威而不猛[8]。"

子张曰："何谓惠而不费？"

子曰："因[9]民之所利而利之，斯不亦惠而不费乎？择可劳而劳之，又谁怨？欲仁而得仁，又焉贪？君子无众寡，无小大，无敢慢[10]，斯不亦泰而不骄乎？君子正其衣冠，尊其瞻视[11]，俨然人望而畏之[12]，斯不亦威而不猛乎？"

子张曰："何谓四恶？"

子曰："不教而杀谓之虐，不戒视成[13]谓之暴，慢令[14]致期[15]谓之贼，犹之与人[16]也，出纳之吝谓之有司[17]。"

【注释】

[1]何如斯可以从政矣：怎样才能治理好政事呢？何如，怎么样、如何。斯，就、则、才。

[2]尊五美：尊尚五种美德。

[3]屏(bǐng)四恶(è)：摒弃四种恶政。屏，摒弃、排除、撇开。

[4]惠而不费：施惠于人民却不浪费。惠，恩惠。此处作动词，给以好处、施以恩惠。

[5]劳而不怨：役使人民却不招致怨恨。

[6]欲而不贪：追求仁德却不贪婪。据下文"欲仁而得仁，又焉贪"，可知此处之"欲"应为"欲仁"，意为"想追求仁义"。贪，贪求、贪婪。皇侃《论语义疏》云："欲仁者为廉，欲财色者为贪。"

[7]泰而不骄：心境安然舒泰却不骄傲放肆。泰，安宁、安舒。

[8]威而不猛：威严庄重却不凶猛。

[9]因：顺着、因循。

[10]君子无众寡，无小大，无敢慢：无论人多人少，无论势大势小，君子都不敢怠慢。

[11]尊其瞻视：目光、神色郑重严肃。瞻视，指目光、神色。瞻，往前看或往上看。

[12]俨然人望而畏之：庄严自持得让人望而生畏。俨然，庄重的样子。

[13]不戒视成：事先不加告诫就马上要求做事成功。戒，警告、告诫。视成，看到成绩、得到成果。

[14]慢令：玩忽政令，做事懈怠。

[15]致期：限期完成。

[16]犹之与人：同是给人以财物。犹之，即均之，同样。与，给。

[17]出纳之吝谓之有司：施人恩惠或付人钱财时却很吝啬小气叫做有司。出，拿出、出手。纳，入、收进。此处"出""纳"虽连用，却只有"出"的意思。有司，古代设官分职，事各有专司，故称"有司"，常指掌管各种具体事务的官吏。因为此类官吏职务卑微，这里借喻为小家子气、吝啬。

【品读】

子张向孔子请教为政之道。孔子授之以"尊五美，屏四恶"。所谓"五美”，实际上有两大要义：一是爱民、利民，施行仁政；二是正己、正人，帅之以正。这实际上是孔子“内圣外王”的施政大纲。“五美”中的前两条，即“因民之所利而利之”“择可劳而劳之”，就是说为政的一切举措都要以“利用厚生”、为民兴利除害为目的，都要遵循“节用而爱人，使民以时”[①]的原则。孔子认为，这些善政既能利民，也能利国，从而达到“惠而不费”“劳而不怨”的效果。《孟子·梁惠王下》也有一段类似的言论：“乐民之乐者，民亦乐其乐；忧民之忧者，民亦忧其忧。乐以天下，忧以天下，然而不王者，未之有也。”这与孔子的“爱民利民”主张如出一辙。

《孟子·梁惠王上》有一段梁惠王与孟子的对话，也可与之对读，其曰：“孟子见梁惠王，王立于沼上，顾鸿雁麋鹿，曰：‘贤者亦乐此乎？’孟子对曰：‘贤者而后乐此；不贤者，虽有此不乐也。……文王以民力为台为沼，而民欢乐之，谓其台曰灵台，谓其沼曰灵沼，乐其有麋鹿鱼鳖。古之人与民偕乐，故能乐也。’《汤誓》曰：‘时日害丧？予及女偕亡！’民欲与之偕亡，虽有台池鸟兽，岂能独乐哉？”

周文王是一位贤明的君主，他在位时实施了许多利民惠民的政策，尽管后来他曾役使民众，兴造园林台池，劳民伤财，但是由于他“先天下之忧而忧，后天下之乐而乐”，所以虽然劳民，但民并不以此为苦，反而“欢乐之”，这不正是孔子所说的“劳而无怨”吗？相反，像商纣王兴造鹿台、秦始皇营建阿房宫、隋炀帝大造楼船、慈禧修筑颐和园……他们不惜民力，不问农时，不顾财力，一味地追求个人享乐，结果“虽有台池鸟兽，岂能独乐”，最后都是引火烧身，家国倾覆。

但是，只有这些外在的措置还不够，孔子这里又强调从政要注意修身修己，以达到正己正人、开务成物的功效。这就是“五美”中的后三类：“欲而不贪，泰而不骄，威而不猛。”这也是他对君子修养的一贯要求，是他所说的“修己以安人”“修己以安百姓”的具体体现。

孔子所讲的“四恶”，实际上是立足于仁政与信义的为政要诀。君不教，其过失不在民众，所以“不教而杀”被孔子斥为“虐”；“不戒视成”，即没有事先申诫便要立等结果，这被孔子斥为“暴”；自己懈怠玩忽，却对民众严格限制，被孔子斥为“贼”；应当给予，却吝于付出，被孔子比之为“有司”，亦即小家子气。将孔子所指斥的这“四恶”与“五美”对照理解，可以全面地把握孔子“内圣外王”的施政大纲。

① 《论语·学而》。

20.3 孔子曰："不知命，无以为君子也；不知礼，无以立也；不知言[1]，无以知人也。"

【注释】

[1]知言：指善于辨析别人言语的是非善恶。

【品读】

孔子的知命、知礼、知言论述了立身处世的基本原则。其中"不知礼，无以立""不知言，无以知人"前已讲过多次，且道理易懂，此不赘述。至于"不知命，无以为君子"则较抽象，为了便于理解这句话，李泽厚先生对此有一段长篇宏论，我们不妨摘其要：

> "命也者，不知所以然而然者也"，即人力所不能控制、难以预测的某种外在的力量、前景、遭遇或结果。所以，可以说，"命"是偶然性，"不知命，无以为君子也"，就是说不懂得、不认识外在力量的这种非可掌握的偶然性（及其重要），不足以为"君子"。就人生总体来讲，总被偶然性影响着支配着，现代社会生活更是如此。如何注意、懂得、认识、重视偶然性，与偶然性抗争（这抗争包括利用、掌握等等），从而从偶然性中建立起属于自己的"必然"，这就是"立命""造命"。因此不是盲目顺从、无所作为、畏惧以至崇拜偶然性，而恰恰是要抓紧、了解和主动适应偶然性。①

① 李泽厚：《论语今读》，第453～454页。

主要参考书目

(汉)孔安国传,(唐)孔颖达等正义:《尚书正义》,《十三经注疏》本,中华书局1980年影印。

(汉)毛公传,(汉)郑玄笺,(唐)孔颖达等正义:《毛诗正义》,《十三经注疏》本,中华书局1980年影印。

(汉)郑玄注,(唐)孔颖达等正义:《礼记正义》,《十三经注疏》本,中华书局1980年影印。

(晋)杜预注,(唐)孔颖达等正义:《春秋左传正义》,《十三经注疏》本,中华书局1980年影印。

(汉)郑玄注,(唐)贾公彦疏:《仪礼注疏》,《十三经注疏》本,中华书局1980年影印。

(汉)何休注,(唐)徐彦疏:《春秋公羊传注疏》,《十三经注疏》本,中华书局1980年影印。

(魏)王弼注,楼宇烈校释:《老子道德经注校释》,《新编诸子集成》本,中华书局2008年版。

(魏)何晏等注,(宋)邢昺疏:《论语注疏》,《十三经注疏》本,中华书局1980年影印。

程树德撰,程俊英、蒋见元点校:《论语集释》,《新编诸子集成》本,中华书局1990年版。

(宋)朱熹撰:《论语集注》,齐鲁书社1992年版。

(清)刘宝楠撰,高流水点校:《论语正义》,中华书局1990年版。

(清)宦懋庸:《论语稽》,民国二年维新印书馆1913年刊本。

杨伯峻译注:《论语译注》,中华书局1980年版。

楼宇烈整理:《论语注》,中华书局1984年版。

钱穆:《论语新解》,巴蜀书社1985年版。

杨树达:《论语疏证》,上海古籍出版社1986年版。

南怀瑾:《论语别裁》,复旦大学出版社1996年版。

洪丕谟:《东方圣经——新编白话〈论语〉》,浙江人民出版社 1996 年版。

来可泓:《论语直解》,复旦大学出版社 1996 年版。

河北省文物研究所定州汉墓竹简整理小组:《定州汉墓竹简论语》,文物出版社 1997 年版。

李泽厚:《论语今读》,安徽文艺出版社 1998 年版。

蒋沛昌注释:《论语今释》,岳麓书社 1999 年版。

傅佩荣:《解读论语》,上海三联书店 2007 年版。

(汉)李隆基注,(宋)邢昺疏:《孝经注疏》,《十三经注疏》本,中华书局 1980 年影印。

《国语》,上海古籍出版社 1978 年版。

吴则虞编著:《晏子春秋集释》,中华书局 1962 年版。

(清)王先谦撰,沈啸寰、王星贤点校:《荀子集解》,《新编诸子集成》本,中华书局 1988 年版。

(宋)朱熹撰:《孟子集注》, 齐鲁书社 1992 年版。

(清)郭庆藩撰,王孝鱼点校:《庄子集释》,《新编诸子集成》本,中华书局 1961 年版。

(清)王夫之:《庄子解》,中华书局 1964 年版。

杨伯峻撰:《列子集释》,《新编诸子集成》本,中华书局 1979 年版。

(汉)韩婴撰,许维遹校释:《韩诗外传集释》,中华书局 1980 年版。

(清)王先慎撰,钟哲点校:《韩非子集解》,《新编诸子集成》本,中华书局 1998 年版。

王聘珍撰:《大戴礼记解诂》,中华书局 1983 年版。

(汉)刘向集录:《战国策》(全三册),上海古籍出版社 1985 年版。

许维遹撰,梁运华整理:《吕氏春秋集释》,《新编诸子集成》本,中华书局 2009 年版。

杨朝明、宋立林主编:《孔子家语通解》,齐鲁书社 2013 年版。

刘文典撰,冯逸、乔华点校:《淮南鸿烈集解》,《新编诸子集成》本,中华书局 1989 年版。

(汉)刘向撰,向宗鲁校正:《说苑校正》,中华书局 1987 年版。

苏舆撰,钟哲点校:《春秋繁露义证》,《新编诸子集成》本,中华书局 1992 年版。

王利器校注:《盐铁论校注》,《新编诸子集成》本,中华书局 1992 年版。

黄晖撰:《论衡校释(附刘盼遂集解)》,《新编诸子集成》本,中华书局 1990 年版。

（魏）徐干撰，孙启治解诂：《中论解诂》，《新编诸子集成续编》本，中华书局2014年版。

（汉）司马迁：《史记》，中华书局1959年点校本。

（汉）班固，（唐）颜师古注：《汉书》，中华书局1962年点校本。

（晋）陈寿，（宋）裴松之注：《三国志》，中华书局1982年点校本。

（宋）范晔，（唐）李贤等注：《后汉书》，中华书局1965年点校本。

（宋）朱熹撰：《四书章句集注》，《新编诸子集成》本，中华书局1983年版。

（元）陈天祥：《四书辨疑》，世界书局1988年版。

（明）李贽：《四书评》，上海人民出版社1975年版。

（清）王缁尘：《四书读本》，中国书店1986年版。

（清）李中孚：《四书反身录》，浙江书局刊本。

（清）孙奇逢：《四书近指》，《四库全书》本。

（宋）黎靖德编，王星贤点校：《朱子语类》（全八册），中华书局1988年版。

（清）顾炎武撰，（清）黄汝成集释：《日知录集释》，岳麓书社1994年版。

匡亚明：《孔子评传》，齐鲁书社1985年版。

余英时：《士与中国文化》，上海人民出版社1987年版。

田昌五：《中国古代社会发展史论》，齐鲁书社1992年版。

张岂之：《中华人文精神》，西北大学出版社1997年版。

后记

《论语》是齐鲁文化的第一经典，也是中国传统文化的标志性元典。千百年来，为其注疏诠释者不知有多少家，有关的著述也不知有多少卷；尤其是近几十年来，随着世人对传统文化包括齐鲁文化的日益关注，有关《论语》的各种注释、翻译乃至解读，更是汗牛充栋，层出不穷。社会大众对其喜爱与欢迎的热度始终不减，可以说是持之不厌，读之不倦。何以如此？这就是元典的魅力所在——常读常新。不同的时代、不同的读者，能读出不同的孔子、不同的《论语》。

自上世纪90年代以来，我便开始了诠释与品读《论语》的“文化苦旅”，先后编撰了《论语译注》《论语解读》以及《孔子小传》等著作。每成一书，对《论语》的认识和解读都远非一遍、两遍之功；而且，随着对社会与文化的了解不断加深，对《论语》的认识也是日日有新，越读越能感到其中的“宗庙之美、百官之富”，越读越如颜渊所言：“仰之弥高，钻之弥坚。瞻之在前，忽焉在后。”这也是我一读再读、反复品读《论语》的根源所在。自2009年我主持山东省古籍整理项目《齐鲁文化经典研究》以来，我又开始了反复的品读，在以往对《论语》译注与解读的基础上，完成了这部《论语品读》。

德国古典哲学家黑格尔曾说："熟知并非真知。"我非圣贤，不敢奢望真知，只希望能以我反复品读之"熟知"换取各位读者之"真知"。错谬之处，恭请大方之家，有以教我。

马　新

2015 年 12 月于山东大学新校高阁书斋